普通高等院校“十二五”城市轨道交通运输专业系列教材
高等学校交通运输专业规划教材

城市轨道交通设备

（第 2 版）

[新加坡] 颜景林 编著

西南交通大学出版社
·成 都·

图书在版编目（CIP）数据

城市轨道交通设备 /（新加坡）颜景林编著. —2 版
. —成都：西南交通大学出版社，2022.6
ISBN 978-7-5643-8435-7

Ⅰ. ①城… Ⅱ. ①颜… Ⅲ. ①城市铁路－轨道交通－交通运输工具－高等学校－教材 Ⅳ. ①U239.5

中国版本图书馆 CIP 数据核字（2021）第 257868 号

Chengshi Guidao Jiaotong Shebei

城市轨道交通设备

（第 2 版）

[新加坡] 颜景林 / 编著

责任编辑 / 周　杨
封面设计 / 何东琳设计工作室

西南交通大学出版社出版发行
（四川省成都市金牛区二环路北一段 111 号西南交通大学创新大厦 21 楼　610031）
发行部电话：028-87600564　028-87600533
网址：http://www.xnjdcbs.com
印刷：成都蓉军广告印务有限责任公司

成品尺寸　185 mm × 260 mm
印张　21　字数　524 千
版次　2012 年 11 月第 1 版　2022 年 6 月第 2 版
印次　2022 年 6 月第 6 次

书号　ISBN 978-7-5643-8435-7
定价　49.80 元

课件咨询电话：028-81435775
图书如有印装质量问题　本社负责退换

2版前言

本书是《城市轨道交通运营管理》的兄弟篇，讲城轨交通设备。

古时候打仗，大多使用冷兵器，比如刀、枪、剑、戟等。制作这些兵器的是铁匠，而使用者是士兵。铁匠的任务是造出好的兵器。什么兵器算得上好兵器呢？好用、耐用、易携带、易维护等。士兵的任务是把兵器用好，即充分发挥其优点，甚至包括对不同兵器的组合运用。概括起来可以说“一个是好用，另一个是用好”，各有侧重，好的铁匠有好的手艺，而好的士兵有好的武艺。

在城轨交通领域有大量的技术装备，就好像作战用的武器装备。生产这些装备的是工程技术人员，而使用这些设备的是运营管理人员。这本书是专门为城轨交通运输管理专业的学生编写的。

城轨交通运输管理专业的学生学习城轨交通运输设备的目的：

（1）日后在现场把有关设备运用好。

以城轨列车为例。为了使城轨列车更容易操纵，设计人员在驾驶台上设置了速度表。这个速度表有两个指针，分别显示列车当时的实际速度和列车当时的最大允许安全速度。作为城轨列车司机，他要明白两个指针所表示的意思，并根据其显示熟练地操控列车的牵引和制动系统。如果他操纵得不够好，比如加速太快以至列车实际速度超过允许速度，将引起列车的紧急制动。不必要的列车紧急制动是应该尽量避免的，因为紧急制动会增加轮轨的磨耗，也可能导致车上乘客跌倒受伤。

再以列车运行指挥控制系统为例。通常在列控系统中设有供行车调度员进行人工取消进路的功能。如果行调在有列车接近该进路的情况下使用此功能，那么接近的列车很可能会触发紧急制动。前面已经讲过，列车的紧急制动可能会造成严重的后果。

（2）增加与工程技术人员沟通时所需的共同语言，以增强日后工作过程中和工程技术人员沟通的成效。

运输管理人员是需要和工程技术人员进行沟通的。运输专业学生必须掌握一定的工程技术知识，否则就缺乏和工程技术人员进行沟通所需的共同语言。当然，沟通涉及双方，为了使沟通更有成效，也有必要增加工程技术人员对运输管理工作的认识和了解。

如果一个人既有铁匠的好手艺，又有士兵的好武艺，那么他就是个全才了，这是最高境界。但是由于时间、精力等客观因素的限制，在大多数情况下我们只能侧重其中一个方面。

学习的目的明确了，那么如何尽快地达到上述目的呢？本书在编写的过程中采取了以下一些具体的做法。

（1）以人为本而不是以设备为本。

从使用者的角度出发去讨论设备的功能和性能，而不是以设备为中心，就设备论设备。比如在讲述城轨列车时，分别从乘客及运输专业人员这两个使用者的角度出发。再比如对通信系统的描述，也是从通信需求入手，然后才介绍有关的通信设备。

（2）以设备功能为主，设备实体为辅。

设备功能是本，而设备实体是末。一方面，设备的存在是为了实现一定的功能；另一方面，可能有多种不同的手段来实现同样的功能，特别是在科学技术日新月异、新的方式方法不断涌现的今天。烧菜做饭可以用煤气灶、电炒锅甚至其他装备如微波炉。它们形式各异，但所提供的最终都是热能。另外，现在流行的做法，可能不久就被新技术所取代。比如以前曾广泛使用的胶卷，现在已经很少见到。还有曾经风行一时的传呼机，已被移动电话所取代。但万变不离其宗，所以对功能要求的理解更为重要。

（3）以静为主，动静结合。

城轨交通设备中除城轨车辆外，大多数设备是固定设备。固定设备在某种意义上是静止的，但是，它们之间是相互作用的。在描述时不能完全地以静态的手法进行，而要揭示它们之间的相互作用。本书注重对设备的动态描述，以实现教材的活化。

（4）注重案例教学。

教材的活化还可以通过引入案例来加强。案例的独到之处在于它提供了背景以及逻辑关系，即事物之间的联系。有了背景及事物之间的联系，就有了参照物，就有了根，而不再像随波逐流的浮萍，所学的东西就更有可能永驻在脑海里。

案例的另一个更为重要的作用是向读者展示所学的知识在现实世界里是怎样得到应用的，也就是说，案例是理论与实际之间的桥梁。本书运用大量的案例材料，一方面活化教材，增强可读性；另一方面，通过实例达到学以致用的目的。

（5）以叙述为主，叙述和问答相结合。

平铺直叙是最为常见的做法，但平铺直叙的最大缺陷是其信息流的单向性——只是从作者到读者。问答形式变单向为双向，一方面能形成对读者的冲击力，另一方面可以帮助读者培养发现问题、解决问题的思辨能力。没有一定的冲击力，读者的脑海里就不会留下深刻的印象。而发现问题、解决问题的能力是在现场工作中脱颖而出所必须具备的特质之一。比如在讲城轨列车的不同驾驶模式时，除了依次介绍 AM、CM、RM 等各种驾驶模式外，还通过问答来展示各种模式的作用、特点及存在的理由。

（6）利用合乎逻辑的整体架构来组织内容，以利读者对所学内容的宏观掌握。

运输专业的最大特点之一是综合、宏观和协同，但城轨交通是一个非常复杂的系统，涉及众多的机电设备及子系统，比如城轨车辆、供电、通信、列控系统等，这就要求有一个合理的整体架构。本书在结构上把这些众多的城轨交通设备与子系统按照它们之间的内在联系，以乘客为中心，根据设备与乘客关系的疏密程度分成三个层次，如下图所示。

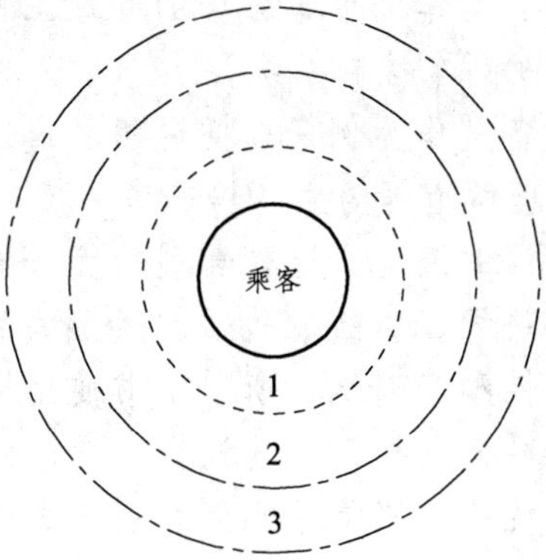

本书结构层级示意图

该结构的核心层是乘客。

第 1 层是乘客直接接触的设备，包括车站设备和列车。

第 2 层是支持第 1 层设备的设备，包括轨道、供电、通信、列控系统等。

第 3 层是支持第 2 层设备的设备，包括车辆维修设备、轨道检测及维护设备等。

这种结构的理论依据是：各设备的存在各有其理由，而所有设备存在的最根本原因是乘客的出行。

这种结构的核心思想是：以乘客为中心，将城市轨道交通各项设备按与乘客的关系远近分层次。

这种结构的实际效果是：突出强调各设备存在的理由，也就是强调设备的基本功能。运营管理专业的读者更为注重的正是设备的功能，而不是设备的物理特性，如重量、尺寸等。

这种结构的优点是：

（1）把乘客作为中心，紧扣城市轨道交通服务行业的特点，有利于潜移默化地培养学生“以人为本，顾客至上”的意识。

（2）“以人为本”的另一个含义是以学生为本，因为学生是教材的主要用户。本书所采用的结构可以为学生创造一个由浅入深、由熟悉的领域逐步到新领域的循序渐进的学习过程，符合学习的自然规律。

（3）这种以“服务”（第 1 层设备服务乘客，第 2 层设备服务第 1 层设备等）为主线的结构设计，把纷杂的设备有条理地联系在一起，一方面，自然地体现了各设备存在的理由，有利于理解认识各设备的作用；另一方面，形成了一个有机的整体，有助于从整体着眼，从而避免设备项目的遗漏，以及只见树木不见森林。

（4）这种层次结构揭示了各设备之间的内在联系，有利于处理对各设备之间界面的论述。

最后，在学习这门课时还要注意以下几点：

（1）城轨交通系统复杂，设备众多，学习时要抓住重点。运输专业的学生日后主要从事站务、乘务、行车调度等方面的管理工作，所以学习的重点是车站设备、城轨车辆、通信及列车控制系统。

（2）本书所介绍的设备是作为例子以便说明其道理，而现场的实际设备形式多样，这就要求我们以理解道理为主，培养举一反三的能力。

（3）历史的变迁和术语的演变，比较典型的例子有两个。一个是地铁向城轨的演变，早期常用地铁一词，但随着轨道交通形式的多样化，城轨（城市轨道交通）一词更具有代表性和普遍性，所以本书使用城轨一词，个别地方特别指出时除外。另一个是信号向列控系统的演变，随着技术的进步，特别是计算机和通信技术的进步，传统的铁路信号已经和列车司机的驾驶功能、控制中心的调度功能整合成一个大系统，即列车自动运行控制系统，简称列控系统。

授人以渔胜过授人以鱼，本书在编写过程中所体现的认识事物的方式方法是本书的精华所在。

感　谢

本书作者颜景林及参编人员曾蓉娣、唐巧梅、张燕对在本书写作过程中给予热心帮助的高世廉教授和沈丽萍老师及所有参考文献的作者表示衷心的感谢，并衷心祝愿运输专业的年轻学子学有所成，毕业后为城轨交通事业的发展做出贡献。

颜景林

2021 年 10 月

目　录

第一篇　一线设备之车站设备

第二篇　一线设备之车辆

第三篇　二线设备

第四篇　三线设备

第一篇

一线设备之车站设备

城轨车站是乘客与城轨系统发生联系的第一个环节。车站的作用是为乘客提供一个合适的环境，以便为搭乘城轨列车做准备，因此车站内需要配备相应的设备和设施。

比较简单的车站只提供一些基础设备和设施，但那些位于城市中心的城轨车站通常都比较复杂。这是因为受地面空间的限制而必须设在地下或者必须和城市其他建筑相结合，使得有必要在站内设风（通风、环控）水（给排水）电（供电、照明）等设备。

车站设备是城市轨道交通系统中的一线设备，是与乘客关系最为紧密的设备之一，同时也与运营管理人员的工作息息相关，因此将车站设备作为本书的第一篇。

本篇分为四章，依次介绍乘客信息系统、收费系统、站台隔离门以及车站其他设备。

其实事情是从地面开始的：在城轨车站的周围通常设有带城轨标识的导向牌，牌上除了有指示城轨车站方向的箭头外，还有关于此导向牌到城轨站距离的信息，但这部分内容本书不做展开。

第一章　乘客信息系统

为了帮助乘客顺利、高效地完成从进站到出站的整个过程，需要在各环节为乘客提供相应的信息，乘客信息系统就是用以满足这一需求的。一方面，完善的乘客信息系统可以加速乘客在城轨系统内的流动，这不仅有助于提高设备设施的利用率，而且还有助于避免因客流阻塞而发生安全事故。另一方面，完善的乘客信息系统减少了乘客对城轨工作人员的依赖，因而对降低运营管理的人工成本极为有利。所以，乘客信息系统应受到足够的重视。

按提供信息的方式，本书将乘客信息系统分为静态和动态两大类。其中，静态乘客信息系统主要有城轨徽标和车站标识系统，而动态乘客信息系统主要指依托多媒体网络技术，以计算机系统为核心，以显示终端为媒介向乘客提供可变资讯的信息系统。之所以称其为动态乘客信息系统，是因为它所显示的信息内容可以按需要而变动。

第一节 静态乘客信息系统

一、城轨徽标（Logo）

城轨徽标作为城轨的形象和符号，代表着城市的特色，是城市精神的物化。徽标的主要作用是方便乘客发现城轨车站，告诉乘客城轨车站出入口的位置。

城轨交通的主要形式之一是地铁。地铁在全球许多国家被叫作“Metro”，所以地铁的标识常常都和“Metro”中的“M”有关。但也有不少城市，不落俗套，选择其他元素来突出其特点。作为一种视觉语言，国内城市地铁的徽标设计风格各异，但多以图案简明、清晰醒目、易认易记为主要特征（见图 1-1-1）。

图 1-1-1 国内地铁徽标示意图

二、城轨车站标识系统的分类

城轨车站标识系统是为了让人们在城轨交通中安全、快捷地到达目的地，而将各种类型的标识以“导航”为目的按一定关系组织的视觉信息系统。它通过颜色、形状等要素保持整个系统的一致性，传达关于环境、方位的信息。城轨车站标识设计是否合理、设置是否得当直接关系到整个城轨系统的服务质量和服务效率。而且，由于城轨属于城市公共交通，代表了一个城市的形象，而城轨车站标识又是乘客接触最多的设施之一，其优劣直接影响乘客对整个城轨系统甚至整个城市的印象。

1. 确认标识

确认标识是用以标明某设施或场所的标识（见表 1-1-1）。

表 1-1-1 确认标识

自动售票标识	站名标识

客服中心标识	电梯标识

续表

无障碍设施标识	出口标识

2. 导向标识

导向标识是用以向乘客提供某设施或场所方向指示的标识（见表 1-1-2 和图 1-1-2）。

表 1-1-2　导向标识

自动售票导向标识	无障碍设施导向标识

自动扶梯导向标识	乘车导向标识

出站导向标识	公交枢纽导向标识

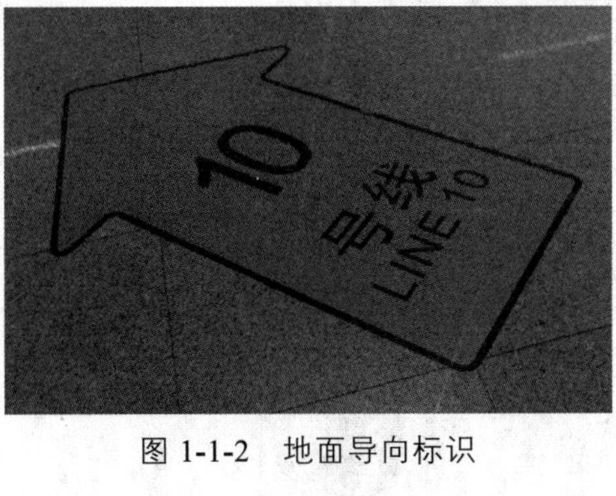

图 1-1-2　地面导向标识

3. 综合信息标识

综合信息标识是用以提供乘客需要了解的其他与城轨交通系统相关信息的标识（见表 1-1-3）。

表 1-1-3　综合信息标识

车站出入口标识	运营时间标识

轨道交通车站空间示意图	车站周边信息图
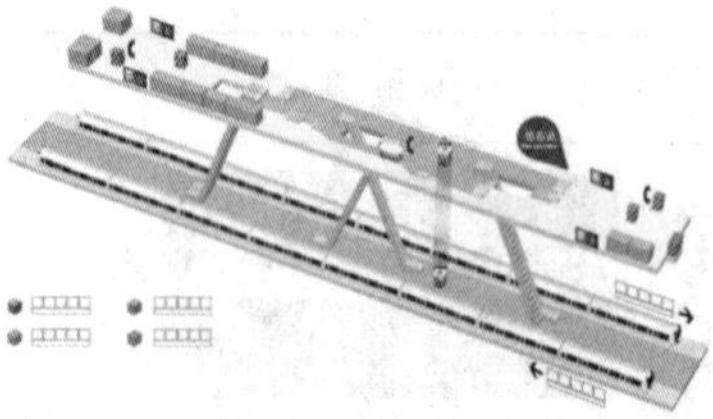	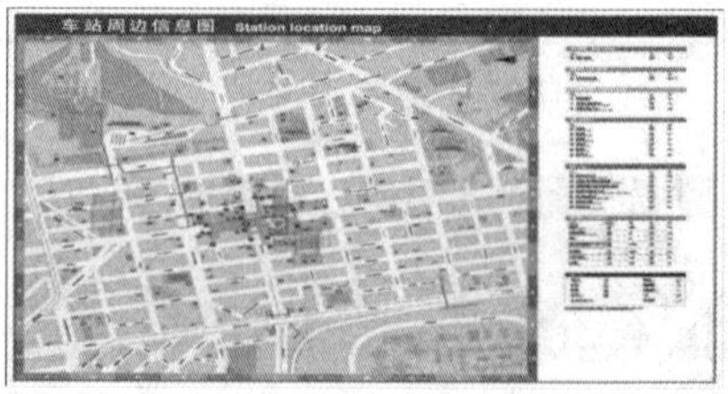
车厢信息标识	老幼病残孕专座标识
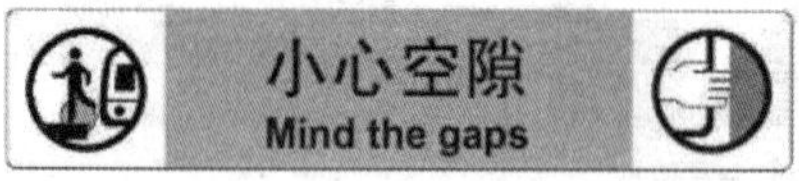	

4. 禁止标识

禁止标识是指不准许乘客发生相应行为的标识（见图 1-1-3）。

禁止吸烟标识

禁止入内标识

禁止携带宠物标识

请勿坐卧停留标识

请勿触摸标识

请勿乱扔废弃物标识

图 1-1-3　禁止标识

5. 消防安全标识

消防安全标识是与消防安全有关并符合消防规定的标识（见图 1-1-4）。

图 1-1-4　消防安全标识

6. 警示信息标识

警示信息标识是请乘客当心，避免可能发生的危险（见图 1-1-5）。

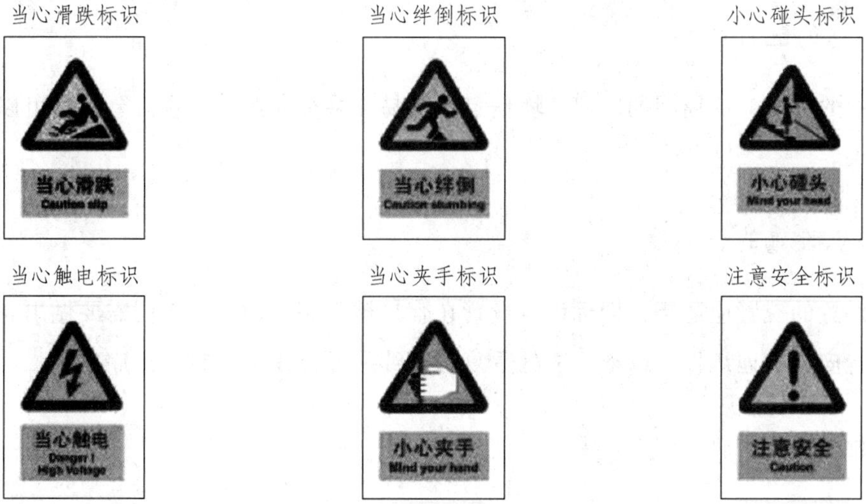

图 1-1-5　警示信息标识

7. 提示标识

提示标识是提示乘客注意，引起警觉。如在乘坐电扶梯时需要注意图 1-1-6 所示问题。

图 1-1-6　安全警告标识

三、城轨车站标识系统的质量

城轨车站标识系统的设计需考虑的因素很多，包括城轨公司形象、系统化和标准化、客流路线、使用对象、优先地位、保养及运作等。标识设计包括色彩设计、文字设计、图形设计、形状设计、平面布置和组合设计。在色彩设计中一般采用地铁标识色；文字设计除地名外，需要使用双语标识，汉字用简体，词句、简称要求标准规范；图形设计中尽量采用国际惯用符号；形状设计所采用的几何形状主要有矩形、圆形和三角形等。城轨车站标识系统的优劣主要体现在如下方面：

1. 标识的易读性

标识上的信息必须易读、易理解。这是标识设计中最根本的一条原则，包括标识中信息表达的确切性、表达方式与传达信息量的合理性等。

2. 标识的醒目性

车站中的标识应比周围的任何环境信息更容易被乘客注意到。在必要时，可以附加闪灯来达到效果。

3. 标识设置的合理性

标识设置的位置应适当，即标识应设置在容易被看到的地方及人们需要做出有关决定的地方；设置应具有连续性，以形式上的重复与延续形成标识的连贯和次序感。

4. 标识的艺术性

标识系统设计要综合考虑对称、韵律、均衡、节奏、形体、色彩、材质、工艺等因素，从而体现设计的和谐之美。

不理想的导向标识通常有如下表现：

（1）不同功能导向标识之间缺乏统一规划，平面设计、造型设计凌乱；

（2）导向标识持续性差；

（3）导向标识的设置位置及数量不够科学；

（4）导向标识不够鲜明醒目；

（5）导向标识与广告、物业标识等不协调。

四、车站标识综合设置示例

1. 乘客进站标识设置示例（见图 1-1-7）

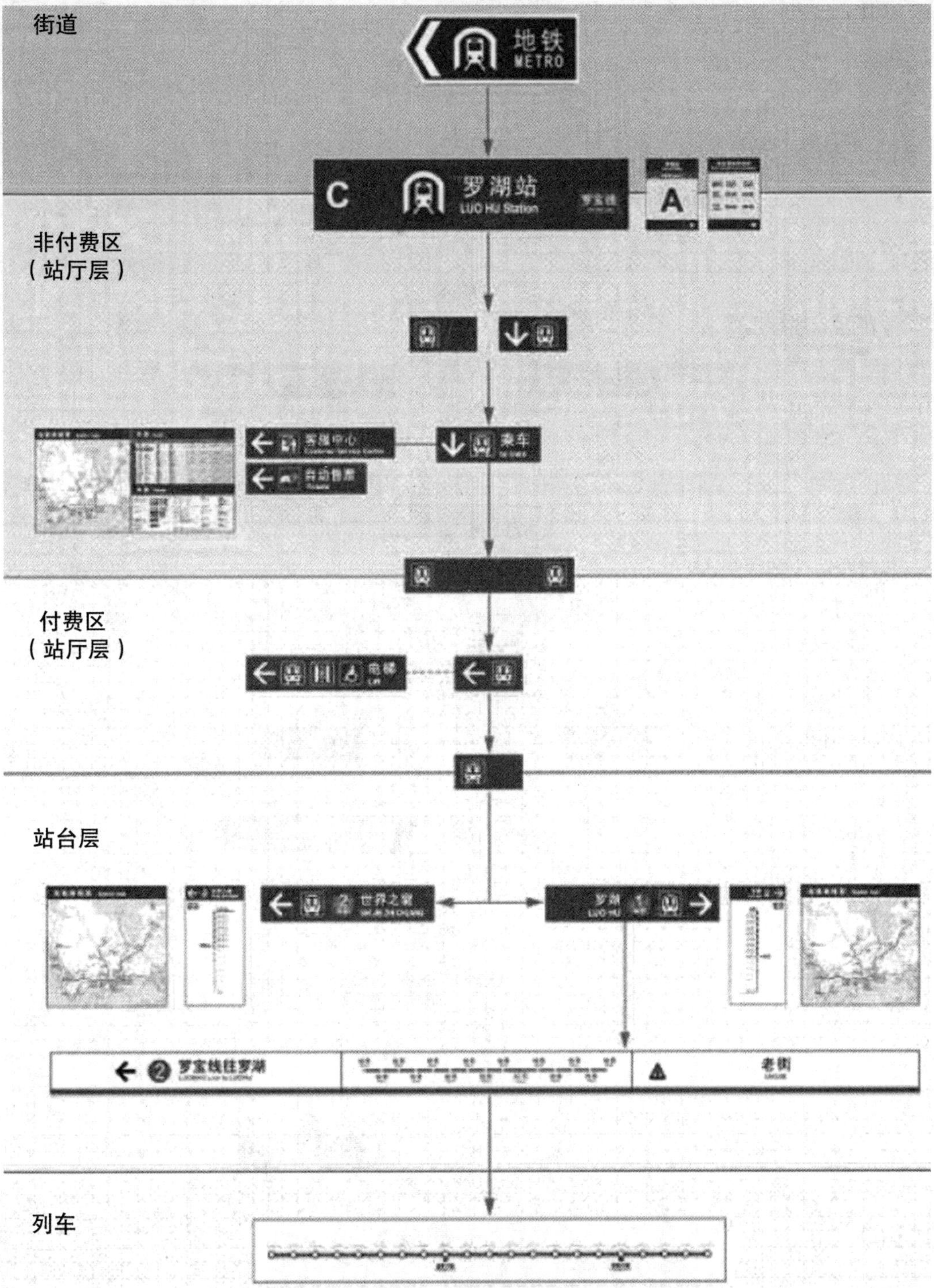

图 1-1-7　乘客进站标识

2. 乘客出站标识设置示例（见图 1-1-8）。

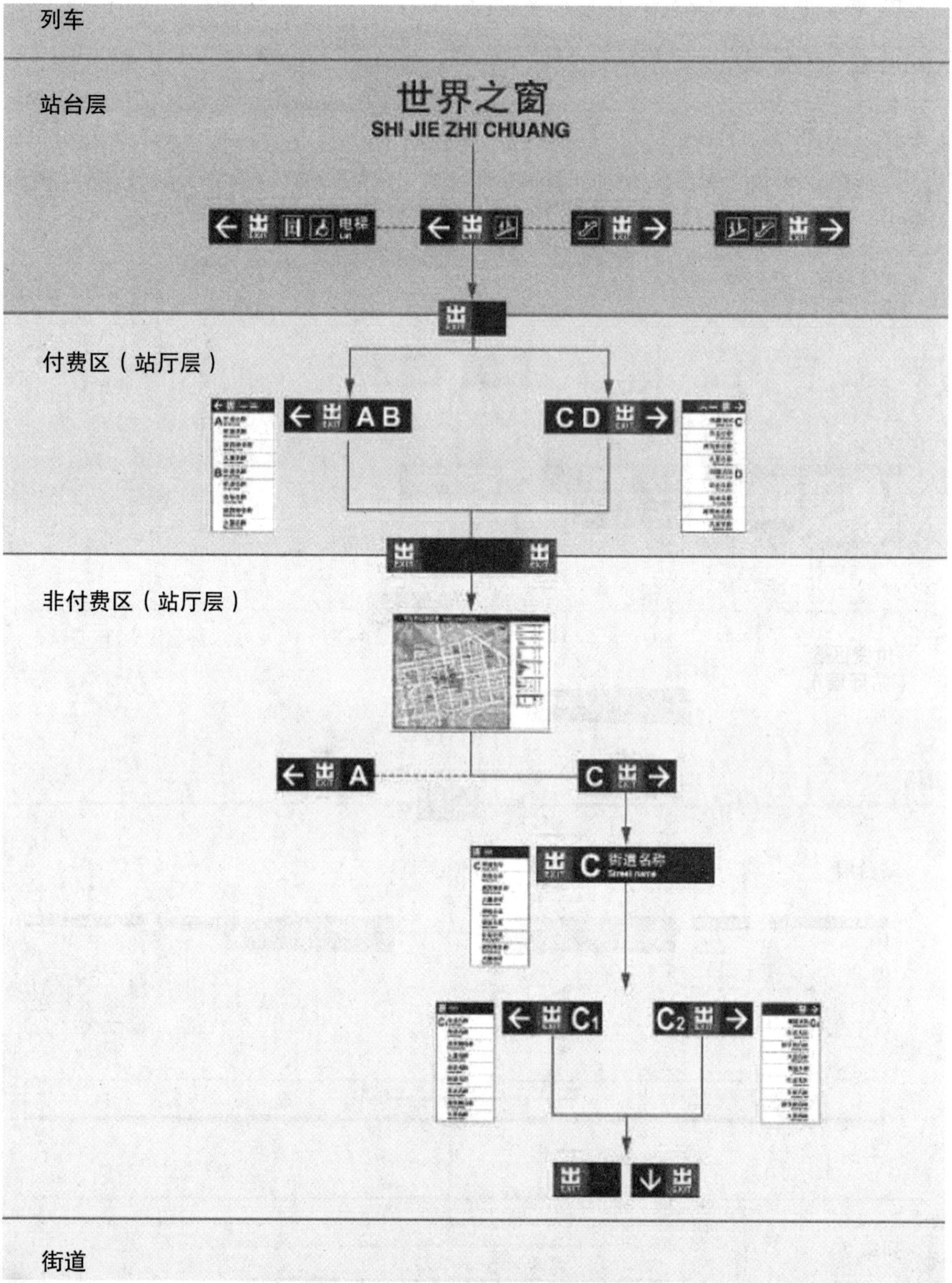

图 1-1-8 乘客出站标识

思考题

1. 有没有城轨徽标与“M”无关？

2. 乘客要去乘坐城市轨道交通列车，从进站到出站整个过程会经历哪些流程？在整个流程中乘客需要哪些标识及信息系统来提供相应的信息以便顺利、高效地完成出行？

3. 各类车站标识是否同等重要，为什么？

4. 举例说明如果标识设置不到位、不清晰、不完善会对运营有什么不利影响。

5. 从乘客的角度出发描述好的标识应具有的特征，并说明理由。

6. 如何提高标识的醒目性？

7. 标识的易读性、醒目性、合理性、艺术性，哪个最重要，为什么？

第二节　动态乘客信息系统

动态乘客信息系统（Passenger Information System ，PIS）是依托多媒体网络技术，以计算机系统为核心，以显示终端为媒介向乘客提供乘车信息显示和其他资讯服务的信息系统。我们通常所讲的乘客信息系统在不加特别说明时就是指动态乘客信息系统。

一、乘客信息系统与车站标识系统的区别和联系

乘客信息系统和城轨车站标识系统都是为提供乘车和服务信息，引导旅客安全便捷地完成整个旅程而设置的。由此可见，两者的设置目标是一样的。两者之间的主要区别包括：

（1）PIS 提供的是动态信息，其信息内容是实时更新的；而车站标识系统提供的是静态信息。

（2）PIS 不仅可以提供视觉信息，还可以提供听觉信息；而车站标识系统只提供视觉信息，这对一些特殊的旅客（比如盲人旅客）并不适用。因此，PIS 所提供的信息受众更广泛。

（3）PIS 提供的信息比城轨车站标识系统更丰富。在正常情况下，PIS 可以提供城市轨道交通乘车须知、服务时间、列车到发时间、列车时刻表、管理者公告、政府公告、出行参考、股票信息、媒体新闻、赛事直播、财经、天气预报、娱乐、体育、消费、广告等多种信息；在火灾、阻塞、恐怖袭击等非正常情况下，可以提供动态紧急疏散指示。

（4）PIS 部分终端可供乘客自助查询，比如在网络化运营中向乘客提供最佳换乘方案，这在城轨车站标识系统中很难实现。

虽然城轨标识系统和乘客信息系统存在上述差异，但两者是相辅相成共同服务乘客的。

二、乘客信息系统的组成

城市轨道交通 PIS 系统从结构上可以分为中心子系统、车站子系统、车载子系统及网络子系统等四个子系统，如图 1-1-9 所示。

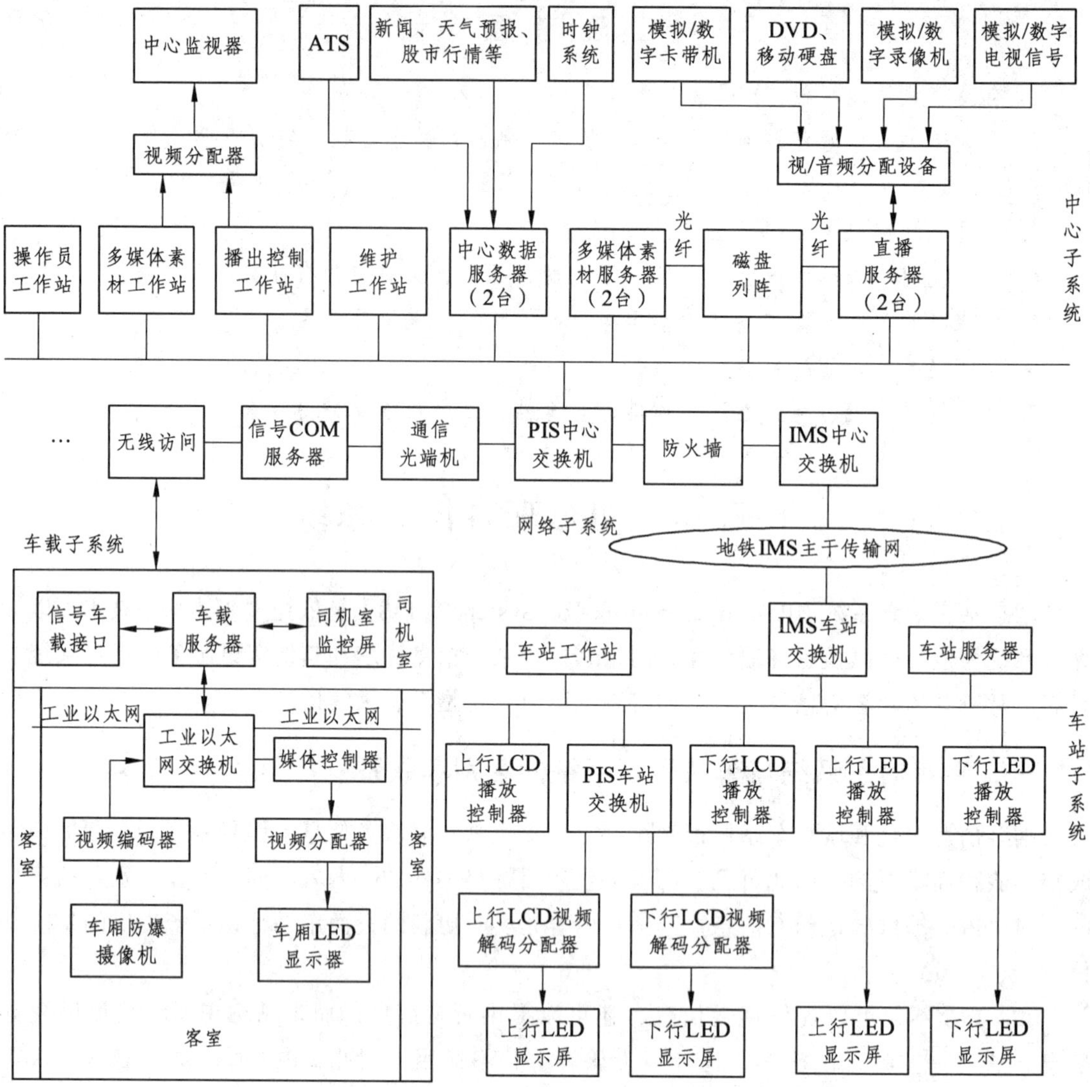

图 1-1-9　城市轨道交通 PIS 体系结构

1. 中心子系统

中心子系统是 PIS 系统的核心部分，主要负责整个城市轨道交通 PIS 系统的运营维护管理、外部信息的导入、多媒体素材的管理、系统日志的管理、系统监控、电源管理、系统参数管理、多媒体素材的下发、紧急信息的编辑和发布及全线的播出控制等。中心子系统的主要设备包括：中心数据服务器、直播服务器、多媒体素材服务器、操作员工作站、维护工作站、播出控制工作站、多媒体素材工作站、磁盘列阵、外部播放设备及中心交换机等。

其中，多媒体信息处理包括各种格式的多媒体信息的编制、导入、转换、传输、合成及显示等各环节；多媒体信息管理包括多媒体信息的浏览、制作及编辑，多媒体信息的导入，多媒体信息的预处理，设置多媒体素材列表，多媒体素材预览等；系统监控管理主要是对车站子系统、车载子系统进行设备状态监视、故障诊断与报警；系统参数管理主要进行参数浏览、参数搜索、参数设置修改等；日志管理主要包括日志的浏览、搜索、备份及打印等。

2. 车站子系统

车站子系统结构如图 1-1-10 所示，车站子系统包括用户管理、本站终端显示、本站日志管理、本站播出控制、本站紧急信息管理、本站系统参数管理、多媒体信息管理、本站用户权限管理。车站服务器一方面与中心数据服务器共同组成一个子系统，用于接收中心数据服务器发布的媒体信息，包括运营信息以及广告等多媒体信息。同时，还与多个播放控制器组成一个广播子系统，把媒体内容组播到网络上。而对于多媒体的播出，能够满足指定时间、指定频度、指定位置，甚至指定终端的播出需求。

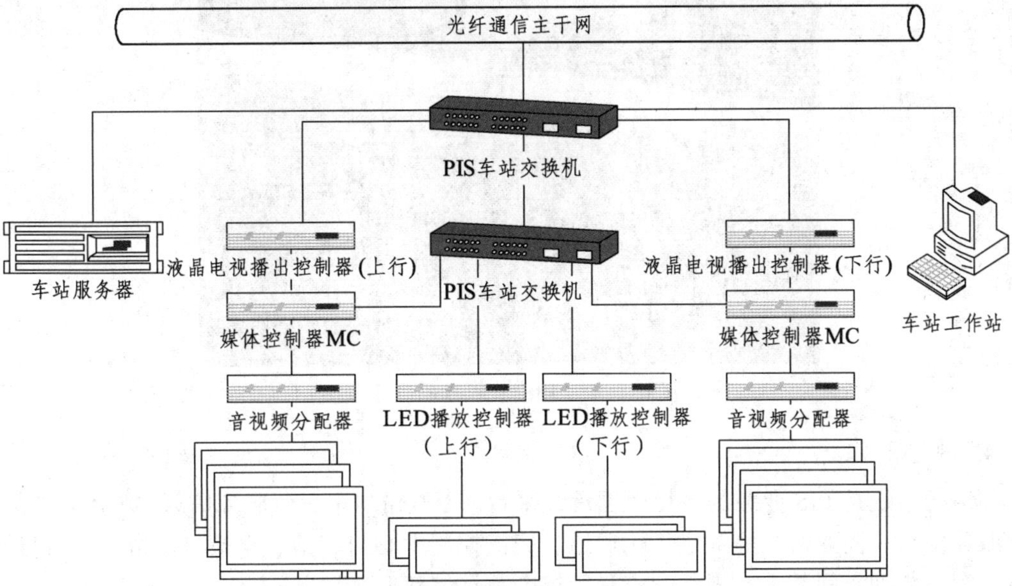

图 1-1-10　PIS 车站子系统结构

车站站台液晶电视发布运营信息包括：实时显示下一班到达本站台的相对时间；实时显示列车到达警示信息；列车进站前全屏显示运营信息、服务信息；实时显示下班列车的目的地信息；实时对下班列车不在本站停车、上下客的情况做出预告；对于可判断的行车间隔，对乘客发出运营信息预告；在紧急状态下，全屏显示指引信息、服务信息等，如图 1-1-11 所示。

图 1-1-11　站台液晶电视

3. 车载子系统

车载子系统的主要功能是通过安装于列车内的车载液晶电视为乘客提供列车时刻、前方到站、乘客导引、通告以及天气、简要新闻等信息，也为城市轨道交通运营部门提供发布视频广告及其他各类公益信息的平台。

车载子系统由车载服务器、相应的跨车连接器、工业以太网交换机、媒体控制器、视频分配器及液晶电视等组成。

图 1-1-12 PIS 车载液晶显示屏

4. 网络子系统

网络子系统是 PIS 业务的专用数据承载平台，为传输列车运营服务信息、乘客引导信息、公共服务信息、商业信息等提供传输通道，完成控制中心与车站、车站与车站、车站与轨旁设备、车站与列车间数据、视频、语音等综合数据的双向传输。

网络子系统由轨旁有线通信网络和车-地间专用无线通信网络构成，全面负责 PIS 各子系统之间发送和接收的信息内容的传输，为乘客享受及时的信息服务提供保障。

三、乘客信息系统的发展历程

早期的 PIS 系统信息来自人工，只有简单的文字导向和宣传告示，可引导乘客乘车；随着计算机网络技术的飞速发展，新的显示技术、先进的通信技术及智能的管理技术，使 PIS 成为相对独立的多功能乘客信息服务系统。城市轨道交通 PIS 系统的发展阶段如图 1-1-13 所示。

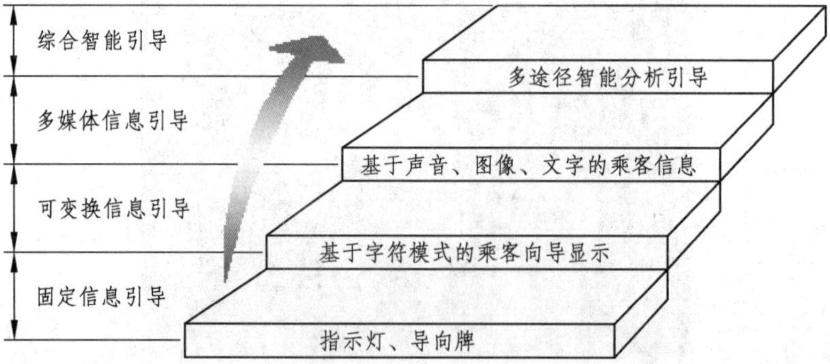

图 1-1-13 城市轨道交通乘客信息系统发展阶段

1. 固定信息引导

在城市轨道交通 PIS 系统发展初期，一般使用硬线接口的以固定文字或者图形的灯箱导向牌为主要手段的乘客引导方式，为乘客提供位置、方向和周围环境标识。因为其显示的内容固定单一，可被称为固定信息引导。其优点是简洁、明了、安全及可靠；缺点是所提供的信息单一，信息的更换比较麻烦。

作为最安全和可靠的一种导向方式，目前固定信息显示模式的旅客导向牌仍然得到广泛的使用。

2. 可变换信息引导

随着发光二极管（LED）显示技术的发展，由微处理器控制的 LED 点阵显示屏在城市轨道交通 PIS 领域中得到大量的使用。由于 LED 点阵显示屏可以根据需要显示不同的文本、图形乃至简单的视频信息，相对于固定信息显示而言，可被称为可变换信息引导。它除了可以显示固定信息显示所提供的内容外，还可以显示以文本信息为主的提示和公告等信息。

可变换信息引导一般由专用的计算机控制，所有的消息触发可以通过程序控制实现，在较小的显示范围内能够显示较多的引导信息。其优点是发光亮度高、使用环境范围广（可在较低温度下使用）、使用寿命长、功耗较低、显示信息量大和显示内容可通过计算机程序控制。其缺点是点阵的像素比较大，对字符的显示有最小点阵要求，图形和视频信息显示效果比较差，不适合较近距离观看。

另外，随着 LED 显示技术的提高，显示色彩丰富的 LED 全彩屏在不同领域得到了很大的发展，但是在城市轨道交通 PIS 领域，由于其显示像素大、图像效果差而很难得以应用。对于温度适宜的地区，人们更倾向于使用大屏幕的等离子显示屏（PDP）或者液晶显示屏（LCD）；对于不适宜的地区，则选择使用 LED 图文显示屏。

3. 多媒体信息引导

随着计算机控制、网络通信和平面显示技术的不断发展，特别是平面显示技术的快速提高，价格低廉、能适合室外使用的较高亮度的 PDP 和 LCD 显示屏出现，它可以显示大容量、高清晰的画面，使旅客信息服务系统的显示内容获得一个很大的提高。它通过软件/硬件分屏技术，将多种信息叠加在一个屏幕上同时显示，在这个信息缤纷的时代，使乘客能够在同一时刻得到尽可能多的信息。

多媒体信息引导显示一般通过局域网控制，由控制中心的 PIS 系统统一协调控制车站、列车的乘客信息显示屏，并可对整个轨道交通网络的乘客进行引导。

4. 综合智能引导

随着城市规模的扩大，人们生活节奏的加快，轨道交通运营网线得到了大幅度的扩展，随之而来的是乘客出行复杂性的增加，对出行参考信息的需求也相应扩大。比如，城轨-城轨、城轨-公交、城轨-火车、城轨-长途汽车、城轨-客船和城轨-飞机等交通工具间的换乘信息、天气预报信息、实时新闻信息、交通管制信息以及灾难预警信息等，人们都需要在出行过程中快捷方便地掌握。这样就产生了由多个信息系统支撑的、有多种出行参考信息供乘客参考的 PIS 系统，可被称为综合智能引导。

为了提高整个运营系统的效率和设备的使用效率，在保证运营安全的前提下，需要对各有关系统进行整合，做到资源共享。PIS 系统作为直接服务于乘客的一个重要部分，为了向乘客提供更好的服务，也有必要和其他系统进行整合。根据目前情况来看，集引导、广告、资讯、设备监控和客流监控为一体的综合智能引导 PIS 系统是发展的主要方向。

思考题

1. 以车站站台显示列车到达时分信息为例，说明 PIS 系统中各子系统的工作关系。
2. 以列车运行中断情况为例，阐述如何通过 PIS 向站内、站外乘客提供相应的信息。
3. 乘客希望通过自主查询得到哪些动态信息，这些信息的更新是如何完成的?
4. 城轨通过社交媒体向公众推送城轨运营相关实时信息，试讨论其与城轨乘客信息系统的关系。

第二章　自动收费系统

收费系统是城市轨道交通系统中一个不可或缺的重要组成部分，因为它所收取的票款是城轨公司运营收入的主要来源，是城轨系统赖以生存的物质基础。由于城轨是大运量的公共交通，收费系统必须高效，所以随着技术的进步，城市轨道交通系统已经一改早期全人工售检票而采用自动收费（Automatic Fare Collection，AFC）系统。AFC 除了自动收费以外，还具备客流数据统计功能。这些统计数据对于运营方案（包括行车方案和票价方案）的制订和票款的清分至关重要。

本章对 AFC 系统的介绍按照以下顺序展开：系统的作用→系统的结构及其设备→系统的运作→发展趋势。

第一节　AFC 系统的作用

随着城轨交通系统客流量的增长，高效可靠的收费系统在城轨交通系统中显得日益重要。能否实现合理、快速地收费影响到城市轨道交通系统的生存。城轨交通经过一个多世纪的发展，其收费方式也从最开始的人工收费发展为现在的自动收费方式。原始的人工收费方式需要配有售票员、检票员，还要配备相应的纸票。为了应付大客流，人工收费方式通常采用“一票制”，使得票价结构极不合理。

AFC 系统在计费时考虑了时间和空间两方面的因素。

时间方面：

（1）优惠时段。对于在非高峰期内出行的乘客给予一定的优惠，以鼓励错峰出行。

（2）超时加收。对于在城轨系统内滞留超过一定时限（如 3 小时）的乘客加收超时费，以鼓励乘客尽快完成出行，离开系统。

空间方面：

（1）乘距越长，车资也会越高。

（2）某些线路的列车因提供更宽敞的座位及存放行李的空间，可收取较高的车资。

乘客在购票以后需持票进站，所持车票由进站口处的检票机进行检票处理。出站检票机对单程票进行验票和回收，对储值票进行扣值。检票机仅在有效车票被正确处理后才开放通道，同时在机箱顶部显示有关信息，比如向乘客显示储值票的余额，再比如向站务人员显示所处理的车票是否为优惠票。

城市轨道交通网络化运营是城市轨道交通发展的必然趋势，而城市轨道交通网络化运营首先要实现的是乘客不出站换乘不同线路的“一票通”。在“一票通”的基础上，还要实现城市公共交通的“一卡通”。AFC 系统的应用为实现“一票通”和“一卡通”提供了基础，如图 1-2-1 所示。

AFC 系统的作用：

（1）实现收费的自动化，提供更为灵活的收费方式和票务管理手段。

（2）进行客流统计和收益统计，为运营决策提供依据。

（3）实现多家运营商的网络化运营，实现城轨“一票通”和城市公交“一卡通”，使城市各种交通方式（地铁、公交、出租车等）更紧密地结合，方便居民出行。

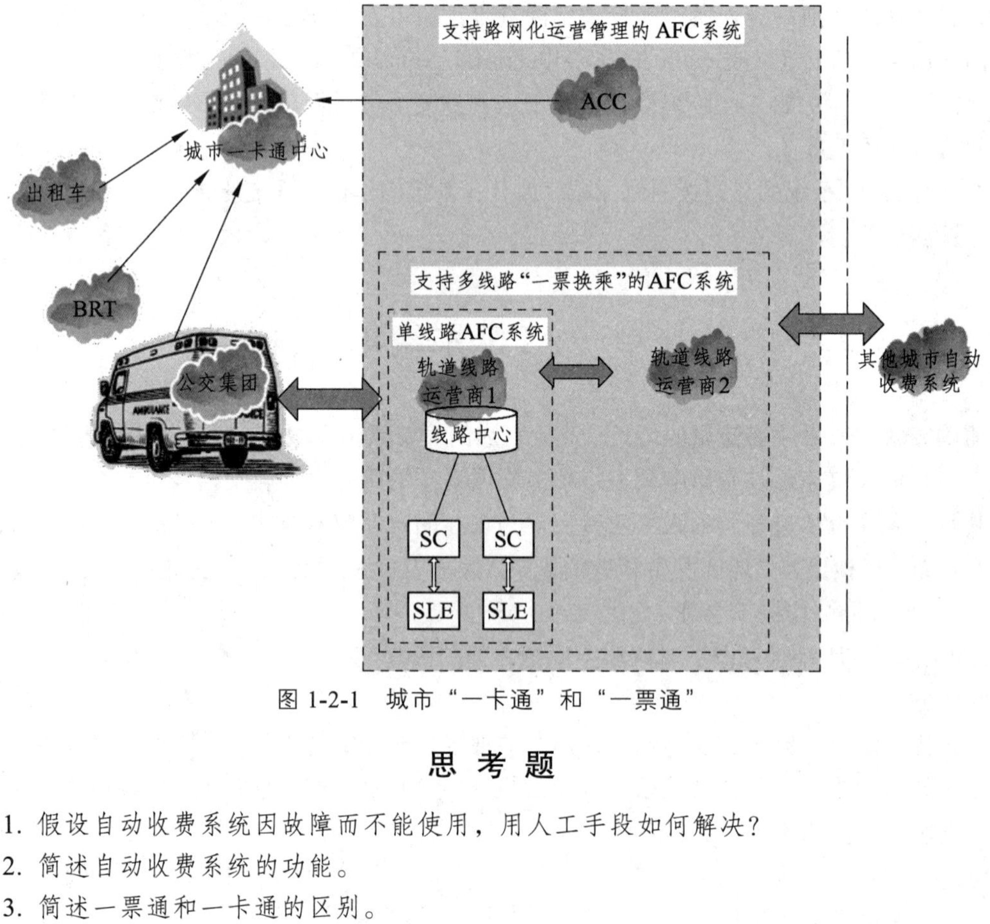

图 1-2-1　城市“一卡通”和“一票通”

思 考 题

1. 假设自动收费系统因故障而不能使用，用人工手段如何解决？
2. 简述自动收费系统的功能。
3. 简述一票通和一卡通的区别。
4. 为什么 AFC 严格来讲并不是自动售检票系统？

第二节　AFC 系统的结构及设备

一、系统结构

城轨交通线网自动收费系统的基本结构包括 5 层，如图 1-2-2 所示。

第一层是城轨交通清分系统（ACC），用于实现城轨交通内部各线路之间的账务清分，以及城轨交通与城市公共交通“一卡通”之间的清分；清分中心还可用于对交通网络内客流的实时监视。

第二层是线路中央计算机系统，也称线路中心（LC），负责各条线路的票务处理工作，负责采集全线路的售检票数据、设备状态数据和其他运营数据，根据需要向一个或者多个车站、单个或者一组终端设备下达运营参数和设备控制指令。

第三层是车站计算机系统（SC），主要负责采集本车站范围内的售检票交易数据、设备状态数据和其他运营数据，根据需要向单个或者一组终端设备下达运营参数和设备控制指令。

第四层是车站终端设备，包括自动售票机、半自动售票机、进出站检票机、加值验票机、验票机等。

第五层是车票，是乘客乘车的有效凭证。

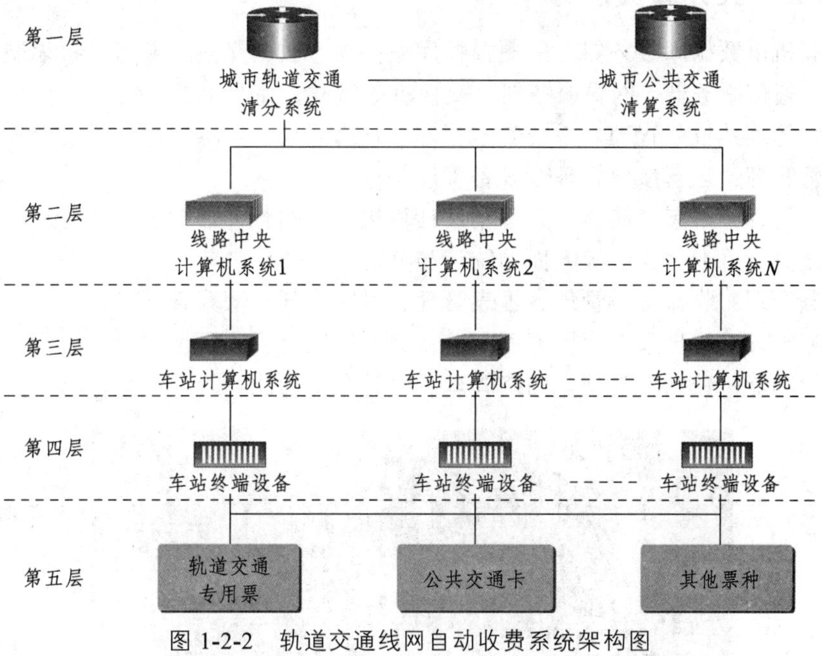

图 1-2-2　轨道交通线网自动收费系统架构图

二、城轨交通清分系统

清分中心中央系统由服务器、磁盘阵列、工作站（系统管理工作站、数据管理工作站、网络通信管理工作站、参数下载工作站、票卡管理工作站、设备监控工作站、报表查询工作站、中央及远程维修工作站）、交换机和路由器等局域网设备、打印机、不间断电源及分拣编码机等组成。

清分中心中央计算机系统可以对各种明细数据及统计数据进行深入分析，获取各种类型的数据分析图（如饼图、直方图和折线图等）和决策辅助信息，为各业务部门进行运营管理决策提供有力的支持。具体而言，ACC 具有以下基本功能：

（1）设置和下发运行参数、票价表、降级运行模式、交易清分数据、黑名单及车票调配信息；

（2）向城市公共交通清算系统上传“一卡通”车票的原始交易数据，接收系统下发的黑名单等系统控制参数；

（3）对车票进行跟踪管理，并提供车票交易的历史数据和车票余额等信息的查询及黑名单管理；

（4）管理系统时钟同步；

（5）管理系统密钥；

（6）车票分拣编码机对系统发行的车票进行初始化、编码、分拣和管理；

（7）接收和处理线路中央计算机系统上传的各类车票交易数据；

（8）对采集的数据进行分类处理，完成各种统计分析报告和报表打印；

（9）系统及数据的自动备份和恢复；

（10）系统中各种参数的设置和更新。

三、线路中央计算机系统

中央计算机由数据库服务器、历史数据库服务器、数据交换服务器、报表服务器、运营管理服务器、通信服务器、网管服务器、交换机等组成，如图1-2-3所示。其主要功能如下：

（1）系统管理：权限管理、系统安全管理、日志管理、灾难复原、后台监控等；

（2）运营管理：运营参数管理、设备管理等；

（3）数据管理：采集、储存、处理车站计算机上传的各种数据；

（4）数据分析：卡、客流等方面的统计与分析；

（5）财务管理：收益交易管理、报表管理、对账管理、清算管理等；

（6）票务管理：管理票卡使用流程、监督票卡使用、制定黑名单等；

（7）其他功能：数据库管理、网络管理、时钟同步功能。

图1-2-3　中央计算机

四、车站计算机系统

车站计算机包括车站服务器、票务管理终端及监控终端，各部分功能如下：

（1）车站服务器主要负责存储车站交易数据、与中央计算机系统和各终端设备进行通信、运行车站清算服务和数据处理程序。

（2）票务管理终端负责车站票卡和现金库存管理。

（3）监控终端安装在站控室，主要完成车站AFC设备监控管理。

五、车站终端设备

1. 自动售票机（TVM）

自动售票机（Automatic Ticket Vending Machine，TVM）是可自助发售有效车票、自动处理支付的设备。自动售票机（见图 1-2-4）安装在车站非付费区，由乘客通过人机操作界面，自助购买车票。其主要功能如下：

（1）能一次出售单枚或多枚相同票值的车票，数量由乘客通过人机界面设定；

（2）能接受硬币、纸币或银行卡等付费方式，有些还能找零；

（3）通过触屏显示器，提供乘客购票资讯及选项输入。

自动售票机应设在客流不交叉且干扰小的地方，并注意与出入口通道及进站检票机保持适当缓冲距离，还应考虑在不影响乘客正常使用的情况下能进行检修，有足够的取款及检修空间。

图 1-2-4　自动售票机

2. 自动检票机（AGM）

自动检票机又称闸机，是实现乘客自助进出站检票交易的设备。在有效车票经读卡器检验后，检票机通道自动开放，允许乘客进出站。自动检票机设置在车站付费区与非付费区之间。自动检票机在乘客进站时验票，出站时扣除与乘距相对应的车资，并回收指定类型的车票。乘客使用单程票时一般采用“照入插出”方式，即进站时将 IC 卡单程票在进站检票机的 IC 卡读写器上照一下，闸机开通，乘客进站；出站时将 IC 卡单程票插入出站检票机，乘客出站，检票机自动回收单程票。乘客使用储值卡乘车时一般采用“照入照出”的方式，检票机不回收储值卡。

3. 票务处理机（BOM）

票务处理机通常安装在售/补票房或乘客服务中心内，由售票人员操作，完成车票发售/赋值、车票加值、车票分析（验票）、退款、车票交易查询及检验、分析有疑问车票，解决票务纠纷。票务处理机有时也被称为人工售/补票机。

BOM 基本业务功能：售票（储值票、单程票等）、充值、验票、异常票处理、退票退款、特殊记名卡购卡申请和退卡等。

BOM 管理业务功能：登入、补打交易、数据重发等。

BOM 维护业务功能：软件更新、参数下载、数据维护、密码修改、时钟重置等。

BOM 后台业务功能：稽核功能、数据备份和恢复、黑名单功能、参数管理、数据管理等。

4. 自动增值机（AVM）

自动增值机也称为自动充值机（见图 1-2-5），安装在车站非付费区，与自动售票机相邻，供乘客对公共交通卡（储值票）进行加值。

自动增值机主要功能如下：

（1）乘客可以用现金或银行卡对储值票进行增值。

（2）向乘客显示 AVM 当前的工作模式：接受现金和银行卡模式，只接受现金模式，只接受银行卡模式或停止服务模式。

（3）乘客可以进行验票，给出车票内的各种信息和历史交易记录。

5. 自动验票机（TCM）

自动验票机（见图 1-2-6）供乘客用来显示车票的余额及交易记录，比如扣费时间、乘车区间、交易发生前的余额或剩余次数、扣费金额等。

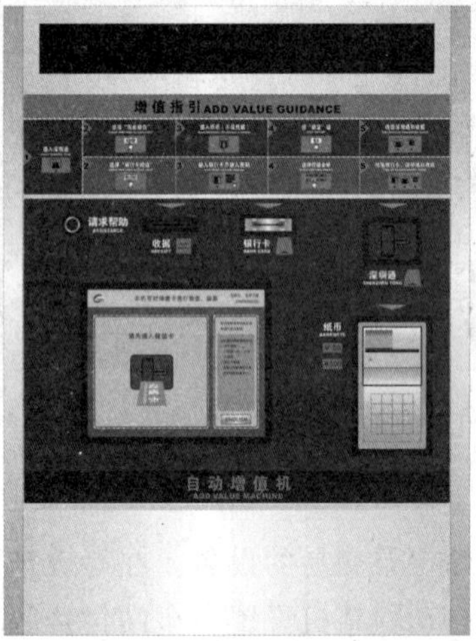

图 1-2-5 自动增值机

图 1-2-6 自动验票机

便携式验票机（见图 1-2-7）是一种移动设备，由工作人员随身携带，用来对乘客所持储值票和单程票进行查询，方便车站工作人员在付费区内对有关票卡的有效性进行检验，为及时处理票务提供帮助。此外，在有的城轨系统中还可临时用作进出站检票机。

便携式验票机的基本功能就是查验车票，对各种车票进行限时、限程信息有效性检查，显示车票信息和历史使用信息等；对越站、超时及无效票除显示信息外，还具备声音提示，必要时便携式验票机还可以增加车票更新功能。

图 1-2-7 便携式验票机

6. 分拣编码机

在城市轨道交通自动收费系统中，与其他自动收费设备相比，分拣编码机的数量相对较少，却起着十分重要的作用。分拣编码机的外形如图 1-2-8 所示。

图 1-2-8　分拣编码机

新购的票卡，在投放之前首先必须对票卡进行初始化（即格式化）。票卡初始化由分拣编码机来完成。车票使用一段时间后，会出现不同程度的损坏，这就需要进行定期的收缴和更换。注销超出有效期的车票或者由于折损而不能继续使用的车票，这些也由分拣编码机来完成。除此以外，分拣编码机还可用来编制应急票、按类型分拣票卡、分离有效票和无效票等操作。

一般来说，分拣编码机设置在清分中心的车票编码室内，通过工业级以太网络以客户机/服务器模式与清分系统中央计算机相连。分拣编码机的计算机上安装有控制软件，由票务工作人员通过该控制软件对分拣编码机进行操作。为了确保安全性，票务工作人员在执行该软件进行控制时，必须先输入用户名和口令，由软件进行检测，在用户名和口令均正确的情况下方可进行操作。票务工作人员可通过该软件设置分拣编码机的工作模式、设定赋值金额、监视设备的运行情况、打印票卡分拣情况表等。根据应用需求，还可将功能分离，设置成单独的分拣机或编码机。

小资料

闸　机

1. 闸机形式

闸机通常有三杆式（见图 1-2-9）和双叶门式（见图 1-2-10 和图 1-2-11）。

图 1-2-9　三杆式闸机

图 1-2-10 前后开式闸机（左）+左右开式闸机（右）

图 1-2-11 双叶门式前后开闸机

从乘客的角度来看，三杆式的缺陷之一是：不熟悉的乘客在刷卡后，可能因看到机器没有任何反应而不知所措。其实这种杆式闸机需要乘客在刷卡后向前移步，推着转杆转动从而通过闸机。另一个缺陷是：后面的乘客，特别是小孩子，如果跟得太紧可能会被转杆打到。

左右开双叶门式闸机的问题是，如果乘客通过闸机时的速度太慢，在双叶门关闭时，可能会打到乘客。当然在设计上可以做如下改进：在闸机上设感应器，只有在感应器确认乘客已经出清时，才允许双叶门关闭。但这样做也可能带来新的问题，几个人可以连着通过而只用一张车票。目前部分城轨公司存在这样两难的情况。

多数城轨把闸机的定位设置为“关闭状态”，只有乘客“刷有效卡”时才打开放行。如果把闸机的定位设置为开放状态，乘客“刷有效卡”时保持开放状态，只有当有人在未刷有效卡试图通过时才关闭。其优点是：

- 减少开关次数；
- 有较高的通过能力。

在日本的城轨系统中就有上述做法。

2. 宽闸机

有些城轨系统只有标准宽度的闸机，乘客可以通行，但是大件行李无法通过。如图 1-2-12 所示，带大件行李或者使用轮椅的乘客在没有宽闸机的情况下，要由工作人员帮助从旁通道进出站。如图 1-2-13 所示是有宽闸机的情况，轮椅乘客可以自己刷卡进出站。

图 1-2-12　旁通道

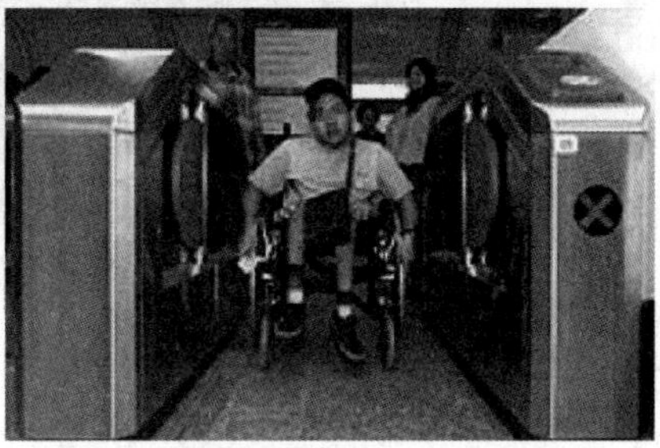
图 1-2-13　宽闸机

3. 闸机的单双向通行

通常闸机的设计都允许选择通行方向。比如早高峰时设成进站，而在晚高峰时改为出站，以适应客流流向。

有些闸机被设计成双向工作模式。如果出站侧乘客先刷卡，那么该闸机就起出站闸机的作用，扣除车费。如果进站侧乘客先刷卡，那么该闸机就作为进站闸机。

这样的闸机在实际工作中存在一个问题：如果进出站两侧都有乘客，同时争着刷卡，容易导致乘客之间的冲突。

4. 闸机的功能

- 调控乘客通行；
- 读写、回收、退还车票和计扣车费；
- 为乘客提示信息、运行状态显示和优惠票报警；
- 维护人员操作界面；
- 交易记录和审计数据的生成、存储和传送；
- 在与线路中央计算机及车站计算机通信中断时，应能在离线运行模式下工作，并能保存数据；在通信恢复后，应自动上传未传送的数据；
- 检票机在断电和接到紧急放行的信号后，必须自动打开检票通道。

5. 开放式 AFC 系统

有些城轨系统并不设闸机，所以乘客即便不刷卡也能搭车，如图 1-2-14 所示。在这种系统中，为了减少逃票的情况，通常会安排检票人员上车进行检查，对于逃票乘客，按规定加倍处罚。

这样的开放式 AFC 系统在乘客量较小的情况下更加适用，比如欧洲一些城市采用开放式 AFC 系统。香港的屯门、元朗轻轨也采用开放式 AFC 系统。乘客在上车前自觉在站台进站读卡器刷一次卡，到达目的站下车后，再在站台的出站读卡器上刷一次卡以扣除车费。图 1-2-14 所示分别是进站、出站读卡器。

图 1-2-14　开放式 AFC 系统

六、车　票

车票在轨道交通自动收费系统的架构中位于最下一层，也是乘客接触最多、与乘客联系最为紧密的一层。车票是指供乘客持有、使用的单程票、公共交通卡、其他随机发行的纪念车票等。

城市轨道交通车票的种类可根据车票采用的媒介、车票使用的时间或次数的限制等进行划分。

（一）根据采用的媒介划分

车票分为纸质车票、筹码车票、磁卡车票、IC 卡车票和电子车票。

常见的纸质车票有普通纸票和条形码纸票。普通纸票是将车票的所有信息都直接印刷在车票上，由票务人员视读确认，适用于人工售检票。条形码纸票是将车票的相关信息通过条形码编码储存，由条形码扫描仪完成信息识别。标识的信息只供读取而不能改写，适用于条形码扫描仪辅助情况下的人工售检票。

筹码车票采用代币 TOKEN，投入后能开启闸门。

磁卡车票有纸质磁卡车票和塑质磁卡车票，二者都是在基片上设置磁记录区域，通过磁留存储存密码、编号、车资、进站时间和地点等有关的信息，由磁卡读写设备获取及修改相关信息，信息是可修改的。

IC 卡车票的塑料基片上封装了集成电路芯片，具有存储容量大、保密性能好、使用寿命长等优点。可分为接触式 IC 卡车票和非接触式 IC 卡车票。接触式 IC 卡在 IC 卡发展早期使用，后因乘客插卡不便、通过闸机速度慢、难以适应大客流的要求，且由于票卡芯片裸露，磨损和污染易影响票卡的使用寿命等原因，在轨道交通实用化方面的进展缓慢。与接触式 IC 卡相比，非接触式 IC 卡读写操作简单、磨损小，成为城市轨道交通 AFC 系统的首选。非接触式 IC 卡（smart card 或 integrated circuit card）是将车票的所有信息储存在车票的集成电路中，用非接触式 IC 卡读写设备获取及修改相关信息。目前，轨道交通使用的非接触式 IC 卡单程车票有两种类型：卡型（见图 1-2-15）和筹码型（TOKEN）（见图 1-2-16）。

图 1-2-15　卡型非接触式 IC 卡

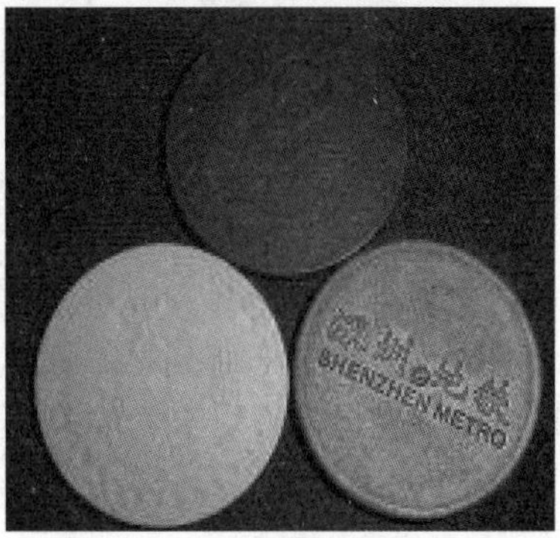

图 1-2-16　筹码型非接触式 IC 卡

（二）根据使用时间的限制划分

车票分为普通车票和定期车票。普通车票是只能在当日一定时间内乘车使用的车票；定期车票是可以在一段时间内（如周内、季内或年内）乘车使用的车票。

（三）根据使用次数的限制划分

车票分为单程票和储值票。单程车票是供一次乘车使用的车票，储值车票是在有足够车资的情况下可多次乘车使用的车票。

为了更好地满足乘客的不同需求，AFC 系统提供多种类型车票，例如，单程票、多程票、储值票、纪念票、出站票、公共交通卡等，供乘客选用。另外还有专供员工使用的员工票。

（1）单程票：当日使用，车票有面值，限当日、当站使用，在下车站由出站检票机自动回收。

（2）多程票：车票设定使用有效期与使用次数，使用完毕可回收。

（3）储值票：日常使用，乘客一次购票、多次使用，可加值，可设定使用有效期，到期可回收。

（4）纪念票：为纪念政治、经济、文化等重大事件或题材而限量发售、兼有乘车和收藏功能的车票。

（5）公共交通卡：用于城市公共汽车/电车、轨道交通、出租汽车等乘行的具有储值功能的消费载体。

思 考 题

1. 在 AFC 系统中有哪 5 个层次？举例说明这 5 个层次之间的关系。分别阐述各层次故障的影响。

2. 为什么要设出站票？

3. 试对纸质票、磁卡票、IC 卡的优缺点进行比较。

第三节　AFC系统的运作

一、票务管理

票务管理是城轨运营管理中的一项涉及面很广的管理活动，会在本书的兄弟篇《城市轨道交通运营管理》一书中专题讲述。此处只简单列举一些与AFC设备及车票有关的具体票务管理工作。

（1）实行线路中心和车站二级管理模式，中央计算机系统负责全线的票务管理工作，各站负责本站的票务管理。

（2）所有投入的车票须经中央计算机系统的编码机初始化后方可在系统中使用。

（3）单程票及储值票须经赋值后才有效。

（4）正常运行模式下，乘客使用车票须按先进站后出站的次序来使用，否则就会提示无效（储值票余额不足也会被视为无效），需到售票处验票或补票。

（5）退票。

（6）对黑名单的管理，比如有乘客遗失车票后，凭车票号码挂失。票务工作人员将号码输入黑名单，该车票被视为无效票。

二、运行模式

系统运行模式包括正常运行模式、降级运行模式和紧急运行模式。

（一）正常运行模式

乘客从某站进入时刷一次卡，留下一个记录，到目的地车站时又刷一次卡。结合前一次的记录，就从储值票/卡上扣费（单程票出站时回收）。

（二）降级运行模式

不同的城轨系统可能会有不同的降级运行模式，现简述其中几种。

1. 日期忽略模式

由于轨道交通运营的原因，导致单程票过期，系统可被设置为“日期忽略模式”。在该模式下，进出站检票机对车票的有效性进行检验时，对车票日期这一项免检。

例如，乘客购买单程票后，由于列车服务中断，乘客无法在当日使用该单程票，该单程票在设定“日期忽略模式”的期限内仍有效。

2. 超程忽略模式

由于轨道交通运营的原因（如列车临时跳停等）造成乘客超程，系统可被设置为“超程忽略模式”。在该模式下，出站检票机对乘距这一项免检，回收所有单程票，对储值票扣除最低票价。

3. 时间忽略模式

由于轨道交通运营的原因造成乘客在车站收费区内停留时间超过 AFC 系统所规定的时限时，系统可被设置为“时间忽略模式”。在该模式下，出站检票机对车票进站时间信息这一项免检。

4. 非紧急停运模式

当轨道交通运营因故障而暂停列车服务时，系统可被设置为“非紧急停运模式”。在该模式下，单程票乘客通过出站检票机时一定要取票出站，因为单程票上将记录相关信息，该单程票将在规定期限内仍然有效并且不受车站限制，或者按轨道交通规则对车票进行善后处理；储值票不扣车资，但在出站刷卡时有出站记录。

（三）紧急模式

所谓紧急，就是乘客需要快速离开现场，否则有生命危险。为了让乘客快速离开现场，需要把所有闸机打开放行。最快的打开方式是一个设在站控室的紧急按钮。如果车站是无人值守的，则这个紧急按钮设在 OCC；也可以和火灾报警系统联动。有的城轨一旦火灾系统探测到有火情，会自动把所有闸机打开放行。但是在实际的运营实践中发现，很多时候是误报警，对正常的运营生产造成了干扰。在放行的情况下，系统停止收费，涉及的乘客由于在放行时没有刷卡，就少了一个出站记录，需要事后到车站请站务员进行票务处理，车票才可以继续使用。

此外，在碰到大型活动时，乘客量超大，预计闸机无法应付时可以采取特别措施，如人工售检票、一票制（每人一票，统一价格），利用闸机边上的侧门（又称旁通道，通常这个侧门是给工作人员、清洁工推车用的，当然也可以作为逃生通道）放行。

小资料

AFC 系统中英文对照

ACC：AFC Clearing Center	城市轨道交通清分中心
AFC：Automatic Fare Collection System	自动收费系统
TVM：Ticket Vending Machine	自动售票机
AVM：Add Value Machine	自动增值机
TCM：Ticket Checking Machine	自动验票机
AGM：Automatic Gate Machine	自动检票机（闸机）
BOM：Booking Office Machine	票务处理机

思考题

1. 举例说明什么样的票应列在黑名单中。
2. 新购置的车票需要经过什么环节才能被乘客使用？
3. 举例说明各种降级运行模式的适用情况。
4. 试述非紧急停运模式和紧急模式区别在哪里？

第四节　AFC 系统的发展趋势

AFC 最早的功能定位是变人工收费为自动收费，一方面加快收费速度，适应大客流的要求；另一方面使推广更复杂更合理的票价政策成为可能。如分段制、里程制、分时制等，这些政策在人工收费模式下难以实施。

关于票价政策部分参看本书的兄弟篇《城市轨道交通运营管理》一书。

随着形势的发展和技术的进步，AFC 正经历一场革命性的飞跃。

一、广度的扩展

早期 AFC 解决的是城轨交通的自动收费问题，后来扩展到其他交通领域而成为交通卡，再后来又进一步扩展到消费领域（比如在超市购物）而成为一卡通。这就需要在不同的经营体之间进行账务的清分，存在于 AFC 之上的清分系统也就应运而生。

二、深度的深化

深度的深化是指对 AFC 所收集到的数据进行加工利用。

AFC 收集到大量的数据，包括乘客的出行数据，其具体内容是乘客何时在何处进站，又何时在何处出站，其实质就是乘客出行的时空记录。这一时空记录的汇总就给出了客流的时空分布规律，这正是运营人员所需要的客流数据。它的使用包括如下几个方面：

（1）向乘客提供实时的城轨交通线网的拥堵情况信息，供乘客决策。

（2）网络运营协调中心可以及时掌握网内客流动态，及时调整供应水平，加车或者减车。

（3）调整票价政策。通过经济杠杆对客流量进行调整，比如增加对高峰前后时段出行的票价优惠以鼓励乘客错峰出行，缓解交通压力。

（4）AFC 收集的出行数据可以帮助城市交通规划人员制定交通规划，包括城市轨道交通的规划。

AFC 作为一个收费系统，可以提高工作效率，减少运管人员的配备人数；AFC 作为一个信息采集渠道，将对城轨的运营管理及整个城市的智能交通建设起到重大的促进作用。

三、车票角色的淡化

不少城轨系统允许乘客使用银行卡代替车票打开闸机，有些城轨更进一步引入了人脸识别技术。这样一来，车票的作用逐步弱化，大有淡出历史舞台之势。

车票的淡出，实质上意味着收费过程减少了一个环节，和车票的处理相关的资金成本和时间成本都相应不复存在。

第三章　站台隔离门

传统铁路的站台一般是开放的，即在站台边缘没有把候车乘客和列车隔离开来的设备，早期的城轨车站也延续了这一传统。

城轨车站设在城市内部，由于空间的限制，许多车站不得不设在地下（即地下站）。

地下站的环境较差，主要原因是：

- 空气流通不良；
- 隧道内运行的列车带起的灰尘和产生的噪声；
- 车站人员、设备、列车等造成的温升，特别是在气温较高的地区。

同时，城轨交通的客流量大，列车频繁，使得人车冲突的概率加大，形成安全隐患。

基于上述环境和安全两方面的考虑，越来越多的城轨车站在站台边缘设置“隔离门”，以实现站内环境和隧道环境的隔离（对地下站而言），以及人和车之间的隔离（对所有车站）。

为了隔离环境，需要全高的隔离门，这就是地下站常见的站台屏蔽门（Platform Screen Door，PSD）。而为了实现人车之间的隔离，半高的隔离门已经足够，这就是地面或高架站常见的站台安全门。为了叙述的方便，本书使用“站台隔离门”一词。事实上，有些城轨系统的站台安全门采用的是通透的隔离栅栏的形式，同样起到人车隔离的作用。

学习这一章要抓住以下几个重点：明确隔离门在安全方面的作用；由于隔离门与车门有联动关系，隔离门故障在一定程度上会影响到行车。

第一节　隔离门的组成及操作

一、隔离门的组成

隔离门通常由滑动门、固定门、应急门、端墙门组成。

1. 滑动门

从位置角度来讲，滑动门即列车对位停稳后与车门相对应的隔离门。门敞开时门头灯点亮，关闭或开启过程中门头灯闪烁，关闭时门头灯熄灭，如图 1-3-1 所示。

图 1-3-1　滑动门关闭状态

隔离门关闭过程中如遇上障碍物，则会停止动作数秒后再次自动尝试关闭。

在设计上，隔离门在遇到障碍物时的反应应和车门的设计保持一致，否则将会使乘客不知所措。

紧急情况下乘客可以从隧道一侧将隔离门打开，具体步骤如下：第一步将门把手向上扳起，第二步用双手把门向两侧拉开，如图 1-3-2 所示。工作人员也可用钥匙从站台侧开启。

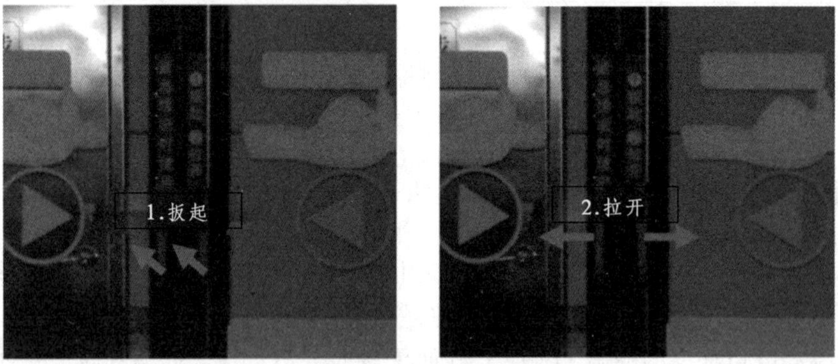

图 1-3-2　轨道侧开门

2. 固定门

固定门设置在两扇滑动门之间，结合规定条件进行设置。

3. 应急门

当列车进站停车后由于某种原因无法对准滑动门时，为了疏散乘客设应急门（不是滑动形式，而是推拉形式）。

应急门可用钥匙从站台侧开启，也可从隧道侧使用紧急开门手柄直接开启。

应急门和滑动门一样也是安全回路的一部分，即门开时安全回路断开，门关闭并锁定后安全回路接通。只有在安全回路接通时，列车才可以被允许离站。

4. 端墙门

每侧站台头尾端各设有一组端墙门（见图 1-3-3）。开门方法与应急门相同。但端墙门并不是安全回路的一部分，也就是说端墙门和列车运行没有任何关系，完全独立。日常工作需注意在通过端墙门后，务必将端墙门关好锁好，否则一方面乘客有可能擅自进入轨道，形成安全隐患，另一方面列车进出站时的活塞风极易导致端墙门因猛烈撞击而破碎。

图 1-3-3　端墙门

二、隔离门的操作

隔离门的操作方式有四种：现场操作、站台操作盘控制、站控室操作盘控制、系统自动控制。

（一）现场操作

现场操作控制是指工作人员用隔离门专用钥匙或乘客使用紧急手柄/紧急开门推杆等手动打开隔离门。现场手动只操作单个门。下面分别介绍三种门体手动操作的方法。

1. 滑动门手动操作

适用范围：当系统级、站台级和站控室级控制均不能操作隔离门时。

（1）站台侧：在站台侧由工作人员用钥匙解锁后，用力向两边推开，推开后拔出钥匙，门头灯亮灯。

（2）轨道侧：在轨道侧由乘客使用滑动门上的开门把手自行开启滑动门。

2. 应急门手动操作

适用范围：当列车无法在规定范围内停车，车门没能和滑动门对准，但和应急门对应时。

（1）站台侧：站台工作人员在站台侧用钥匙解锁后，用力朝站台方向拉开。

（2）轨道侧：在轨道侧由乘客推压杆锁推开应急门。

3. 端门手动操作

适用范围：当隧道内发生火灾、列车出轨等情况，需要将停在隧道内的列车上的乘客就地下车疏散时，或工作人员进出位于端墙后边的设备房或进出区间时。

开门方法与应急门相同。

（二）站台操作

站台操作是通过隔离门站台控制盘进行的。该控制盘设于站台端墙处，其主要控制功能包括开启、关闭及互锁解除。站台控制盘如图 1-3-4 所示。

（1）由上往下第一个旋钮为隔离门操作允许开关。插入钥匙由左往右旋共分为三档，第一档为禁止、第二档为关门、第三档为开门。

（2）第二个旋钮为互锁开关，插入钥匙后往右旋为互锁解除状态。“互锁解除”的含义为：列控系统会认为隔离门一切正常，准许列车出站，即使实际上隔离门存在问题，比如个别门虽然关闭但没有锁住。该开关为自复位开关，即松手后开关将自动复位到禁止状态。

（3）由上至下第一个指示灯为关门操作指示灯，第二个为开门操作指示灯，第三个为互锁解除指示灯，第四个为门关闭状态指示灯。

（4）最下方试灯按钮用来测试上述 4 个指示灯是否正常。

站台控制盘指示灯含义如下：

① 关门操作指示灯（DOORS CLOSE）：在控制盘发出关门指令，滑动门处于关门过程中时，此灯亮；滑动门关闭好后，此灯灭。

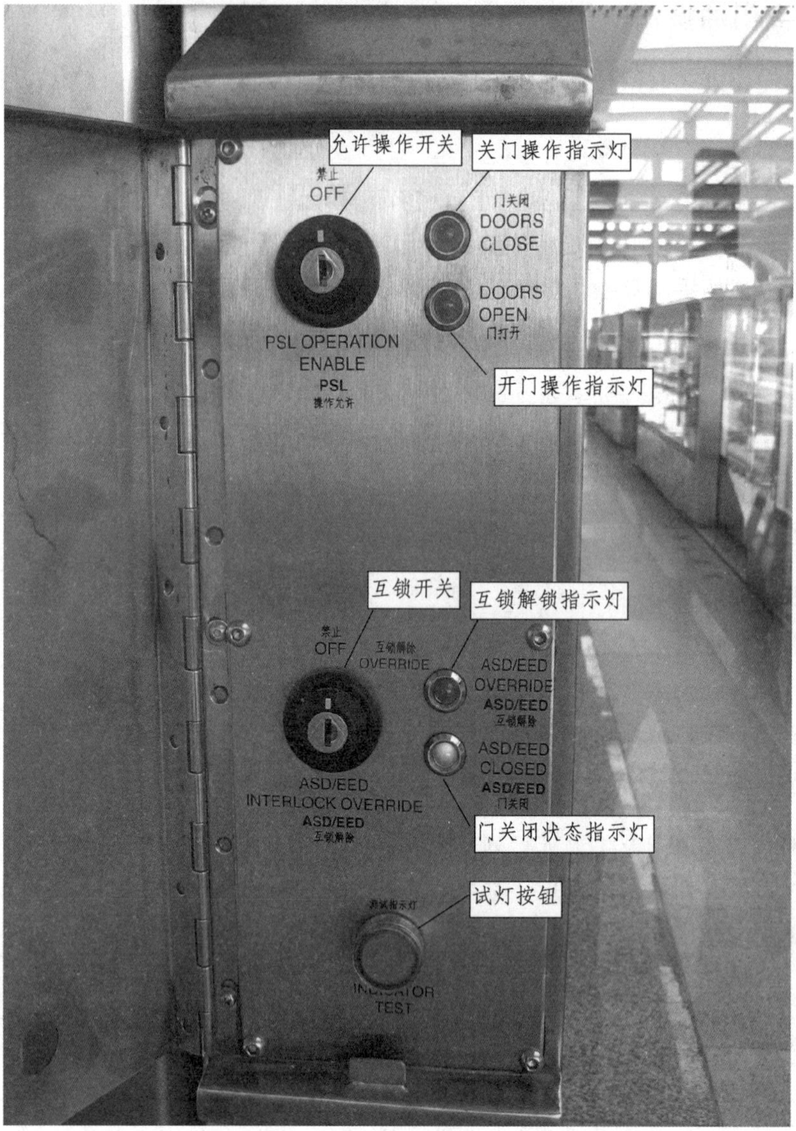

图 1-3-4 控制盘示意图

② 开门操作指示灯（DOORS OPEN）：在控制盘发出开门指令，滑动门处于开门过程中时，此灯亮；在滑动门完全开启后，此灯灭。

③ 互锁指示灯（OVERRIDE）：在控制盘上操作互锁开关，隔离门处于互锁解除状态时，此灯亮；当互锁开关恢复到禁止状态后，此灯灭。

④ 门关闭状态指示灯（CLOSED）：当所有滑动门处于关闭状态时，此灯亮；当任何一个滑动门处于开启状态时，此灯灭。

（三）站控室操作

站控室操作是通过站控室控制盘进行的。该操作盘设置在每个车站的控制室。下面是一个例子，如图 1-3-5 所示。

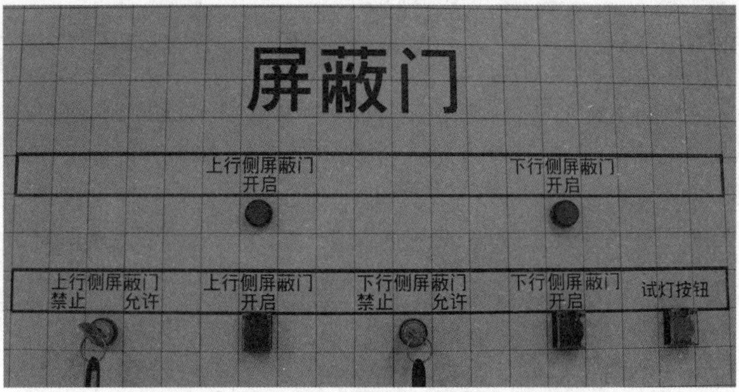

图 1-3-5　站控室屏蔽门控制盘（局部）

【上行侧屏蔽门禁止/允许】钥匙转换开关：将此开关切换到允许状态下才能使用【上行侧屏蔽门开启】按钮。

【上行侧屏蔽门开启】按钮：按下此按钮后本站站台上行线的屏蔽门将全部开启。

【下行侧屏蔽门禁止/允许】钥匙转换开关：将此开关切换到允许状态下才能使用【下行侧屏蔽门开启】按钮。

【下行侧屏蔽门开启】按钮：按下此按钮后本站站台下行线的屏蔽门将全部开启。

【试灯】按钮：按下此按钮会使控制盘上的指示灯全部亮起，以便检查指示灯是否正常。

【上行侧屏蔽门开启】指示灯：灯亮时上行屏蔽门处于开启状态。

【下行侧屏蔽门开启】指示灯：灯亮时下行屏蔽门处于开启状态。

（四）系统自动操作

在正常运行模式下，隔离门处于系统自动控制状态。在列车到站停准停稳后，列控系统就发出开门命令，开启车门和隔离门；当列车停站时间到，列控系统发出关门命令，关闭车门和隔离门。

如果按“权力”大小来排序，现场操作的权力最大，然后依次是站台操作、站控室操作和系统自动操作。

如果从使用上的选择顺序来看，系统自动操作是首选模式，所有另外三种操作均为后备模式。在这三种后备模式之间又如何选择应视当时的故障情况而定。比如，在个别门故障时，应选用现场操作模式（如进行切除）；又如，在所有门都已经关闭，但系统却不能确认它们的关闭状态时，就要在站台进行互锁解除操作。

小资料

电梯与站台隔离门

常搭电梯的人都知道，乘用电梯需走过两道门：一是电梯载人轿厢的门，一是和轿厢门对应的固定在各楼层的电梯井口的门（此处把它称为井口门）。在正常情况下轿厢门和井口门是同时开关的，这和城轨系统中列车门及站台隔离门的关系有相似之处，如：

（1）在列车还没有到站停稳的情况下，隔离门是不应该打开的。

（2）在列车到站停稳但没有停准的情况下，隔离门也是不应该打开的。

（3）当车门/隔离门在关闭过程中碰到异物时，通常的设计是让车门/隔离门再度打开，以期异物（多数时候是人）能移开，这和电梯的设计一样。

当然，二者（“轿厢门和井口门”及“列车门和隔离门”）之间也有不同之处，如：

（1）隔离门比车门要宽。这是因为列车停站的精度和电梯停靠楼层的精度相比更不容易控制，所以要给列车一定的停车“出错”空间，以便提高可以开门的概率。

（2）电梯是上下（竖向）运行的，而列车是左右（水平方向）运行的。

（3）由于电梯轿厢的运行受到严格的控制，所以轿厢和井口之间的缝隙比列车和站台之间的缝隙要小得多。

对城轨的学习不可孤立地进行，而应联系其他事物，特别是日常生活中熟悉的事物。

思考题

1. 安全门和屏蔽门真正的区别在哪里？
2. 简述隔离门各组成部分的作用。
3. 对比站台控制和站控室控制的异同。
4. 为什么说按“权力”大小来排序，现场操作的权力最大？
5. 如果没有应急门，出现停车对位不准的情况如何解决？

第二节　隔离门的故障及处理

1. 个别门故障，不能正常开关门

在个别滑动门故障的情况下，为了不影响整排隔离门的开关，在确保故障门处于关闭的前提下对该门进行隔离操作，即切除其电源。到达列车与该故障门相对应的车门将保持关门。

下面是一个例子：就地控制盒设置在每道滑动门的楣梁上，钥匙开关有“隔离”“自动”“关门”“开门”四个挡位，如图1-3-6所示。

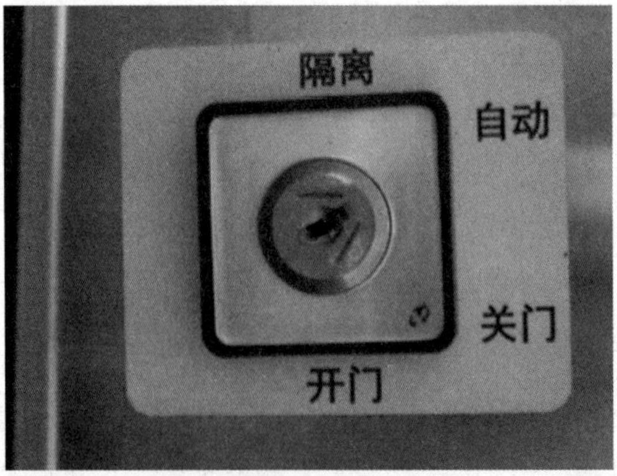

图1-3-6　就地控制盒挡位

2. 整排隔离门故障，不能正常开关门

由于隔离门和信号系统之间的接口故障，无法进行联动控制，导致整排隔离门未能正常开闭，在机械功能正常的情况下，可通过操作站台头端墙的站台操作控制盘上相关旋钮对隔离门进行开关门的控制。

3. 整排隔离门虽已关闭，但系统不能确定其是否处于锁闭状态

在这种情况下，自动模式（Automatic Mode, AM）以及有码人工模式（Coded Manual, CM）下的列车不能出站，此时，可在站台头端墙的控制盘上通过操作互锁解除开关强制接通安全回路，放行列车。

小资料

仅用于实现人车隔离的隔离门的例子，如图 1-3-7 所示。

图 1-3-7　站台隔离门

案例

1. 2010 年 7 月 5 日 18 时许，某城市 2 号线一列停站列车正在关门作业时，一名中年女性乘客强行上车时手腕被车门夹住，在列车启动后又与栅栏式站台隔离护栏相撞不幸身亡。（注：隔离护栏未覆盖站台全长，与车门相对应的地方没有护栏。）

2. 2010 年 3 月 22 日，某地铁 1 号线一名擅入地铁区间的拾荒者被撞身亡。

思 考 题

1. 隔离门可能出现哪些类型的故障？
2. 当个别门故障时，用站台控制盘上的互锁开关来处理是否妥当？为什么？
3. 当整排隔离门未能正常关闭时，使用逐个门隔离的办法进行处理是否恰当？为什么？
4. 当整排隔离门未能正常开启时，应如何处理？
5. 事物都有两面性，试举例说明隔离门的负面影响。

第四章　车站其他设备

除了前面三章提到的设备系统以外，车站还有很多其他设备，比如，为方便乘客而设置的电梯、自动扶梯及自动步道；为乘客安全而配备的防灾报警系统；为乘客提供舒适环境的空调通风照明系统、给排水系统；为更好地解决车站的安保问题而设置的门禁系统。本章会对它们分别进行描述，并在描述过程中特别强调火警情况下它们之间的联动关系。

上述系统的故障在多数情况下不会对城轨列车的运作造成直接的影响，但会影响到包括客运组织在内的车站运作。

第一节　自动扶梯、电梯及自动步道

地铁、轻轨是交通工具，自动扶梯、电梯及自动步道也是交通工具。

早期多数的城轨车站内没有设置自动扶梯，主要是出于成本考虑。后来加装扶梯，一方面是为了方便乘客，另一方面更重要的是为了应付大客流，特别是出站方向的客流，因为列车到站时可能同时有大批乘客下车。

对于电梯而言，曾有城轨建设管理机构宁愿出资为使用轮椅的乘客购买地面交通车，也不愿在城轨站内设电梯，这也是出于成本考虑。但随着形势的变化，现在新建的城轨通常都设有电梯，而且原本没有电梯的城轨站也开始加装电梯。这是因为不仅使用轮椅的乘客需要电梯，推婴儿车的乘客以及老年乘客也需要电梯，而且随着人口老龄化的加剧，老年乘客的比重也在增加。

为了方便乘客在城轨线路之间的换乘，在早期工程条件许可的情况下，多把换乘站做成同站台换乘。但随着城市建筑密度的加大，实现同站台换乘的工程难度越来越大。不仅如此，线路之间的换乘所涉及的两个站台之间有时会有一段较长的距离。在这种需要进行通道换乘的情况下，可设置在机场候机楼常见的那种自动步道，在两线之间起接驳作用。本节对自动步道不展开讨论。

一、自动扶梯

自动扶梯是带有循环运行梯级、用于向上或向下倾斜输送乘客的电力驱动的运输设备。

（一）基本构造

自动扶梯的组成通常有：主驱动装置、梯级传动链及梯级、扶手栏及扶手带、扶手带驱动装置等，如图 1-4-1 所示。

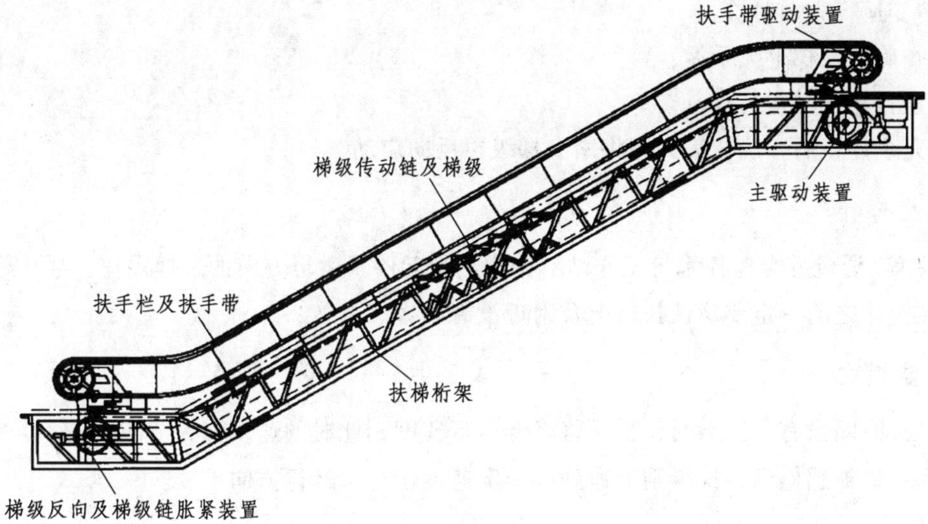

图 1-4-1　自动扶梯基本构造

扶梯的上下端平台附近设有指示灯，用以显示扶梯的运行方向。红色灯光用来警告行人不要进入。

与普通商场自动扶梯相比，城轨交通所用的自动扶梯有如下特点：运行速度高，主要是为了适应大客流的要求；扶梯上下两端的过渡段较长，是因为城轨扶梯的运行速度较高，需要给乘客较多的过渡空间。

（二）正常操作

1. 现场操作

由工作人员在现场使用钥匙对扶梯进行启停及运行方向的选择操作，如图 1-4-2 所示。

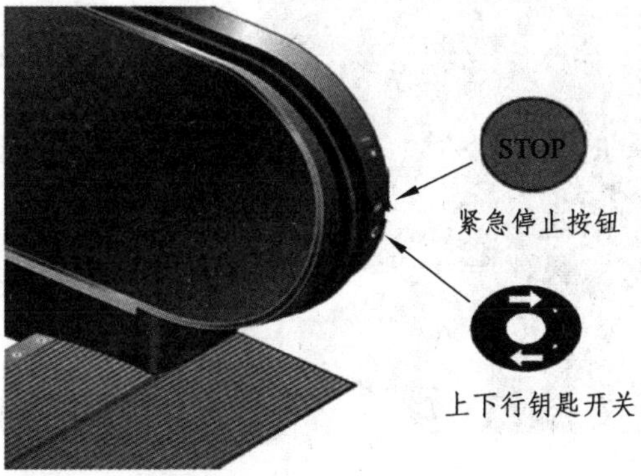

图 1-4-2　紧急停止按钮及上下行钥匙开关

（1）停梯后再启动前应：

① 检查确认梯级上无乘客、自动扶梯周围无障碍物也无人即将踏上梯级；

② 在梯头或梯尾的启动开关处用钥匙启动自动扶梯；

③ 在达到额定转速前，检查自动扶梯是否运行自如，若有异常，即按急停按钮停止。

（2）转变运行方向时应：

① 检查确认扶梯上无乘客；

② 停止自动扶梯运行；

③ 待完全停止后，确认无人即将踏上梯级再反向启动。

2. 遥控操作

在站控室，通过综合监控系统工作站对扶梯进行起停及运行方向的选择操作。为了安全，在进行遥控操作之前一定要确认扶梯上及附近没有乘客。

3. 节能模式

当扶梯长时间没有人搭乘时，扶梯将降低运行速度，此时的速度称为节能速度。若有乘客接近扶梯入口被感应到，扶梯则加速到以额定速度运行，运行方向不变。

（三）扶梯安全

1. 紧急停止按钮

在扶梯上、下平台位置分别各有一个紧急停止按钮，如图1-4-2所示。对于长大自动扶梯，除了两端的紧急停止按钮外，在中部侧墙适当位置设额外的紧急停止按钮。如果能及时把运行中的自动扶梯停下来，会极大地降低自动扶梯事故可能带来的危害。

2. 安全提示形象贴图

在扶梯上、下平台区域分别贴有指导行人如何正确使用扶梯的示意图片（见图1-4-3）。

图1-4-3 运行方向指示灯及安全提示

3. 以下情况下梯级运行监测系统（见图1-4-4）将迫停电梯

（1）梯级轮边缘被磨损太多，梯级链的运行位置下降过大；

（2）惰轮边缘被磨损太多，其运行位置下降过大；

（3）梯级弯曲或者塌陷。

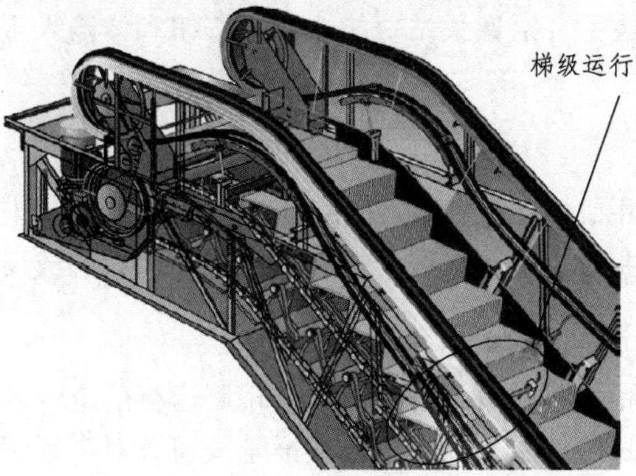

图 1-4-4　梯级运行监测系统

4. 梳齿板安全保护

在梯级和梳齿板之间出现异物发生堵塞时，梳齿板通过压迫安全开关迫停扶梯。

设置自动扶梯的初衷是方便乘客，但与扶梯有关的客伤事件时有发生。因此，需要制订安全使用自动扶梯的规则以及事故发生后的处理办法。

案例

1. 2010 年 12 月 14 日早上 9 点多，深圳地铁国贸站自动扶梯本来上行，突然变为下行，引发了踩踏事故，多人受伤。

2. 2011 年 7 月 5 日 09:36，北京地铁四号线动物园站 A 出口上行自动扶梯发生事故，上行自动扶梯突然下行，事故造成 1 人死亡，多人受伤。

作为运营管理人员，对类似事故发生的可能性要有足够的认识，并制定相应的措施防止其发生或在发生后把损失降至最低程度。

二、电　梯

电梯的设置一般遵循如下原则（以一个典型的地下车站为例）：在地面层和站厅层之间设联系电梯；在站厅层与站台层也设联系电梯，如图 1-4-5 所示。不直接把地面层和站台层用电梯连接是因为票务管理的需要。

图 1-4-5　电　梯

电梯一般配置有轿厢内扶手、语音报站功能、盲文按钮和体障人士专用操作盘及体障人士导向标识。

1. 轿外操作盘

轿外操作盘设置在电梯井口门一侧，其功能配备有：召唤按钮（用于召唤轿厢停靠）；与轿内人员通话的对讲器；钥匙开关（用于将电梯设为停止使用状态或反之）。

2. 轿内操作盘

轿内操作盘是设置在轿厢内门口两侧轿壁上操纵轿厢运行的电气装置，如图 1-4-6 所示。操作盘上有楼层选择按钮、开门按钮、关门按钮、报警按钮、对讲系统、轿厢位置及其运行方向显示装置。

（1）对讲系统。对讲系统包括对讲喇叭、对讲麦克风，可以实现轿厢内乘客与站控室或轿厢外救护人员的通话，如图 1-4-7 所示。

图 1-4-6 轿内操作盘

图 1-4-7 轿内轿外对讲按钮

（2）报警按钮。操作报警按钮（见图 1-4-8）将激发报警装置，即使正常供电中断它也会由后备电源保证供电。此键被按压后，站控室会有报警，比如，“乘客报警灯”会点亮。

（3）楼层按钮。使用时按压所需的楼层按钮，电梯将会自动到达指定楼层并停稳开门，如图 1-4-9 所示。

图 1-4-8 轿内报警按钮

图 1-4-9 楼层按钮

3. 其他功能配备

（1）防夹功能。轿门处有光幕探测装置。如果光束被遮挡，门会自动停止关闭，并且再度开启。

（2）过载指示器。当过载时，过载指示器显示红灯（见图 1-4-10），与蜂鸣信号一起提示轿厢过载。此时轿厢停止运行并处于开门状态。过载消除后信号会自动消失，轿厢可恢复正常运行。

（3）火警指示器。当火警指示器（见图 1-4-11）亮灯时，表明有火警事件发生，电梯会直接运行到最高或最底层，电梯门自动打开，请乘客立即离开电梯。最高层的含义是：对于地下站连接地面和站厅层的电梯，其最高层是地面；而连接站厅层和站台层的电梯，其最高层是站厅层。最底层的含义是：对于高架站连接站台层和地面站厅层的电梯，其最底层是地面。

OVERLOAD
超　载

图 1-4-10　过载指示器

FIRE EMERGENCY RETURN
火　警　紧　急　返　回

图 1-4-11　火警指示器

（4）盲文标识。轿厢内各种按钮均有盲文标识（见图 1-4-12），以方便有需要的乘客。

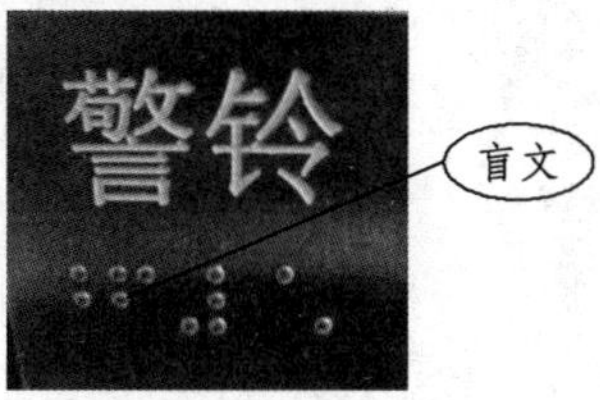

图 1-4-12　盲文标识

思 考 题

1. 为什么要在城轨车站设自动扶梯？
2. 城轨车站的自动扶梯和一般商场的自动扶梯有什么不同？为什么？
3. 为什么要在城轨车站设电梯？
4. 如何确保扶梯使用安全？
5. 乘客如果被困电梯内，应如何求助？
6. 为什么不直接把地面层和站台层用电梯连接起来？

第二节　火灾自动报警系统（FAS）

火灾是城轨系统，特别是地下段最危险的灾害之一。火灾自动报警系统（Fire Alarm System，FAS）是为了尽早探测到火灾的发生并发出火灾警报、启动有关防火、灭火装置而在建筑物中设置的一种自动消防设施。通过设置在车站或者隧道内的自动火灾探测装置和手动报警装置，可以在火灾发生的初期探测到火灾，并通过警报装置发出火灾警报，同时启动防烟、排烟及防火、灭火设施，以便于人员撤离，防止火灾发展和蔓延，有助于控制和扑灭火灾。

一、FAS 系统的组成

火灾自动报警系统一般由火灾警报触发器件、火灾报警控制装置、手动报警装置以及火灾联动控制装置四部分组成。在火灾发生的初期，系统通过设置在现场的感烟、感温和感光火灾探测器等自动接收火灾燃烧所产生的烟雾、温度变化和热辐射等物理信号，并将其变换成电信号输入火灾报警控制器。通过手动报警按钮也可以向火灾报警控制器通报火警。火灾报警控制器对输入的报警信号进行处理、分析，经判断为火灾时，立即以声、光信号等形式发出火灾警报，并记录、显示火灾发生的时间和位置，同时向防烟排烟系统、自动喷水灭火系统、室内消火栓系统、管网气体灭火系统、泡沫灭火系统、干粉灭火系统以及防火门、防火卷帘、挡烟垂壁等防火防烟设施发出控制指令，启动各种消防装置，疏散人员，控制火灾蔓延。

1. 火灾警报触发器件

火灾警报触发器件将火灾发生后的物理量（温度、烟雾浓度）转换成电信号，传给火灾报警控制器。图 1-4-13 所示是一些警报触发器件的例子。

图 1-4-13　火灾警报触发器件

2. 火灾报警控制器

火灾报警控制器是系统的指挥中心，主要担负整个系统监视、控制、显示、信息记录和档案存储等职责。有火灾时，火灾报警控制器接受、转换、处理火灾探测器输出的报警信号，进行声光报警，并通过自动灭火装置灭火和启动消防联动控制设备，以控制其他相关设备，如收费闸机、电梯、站内广播等。

3. 手动报警按钮

手动报警按钮指用手动方式发出火灾报警信号以及启动灭火装置的器件，如图 1-4-14 所示。

图 1-4-14　手动报警按钮

4. 联动控制器

联动控制器（见图 1-4-15）能接收由报警控制器传递来的报警信号，继而对其他相关设备（如 AFC 闸机、电梯、站内广播等）发出控制信号。

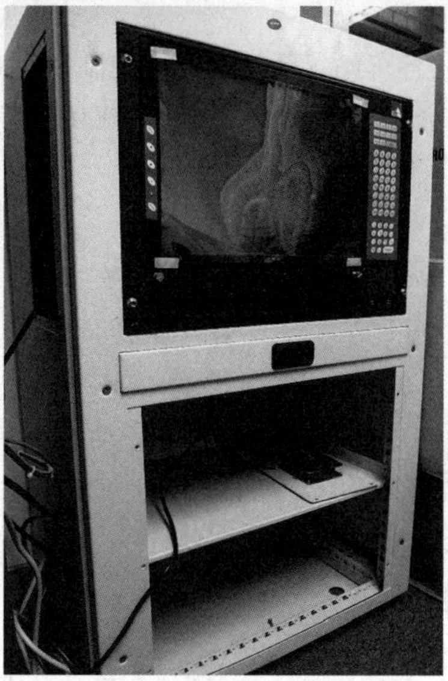

图 1-4-15　联动控制器

二、FAS 系统功能

1. 探测火灾

设置在现场的各种探测器（如感烟探测器、感温探测器、火焰式探测器等）在探测到火灾后，把现场探测模拟数据传送回火灾自动报警控制装置。

2. 自动判断

对现场传送回来的探测数据进行分析判断，以确定是否发生火灾。

3. 早期报警

当判定为火灾时，火灾自动报警控制装置以声、光报警形式通知值班人员，并且通过设置在现场的警铃、警笛、消防广播等通知人员疏散。

4. 监控消防设备设施

对消防设备（如防火阀、消防水泵、防火卷帘门、排烟风机、水流开关等）进行状态监视以及紧急控制。在一些城轨系统中，FAS 还对气体灭火系统的火警报警信号、故障报警信号、喷气报警信号、手/自动报警信号进行监视。

5. 发布火灾模式命令

FAS 系统在判定有火灾发生后，向车站设备监控系统（BAS）发布火灾模式命令。由车站设备监控系统控制有关环控设备执行相关的救灾模式。

三、FAS 系统控制方式

FAS 采用中央级与车站级两级管理：在中央控制室设火灾自动报警控制中心（为主控级）；在车站、车辆段、停车场、主变电所等设火灾自动报警控制室（为分控级）。

1. FAS中央级控制

由FAS中央级监视城轨全线各车站、区间隧道、控制中心大楼、车辆段、停车场、主变电所等下属所有区域的火灾报警、消防联动和故障情况，并在火灾发生时作为全线防灾指挥中心。

必要时，FAS中央级利用以下系统进行协调：

（1）有线、无线电话系统。

（2）广播系统。

（3）闭路电视监视系统。

2. FAS车站级控制

（1）由FAS车站级对本站有关火灾报警和消防联动的设备进行远程监视和控制。

（2）通过设在车站级控制室的消防联动控制柜，对消火栓泵、喷淋泵、防排烟风机等须在火灾工况下运行的重要设备进行紧急直接手动操作。

案例1

1987年11月18日19:30左右，英国伦敦地铁王十字车站发生严重火灾，31人遇难，包括1名消防员。事故主要原因有：

1. 乘客违反规定，随意扔弃点燃的火柴棒，形成火种。

2. 木质电扶梯年久失修，积累了大量的可燃垃圾，如糖果纸及润滑油，形成火灾隐患。

3. 到场的消防员起初看到的只是小火，未高度重视，贻误了最佳灭火时机。

案例2

2003年2月18日，韩国大邱地铁发生纵火案，至少198人死亡，147人受伤。事发当天上午9:53，56岁的前出租车司机金大韩在他所乘的地铁列车开出大邱站后，点燃了随身携带的可燃液体。大火很快蔓延，车上大量塑料材料（包括座椅及靠背的垫子、地毯）散发出浓烈的有毒气体，不仅使本车大量乘客死亡，还危及了对面站台因处理不当而滞留的列车，车站也严重受损，如图1-4-16所示。除了其他多种因素外，导致如此严重伤亡的一个重要原因是火灾自动报警系统和隧道通风排烟系统的严重不足，包括列车没有配备灭火器材，车站没有水喷淋装置，紧急照明和通风不足等。

图1-4-16 被烧毁的自动售票机

📖 案例 3

本案例背景为某小型全高架轻轨系统，车站是无人值守的。

某个站附近有人烧纸（每年鬼节祭拜期间总会有人烧纸），大量的烟导致车站内的烟感探头启动报警。OCC 收到（显示在计算机屏幕上，并伴有声音报警）后，通过无线对讲机调派人员前去 FAS 察看。经确认，站内并无火灾，报警只是由于附近烧纸所致。于是现场察看的人员在站内的主控面板上对启动的火警进行恢复，并把结果报给 OCC。

由火警而造成的其他影响包括：

（1）自动收费系统的闸机自动改成全开状态，以便乘客逃生。但随之而来的问题是：那些逃生的乘客的车票由于只有进站时的刷卡记录，而没有出闸的刷卡记录，所以必须到票务处处理，否则下次进闸时会被拒绝。

（2）电梯会自动到地面层打开电梯门并停止运作，这也是为了乘客的安全。

工作人员要到现场对 AFC 的闸机和电梯进行恢复。

📖 案例 4

本案例背景是某地铁系统的有人值守地铁车站。

某个站的通信设备房由于某设备机柜内的通风风扇故障停运，导致柜内温度升高、电路板过热而起火燃烧。房内烟感探头感应启动，报警到车站控制室以及 OCC。稍后由于房内烟雾的进一步扩散，又有一个烟感探头感应启动。此时为防护设备房而设的气体灭火系统向房内人员发出紧急撤离警报并进入 2 分钟的倒计时。2 分钟时间到，气体开始自动喷发并同时在房外的报警显示器上显示“气体已喷发”，以阻止人员进入。站控室及 OCC 也先后收到第 2 个烟感探头感应启动及气体喷发的自动报告。这个地铁使用的气体灭火剂虽无毒，但由于它会大幅度降低周围空气中的 O_2 的含量，所以可以置人于死地。在事故发生、火被扑灭后，必须开启排风扇对事故房间进行通风，之后才允许人员进入事故现场。

📖 小资料 1

1. 火灾知识

火灾是失去控制的燃烧所形成的灾害。按燃烧物的种类，火灾被分为如下四类：

A 类：固体物质火灾，如木材、棉、毛、麻、纸张火灾等。

B 类：液体火灾和可熔化的固体火灾，如汽油、煤油、原油、甲醇、石蜡、沥青火灾等。

C 类：气体火灾，如煤气、天然气、甲烷、乙烷、氢气火灾等。

D 类：金属火灾，如钾、钠、镁、钛、铝镁合金火灾等。

一般火灾发展可分为如下四个阶段：

预燃阶段：热量较少，几乎没有烟。

可见烟雾阶段：产生大量的烟和少量的热，很少或没有火焰。

出现火焰阶段：产生大量的热、烟和火焰辐射。

剧烈燃烧阶段：有强烈的火焰辐射和少量的烟。

某些物质的燃烧，如油料、易燃易爆气体，是没有预燃阶段的，直接出现火焰剧烈燃烧。

2. 手提式灭火器

启用时，在其内部压力的作用下，手提式灭火器会将所充装的灭火剂喷出以扑救火灾。

手提式灭火器担负的任务是扑救初期火灾。一个质量合格的手提式灭火器，如果使用得当和及时，能将可能造成巨大损失的火灾扑灭在萌芽状态。因此，手提式灭火器的作用是很重要的。

灭火器的分类方法很多，通常按充装灭火剂的类型来划分，有如图1-4-17所示四种。

（a）ABC干粉灭火器

（b）二氧化碳灭火器

（c）泡沫灭火器

（d）清水灭火器

图1-4-17　灭火器类型

3. 消防栓

消防栓由水龙头、水枪头、水带、消防软管组成，如图1-4-18所示。

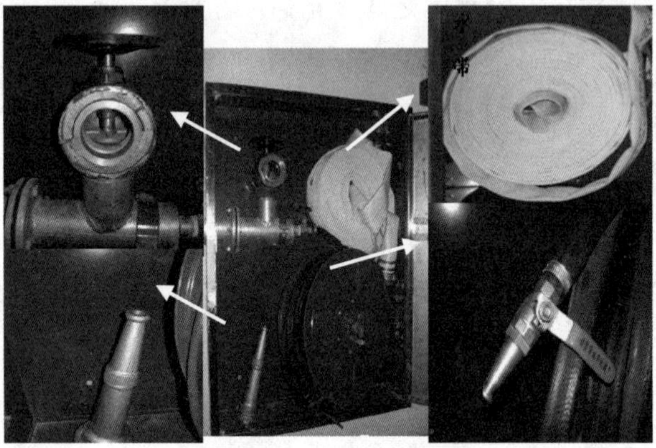

图1-4-18　消防栓示意图

小资料2

1. 烟感的动作原理

图1-4-19所示是一种利用光的强度来探测烟雾的烟感探头的内部，其中有一个光源及光接收器。当烟雾浓度达到一定水平时，接收器所接收到的光的强度降低到某一临界值，就触发报警信号。

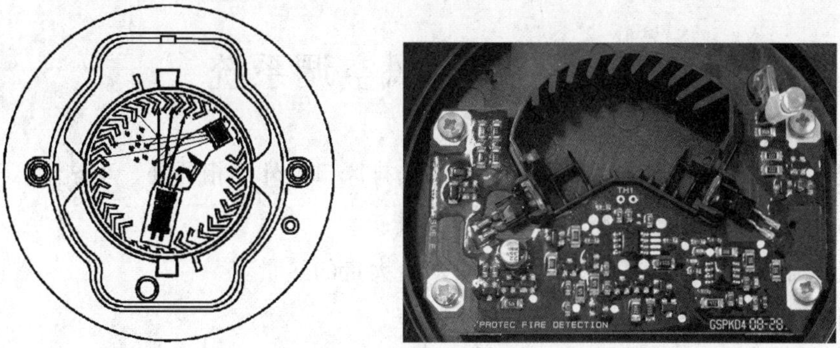

图 1-4-19　烟感器

2. 防火分区

通常把车站范围（或车辆段范围）内的空间划分成不同的防火分区，每个分区设相应的火灾探测器。在火灾报警系统的主控面板上，对不同防火分区的探测器设有相应的状态显示。当某防火分区探测到火灾时，主控面板上相应的显示会点亮。

3. 防火卷帘

正常情况下，防火卷帘处于卷起状态，不会被看到。当火灾报警系统启动时，卷帘会自动垂下，以阻止烟雾及热的扩散，如图 1-4-20 所示。

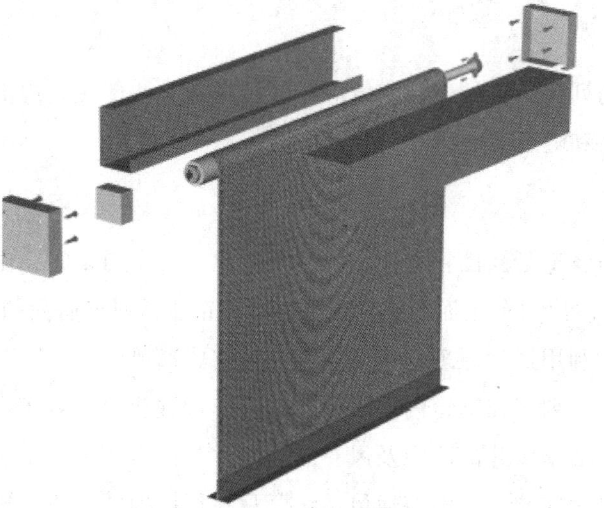

图 1-4-20　防火卷帘

思考题

1. FAS 系统由哪些部分组成？
2. FAS 系统各部分的主要功能是什么？
3. 简述火灾检测的工作原理。
4. 通过消防联动控制柜可以对哪些设备进行紧急直接手动操作？
5. 在车站内划分防火分区的目的是什么？
6. 列举车站主要的消防灭火措施。

第三节　通风空调系统

对于城轨地下段而言，除各车站出入口、送排风口与外界相通外，车站和区间隧道基本上与外界隔绝，所以城轨地下环境面对如下挑战：

（1）列车及车站机电设备在运行过程中产生大量的热量。

（2）列车及车站设备在运行过程中产生噪声。

（3）列车运行时产生活塞效应，若不加控制会干扰车站的气流组织。

（4）地层具有蓄热作用，随着运营时间的增加，隧道内部的温度会逐年升高。

（5）当发生火灾事故时，环境将进一步恶化。

一、通风空调系统制式

根据隧道通风换气的形式以及隧道与车站站台层的分隔关系，城轨通风空调系统可分为开式系统、闭式系统和屏蔽门系统。

（一）开式系统

开式系统是应用列车运行的“活塞效应”和机械的方法使城轨内部与外界交换空气，利用外界空气冷却车站和隧道。

1. 活塞通风

当列车的正面与隧道断面面积之比（称为阻塞比）大于0.4时，由于列车在隧道中高速行驶，如同活塞作用，使列车正面的空气受压，形成正压，列车后面的空气稀薄，形成负压，从而产生空气流动。利用这种原理的通风被称为活塞式通风。

活塞风量的大小与列车在隧道内的阻塞比、列车行驶速度、列车行驶空气阻力系数、空气流经隧道的阻力、活塞风井的间距及风井断面尺寸等因素有关。由于设置活塞风井对大多数城市来说并非易事，因此全“活塞通风系统”只在早期地铁应用，现今建设的城轨系统多设置活塞通风与机械通风的联合系统。

2. 机械通风

当活塞式通风不能满足除热与除湿的要求时，要设置机械通风系统。

根据城轨系统的实际情况，可在车站与区间隧道分别设置独立的通风系统。车站通风一般为横向的送排风系统；区间隧道一般为纵向的送排风系统，这些系统应同时具备排烟功能。区间隧道较长时，宜在区间隧道中部设中间风井。对于当地气温不高、运量不大的地铁系统，可设置车站与区间连在一起的纵向通风系统。

（二）闭式系统

闭式系统使地铁内部基本上与外界大气隔断，仅供应满足乘客所需的新鲜空气量。车站一般采用空调系统，而区间隧道的冷却是借助于列车运行的“活塞效应”携带一部分车站空调冷风来实现（车站不设屏蔽门时）。

（三）屏蔽门系统

在车站的站台与行车隧道间安装屏蔽门。车站安装空调系统，隧道用通风系统（机械通风或活塞通风，或两者兼用）。

安装屏蔽门后，车站成为单一的建筑物，不受区间隧道行车时活塞风的影响。车站的空调冷负荷只需计算车站本身设备、乘客、广告、照明等发热体的散热，以及区间隧道与车站间通过屏蔽门的传热和屏蔽门开启时的对流换热。此时屏蔽门系统的车站空调冷负荷仅为闭式系统的30%左右。

屏蔽门的隔断使整个环控系统形成了两个相对独立的系统——车站通风空调系统和隧道通风系统。本节主要介绍车站通风空调系统，而隧道通风系统在本书第三篇第五章讲。

二、车站通风空调系统组成

车站通风空调系统分为三个子系统：大系统、小系统和制冷循环水系统。

1. 大系统

大系统也称为车站公共区通风空调系统。站厅、站台层公共区域是乘客活动的主要场所，是大系统的主要控制区。大系统的主要设备包括：组合式空调机组、回排风机、排烟风机、新风机及相关风阀等。

2. 小系统

小系统也称为车站设备及管理用房通风空调系统。车站设备特别是那些电子设备通常要求空调环境。工作人员的工作用房、休息用房也对空调通风有一定的要求。

小系统的主要设备包括：空气处理机、风机盘管、回风机、送风机、排风机、多联变频空调等。其作用是为设备、工作人员提供一个适合的工作环境。在火灾发生时，通过机械排风方式进行排烟，有利于灭火。在气体灭火的设备房通过关闭送、排风管进行密闭灭火。

3. 制冷循环水系统

制冷循环水系统为大系统、小系统提供冷源，同时通过冷却水系统将热量送出车站。制冷循环水系统的主要设备包括：冷水机组、冷却水泵、冷冻水泵、冷却塔四大主要设备及相关阀门和管道等。

表 1-4-1　制冷循环水系统的主要设备

冷水机组	冷却塔

冷却水泵	冷冻水泵

冷水机组的主要设备包括：压缩机、冷凝器、膨胀阀、蒸发器，如图 1-4-21 所示。

制冷时：制冷剂在蒸发器内吸收被冷却物的热量并汽化成蒸汽→压缩机不断地从蒸发器中抽出蒸汽并进行压缩→经压缩后的高温、高压蒸汽被送到冷凝器后向冷却介质（如水、空气等）放热冷凝成高压液体→经膨胀阀降压后进入蒸发器，再次汽化，吸收被冷却物体的热量，如此周而复始地循环，其原理如图 1-4-21 所示。

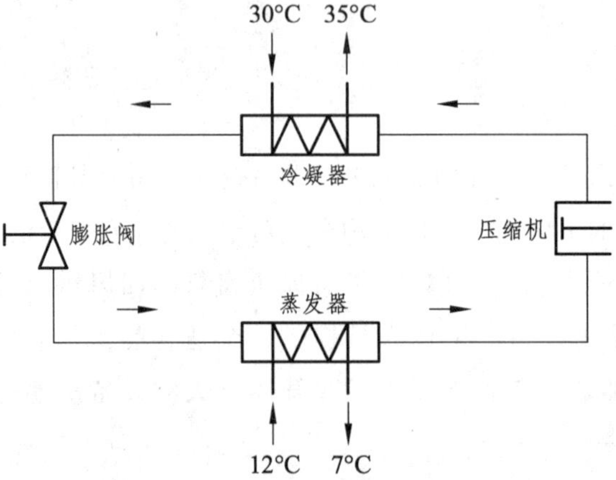

图 1-4-21　制冷机组工作原理图

三、车站大、小系统火灾模式

（一）站厅层火灾

站厅层发生火灾时要保证站台层相对站厅层为正压，防止烟气扩散到站台层。站厅层发生火灾时大系统送、排风系统动作如下：

① 关闭站厅层送风管道；② 保持站台层送风；③ 站厅层排烟风机启动运行；④ 关闭站台层排风管道。

（二）站台层火灾

站台层发生火灾时要保证站厅层相对站台层为正压，防止烟气扩散到站厅层。站台层发生火灾时大系统送、排风系统动作如下：

① 关闭站台层送风管道；② 保持站厅层送风；③ 站台层排烟风机启动排烟模式；④ 关闭站厅层排风管道。

（三）车站设备房火灾

设备区划分成不同的防火排烟分区，当发生火灾时小系统要执行对应的防火排烟分区的火灾模式。设备区发生火灾时如果影响不大，大系统正常运行；如果影响较大，根据受影响情况调整大系统的运行模式。

气体保护房发生火灾时，由气体灭火系统喷气进行灭火。气体灭火系统保护范围包括城轨全线各站的通信设备室、信号设备室、变电所及控制中心设备房、车辆段内的重要电气设备房间等。

根据环保的要求，气体消防应采用清洁气体自动灭火系统。受气体灭火系统保护的房间发生火灾时，房间所有通往外界的孔口均应关闭，在房间处于密闭状态下开始释放灭火气体。释放完毕后，排烟风机启动，打开排烟口排除废气至外界。气体灭火系统设备如图 1-4-22 所示。

气体灭火系统的控制方式有自动控制启动、手动控制启动和机械应急启动三种方式。气体灭火系统的状态信号有：正常、故障、报警和喷气，均通过控制盘传至车站控制室和控制中心中央控制室。

卤代烷（Halon）1211 和 1301 灭火剂对大气臭氧层有破坏作用。目前使用较为广泛的卤代烷替代品主要有 INERGEN（烟烙尽）、高压 CO_2 和 FM-200（七氟丙烷）等清洁气体灭火剂。

另外，还有一种新技术——高压细水雾也正被试用于通信、电气设备房等场所的火灾防护，以替代气体灭火系统。

小资料

气体灭火系统

气体灭火系统如图 1-4-22 所示。

图 1-4-22　气体灭火系统组成

思 考 题

1. 为什么要在城轨地下站设通风空调系统？
2. 简述开式系统、闭式系统以及屏蔽门系统的区别。
3. 简述车站通风空调系统中大系统和小系统的区别。
4. 简述车站通风空调系统中制冷循环水系统与大系统、小系统的联系。
5. 在站厅层、站台层发生火灾的情况下，大系统的运作模式有什么不同？

第四节 给排水及消防用水系统

为满足沿线各车站及区间生产、生活及消防的需要，应设给水、排水及消防用水系统。其中，给水系统可供各站正常生产、生活用水；排水系统主要排除各车站、区间内产生的生活污水，以及生产、冲洗、结构渗漏和消防废水及敞开部分的雨水等；车站和地下区间隧道内设消防用水系统。

一、设计原则

（1）节约用水、综合利用。

（2）给水水源采用城市自来水。

（3）生产、生活给水系统与消防用水系统分开设置，各自形成独立、安全、可靠的供水系统，满足生产、生活和消防用水的水量、水质、水压要求。

（4）排水系统采用污、废（雨）分流制，水质需达到排放标准。在污、废（雨）水不能借重力流自行排除的地方设排水泵站，各类污、废（雨）水分类集中提升后排入城市排水系统。

（5）车站内除消火栓系统外，地下车站还设有自动喷水灭火系统。

（6）给排水管道应选用耐腐蚀管道，并采取防止杂散电流腐蚀的措施。

二、给水系统

每个车站从附近道路上两条不同的市政自来水管段上分别引入一条给水管以满足工作人员生活用水、清扫用水、生产设备用水要求，另外再分别引入一条给水管供应车站和地下区间消防用水。生活、生产给水系统与消防用水系统在车站分开设置、单独计量。

生产、生活给水管引入车站后，在站厅层、站台层分别设给水管接入各用水点，主要供给饮用、盥洗、厕所用水，站厅、站台层、污废水泵房的冲洗用水，以及冷却循环系统补水。

每个地下车站从市政自来水管网上引入两条消防给水管，作为消火栓泵和自动喷水泵的共同给水管。两系统泵房共用，消火栓系统与自动喷水灭火系统各设两台泵，一用一备。自来水经泵加压后，分别接入消火栓给水系统和自动喷水灭火系统。消火栓管网在车站内形成环状，地下区间消防管道与车站消防管道相连。地面车站设置消火栓系统，管网在车站内连成环状，地上区间不设消防系统。

三、排水系统

排水系统由污水排放系统、废水排放系统和雨水排放系统构成，排水采用分流制。

车站污水主要为日常生活污水、粪便污水。

车站、地下区间废水主要是结构渗漏水、冲洗废水、消防废水等。

地面站、高架站的雨水可借重力流直接排除，地下车站敞开式出入口及风亭等处的雨水设泵排除。

各车站生活污水经化粪池处理后排入既有市政污水或雨污合流管道。车站、地下区间废水经泵提升排入既有市政雨污合流管道或污水管道。雨水经重力流管道或经泵提升排入附近道路上的市政雨水或雨污合流管道。

四、消防用水系统

水消防主要包括消火栓灭火系统及自动喷水灭火系统。

1. 消火栓灭火系统

（1）车站及地下区间隧道内设有消火栓。在站台、站厅等公共场所的消火栓箱配有水龙带、水枪、自救式消防软管卷盘和灭火器。车站原则上设Ⅰ型消火栓箱（单口单阀），站台可采用Ⅱ型消火栓箱（2 个单口单阀），设在楼梯口及设备用房处。区间隧道的消火栓为单口单阀，不设水龙带和水枪。供区间隧道灭火时使用的水龙带和水枪放置于各车站端墙处的消防器材箱内。

（2）为防止冬季管道内水发生冻结现象，消火栓采用干湿式[①]结合供水方式，即地下车站采用湿式系统；地下区间、地面站及高架站在冬季采用干式系统，其他季节整个系统可以采用湿式系统。干式系统组件主要包括位于干式系统入口处的快速启闭阀、干式管道、自动快速排气装置以及消火栓、各类阀门等。

（3）加压泵房内设两台泵，一用一备。在每个消火栓旁设消防泵与快速启闭阀的启动和报警按钮。

（4）在地面适当地点设水泵接合器。水泵接合器宜设在出入口或风亭附近，其数量根据室内消防水量确定，并在 15 ~ 40 m 范围内设有相应配套的室外消火栓。

2. 自动喷水灭火系统

（1）自动喷水灭火系统除换乘站在公共区及管理办公区均设置外，其余地下车站仅在管理用房及办公区走道设置。

（2）自动喷水灭火系统应包括：消防泵、稳压装置、湿式报警阀组、水流指示器、闭式洒水喷头、末端试水装置、消防水泵接合器（要求同消火栓系统）等。

（3）根据市政管网所能保证的水压和车站埋深情况进行水力计算，以满足最不利点处喷头工作压力来确定水泵扬程。加压装置包括喷淋加压主泵、稳压泵和稳压罐。

（4）报警阀组设置在安全及易于操作的地点，安装报警阀的部位应有排水设施。

---

① 干式系统是指在正常情况下管道内不充水，湿式系统是指在正常情况下管道内充水。

思考题

1. 站内有哪些方面需要用水？
2. 生产生活和消防用水对水质、水压、水量的要求有什么不同？
3. 站内有哪些水需要排出车站？
4. 污水和废水分别指什么？其排水过程有什么不同？
5. 干式系统和湿式系统有何区别？

第五节 门禁系统

门禁系统（Access Control System，ACS）一改传统使用钥匙开门的方式，采用电子授权管理，在出入口安装读卡器或密码键盘或二者兼设，只有持经过授权的IC卡或掌握有效密码的人员，才可以在规定的时间内进出规定的区域，并且所有的出入都记录在电脑中。

采用这种智能化的出入口控制，最大的好处是在保证安全的前提下提高了效率，而且所有出入信息均有记录。

一、门禁系统的组成

ACS 系统主要由门禁系统计算机（中央授权工作站和车站/车辆段 ACS 工作站）、ACS 控制器、ACS 读卡器、电子门锁及状态传感器、可视对讲装置、门禁网络及门禁卡组成。

（1）中央门禁系统是系统的核心部分，完成门禁数据的收集、下载以及与第三方设备（如防灾报警系统）的集成等功能。中央门禁系统主要的硬件设备有：中央授权工作站，台式读卡器。中央门禁系统管理软件包括：门禁服务器软件、用户端软件、门禁管理工作站的操作系统，以及数据库软件等。

（2）车站门禁系统主要有车站门禁工作站和门禁管理软件。车站门禁工作站与中央服务器和现场设备有数据通信联系。

二、门禁系统主要设备

1. ACS 门禁工作站

车辆段及每个车站各有一台 ACS 门禁工作站。

2. ACS 控制器

ACS 控制器分为主控制器和就地控制器。主控制器设置于车站计算机房和中央设备室。就地控制器设置于安保区现场。主控制器和各就地控制器通过通信线进行数据交换。

3. 电控门锁

电控门锁采用电子机械一体化锁。

4. 可视对讲设备

车站夜间通行门设可视对讲设备。

5. 读卡器

读卡器（见图 1-4-23）包括普通读卡器、带键盘读卡器和台式读卡器。普通读卡器和带键盘读卡器设置于安保区出入口需要进/出读卡的位置。车站/车辆段 ACS 工作站和中央 ACS 授权工作站设台式读卡器，用于系统登录、门禁卡管理等。

图 1-4-23　读卡器

6. 手动解锁按钮

手动解锁按钮设在安保区的内侧（见图 1-4-24），可供离开安保区时使用，共有两种形式：正常解锁按钮（如图中的“PRESS TO EXIT”部分）和紧急解锁按钮（如图中位于正常解锁按钮下方有玻璃防护面罩的部分）。在正常解锁按钮失灵或系统故障时通过操作紧急解锁按钮可以离开禁区。紧急解锁按钮在使用时需先击破玻璃面罩，然后按压按钮。

7. 门禁卡

门禁卡（见图 1-4-25）作为员工身份识别标识，由员工随身携带，与 ACS 设备一起完成门禁控制。

图 1-4-24　手动解锁按钮

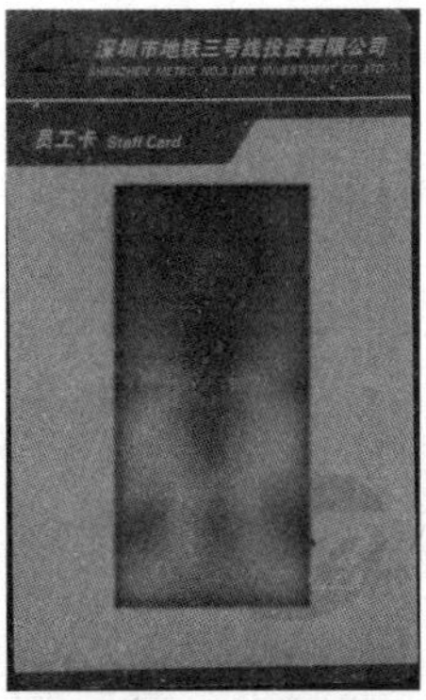

图 1-4-25　员工门禁卡

三、门禁系统控制模式

门禁系统按集中管理和分级管理相结合、分级控制方式设计，即中央与车站两级管理，中央、车站和现场三级控制。

系统运行模式分为正常和灾害两种模式。

在火灾及其他紧急情况下，车站计算机根据火灾报警联动信息自动进入灾害模式或由管理员按下车站控制室的门禁紧急按钮进入灾害模式。车站计算机向指定区域或全站的门禁设备发出解锁命令，满足消防疏散和紧急救灾要求。

四、电控门锁设置位置

出口：地下站的站台层有一个逃生通道，如果发生火警，通过和 FAS 联动，该门会自动解锁；如果联动没有奏效，就通过使用紧急开门按钮加以解锁。正常情况下，工作人员可以通过刷卡解锁。

入口：限制非工作人员进入，比如设备房、站台端墙门、站控室、办公室等。

出入口：敏感区域，一方面限制非工作人员进入，另一方面也对进出的工作人员进行记录。

在入口处设置电控门锁是上述三种情况中最为普遍的一种。

思 考 题

1. 城轨系统内哪些地方需使用门禁系统对进入加以控制？
2. 城轨系统内哪些地方特别敏感，需使用门禁系统对进和出都进行控制？
3. 在 IC 卡技术运用之前，传统的以钥匙为基础的门禁系统在运作上存在哪些问题？
4. 中央门禁系统的主要功能是什么？
5. 简述门禁系统和火灾自动报警系统的联系。

第二篇

一线设备之车辆

本篇讲城轨车辆以及由城轨车辆组成的列车。在本书中，车辆是指单节的车体，而列车是指由若干车辆编组而形成的车组。

城轨列车是城轨交通设备中最大、最复杂的单体设备。为了便于阅读理解，本章先从乘客的角度，再从运营人员的角度分别讨论城轨车辆的功能及相关设备。下面的章节结构图一方面代表了本篇内容的编排顺序，便于理解记忆，同时更重要的是指出了认识列车结构的一种有效方法。

乘客的角度 4
- 车门
- 车内载客空间
- 车内环境
- 车上安全设施

运营人员的角度 8
- 驱动力
- 制动力
- 电系统
- 气系统
- 车内监控系统
- 驾驶操作
- 车体和车钩
- 转向架

注：车载ATC和车上通信设备分别在第三篇的第三章列控系统和第四章通信系统讲述。

第一章　乘客对车辆的要求

城轨列车是运载乘客的，而乘客最基本的需求是：希望能够上车、上车之后能有一席之地、在车内感觉舒适、能及时获取到站及换乘等旅行信息、到达目的地站后能顺利下车。

另外，在乘车过程中，如遇意外，可以采取相应措施以保安全。本章内容按照上述顺序逐一展开。

在讲车门时，除了重点讲供乘客上下车的客室门及紧急疏散门外，还会涉及司机室门及司机室与客室之间的连通门，这主要是出于完整性的考虑。

车内载客空间虽在很大程度上取决于车型，但车内布置也有文章可做。另外，如何采取措施促进车内载客空间的有效利用，运营管理人员责无旁贷。

车内环境由乘客的感觉（视觉、听觉、触觉、嗅觉等）来反映，不仅取决于系统的设计，还受其他乘客行为的影响。因此，在运营管理上需采取相应措施。

乘客安全是最重要的，特别是在大运量的城轨交通系统中。如何使乘客能在紧急情况下进行自救，是值得高度重视的。

第一节　车　门

这一节先讲车门的种类，包括客室门、司机室门、紧急逃生门、连通门等，然后着重讲客室门，包括客室门的数量、开度、结构形式、操作等。

一、车门的种类

按门的功能来划分，城轨列车的车门有多种，包括客室门、司机室门、紧急逃生门、连通门。

不论是何种车型，客室门是一定会有的，因为要供乘客上下车。但是否有其他种类的车门，就要视车型而定，比如并非所有的车型都有紧急逃生门，在这种情况下，客室门会身兼二职，紧急时将被用来逃生。再比如无人驾驶的列车不设司机室，也就没有司机室门，在这种情况下，后备司机是通过客室门上下车的。

客室门及紧急逃生门会在稍后作详细讲述，这里着重讲述司机室门和连通门。

1. 司机室门

司机室门是专门供司机上下车使用的门，如图2-1-1所示。

图2-1-1　司机室门

司机室门是单独操作的，不和其他门连动。司机上车时，使用钥匙[①]打开车门，司机下车时，从内部操作开门手柄打开车门。

2. 连通门

连通门指在有司机室的情况下司机室与客室之间连通的门，如图 2-1-2 所示。如果城轨列车内车辆之间没有贯通道，也会使用连通门。这种情况现在非常少，所以下文中连通门均指司机室与客室之间的连通门。

图 2-1-2　连通门

连通门的作用有两个方面：

（1）供司机在司机室及客室之间通行。比如车上有乘客需要帮助，司机在停车后可以通过此门进入客室。再比如，列车到折返线停车后需要换向，司机可以从一端的司机室通过此门进入客室，再经过另一端的连通门进入另一端的司机室。为此，在司机室的那一侧设有供司机开门的手柄。

（2）在紧急时，供乘客或其他工作人员进入司机室。比如司机由于身体不适而昏倒，列车停在半路上。再比如，车上发生火灾，位于车头的司机无法穿过火灾区，列车尾部的乘客需要进入尾端司机室以便开启逃生门。为此，在客室一侧设有供乘客开门的手柄。为了防止误用，通常对这一侧的开门手柄加透明盖板，并贴有操作步骤指引和禁止滥用警示标识。

二、客室门

一方面由于客室门的数量大，开关频繁，所以客室门故障的绝对数目较大。另一方面，由于车门故障会影响到列车的运行，所以运营人员对客室门要给予特别的关注。

（一）客室门的基本要求

城市轨道交通车辆的客室门结构和类型多种多样，但是依据城轨交通的特点，均应满足以下要求：

（1）具有足够的数量和有效宽度，方便乘客上、下车[②]。

① 这个用来从车外打开司机室门的钥匙为通用钥匙，即同一把钥匙可以开所有列车的司机室门。

② 城轨列车的停站时间通常很短，比如只有 30 秒。为了使乘客在如此短的时间内能够下车，在设计车门时要保证车内的乘客到最近车门的距离不至于太远，而且要保证一定的通行能力。

（2）客室门要均匀分布，方便乘客上、下车。

（3）具有较高的工作可靠性，一方面以确保乘客的安全，比如在列车运行过程中，车门要可靠锁闭；另一方面降低故障率，以减少对运营的影响。

（4）开关门动作，特别是开门动作要快，以减少停站时间，提高运行效率。

（5）车门的关门力度要可以调节，以免力度过大而伤人。

例如，某地铁列车每节车的每侧有 4 道客室门，每道门的开度为 1.3 m，如图 2-1-3 所示。在司机手动开关门情况下，开门所需时间为 2.5 s，而关门所需时间（包括关门提示音）为 5 s。

图 2-1-3　车门开度

除以上基本要求外，还有其他功能要求，比如在关门时遇到障碍物时的自动重开功能；在关门后允许乘客把门推开一定宽度以便取出被夹物品的“push back”功能等。这些功能会在下文中讲述。

（6）车门关闭前要有听觉和视觉提示以减少夹人的概率。以往视觉提示是通过位于车门上方的指示灯的闪烁来实现的。考虑到人的习惯（即通常人在行走时，其视线是水平的或略微向下），有些城轨系统开始把关门视觉提示器设在门叶边框处。

（二）客室门的种类

按开关门的动力源可把客室门分为：油动车门（或称液压车门）、风动车门（或称气动车门）、电动车门。液压车门靠液压系统的压力油来动作。由于压力油渗漏问题很难彻底解决以及压力油的易燃性带来的火灾风险，这种车门已经被淘汰；风动车门是以压缩空气为动力，通过风缸、机械传动装置、电气控制系统共同完成车门的开关动作，风动门开关动作使用的压缩空气性能相对不稳定；电动门由电动机、传动装置等来实现车门的开关。现代轨道交通车辆的发展趋势是采用电动车门。

按门叶的开关形式可把客室门分为：内藏式滑动门、塞拉门、外挂式滑动门。

1. 内藏门

内藏门在开关时，门叶在车辆侧墙的内外壁墙之间的夹层内移动，传动机构设于车门的顶部，装有导轮的门叶可以在导轨上移动，并与传动装置相连接，依靠电动或风动驱动装置使车门完成开关动作，如图 2-1-4 所示。

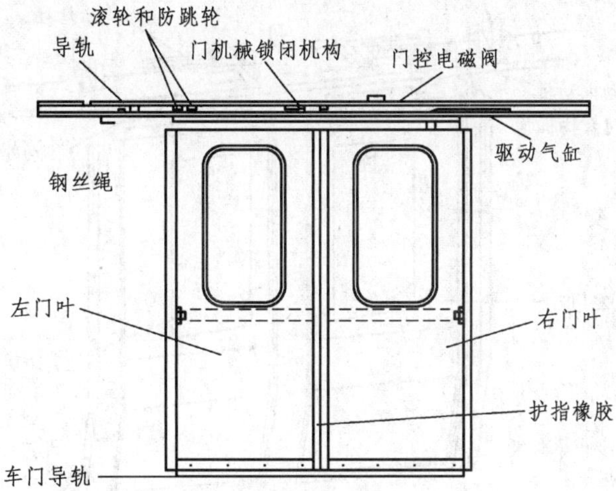

图 2-1-4　内藏式滑动门

内藏门结构简单，开关过程对车站站台区域建筑限界无影响，但列车外观和密封性较差，使用车辆自动清洗机效果相对较差。

内藏门有导轨，容易出现如下问题：

（1）导轨上有异物，如小电池，一旦卡住就会影响正常开关门。

（2）导轨变形，如推报纸的小铁车猛烈碰撞，使其变形就会导致车门无法顺利关闭。

2. 塞拉门

塞拉门（见图 2-1-5）在车门关闭后，其门叶与车体表面在同一平面内，外表美观，密封性较好，高速行驶时，不会由于涡流而产生阻力和噪声，同时方便使用车辆自动清洗机。但车门处于开启状态时对车站站台建筑限界有影响，另外相对复杂的控制系统和平移、嵌入的二次动作，使其可靠性稍差。

图 2-1-5　塞拉门

3. 外挂门

外挂门（见图 2-1-6）开关门时门叶始终处于车辆侧墙的外侧。外挂门结构简单，故障率低，但车门密封性、隔音性较差，对于车站站台区域建筑限界有影响。另外，其导轨会碰到和内藏门导轨类似的问题。

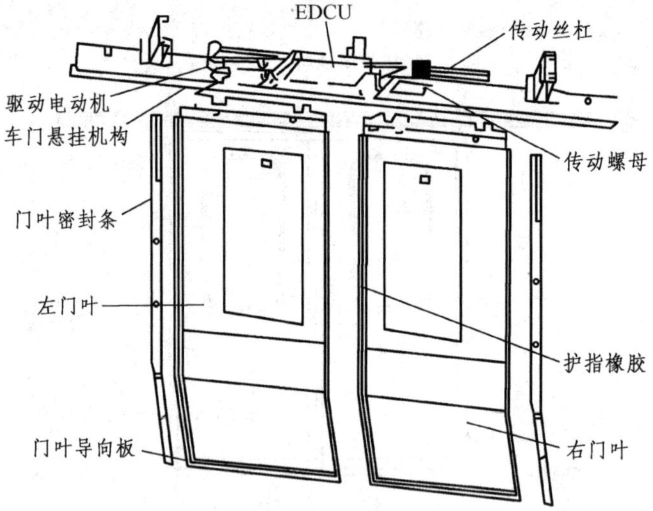

图 2-1-6 电动外挂式滑动门

（三）客室门的案例

某城轨线路的列车为 6 节编组，每节车每侧有 4 道电动外挂式滑动门。车站均有站台隔离门，所以只有在列车位置正确的情况下才可以开车门。

位于每道门上方的门控单元（Electric Door Control Unit，EDCU）是一个电子元件，一方面接收来自车载 ATO 或司机的开关门指令，另一方面监控车门的动作。

下面从正常和非正常两个方面来讲述客室门的操作。

1. 正常操作

在正常情况下，车门的操作（开关）会因列车所处的驾驶模式不同而有所不同。

（1）如果列车处于无人 ATO 模式①，列车到站停准停稳后，对应站台一侧的车门自动打开。乘客上下完毕、停站时分结束后，在没有接收到扣车指令、前方进路排列完毕、ATP 限速不为零的情况下，车门会自动关闭。

（2）如果列车处于有人 ATO 模式，列车到站停准停稳后，对应站台一侧的车门自动打开。乘客上下完毕、停站时分结束后，在没有接收到扣车指令、前方进路排列完毕，ATP 限速不为零的情况下，司机按压关门按钮，车门关闭。

（3）如果列车处于 CM 模式，列车到站停准停稳后，设在驾驶台上的对应站台一侧的开门按钮会亮灯，司机确认后通过按压开门按钮开门。乘客上下完毕、停站时分结束后，在没有接收到扣车指令、前方进路排列完毕，ATP 限速不为零的情况下，司机按压关门按钮，车门关闭。

（4）如果列车处于 RM 模式，车门与隔离门的联动要通过司机和站务员的协调来实现：列车到站停准停稳后（对应站台一侧的开门按钮不会亮灯）司机确认站务人员到位，通过按压站台一侧的开门按钮开门，站务人员操作站台控制盘打开隔离门。乘客上下完毕、停站时分结束后，正确的做法是等待前方进路排列完毕、信号开放，司机确认显示所有站台隔离门均已锁闭的显示灯亮绿灯（隔离门由位于站台的站务人员关闭），按压关门按钮从车站发车。

① 有关驾驶模式请参阅本书第二篇第二章第六节列车操作。

值得特别注意的是：在 RM 模式下，即便前方进路尚未排列，信号尚未开放，如果司机选择关闭车门，在车门关闭后，列车仍能够离站（即使隔离门尚未关闭），但这可能会导致危险。另外，在 RM 的驾驶模式下没有开门保护，也就是说如果司机按压非站台一侧的开门按钮，会导致该侧车门打开，容易酿成事故。在 CM 人工驾驶模式下，即便司机按压非站台一侧的开门按钮，也不会导致该侧车门打开。为了减少在 RM 模式下司机开错门的可能性，在驾驶台上加设了一个“开门允许旋钮”。当司机需要在 RM 模式下开车门时，他必须先把该“开门允许旋钮”（见图 2-1-7）从“正常”位转到“左侧”位或“右侧”位或“左右侧”[①]位，否则即使按压开门按钮，也不会开门。

（5）如果列车处于 URM 模式，车门开关以及由车站发车这两个方面的操作与（4）相同。

2. 非正常操作

非正常操作包括（但不限于）如下情况：

（1）车门在关闭过程中遇到障碍。

如果障碍物尺寸很小（小于 20 mm）或很软，就不会被检测到，因为对障碍物的检测是通过检测门驱动电机的电流值实现的。由于两门叶之间有用于封闭的橡胶条，所以，小的以及软的物品不会被察觉到。

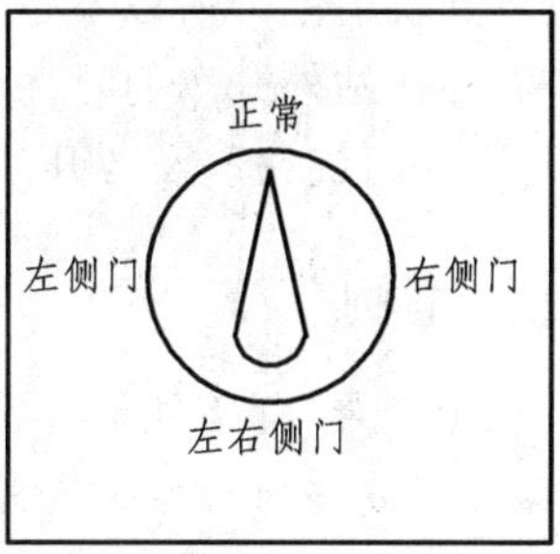

图 2-1-7　开门允许旋钮

如果有障碍物被检测到，两个门叶在 EDCU 的控制下会自动重开到 150 mm 的开度。5 秒后会在 EDCU 的控制下再次尝试关闭。如果障碍物已经消失（比如乘客已经走开），那么车门会关闭；如果障碍物仍然存在，那么门叶会停在检测到障碍物时所处的位置，这时就需要工作人员前去检查。

（2）车门在关闭后夹有异物。

在车门正常关闭、障碍物没有被检测到的情况下，列车可能离站。“push back”功能允许乘客把门打开 100 mm，以便取出被车门叶夹住的物品，比如书包挎带，甚至是小孩的手指。乘客在这样把门打开时，实际上是克服弹簧的弹性力。而弹簧的一头是固定的，所以乘客开门的限度是固定的。另外，这种操作并不涉及车门的锁闭机构，所以并不会影响列车的正常运行。

（3）车门故障需要隔离（切除）。

车门故障的情形有多种，比如驱动电机故障或 EDCU 故障等。

车门的故障可能使得列车不能运行，这主要是为了保证乘客的安全。为了使列车能继续行驶，以避免阻碍后续列车的通行，有必要对故障车门进行隔离（切除）。这是通过关闭故障车门的 EDCU 来实现的。在 EDCU 关闭后，故障车门就从系统内“消失”了。当有多个车门发生故障，或虽只有个别车门发生故障，但由于车内人多，故障车门离司机太远（比如在高峰时段，列车运行在区间半途中发生车门故障而停车）而不便做故障隔离时，司机可以用旁路开关（位于司机室内）向车门锁闭状态照查系统发“车门正常”信号，以便维持列车运行。此时由于车门的实际状态并未确认，所以司机必须在动车前对车上乘客做广播提醒乘客勿靠近车门，而且开车时车速要控制在 5 km/h 以下。

① 有些车站（如终点站）其线路两侧均设有站台，这可能会同时需要开启两侧车门。

（4）车内乘客需要打开车门逃生。

位于列车两头的逃生门是供车上人员逃生的。但有时逃生门故障无法开启，或者是由于某种原因（如火灾）而无法接近逃生门，或别的原因而需要利用客室门逃生。为此，乘客可以使用位于客室门侧的紧急开门旋钮（如图 2-1-8 所示），但车门只在车速降低到 5 km/h 以下时才可以被推开。

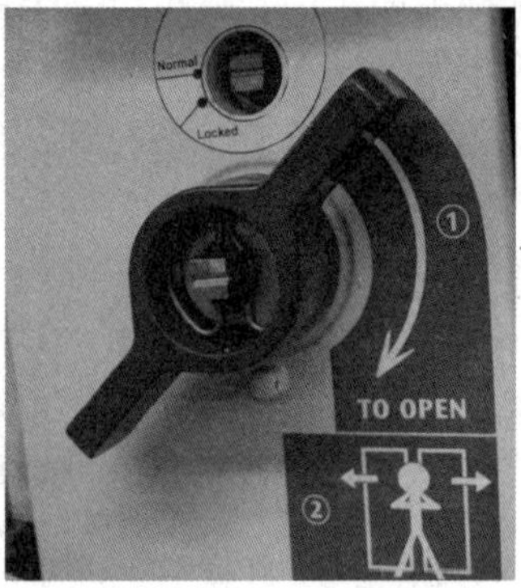

图 2-1-8 紧急开门旋钮

（5）在站外开门。

车门通常是当列车停靠在站台时才被打开。当列车停在站外时，打开车门可能会造成危险，因为乘客可能会有意或无意地下到轨道上，所以不是万不得已，不要在站外开车门。当确实需要在站外开车门时，可以选择 RM 或 URM 模式，再操作“允许开门旋钮”及“开门按钮”就可以开门了。

案例

2007 年 11 月 1 日 14:30，在英国伦敦地铁 Tooting Broadway 站发生了一起乘客被拖拽的事故。事发当时该乘客的外套被车门夹住。由于列车停在弯道上，瞭望条件不好（见图 2-1-9），司机在不知情的情况下动车，所幸车上乘客及时发现险情，启动车内紧急报警按钮，提醒司机停车，避免了悲剧的发生。

事故直接原因：该乘客在车门关闭、列车出站前一刻临时决定下车，导致其外套被车门夹住。

从这起事故可以看出：小的障碍物未必能被车门检测到。

图 2-1-9 列车停在弯道

三、紧急逃生门

紧急逃生门是在紧急情况下供车内人员逃生使用的门，通常设在列车的两端，图 2-1-10 是一个例子。

图 2-1-10　紧急逃生门

遇紧急情况需要逃生时，如果有司机室及司机，司机会先把车停下，然后打开逃生门；在没有司机室及司机（无人驾驶的列车）的情况下，车内乘客通过操作逃生门上或其附近的紧急停车装置把车停下，然后再打开逃生门或逃生门在停车后自动打开。

图 2-1-10 所示的例子是有司机室及司机的情况，和逃生门配套的是疏散板。疏散板共有两片，两片之间有铰接，其中一片和车体也有铰接。在关闭状态下，两片疏散板是折叠在一起的；在打开之后，形成一个斜坡，从车体伸向轨道，但并不触及轨道，而是由连杆及绳索保持悬空。这主要是要保证两片疏散板所形成的斜坡是平顺的。当然由于疏散斜坡末端距轨道有一小段距离，所以在疏散时，应提醒乘客注意，以免跌倒。这可以由司机在现场向乘客提醒，也可以由控制中心通过车内广播来提醒。

逃生门的设计应满足 30 min 内整列车的乘客可以通过一道逃生门安全撤离列车，这是因为车上的备用电池能够维持 45 min 的紧急电力供应（包括紧急照明及通风）。逃生门本身的启用并不需要电力供应。

逃生门的开启通常比较简单，因为是要尽快疏散乘客。但回收通常比较费时，因为回收要通过在车上用手摇轱辘牵引钢丝绳来关闭。为检测逃生门是否关闭并锁定，设有“限位开关”[①]，以防止未锁定好的情况下列车的移动。

在轨旁供电（即牵引电流通过设在走行轨附近的触轨或触线来供应）的情况下，紧急逃生门锁闭状态检测信号和供电控制应有联锁关系：一旦紧急逃生门打开，牵引供电必须自动切断，避免乘客开门下车后在轨区行走时发生触电危险。

图 2-1-11 所示是在没有专设紧急逃生门的情况下，利用客室门疏散的例子。

① 限位开关（Limit Switch）是用来接通或断开位置检测电路以反映被检测对象（这里指逃生门）状态（是否锁闭）的开关装置。

图 2-1-11 乘客利用客室门疏散

思考题

1. 利用客室门在区间进行紧急疏散会有什么问题？

2. 紧急逃生门疏散能力的确定需要考虑哪些因素？

3. 司机室门是否和客室门同步操作？为什么？

4. 司机室门的开门钥匙是否通用？

5. 在什么情况下会使用司机室门和客室门之间的连通门？

6. 城轨交通对客室门有哪些特别的要求？

7. 客室门在关门过程中碰到障碍物时会如何反应？

8. 列车起动离站后，乘客为了从已关闭的客室门缝中取出被夹书包带而把门推开一定宽度是否会迫停列车？

9. 客室门在发生故障被隔离后，列车到站停车时与之相应的站台隔离门会如何反应？

第二节 车内载客空间

不仅乘客希望车内有较大的空间，城轨运营公司也是如此。因为较大的空间可承载较多的乘客，而较多的乘客意味着可能有更多的经济收益。

那么，如何使车内的空间最大化？

一方面可以从车的整体尺寸入手。大车通常比小车更有可能具有较大的内部空间。但是，车的尺寸受到限界的限制，特别是地下线路。为了开行大型车，需要大型隧道。而大型隧道的建造费用会相对较高。图 2-1-12 所示是伦敦地铁在隧道尺寸一定的情况下，为了充分利用隧道空间而把地铁车设计成弧形车顶及梯形侧墙。选取这样的形状同时也提高了车辆在隧道内的“活塞效应”，加强了隧道的自然通风能力。

图 2-1-12　车辆断面和隧道断面的关系

另一方面，在车体尺寸一定的情况下，通过合理布置车内设备可以获得较大的车内空间。很显然，如果车内任何设备都不装，就像铁路棚车那样“家徒四壁”的话，车内的空间可以最大化。但为了乘客的舒适及安全，需要安装一些设备，比如座椅、扶手（柱，杆，吊环等）、空调、灭火器等。这就需要科学地处理上述设备的体量、数量及位置。座椅是车内最占地方的设备。在座位数量相同的情况下，纵向布置通常会比横向布置（以线路方向为参照）占的空间较少。这是因为在横向布置时，每个座位前的空间完全不可以被其他乘客使用，而且在靠通道的座位有乘客占用而靠车窗的座位空闲的情况下，这个空闲的座位可能因乘客心理原因而得不到利用。当然，通过减少座椅的数量可以显著增加列车的载客能力，有些城轨公司迫于快速上升的乘客量，不得已而采取了这种办法。虽然这样一来，更多的乘客只好站着，但调查表明，对多数乘客，特别是早晚高峰的乘客来说，“能上车”比“能坐着乘车”更重要。

将大量的设备（如备用电池、空气压缩机、空调设备等）安装在车底或车顶有助于车内载客空间的最大化。车厢之间采用贯通道比传统铁路客车每节车厢设通道门的做法更能增加列车的载客能力。采用无人驾驶技术时，由于没有了司机室，也有利于增加载客能力，虽然增幅很小。

为了使列车有最大的载客能力，除了上述“硬”措施外，还可采取一些“软”措施，即从运营管理角度规定乘客携带的物品不能超过一定的尺寸。比如自行车不仅只能在非高峰时段上车，而且自行车本身必须是可以折叠的，且折叠后的尺寸不得超过一定的限制。图 2-1-13 所示是某地铁运营机构在车站进站闸机附近为告诉乘客自行车尺寸限制而设的图示及实物。

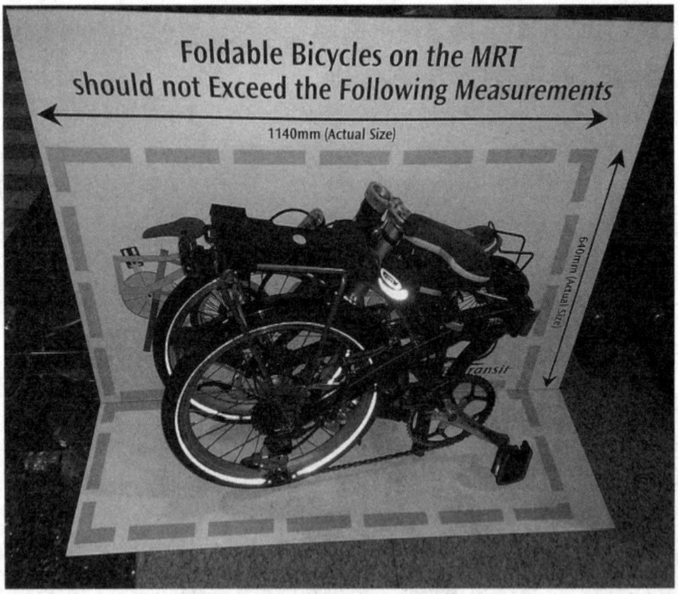

图 2-1-13 可携带上车的折叠式自行车的最大尺寸

在国内，城轨车辆的规格（A型车、B型车、C型车），实际上是按载客能力大小划分的，见表 2-1-1。

表 2-1-1 城市轨道交通各型车辆主要指标

系统	分类	车辆条件			客运能力[①]/（万人次/h）	备注
		车长/m	车宽/m	定员/人		
地铁系统	A型车	24.4/22.8	3.0	310	4.0～7.5	高运量
	B型车	19.52	2.8	230～245	3.0～5.0	大运量
	直线电机B型车	16.8	2.8	215～240	2.5～4.0	大运量
轻轨系统	C型车	18.9	2.6	200	1.0～3.0	中运量
	直线电机C型车	16.5	2.5	150	1.0～3.0	中运量
单轨系统	跨座式	15	3	150～170	1.0～3.0	中运量，主要适用于高架

思考题

1. 提高车内载客空间对城轨公司有何意义？
2. 车内载客空间的限制因素有哪些？
3. 在运营管理方面有哪些措施可以提高对车内载客空间的有效利用？
4. 简述城轨车型和载客能力之间的关系。

① 这里的客运能力指每小时单向通过某一断面的乘客人数，不仅和每节车的定员有关，而且和列车编组及列控系统允许的最大行车密度有关。

第三节　车内环境

乘客都希望在上车后有个好的乘车环境。乘车环境除了受到其他乘客的影响（如乘客数量太多，会很拥挤；如果有乘客高声喧哗或把个人音响设备的音量设得过高，也会造成不好的影响）外，还和列车本身的设计有关。下面只重点讨论列车设计对乘车环境的影响。

人对环境的体验是通过感觉器官获得的。为了使乘客在乘车过程中感觉良好，需要考虑视觉、听觉、触觉、嗅觉等各个方面。

一、视　觉

一方面，车厢内不能太暗，否则乘客在乘车时的阅读需要就得不到满足，甚至会导致犯罪（如偷窃和骚扰）案件的增加。因为在夜晚或天气不良时光照强度不足，即便是高架线路，车内也需要灯光照明，对于地下线路就更不用多说了。

另一方面，照度又不可以太高，否则会产生强烈的眩光，刺激人的眼睛。

车内照明分为正常照明和紧急照明两个系统。紧急照明会在下一节来讲，这里只通过一个例子来讨论正常照明。

图 2-1-14 所示是某地铁系统的一节车厢内的正常照明灯管的布置，共有两个相互独立的供电回路。供电电源为直流 110 V，车内照度为 300 LX（在座位上水平面位置测量）。

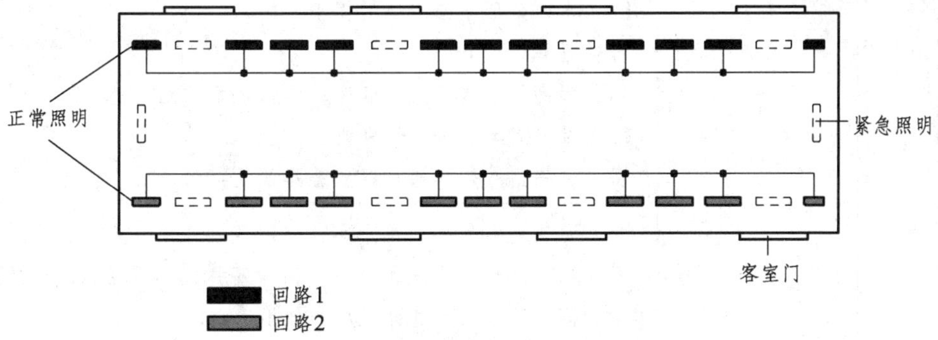

图 2-1-14　车厢内照明灯管布置

另一地铁系统的车内正常照明设计虽也是两个独立的供电回路，但其照明灯管在车内是交叉排列。这使得即便一个回路出现故障，车内照明也能均匀分布。

至于照明灯本身，随着科技的进步，也逐渐由昔日的白炽灯泡演变到荧光灯管以及更为节能、更加经久耐用的 LED（Light Emitting Diodes）灯。

除了照明，另一个跟视觉有关的是车内视觉信息显示，这包括下一站的站名，下一站到站后会打开哪一侧的车门等。有些城轨还在车内安装移动电视，可以实时向乘客播放新闻、娱乐节目以及广告（包括公益广告及商业广告）。一方面可以丰富乘客的乘车经历，另一方面还可以增加运营收入。在必要（紧急情况下）时，这些车内电视还可以用来向乘客提供紧急指引。有些城轨列车内的电视属于纯粹的"闭路电视"，不具有接收及播放公共电视台节目的功能。为了减小电视节目对车内噪声水平的影响，多数城轨公司采用只播放图像画面而不放声音的做法。

二、听　觉

和听觉对应的是声音。车内的声音有两类：一类是有用的声音，如广播；另一类是无用的声音，如噪声。

1. 广　播

车内广播系统属于通信系统，具体参见本书第三篇第四章“通信系统”相关内容。

2. 噪　声

表 2-1-2 列出了产生噪声的原因及可能的降噪措施。

表 2-1-2　噪声原因及可能降噪措施

序号	位置	项目	产生噪声的原因及可能的降噪措施
1	车辆外部	1.1 轮轨	1.1.1 轮轨之间的摩擦。在经过曲线时，车轮同钢轨之间的横向接触产生摩擦，形成尖啸声。 降噪措施： 采用特别设计的转向架，自动调整车轮的方向，减小车轮前进方向和钢轨之间的夹角。增加轮轨侧面之间的润滑。 1.1.2 轮轨之间的撞击包括： （1）钢轨连接处（接头）不平顺造成的撞击。 （2）车轮踏面不圆造成的撞击。 降噪措施： （1）提高钢轨接头的平顺度，包括采用“无缝钢轨”。 （2）及时对车轮进行切削或打磨。 另外，采用胶轮车辆可以显著降低噪声水平
		1.2 风压（空气）	特别是在地下线路区段，车体与空气的作用会产生噪声。采用塞拉式车门有助于减少这种噪声，因为塞拉式车门在关门位被固定的程度较高，不会由于外面风压的作用而振动
2	车辆内部	2.1 与电机有关	（1）牵引电机。 （2）冷却风扇的电机。 （3）空气压缩机的电机等。 上述电机在工作时会产生噪声，包括电机本身产生的噪声以及风扇与空气的作用、压缩机的振动所引起的噪声
		2.2 与电机无关	比如制动闸和轮对之间的作用、车体部件之间的摩擦和碰撞等引起的噪声（在车体和转向架之间使用空气弹簧，有助于减少噪声）

上面所讲的是噪声源以及如何从噪声源着手降低噪声水平。另一方面要做的是提高车厢的隔音能力以控制车内的噪声水平，这主要是从车的门窗结构上做文章。比如使用密封性较好的塞拉式车门、双层玻璃的门窗和车窗。

三、触　觉

触觉主要是指车内的温度。随着乘客对车内环境要求的提高，新建的城轨列车通常都有空调系统，其中有些是降温，有些则是升温，或二者兼备，如果有明显的冬季和夏季。

某城轨列车空调设备的示意图如图 2-1-15 和图 2-1-16 所示，其中图 2-1-15 表示一节车有两个空调单元，图 2-1-16 是对一个空调单元的放大。

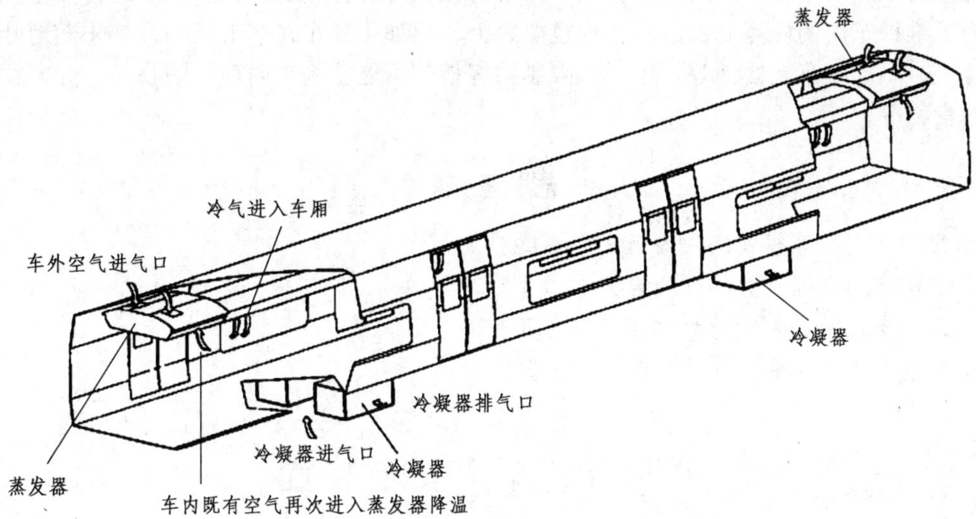

图 2-1-15　地铁车辆内两个空调单元

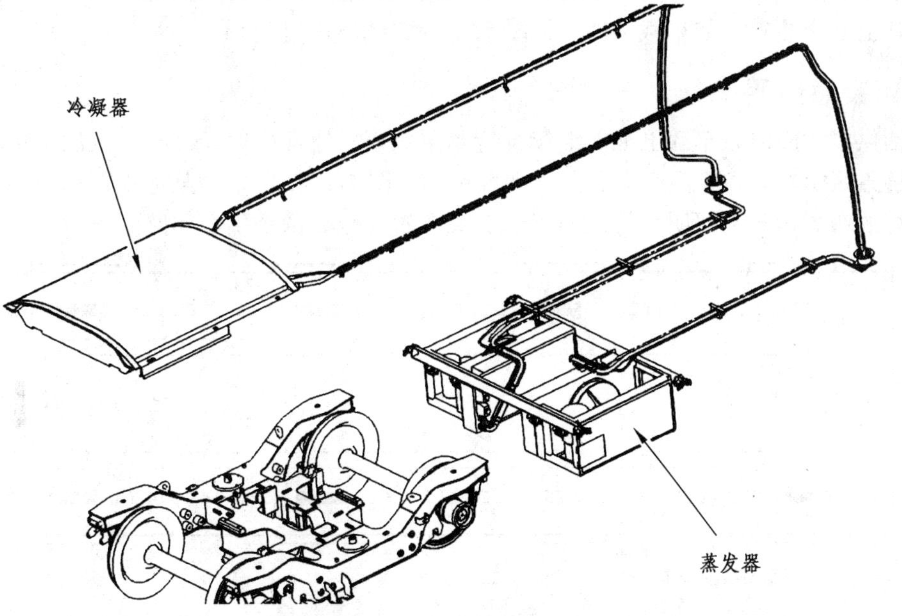

图 2-1-16　空调单元结构示意图

四、嗅　觉

与嗅觉对应的是空气的质量。一方面，城轨交通车内的乘客数量通常较多，需要有效的通风换气系统。但另一方面，车外环境的空气质量未必很理想，特别是早期修建的隧道，由于当时的技术水平的限制，地下水渗漏情况比较严重，再加上有些使用木制轨枕或清洁工作不到位，木枕及垃圾在隧道内腐烂，造成隧道内空气质量很差。为了改善车内空气质量，一方面应从源头治理，比如及时进行隧道的补漏，及时清理隧道内的垃圾，更换木枕等；另一方面应在车上的换气系统上设过滤装置。

值得注意的是，换气系统的进气口有可控挡板。当隧道内有烟时，可将挡板关闭，以阻止隧道内的烟进入车厢。而当车内有烟时，可将挡板打开，并启动紧急风扇进行强排风。

为了维护车内的好环境，运营管理也要跟上，比如，禁止在车上吸烟，禁止随地吐痰，乱丢垃圾，不准在车上饮食等。还可以限制乘客携带可能影响车内环境的物品，如宠物、有异味的食物等。

思考题

1. 影响车内乘客视觉感受的因素有哪些？
2. 影响车内乘客听觉感受的因素有哪些？
3. 影响车内乘客触觉感受的因素有哪些？
4. 影响车内乘客嗅觉感受的因素有哪些？

第四节　车上安全装置

安全是最重要的。城轨列车上有很多安全装置，这里所要讨论的是可供乘客使用的安全装置。其他安全装置，如车载 ATP、制动系统等在此不做讨论。

一、紧急照明

正常供电中断时，车载电池能继续维持紧急照明，通常可达 45 min，以满足乘客逃生的需要。紧急照明灯设在车门上方，便于乘客逃生。图 2-1-17 所示是某地铁列车一节车厢内紧急照明灯的布置示意。照明灯分成两组，交叉布置，分属两个供电回路。

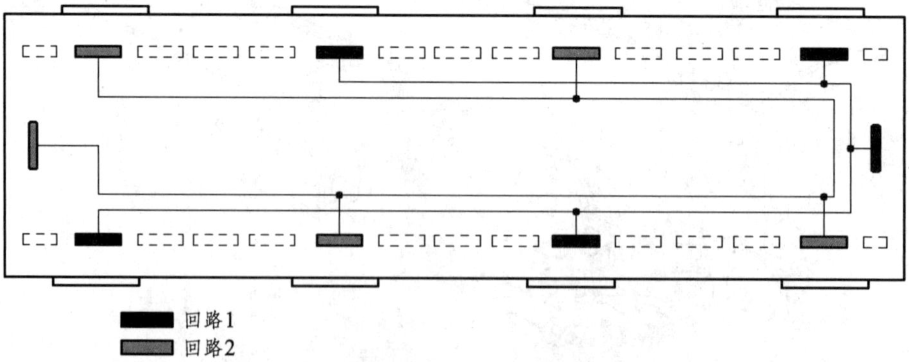

图 2-1-17　车厢内紧急照明灯交叉布置示意图

二、紧急通风

如果车内有烟，紧急通风装置能够排烟；如果隧道内有烟，紧急通风装置能够关闭通风，防止烟雾进入车内。

三、紧急通话

乘客发现紧急情况时，可以使用紧急通话装置（见图 2-1-18）：掀开透明挡板，按下红色按钮，在控制中心以及司机操作台上会引发声光报警。通常是由控制中心接听乘客的呼叫，因为司机需要专注于驾驶。把报警反映在司机操作台上是起后备作用，万一控制中心由于某种原因（如设备故障）而未能和乘客通话，司机在列车到站后可以和乘客通话。

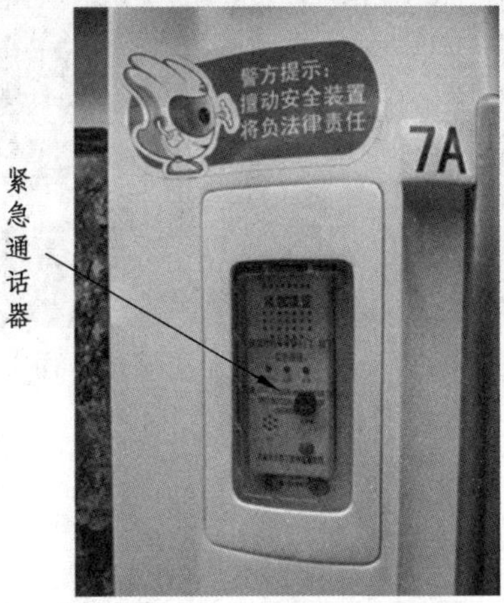

图 2-1-18　紧急通话装置

四、紧急开门手柄

图 2-1-19 所示是某城轨系统的车内紧急开门装置。当发生紧急情况乘客需要下车时，可使用该装置将车门打开。紧急开门装置与紧急制动系统有联锁关系，在此装置被启动之后，列车将会施加紧急制动，保证乘客开门下车时的安全。如果列车处于停车状态，拉动此装置后列车无法起动。

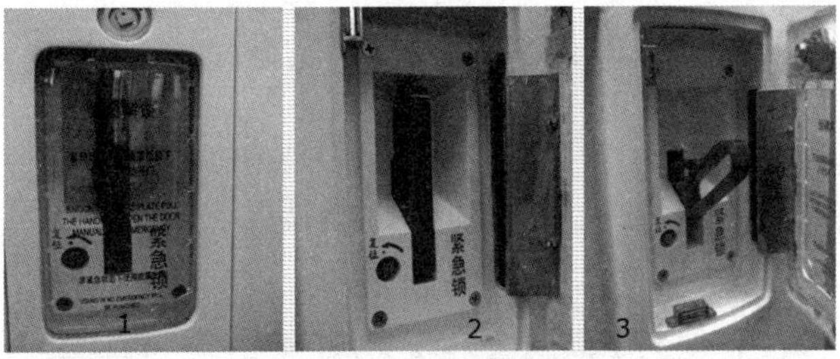

图 2-1-19　紧急开门手柄

越来越多的新城轨系统采用略微不同的设计，即紧急开门装置的启动并不触发列车的紧急制动。列车会按正常情况继续运行到下一站，之后，乘客可以手动开门（当然车门可能按正常情况的自动打开，或由司机按正常操作打开）。不让列车停在区间是因为与停在车站相比，停在区间不利于处理。另一方面，城轨交通的车站站间距离较短，一般情况下，列车能在短时间内（如 1 ~ 2 min）到达下一站。

五、便携式灭火器

车内发生火灾（如有恐怖分子故意纵火或车上电气设备发生短路导致过热而起火）时车

内乘客可以使用客室内的灭火器实施自救。通常灭火器位于乘客座椅底部（见图 2-1-20），或其他既不妨碍乘客自由走动又方便乘客拿取的地方。有的城轨列车设有灭火器状态监测装置，即灭火器一旦被拿走，就会发出报警到控制中心及列车驾驶台，目的是尽早让有关人员获得相关信息，以便及早采取行动。

图 2-1-20　客室灭火器（座位下面）

六、紧急逃生门

参见本章第一节相关内容。

七、紧急停车手柄

部分城轨列车上设有紧急停车手柄。当乘客发现紧急情况时，可以拉动此手柄，列车实施紧急制动。

大量运营实践表明，在车上设紧急停车手柄其实效果并不好。因为即使车内发生紧急情况，我们也不希望把车停在区间，而是希望尽量使列车进站，以便有更多的工作人员、更大的空间、更多的资源来处理紧急情况。越来越多的新建城轨系统不设紧急停车手柄，有些老的系统也已经把其紧急停车手柄锁死了。

八、紧急破窗锤（安全锤）

多数城轨列车的窗户都是不能开启的，主要原因是怕有的乘客在列车运行时，把手、头或其他物品伸出窗外，侵入限界造成危险。但在紧急情况下，可能需要打开车窗，以便换气或逃生。因此，有的城轨列车内备有安全锤，如图 2-1-21 所示，可以用来打破玻璃。

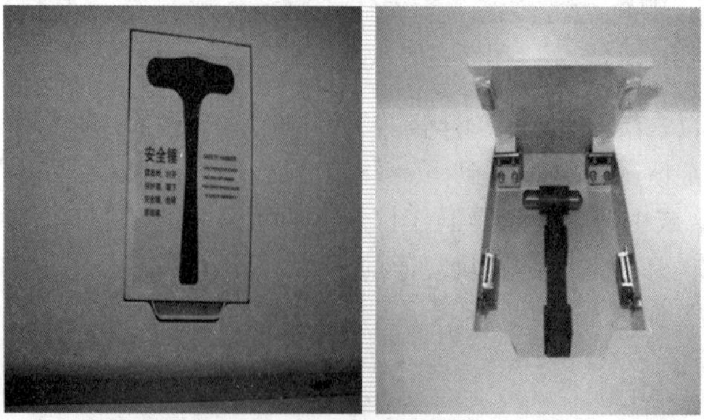

图 2-1-21　安全锤

2011 年 12 月某地铁发生供电中断意外，部分列车停在隧道内。一列列车由于备用电池过早耗尽而使车内紧急通风设备停止运作。有乘客在情急之下用车内的便携式灭火器击破车门玻璃，以帮助通风，如图 2-1-22 所示。

图 2-1-22　被击碎的车窗玻璃

其实，在这次事故中由于车上有紧急开门手柄，完全没有必要击破玻璃。只是并非每个人都熟悉车上紧急设备的情况，才发生了这样的事。

九、急救箱

由于城轨车站通常相距不远，急救工作通常是在列车到站后在车站进行。为了方便更及时地对有需要的乘客实施急救，有的城轨公司在车上备有急救箱。急救箱内除了有止血条等物品外，还可以放袖珍手电筒以备急用。

案例 1

2000 年 11 月 11 日，在奥地利一个村子发生了一起隧道缆车火灾事故，造成 100 多人死亡。该缆车系统共有两列车运行，是供滑雪爱好者上山开展滑雪活动使用的。缆车本身由两节车厢组成，车头车尾设有司机室，司机只负责开关门。缆车本身不带动力，由位于山顶的控制中心通过钢缆来操作列车的运行和停站。

事故原因是设于司机室内用于司机取暖的风扇故障，导致取暖设备过热，点燃了从车上油压系统渗漏出来的液压油，引发火灾。从这起事故可以总结出如下教训：

（1）由于车上没有火灾报警系统，所以当时位于缆车前端司机室内的司机以及控制中心的操作人员都没能及早察觉到车上的火警。

（2）由于车上没有相应的通信手段，乘客不能向司机或控制中心报告火警，而且隧道内没有支持乘客移动电话的通信设施。

（3）由于车上的便携式灭火器只配备在司机室，所以乘客无法使用。

（4）由于客室内没有紧急开门装置，而且车窗使用的是钢化玻璃，致使车内乘客难以逃生（个别乘客通过努力用滑雪器械打碎玻璃得以下车）。

（5）车上没有安装闭路电视，所以控制中心无法看到现场情况。

（6）控制中心无法做列车广播，否则控制中心可以指导乘客疏散。

（7）车的制动系统在设计时所遵循的“故障-安全”原则在这次事故中起了反作用。一般而言，在设计上认为把列车停下是安全的，本次事故列车的制动系统使用的是液压控制，液压油的大量渗漏致使缆车迫停在隧道里，导致乘客疏散困难。

（8）取暖器的位置靠近液压系统的油路。

（9）没有隧道紧急通风装置，无法对隧道内的浓烟进行控制。

案例 2

2003 年 2 月 18 日，在韩国大邱地铁发生了一起纵火案，约 200 人丧生。

1. 背景情况

纵火者金大韩当时 56 岁，失业人士，曾做过出租车司机，2001 年 11 月因中风而导致半身不遂。他因对所接受的治疗不满意，而表现出暴力和压抑倾向。

2. 事件情况

纵火案发生过程如图 2-1-23 所示。

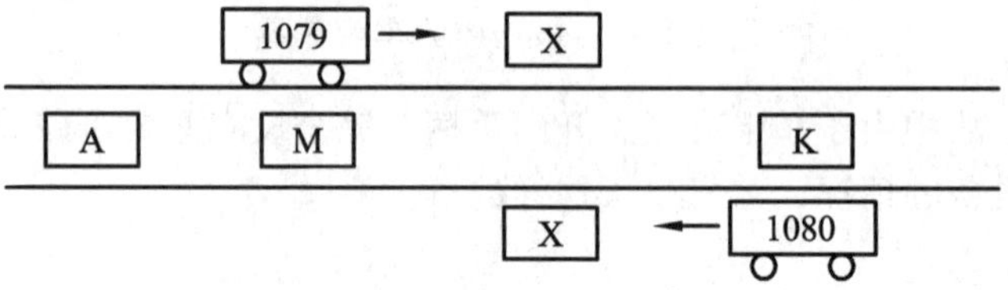

图 2-1-23　事故过程示意图

2003 年 2 月 18 日上午，金大韩在 A 站上了 1079 号列车，随身携带了两罐易燃品（用装牛奶的盒子伪装）。在大约 09:53，1079 号列车离开 M 站前往 X 站时，金掏出打火机。周围的乘客警觉性地发现这一异常情况后试图阻止金。在此过程中，其中一罐易燃液体打翻在车厢地板上并着了火，同时，列车进了 X 站。

车门打开后，金以及一些乘客赶快下了车，离开了现场，但大火很快蔓延到 1079 号列车全部 6 节车厢。助燃的车上物品包括车体夹层内的隔热材料、座位的垫子、塑料扶手及地板上的塑料垫层。这些物品燃烧时产生大量有毒浓烟，既毒害人体，又阻碍视线，加大了逃生的难度。

控制中心的调度虽然通过设在车站的闭路电视发现了站内有烟，但是由于 1079 号列车的司机没有及时向控制中心报告现场情况，所以控制中心的调度没有能充分认识到情况的严重性，以致允许另一方向的 1080 号列车驶入 X 站，尽管控制中心确有提醒 1080 号列车的司机“前方站内火警小心驾驶”。

1080号列车进站后，司机曾一度打开车门，但不久又关上了，显然是想阻止站内浓烟进入车厢。

1080号列车到站后不久，自动火灾探测装置把牵引供电切除，使1079号和1080号两列车都动弹不得。

车上设备记录显示：1080号列车的司机曾做过三次车内广播“请乘客在他争取和控制中心联系时，原地待命”。记录还显示：后来控制中心让他“马上关掉引擎，快跑”。1080号列车司机在跑出司机室时，把主控钥匙拔掉了。这样一来车上的后备电池也关掉了，使得车门无法打开。事后发现：共有79名乘客受困在1080号列车内，全部遇难。

3. 教训

（1）1079号列车的司机应及时向控制中心报告现场情况。哪怕情况紧急需要马上逃生，也要在逃离困境后报告控制中心。

（2）控制中心在发现前方站有火警的情况下，应阻止列车进站，除非得到现场人员的报告，确认现场情况允许进站。

（3）车上应严禁使用可燃材料。

（4）在车上应配备灭火器，而且数量要足够。

（5）要为每道车门设紧急开门装置，而且该装置的操作不需要电力供应。

（6）不应让火警探测器自动切除牵引供电。

（7）要设有效的车站及隧道排烟装置（注：在该事件中，大火从上午一直烧到13:25。但1 300多名消防急救人员一直等到17:00才得以进入车站，原因是站内的有毒浓烟直到那时才算消散。从图2-1-24可以看出浓烟的严重程度）。

图2-1-24　事故车站地面现场

思考题

1. 车内紧急照明灯设在何处？
2. 紧急通风系统的工作模式有哪些？
3. 为什么说当有乘客启动车上紧急通话按钮时，应优先由OCC来处理？
4. 在运行中的列车内，操作客室门紧急开门手柄之后能否立刻打开车门？
5. 车内乘客如何知道便携式灭火器的位置？
6. 为什么越来越多的新建城轨系统不再在客室内设置紧急停车按钮？

第二章　运营人员对车辆的要求

运营人员对列车的最基本要求是列车“跑得起、停得下”。在此基础上还希望对列车的操作（包括自动的和人工的操作）尽量灵活方便，并能随时了解车上设备的状态以便及时对故障情况做出反应。所以本章第一节先讲使列车动起来的驱动力，第二节讲制动力。

因为一方面车上靠电力运行的设备不仅仅是牵引电机，车上需要压缩空气的也不仅仅是制动系统；另一方面大量的实践经验反复地证明：现代城轨列车的故障多和电系统（包括电子元件）以及气系统有关，所以有必要把电系统和气系统独立成节（第三节和第四节），给予足够的重视。

车内设备监控及驾驶操作是和运营人员直接相关的，是本章的重中之重，分别安排在第五节和第六节。

虽然车体、车钩和转向架是车辆的基础，但运营人员对它们的操作却微乎其微，所以安排在本章最后。

第一节　驱 动 力

最早的铁路上行驶的不是火车而是马车，如图 2-2-1 所示。为了使车轮动起来，马儿们要“前腿弓，后腿蹬”。如果碰到冰天雪地，即使“前腿弓，后腿蹬”也未必能拉动车辆，因为真正使车辆动起来的不是马儿用了多少力气，而是马蹄和地面之间有多大的作用力和反作用力。

图 2-2-1　早期铁路上行驶的马车

蒸汽机车出现后，机车的动轮代替了马蹄。火车能否动起来取决于机车动轮和钢轨之间的黏着力。虽然从材质和形状，甚至尺寸上，火车车厢的车轮和机车的车轮很相似，但二者有着本质的区别：火车车厢的车轮是“从动轮”，并不推动列车前进。

城轨列车采用“动车组”的概念（见下面的资料），没有了机车，或者说车厢摇身一变成了变形的火车头，这和自行车很相似。自行车之所以被称为自行车据说是因为它不靠别的人力、畜力或机械力来拉，推动自行车的驱动力源于自行车的内部。

本节以下内容侧重于对影响动力的因素的讨论，之后简单讨论不靠轮轨黏着的动力形式——直线电机。

一、动车组的诞生

轨道交通的车辆和轨道有着同样悠久的历史。

早期的列车，其动力都是集中在机车上。虽然人们想获得更多的牵引动力，以便列车能够拉更多的货物，克服更大的坡度，但在蒸汽机和内燃机时代，给列车的所有车厢都配备动力是不实际的。通常的做法是设计更大功率、更大自重（以增加轴重，继而增大黏着力）的机车。列车内除机车以外的车辆的轮对因为没有自己的动力，而不具备利用轮轨黏着的能力，因此无法为增加列车的牵引力做出任何贡献。

在电力牵引得到应用之后，虽然为所有车厢配备电动机（简称电机）成为可能，但如何对它们进行同步控制仍然是个有待解决的问题。

电力机车的最初设计是把司机用来控制牵引力的主控制杆直接连到牵引电机的电路里。这样一来，为了方便就自然地把司机操作台和电机及其相关设备设在了同一个机车上。这意味着，司机对电机的控制是就近控制。

这样的安排延续了多年，直到美国大发明家弗兰克（Frank Julian Sprague）于1895年创造性地把电梯的遥控原理移植应用到铁路领域，由此引出了“动车组”的概念。

被同时代人誉为“电力牵引之父”的弗兰克于1857年出生在美国。他毕生致力于对动力的研究，曾花大量的精力设计电梯的动力及其控制系统。大家都知道，电梯的控制不仅可以在轿厢内进行，而且在轿厢外、甚至在不同的楼层也都可以进行，即可以“遥控”。这一遥控功能的实现得益于继电器的发明。关于继电器的详情参看本书“列控系统”的有关内容。

电梯是一种重要的交通方式——竖向交通。在某种意义上，没有电梯就没有城轨交通。

- 如果没有电梯，高层建筑就无法得到推广。而没有高层建筑，人口密度就不会高。没有高的人口密度，也就不会需要大运量的城轨交通。这是城轨交通的必要性问题。
- 在可能性方面，正是由于受到电梯运作的启发，美国大发明家弗兰克才想到把牵引电机分设在列车的多个部位，而在列车的两端设驾驶控制设备，形成了目前城轨列车的标准形式——动车组。

上述遥控原理的引入，使铁路电力牵引领域发生了革命性的变化。

- 在多台机车共同牵引的情况下，通过遥控可以从位于列车前端的司机室对本列车内所有机车进行同步控制。这就是“多单元同步控制”的概念。
- 列车动力不必再集中设在个别车辆上，而是可以分设在不同部位。这一方面可以在保证所需动力总量的前提下，实现电机的小型化（化整为零）；另一方面，也是更为重要的，可以充分发挥整列车轴重的黏着作用。这就是“动车组”的概念。

对城轨交通来说，动车组的影响更为深远。事实上，“动车组”最早是出现在城轨交通领域：弗兰克第一次把这一技术付诸实践是在 1897 年美国芝加哥市的捷运系统（Chicago "L"），当时叫作"南部高架铁路"所进行的试验。

动车组源于城轨交通并非偶然，因为在城市范围内运作的城轨交通比传统城际铁路更迫切地需要动车组。动车组几乎拥有城轨交通所需要的全部特质：

（1）在城市里，城轨经常面临坡道[①]，这就需要城轨列车具有较强的爬坡能力（牵引力）。而牵引力取决于轮轨之间的相互作用。只有动轴能产生牵引力，非动轴是不能产生牵引力的。动车组有较多的动轴，所以适合城市运行条件。

（2）城轨是运载乘客的。在传统由机车牵引运行的列车上，机车内不载客。动车组把牵引动力"化整为零"，分布在多个车辆的车底板下面，使得载客空间扩大到所有车厢，并消除了由机车不载客带来的无用功。

（3）城轨线路一般较短，只有十几或几十千米，城轨列车在终点站的折返作业频繁。通过像传统列车那样摘挂机车来实现折返显然不合时宜。这是因为：一方面这样做需要配备相应的线路，另一方面作业时间长。而动车组两端都可以作为车头，在到达终点站后可以直接调头，如果需要的话，1 分钟之内即可完成。

（4）城轨车站之间的距离一般不长，短的几百米，长的也不过 3 ~ 5 千米，因此区间运行时间很短，城轨列车的起停频繁。为了能够在启动后的短时间内迅速达到巡航速度，列车必须具有较高的加速度。由于动车组具有较强的牵引力（如前面所述），所以动车组更能适应城轨交通的要求。

（5）在城市里，人们的出行具有明显的时段不均衡性，即有高峰时段和非高峰时段。在行车组织上，为了在满足乘客出行需要和节约运行成本之间取得平衡，一种办法是在非高峰时段减少列车班次，不过这样做会增加乘客的平均候车时间；另一种办法是保持列车班次而减少列车编组数量，即在非高峰时段内开行小编组列车。动车组在列车编组和解编方面有着得天独厚的优势。

（6）城轨列车运行在城市里，特别是人口密集的地区，需要尽量减少震动和噪声影响。由于动车组的动力分散在列车多个部位，轴重可以比机车小很多，轨道及轨下基础受到的来自列车的冲击力会相应减少。这有利于控制对周围环境的震动和噪声影响。另外，由于轴重较轻，城轨高架线路的承载要求可以相应降低，城轨线路的钢轨磨耗也会减轻，这些都可以节约成本。

（7）动车组是由多节车厢组成的相对固定的单元，各车厢之间的连接通常是半永久性车钩（这种车钩在车组需要大修解体时可以分解）。这使得列车的整体性较强，在起停过程中，车厢的前后冲动较小，有利于提高乘车的舒适度，这对运载大量乘客、起停频繁的城轨列车而言，尤为重要。同时，较强的列车整体性，使得列车的驾驶控制比较容易。

除了上述优点外，由于动车组的牵引电机数量多，分散布置，电机故障造成列车无法运行的风险也分散了。换言之，即便个别牵引电机出现故障，列车通常也能维持运行。

二、列车编组形式

城轨列车的编组辆数主要依据客流量而定。客流量大时，其列车编组通常为 4 ~ 8 辆，客

---

① 为了避让市内既有建筑物及其地下基础，城轨经常需要深入地下，在条件许可时再返回地面。

流量小时通常为1～3辆。例如香港轻轨列车，有单节运行的，也有两节连挂运行的；上海地铁有6节编组的，也有8节编组的。

正常情况下多数城轨系统的列车编组是固定的，但也有一些采用灵活编组的，即在一天之内随客流量的变化而调整列车内的车辆数。

动力配置通常有如下两种形式：

1. 全动车配置

这种方式可根据客流变化灵活调整编组辆数，且整车性能指标高，车辆轴重分配均匀，易于控制，反应速度快，动力性能好。缺点是造价高，检修维护工作量大，牵引能耗大。

2. 动拖混合配置

这是目前国内外新建城轨中普遍采用的动力配置方式。动车设有动力装置，具有牵引与载客双重功能。动车又分为带受电弓和不带受电弓的动车。拖车不装备动力装置，需动车牵引拖带，仅有载客功能，可设置司机室，也可带受电弓。通常在动拖混合配置时，会把一定数量的动车和拖车组成相对固定的单元（英文叫EMU，即Electric Multiple Unit，中文称电动车组）。这种方式由于将动车的部分设备布置在拖车上，从而在一定程度上减轻了动车重量，使列车重量分配比较均匀。

常见列车编组形式如图2-2-2所示。

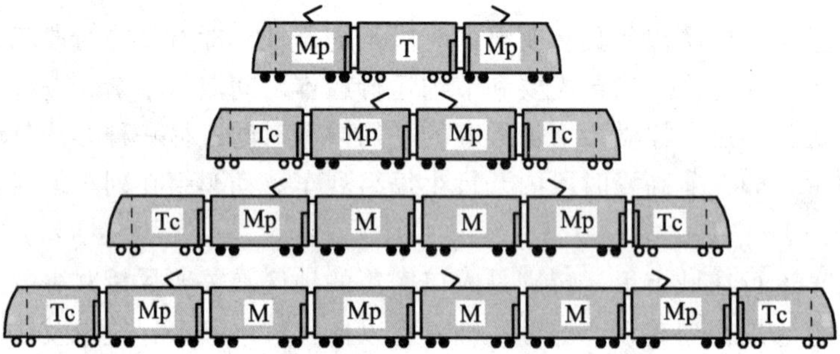

图2-2-2 常见列车编组形式

注：Mp—有受电弓的动力车；T—拖车；Tc—带司机室的拖车；M—无受电弓的动力车。

三、动力的产生

为帮助理解，我们先看一看自行车的情况，如图2-2-3所示。

图2-2-3 自行车

当人的脚踩蹬脚蹬使与脚蹬相连的主动齿轮转动时，链条带动自行车后轮上的从动齿轮，使后轮产生向前滚动的趋势。这里之所以说“趋势”而非“滚动”，是因为能否滚动还取决于后轮和地面之间的黏着力情况。如果黏着力很小，后轮会原地转动，而不是向前滚动，自行车也就不会前行。可见推动自行车前进的动力虽源自人的脚力，但直接真正推动自行车的是来自地面的外力。这和我们在物理课上所学的力学概念是一致的，即外力的作用是改变物体运动形态的因素。

有了上述对自行车动力产生过程的理解，再来认识城轨列车的动力就不难了。这可以分两个阶段来认识：一是牵引电机作为动力源，二是轮轨之间的相互作用。（注：虽然城轨车没有像自行车那样的链条，但城轨车在牵引电机和动车轴之间有主动齿轮和从动齿轮之间的相互联系和相互作用，所以城轨和自行车有可比性。）

1. 牵引电机

牵引电机首先可以分为旋转电机和直线电机两大类，而旋转电机又可进一步分为直流电机和交流电机。有关直线电机的情况见本节的末尾。

直流电机靠直流电工作，而交流电机靠交流电工作。但不论是直流电机还是交流电机，二者均是依据相同的工作原理，即电磁的转换来工作的：靠电流的通过来形成磁场，磁场对场内的导体产生磁力。这个磁力就相当于骑自行车的人的脚力。

这个力的大小和电流的大小有关，大电流将产生较大的磁场。

值得注意的是，在列车从静止状态起动的时候，虽希望电机能尽快地把电能经磁转化而变成列车的动能，但又不可操之过急，否则会导致车轮空转。

可以再次借用自行车的工作原理来帮助理解。

对于可变速自行车而言，初起动时，应该用最大的从动齿轮，这有利于获得较大的力矩，以尽快改变主动车轮（后轮）的运动状态，即从静止改变成滚动。但此时也不可以用力过猛，否则可能造成车轮的转动而不是滚动。

当车速渐渐加大时，骑车人的脚运动的频率渐渐达到极限，即不可以蹬得更快。这时为了进一步提高车速，必须改用较小的从动齿轮。否则，在骑车人的脚运动的频率和所选用的从动齿轮的转动频率一样时，脚的运动将不起任何作用。

在这里，牵引电机的转速相当于脚的运动频率。

从上述讨论可以看出，牵引电机的转速控制/调整是一个关键。也正因为如此，在很长一段时间（大约 100 年）内，转速比较容易控制的直流电机在铁路领域比交流电机得到更为广泛的应用，虽然直流电机有体积大、维修工作量大等重大不足。直流电机比较成熟的转速控制方式有变阻调压方式和斩波调压方式。

电子技术的进步促成了交流电机控制技术的重大突破。调频调压（Variable Voltage Variable Frequency，VVVF）控制技术一改过去直流电机一统天下的局面。新建城轨系统普遍采用交流电机，充分发挥了交流电机结构简单、体积小、运行可靠、过载能力强等诸多优势。

2. 影响动力的因素

图 2-2-4 中小圈代表和牵引电机同轴的主动齿轮，其直径为 d；

大圈代表和轮对同轴的从动齿轮，其直径为 D；

虚线大圈代表车轮，其直径为 D_k。

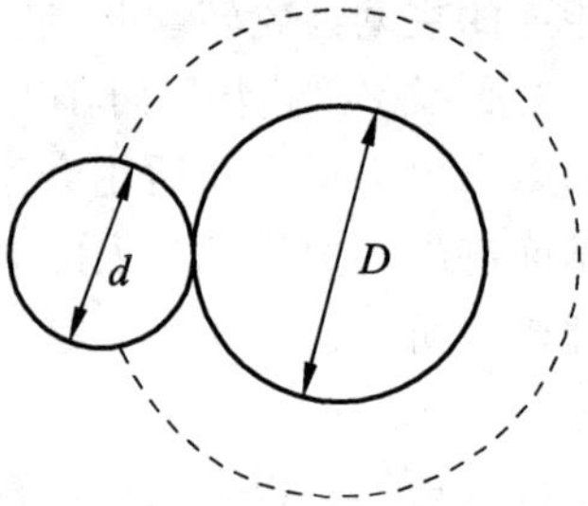

图 2-2-4　牵引电机主从动齿轮

牵引电机在受电后会产生电磁力矩 Md，其大小可以用下式表示：

$$Md = p\cdot\frac{d}{2} \tag{2-2-1}$$

式中　p——齿轮啮合点的推力；

d——主动齿轮的直径。

主动齿轮带动从动齿轮而在从动齿轮轴上产生的力矩 M，可用下式表示：

$$M = p\cdot\frac{D}{2} \tag{2-2-2}$$

式中　p——齿轮啮合点的推力；

D——从动齿轮的直径。

M 和 Md 的关系是：

$$M = p\cdot\frac{D}{2} = \left[\frac{Md}{\frac{d}{2}}\right]\cdot\frac{D}{2} = \frac{D}{d}\cdot Md = \mu\cdot Md \tag{2-2-3}$$

式中　μ——齿轮的传动比。

若考虑到齿轮传动的机械损失，则有：

$$M = \eta\cdot\mu\cdot Md \tag{2-2-4}$$

式中　η——齿轮的传动效率。

由于从动齿轮和轮对同轴，所以 M 也就是作用在轮对上使其沿钢轨运动的力矩。

接下来讨论 M 在轮对上的作用。

图 2-2-5 中小圈（虚线）代表从动齿轮，其直径为 D；大圈（实线）代表车轮，其直径为 D_k。

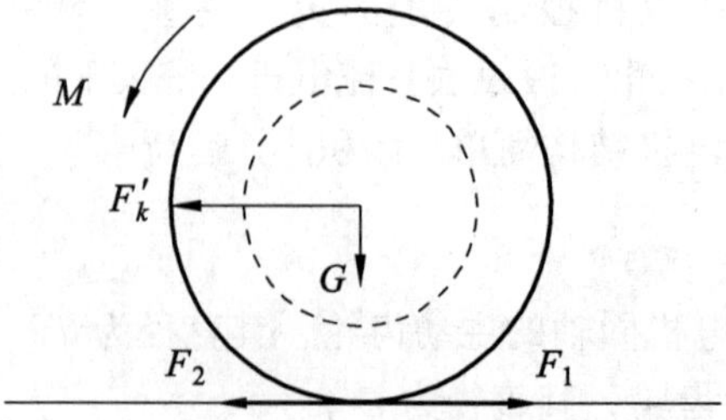

图 2-2-5　受力分析示意图

作用在轮对上的力矩 M 可以用一对力偶（F_1，F_k'）来代替。其中 F_1 作用在轮轨接触点上，F_k' 作用在轴箱上。

$$F_1 = F_k' = \frac{M}{\frac{D_k}{2}} = \frac{2M}{D_k} \tag{2-2-5}$$

由于此时轮对在重力 G 的作用下在轮轨间形成“黏着”状态，因此就产生了一个与 F_1 大小相等、方向相反的反作用力——黏着力 F_2。在黏着极限范围内，F_2 随着 F_1 的增长而增长。正是由于黏着力阻止了车轮的滑动，车轮得以向前滚动。对于轴箱而言，是向前平移，就相当于受到向前的拉力——牵引力，也就是 F_k'。其大小为：

$$F_k' = \frac{2M}{D_k} = \frac{2\eta \cdot \mu \cdot Md}{D_k}$$

可见动轮对所产生的牵引力：

- 与电机转矩 Md、传动装置的传动比 μ、机械效率 η 成正比。
- 与轮径大小成反比。
- 受黏着条件的限制。当黏着力 F_2 较小时，较大的 F_1 会使车轮在轨面上打滑，造成车轮空转，以致牵引力 F_k' 无法实现。黏着力和黏着重量（G）及黏着系数成正比，即

$$F_2 = G \cdot \varphi_k \tag{2-2-6}$$

式中　φ_k——轮轨间的黏着系数。

影响黏着系数的主要因素有轮轨的材料、列车速度、轮轨接触面的表面状况等。当列车运行速度升高时，黏着系数会下降。

3. 直线电机

直线电机由车上的“板式电机（定子或转子）”和线路上的感应板组成。在电磁场的作用下，两者产生推力而使车辆运动。其推力就是动车的牵引力，该推力的大小和磁场的强度、感应板与“板式电机”的间隙有关，与轮轨黏着系数无关。轮轨只起支撑和导向作用。

直线电机牵引车辆的优点：

（1）牵引力不受轮轨黏着系数的限制，列车爬坡能力强，可达 60‰ ~ 80‰。这一点很适合“起伏多，坡度大”的山区城市。

（2）由于车辆“板式电机”贴近地面，构造尺寸小，可采用小轮径和低地板，列车转弯半径小，最小线路平面曲线半径可降至 35 m。

（3）由于车辆地板低，可减少地下隧道尺寸，从而减少隧道土建工程量，降低工程造价。

（4）由于牵引系统没有机械传动，轮轨也属于从动关系，所以运动噪声小。

（5）直线电机也具备交流电机 VVVF 控制的技术优势，维修工作量较小。

（6）车辆的检修设备较少，车辆段占地面积可以较小。

直线电机牵引系统的缺点：

（1）为了保证感应板和车上“电机”的合理间隙，对线路（轨道）安装和维护的技术要求较高。

（2）由于“电机”的间隙较大和裸露泄漏磁通较多，电气-机械转换效率较低。根据国外经验，考虑牵引再生等综合因素，和传统的旋转电机牵引钢轮列车比较，约多耗电 25%~30%。

（3）兼容性与通用性较差。由于直线电机的牵引方式非常独特，所以与传统牵引方式的系统几乎完全不能兼容。在已经拥有传统城轨线路的城市引入直线电机系统，不利于既有技术力量和设备作用的发挥。

小资料

直流电机

1. 直流电机是如何将电能转化为动能的

图 2-2-6 所示是一个直流电机的示意图，其中 N 和 S 分别代表磁体的两极（北极、南极）。在 N 和 S 之间有一个金属线圈，其左侧与电源相连。连接的方式很特别：和线圈固定连接的是一个中间绝缘的圆柱体，该圆柱体的一半和另一半之间电气绝缘。这个圆柱体可以转动，因此，线圈和电源之间的连接在机械上是非固定的。圆柱及线圈被称为电机的转子，因为它们在工作时会转动。而用来产生磁场的磁体被称为定子。和转子相接触的电源接头被称为电刷。当电刷向转子供电时，带电线圈会产生电磁场。这个电磁场和由定子所产生的磁场之间会产生相互作用（同极相斥，异极相吸）。图中 F 代表作用力，箭头代表作用力方向。作用力方向和流经线圈的电流方向有关。前面所说的圆柱体的中间绝缘就是用来保证在转子转动的过程中 F 的方向保持不变的。

线圈通电后在磁场内转动，就实现了电能向动能的转化。

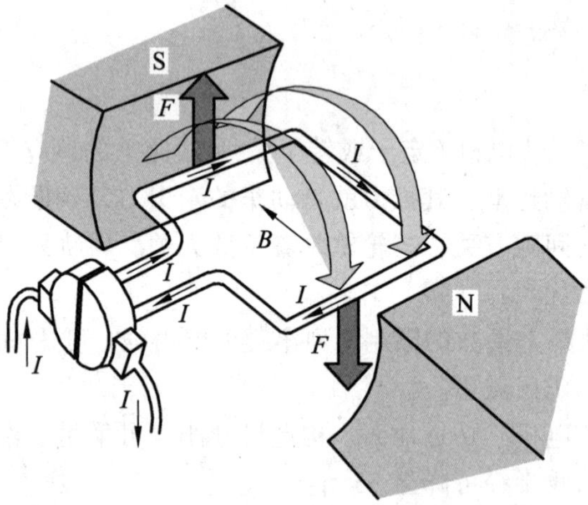

图 2-2-6 直流电机的示意图

2. 感应电势及其影响

上面说明了通电导体在磁场内因受力而转动。另一方面，导体在磁场内的转动因切割磁力线会在导体内产生感应电流，其实这也是发电机的发电原理。感应电流所对应的电势就是感应电势。在直流电机中，由于感应电势的方向和线圈供电电流方向相反，所以又被叫作反电势。直流电机的电源要向转子输入电流，就必须克服反电势的作用。在线圈转动慢时反电势会比较低，随着线圈转动速度的加快（对应于列车速度的升高），反电势也会跟着增大。到一定程度时，反电势会大到使电机的电源无法向转子输入电流，转子就不会受定子磁场的作用而加速（虽然还可以靠惰性转动），相应地也就不能继续为列车加速。

3. 直流牵引电机的速度调节

上面讲过，在起动时转子的转速较低，反电势较小，通过转子的电流较大，使得产生的转矩较大。随着转速加大，反电势增加，如果供电电势保持不变的话，能输入到转子中的电流会减小，以致最后无法再提高速度。要想进一步提高速度可以有多种办法，比如：

（1）调压。增加电源电压有利于克服转子在转动时产生的反电势，而在转子中保持一定的电流。

（2）调阻。通过把部分和转子串联的电阻切掉可以增加转子中的电流。另外，改变定子所产生的磁场强度也可以调速。

4. 交流牵引电机的速度调节

交流电机靠交流电来工作。交流电除了有电压等级外，还有频率等级，所以通过调整电压或频率或同时调整二者就可以对其转速进行调节。这样做说起来很简单，可做起来并非易事，直到 20 世纪 80 年代才真正借着电子控制技术的进步实现了可供商用的技术 VVVF。下面是这一概念的示意图。

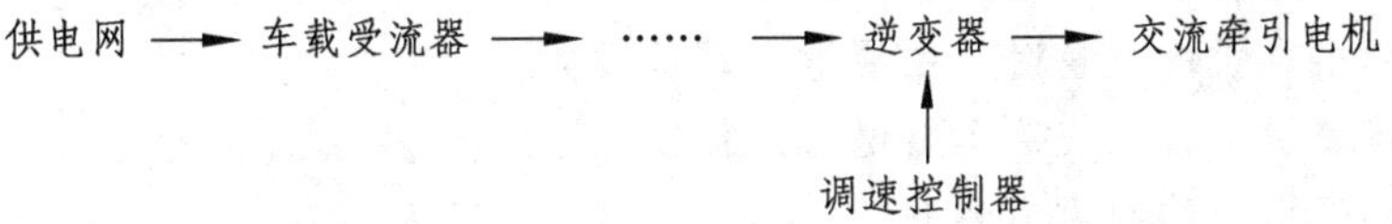

如果供电网供应的是交流电，那么在逆变器的上游还要加一个把交流电转换成直流电的环节（整流装置）。

从这里可以看出，为了对交流电机进行有效的控制，不论供电网供应的是直流还是交流，车上都必须有逆变器。这个逆变器在调速控制器的控制下向电机供应经过变压变频调整的电流。

案例 1

能用牵引电机来对付列车倒溜（roll back）吗？

2004 年 11 月 3 日美国东部标准时间 12:49，华盛顿大都市区交通局 703 次列车与 105 次列车在 Woodley Park-Zoo/Adams Morgan 站相撞。703 次列车在上坡地段起动时由于司机处于半睡状态，在缓解制动后，未能及时启动牵引，导致列车倒溜。一段时间后，司机意识到列车在倒溜，慌忙启动牵引，试图通过牵引来阻止列车倒溜。结果列车在倒溜 2 246 英尺[①]后以大约 36 mph[②]的速度与正在站台停车上下客的 105 次列车相撞。事故调查显示，在列车倒溜速度小于 2 mph 时尚可通过牵引来阻止倒溜，但一旦速度超过 2 mph 就不灵了。这样的设计是为了保护牵引电机。当然为阻止倒溜，正确的做法是施加制动。

① 英尺：英制长度单位，1 英尺 = 30.48 cm。
② mph（ Miles per hour）：速度单位，英里每小时。

小资料

城轨列车的牵引能力，特别是在丧失部分牵引电机情况下的牵引力是运输人员需要掌握的。下面以某城轨列车所具有的牵引能力作为例子进行说明。

1. 在丧失 50% 牵引动力时（6 节编组的列车中，4 动 2 拖，当只有 2 个动车的牵引电机可以正常工作时），列车能在实际载客量为最大载客能力的 25% 的情况下，正常通过正线上最困难的上坡，且可以正常跑完全程（包括沿途停站），以便在终点站退出服务。

2. 丧失 50% 牵引动力、列车施加一半停放制动的空车，列车能够加速到 15 km/h，并能行驶到存车线，以不妨碍其他列车的通行。

3. 在丧失 25% 牵引动力、列车施加一半停放制动、75% 满载的情况下，列车能运行到下一站清客，并退出服务。

4. 连挂救援。一列好的空车能够推/拉一列施加全部停放制动的 75% 满载的故障车，在 3% 的上坡道上以 15 km/h 低速走行 500 m，然后在平坡上再走行 200 m 到站清客，之后继续推/拉故障车以 15 km/h 低速行驶到存车线。

思考题

1. 牵引电机分设在多个车辆上，有什么好处？
2. 在确定牵引电机的数量时，主要考虑哪些因素？
3. 简述直流牵引电机和交流牵引电机的优缺点。
4. 影响列车牵引力的因素有哪些？
5. 可变动列车编组对运营组织有何特殊要求？
6. 车组中动车和拖车的编挂位置需要考虑哪些因素？
7. 为什么多数城轨系统的列车构造速度并不高？

第二节　制动力

上一节讲了城轨车行驶所需的动力，没有它城轨车就无法行驶。这一节讲制动力，其用处和动力相反，是为了使城轨车减速甚至停下来。相对于动力而言，制动力更为重要，因为列车在失去动力时最多是不能动，但当列车因失去制动力而无法停下来时将可能带来灾难性的后果。

一、摩擦制动

上节讲动力时提到了自行车，这里再次借用自行车为引子，因为自行车为大家所熟悉。为了减速，自行车通常配有手闸。通过连线或连杆，作用在手闸上的力可以传递到车轮的制动夹上。

多数自行车的制动夹在制动时是夹在车圈上的。对可以高速行驶的自行车为了提高制动效率通常采用盘形制动，即制动夹在制动时是夹在车轴上的制动盘上的。这样可以增加摩擦的接触面，另一个好处是可以避免对车圈的磨损。当然由于制动盘的半径比车圈小，同样大小的力通过制动盘产生的制动力矩要比通过作用在车圈上来得小。从能量转换的角度来看，当制动夹夹在车圈上时，制动夹和车圈之间的摩擦会产生热能，散失在周围环境里，这使得自行车的动能减少，对应的是速度的降低，这也就是自行车的制动原理。城轨列车的闸瓦制动及盘形制动遵循同样的原理，只是城轨列车的闸瓦制动和盘形制动在控制上不像自行车的手闸那么简单。虽然在铁路系统，确实有通过类似自行车手闸的机械装置施加制动的车辆，这些车辆通常是货车，而这样的制动装置主要是用来作停放制动，仅在少数情况下用来对行驶中的车辆进行减速制动，如溜放连挂时。

从作用力的角度所进行的分析和上一节对动力矩的分析相似，只是方向相反，如图 2-2-7 所示。其中：M 是制动力矩；F_1、F_k 是代表 M 的一对力偶；F_2 是车轮和地面之间的黏着力。在 $F_1<F$（F 是 F_2 的最大值）时，车轮和地面间不会产生滑动，且 $F_1=F_2$。F_k' 就是使车辆减速的力。

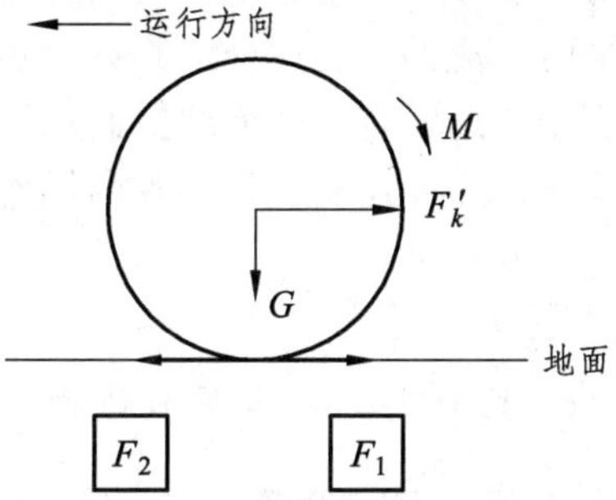

图 2-2-7　受力分析示意图

二、电制动

除了上面所述利用摩擦（制动闸瓦同车轮踏面或制动闸瓦同制动盘之间的摩擦）产生制动力之外，另一个近年来在城轨列车上得到越来越普遍应用的制动方式是电制动。

电制动的核心是把原本用来牵引列车运行的电动机反过来作为发电机来使用：运行中的列车车轮带动电动机的线圈转动，通过切割磁力线而发电。这样所发的电被称为再生电流，所以电制动也被称为“再生制动”。

在发展过程中，对再生电流的处理经历了如下几个阶段：

（1）通过电阻发热，散发到大气环境中。

（2）反馈到直流供电网（接触网、第三轨等），供处在同一供电区段内其他有需要的列车使用。

（3）反馈到交流供电网，供车站电气设备使用。

上述各阶段和当时的技术水平有关。在早期，由于技术手段的限制，不能有效、可靠地对再生电流加以利用，只好通过电阻发热，把电能转化为热能。这不是个好方案，因为电阻所散发的热量会带来周围环境的温升，尤其是地下城轨系统。所以目前新建城轨系统多数不再使用电阻散热方式，在减少温升的同时，还通过对再生电流的利用来节能。这样做还有利于减轻车辆的自重（因为电阻器很重）。

电制动，特别是新型的非电阻电制动和摩擦制动相比，有诸多优点，这是因为：

（1）摩擦制动会产生金属粉尘。这些粉尘一方面会对常常需要在轨旁进行作业的人员造成健康方面的危害，在无站台屏蔽门的情况下，还会对候车的乘客的健康造成危害。另一方面可能会影响轨旁的电气设备的正常运作，比如造成短路等。

（2）摩擦制动会损坏车轮踏面，而车轮踏面的损坏会带来诸多问题，如降低乘客乘车的舒适度（由于运行不再平稳及更多的噪声）、对轨面的影响等。

（3）摩擦制动会产生大量的热，导致周围的环境的温升。有时还会产生火花，形成火灾隐患。

既然电制动在多个方面都优于摩擦制动（包括可以帮助节能、减少开支），那么是不是新型城轨车上只有电制动而没有摩擦制动了呢？其实还不是。这是因为电制动的效率尤其是在车速较低（比如 10 km/h 以下）时，远不如摩擦制动，达不到列车制动要求。这是发电机的特性所决定的，虽然新技术在不断帮助提高发电机的效率。另外，拖车因不带牵引电机，所以无法进行电制动。

因此，城轨列车普遍地同时具有摩擦制动和电制动两套系统。在应用上，电制动会被优先考虑，当车速下降到一定水平时，摩擦制动才介入，并逐步承担起主要制动任务。另外，在需要紧急制动时，为了确保安全，通常直接依靠摩擦制动。上述对两套制动系统的综合利用是在计算机的控制下进行的，并不需要司机进行特别的操作。

小资料

1. 下面是城轨列车闸瓦制动（见图 2-2-8）及盘形制动（见图 2-2-9）的例子。

图 2-2-8 闸瓦制动

图 2-2-9 盘形制动

2. 自行车的手闸对于控制自行车的速度是绰绰有余的了：自行车骑手可以随意通过对手柄施加不同大小的力来获得所需的制动效果。但对于由多节车组成的列车而言，通过像自行车那样纯粹靠机械装置工作的制动系统控制运行速度是很困难的。

蒸汽机车时代，曾经用过让蒸汽反向流动从而使列车减速的办法，也就是借用机车作为制动机。但这种做法只对运行速度低、列车编组小的列车起作用，因为机车反向工作所能提供的制动力很有限。这也就意味着，对于长、重、高速运行的列车，其制动距离将很长。

为了在列车内每节车厢上都产生制动力，在铁路历史上曾利用类似自行车手闸那样的机械制动系统。具体做法是：安排一些专职的“制动员”，各负责一辆车或几辆车。当需要制动时，由司机通过汽笛发信号，各制动员通过手闸对所负责的车辆施加制动。当需要缓解制动时，司机通过汽笛发出特别的信号，听到信号后，各制动员再操作手闸缓解制动。这种办法虽然在控制客运列车时由于制动员可以始终处于不受风吹日晒的车厢里，比起货运列车会好很多，但是其效率和安全性都十分有限，比如当有制动员没有听到信号或对信号判断错误时，就可能造成严重后果。后来，大家不约而同地想到利用空气或真空来控制制动执行机构，也就是闸瓦。这主要是因为制动力在通过压缩空气或真空系统进行传递时，比起通过纯机械装置包括链条绳索等有如下优点：

（1）传递速度较快，制动力到位比较及时，特别是车厢之间的连接不利于纯机械装置作用的发挥；

（2）制动力调节比较灵活，力度变化可以比较平稳连续地进行；

（3）由于可以在每节车厢设单独的制动风缸（储存压缩空气的气罐），所以易实现“故障-安全”。比如当列车发生分离或主风管破裂时，列车将自动施加制动。下面以图 2-2-10 为例，说明利用压缩空气灵活控制制动力，实现“故障-安全”及自动施加停放制动。

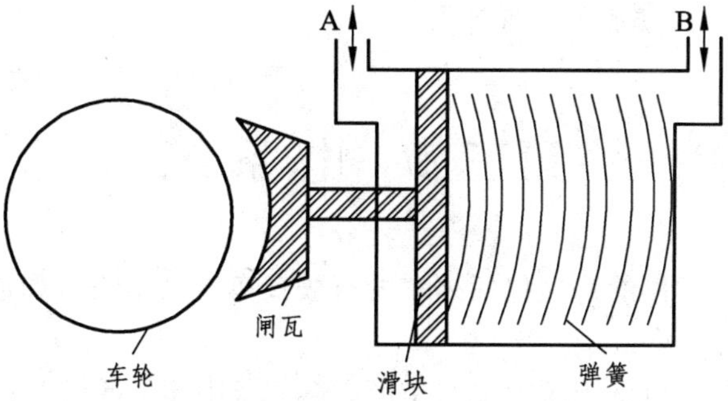

图 2-2-10　压缩空气动作示意图

图中，A 连接制动控制主风管，当司机向制动控制主风管补风时，风压推动滑块向右移动，以缓解制动。B 和具体车厢的制动风缸相连，当司机从制动控制主风管撤风减压时，来自 B 的风压推动滑块向左移动，施加制动。如果减压是由制动控制主风管断裂等故障引起的，同样会施加制动。这也就实现了“故障-安全”。另外，如果向制动风缸补风的主风管漏气或制动风缸漏气，列车会靠弹簧施加停放制动。关于制动控制主风管、供气主风管和制动风缸可以参考第四节气系统。

实际的空气制动的控制要复杂得多，上面只是一个简单的例子。

另外，利用液压油系统也可以实现和空气控制系统类似的效果。但是由于液压油的可燃性及漏油可能导致轨面黏着系数降低等问题，城轨系统很少有采用液压制动系统的，特别是新建的城轨系统。

空气制动包括常用制动和紧急制动两种工作状况。常用制动时，空气制动系统与电制动系统配合进行混合制动；紧急制动时，仅采用空气制动。在初始速度相同的情况下，紧急制动可以在更短的距离内把列车停下。在多数城轨系统中，紧急制动一旦启动，不能中途缓解，一直要到列车完全停下为止。

引发紧急制动的因素包括：

（1）车载信号设备检测到前方线路条件突然恶化。比如在列车将要进站时，站台突然有人启动了站台紧急停车按钮。

（2）车上设备状态，例如车门由锁闭状态突然变为非锁闭状态，也会导致列车紧急制动；司机操作了紧急制动按钮或乘客启动了紧急逃生门。

制动机发生故障无法正常缓解时，需要切除。但切除制动系统是一件非常危险的事，需非常小心。2005 年 1 月 17 日，泰国曼谷地铁就曾经发生过因切除制动而引发的撞车事故，当时故障列车的制动系统被过早地切除（故障列车和救援车尚未完成连挂）而倒溜回正线，和正线上的一列载客列车相撞。

思 考 题

1. 城轨列车上是否可以只设电制动而不设摩擦制动？
2. 电制动和摩擦制动相比有何优缺点？
3. 电制动和摩擦制动的工作原理有什么区别？
4. 紧急制动可能导致哪些不良后果？
5. 再生制动所产生的电能如何再利用？

第三节 电系统

城轨列车是靠电力运作的，这包括列车的行驶及车上其他设备如通风、空调、照明等的运作。

为了方便运输生产人员认识车上电力供应，本节采用如下的结构：先讲两头，再讲中间。两头是指“供和需”，即车上设备用电的最终来源（供）以及车上用电的设备（需）；“中间”是指供应的中间过程。

一、需 求

车上到底有哪些设备需要用电呢？

随着经济能力的提高，人们对住房条件的要求也提高了，从最初的只需挡风避雨（家徒四壁）到现在的酒店式装修。除了各种家具及水电供应外，还要有供暖、供气、电话、闭路电视、互联网等。难怪人们常说，现在房屋装修花的钱比以前盖房子花的钱还要多。

列车的客车车厢也经历了类似的过程。为了提高乘车的舒适度，车厢内加装了许多设备，而大多数是靠电力运作的。

（1）牵引电机。列车运行靠牵引电机。不论是直流电机还是交流电机，牵引电机是车载设备中第一用电大户，其用电量超过所有车载设备用电量的一半。有些城轨车具有记录牵引电机耗电量的仪表，以掌握能耗情况。除了用电量大外，牵引电机用电的另一特点是电压等级比其他车载设备要高。

（2）其他动力电机。这包括车载空调、空气压缩机、风扇（用于紧急通风、电气设备降温等）、车门操作等涉及的电机。

（3）车载电池充电器、车内电源插座。

（4）照明及各种显示器。这包括车内正常及紧急照明灯、车的头灯及尾灯、驾驶台上的显示器、车门状态显示灯（车内以及车外）等。

（5）车载控制设备。这包括车上电子设备、线路、继电器等。

（6）车载通信设备。这包括广播、闭路电视等。

上述用电设备对电力供应的要求不尽相同，反映在电压等级和电流制式（交流还是直流）两个方面。比如空气压缩机通常使用 380 V 三相交流电，而控制电路如控制牵引电机工作的牵引控制单元（下文要讲）使用的是 24 V 直流电。

二、供　应

向车载电气设备供电的电源有两个：一个是内部电源，即城轨车自带的电池；另一个是外部电源，即通过集电器（受电弓或集电靴）从外界获得的电力供应。

1. 内部电源（电池）

通常每节车都有这种自备电池，位于车体下部。给电池充电有两种方式：一是靠来自集电器的电流经充电器向电池充电；二是在维修车间，利用专门的充电设备给电池充电；在车间内充电可能需要把电池从车上取下来，充电后再放回。

这种自备电池的用途有两个：一是在失去外部供电时，这些电池可以继续维持车上重要设备的运作。这些重要设备包括：

（1）车载通信设备，如广播、紧急对讲器；

（2）车载列控设备；

（3）制动系统；

（4）紧急照明、通风设备；

（5）车门，即车门仍能开关。

当然，电池储电量是有限的。过一段时间，如果得不到及时的充电，上述重要设备也会因失电而无法继续工作。

值得特别注意的是，自备电池不可以维持列车的行驶。虽然有些城轨系统具有靠电池行驶的工程车，但由于列车行驶需要很多电池，相应地需要很多用于安放电池的空间，所以目前城轨客车很少是靠电池运行的。

这些电池的另一个作用是列车的重新启动。为了列车自身及接触网/第三轨系统的安全，列车在存车线上停放时，其集电器通常是处于和接触网/第三轨不接触的状态的。为了使集电器和接触网/第三轨重新接触，要靠电池的电来操作。当然也有纯粹靠手动逐一操作（即手动升弓）的，不过这样做的效率较低。

2. 外部电源

（1）受电弓。

受电弓可分为单臂弓和双臂弓两种，通常由滑板、上框架、下臂杆（双臂弓用下框架）、底架、升弓弹簧、传动气缸、支持绝缘子等部件组成，如图 2-2-11 所示。

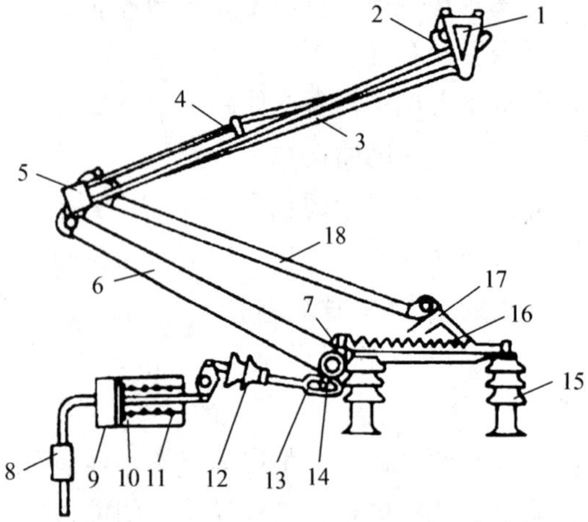

图 2-2-11　单臂受电弓结构图

1—滑板；2—支架；3—平衡杆；4—上框架；5—铰链座；6—下臂杆；7—扇形板；8—缓冲阀；9—传动气缸；10—活塞；11—降弓弹簧；12—连杆绝缘子；13—滑环；14—连杆；15—支持绝缘子；16—升弓弹簧；17—底架；18—推杆

动作原理：

升弓：压缩空气经电空阀均匀进入传动气缸，气缸活塞压缩气缸内的降弓弹簧，此时升弓弹簧使下臂杆转动，抬起上框架和滑板，受电弓匀速上升，在接近接触线时有一缓慢停滞，然后迅速[①]接触接触线。

降弓：传动气缸内压缩空气经受电弓缓冲阀迅速排向大气，在降弓弹簧作用下，克服升弓弹簧的作用力，使受电弓迅速下降，脱离接触网。

负荷电流通过接触线和受电弓滑板接触面的流畅程度，和滑板与接触线间的接触压力、过渡电阻、接触面积有关。

为保证牵引电流的顺利流通，受电弓和接触线之间必须有一定的接触压力。弓网实际接触压力受以下四方面因素的影响：

① 受电弓升弓系统施加于滑板，使之向上的垂直力为静态接触压力（一般 70 N 或 90 N）；

② 由于接触悬挂本身存在弹性差异，接触线在受电弓抬升作用下会产生不同程度的上升，从而使受电弓在运行中产生上下振动，使受电弓产生一个上下交变的动态接触压力；

③ 受电弓在运行中受空气流作用产生的一个随速度增加而迅速增加的气动力；

④ 受电弓各关节在升降弓过程中产生的阻尼力。

弓网接触压力反映受电弓滑板和接触线间的接触情况，必须符合正态分布规律，在一定范围内波动。如果太小，会增加离线率；如果太大，会使滑板和接触线间产生较大的机械磨耗。为保证受电弓具有可靠的受流质量，应尽量增加接触悬挂的弹性均匀性。滑板的质量和机电性能也对受流质量有很大影响。

① 在升弓和降弓过程中，受电弓与接触网的接触和分离要快，这主要是为了减少放电现象，因为接触网和受电弓之间的放电会对二者造成损坏。

小资料 1

受电弓的自动落弓

为了减少故障情况下造成的损坏，受电弓的设计中包括受电弓的自动落弓。受电弓如图 2-2-12 所示。下面是三种可能的自动落弓情况。

（1）受电弓自身故障引起的自动落弓。

受电弓滑板采用空心石墨棒制成，里面充有压缩空气。为了保护接触网，当石墨棒被磨破，压缩空气泄露时，因压力不足，受电弓会自动落弓。这是为了防止或减少故障的受电弓对触网造成的损坏。

（2）接触网移位（包括垮网）引起的自动落弓。

当接触网出现竖向的严重移位时（不包括列车运行中造成的接触线的上下波动），根据受电弓受到的来自接触线的压力大小来确定是否要自动落弓。这个功能可以减少触网故障对受电弓造成的危害。

（3）接触网失电引起的自动落弓。

根据受电弓是否有电流通过来确定是否自动落弓。有时接触网失电是由于列车有电气故障。这种自动落弓功能有助于对故障列车的确认及隔离。

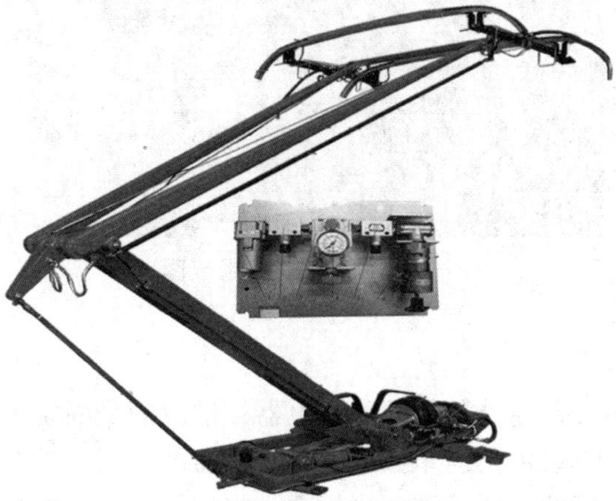

图 2-2-12 受电弓实物图

小资料 2

受电弓及集电靴的数量

1. 在上部受电的城轨系统中，城轨车即便是在全动车编组的情况下，也不会是每节车都有受电弓。这主要是因为：

（1）受电弓是安装在车顶的。为了安装受电弓及其附属设备，车辆设计比较复杂。

（2）太多的受电弓对接触线的向上推力会加大，列车运行时对接触线造成的波动会加剧。这会加大受电弓对接触线向前进方向的推力，导致磨耗加剧，甚至把接触线拉垮。

（3）通常接触网的送电电压比第三轨高，即便使用较少数量的受电弓，也可获得足够的电力。

2. 在第三轨供电时，每节车的每个转向架的两侧都安装集电靴。

（1）车底安装集电靴比在车顶安装受电弓容易做到。

（2）第三轨是刚性的，对来自集电靴的作用力不太敏感。

（3）第三轨的送电电压较低，多个集电靴有助于列车获得足够的电力。

（4）集电靴的数量大，使得列车在个别集电靴发生故障时仍能维持运行的可能性加大。

（2）集电靴。

如图 2-2-13 所示是一个集电靴的实例，其操作和受电弓有许多相似之处。比如，它也是通过压缩空气的压力和弹簧的弹力的组合来控制升降；为了减少故障带来的损坏，它也有和受电弓类似的自落功能。有的城轨系统的集电靴甚至有“舍车保帅”的功能，即当集电靴和接触轨（第三轨）发生冲撞时，为了避免/减少第三轨所受的损坏，在碳滑板支撑臂的设计上，安排一个“机械薄弱环节”，以使碳滑板连同部分支撑臂先行脱落。

图 2-2-13 集电靴组成图

三、中间环节

作为内部电源的电池及作为外部电源的集电器，供应的是固定电压的直流电，比如前者为 110 VDC，后者为 1 500 VDC。但车载电气设备所需的电流多种多样，有直流的，也有交流的，有高压的，也有低压的。这就需要在供需之间加入一系列的其他设备，如变压器、逆变器等。另外，为了对电力供应进行控制以及对设备进行保护，在“中间环节”中还需要设断路器、过滤器（对付波动）等。

牵引电机影响到列车的运行，是车上最重要的电气设备之一，所以下文特别介绍一下负责对牵引电机供电进行控制的设备：牵引控制单元（Propulsion Control Unit，PCU）

图 2-2-14 是牵引电机供电过程的简化示意图。

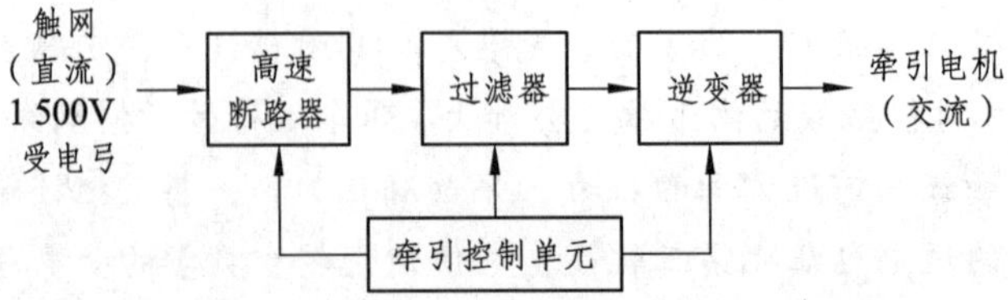

图 2-2-14 牵引电机供电过程的示意图

牵引控制单元是一个可编程逻辑控制器（Programmable Logic Control Unit，PLCU）。它靠 24 VDC 来工作，其主要功能有：

（1）监测并记录逆变器的电压和电流。

（2）监测并记录每个车轴的转速（通过安装在车轴端部的信号发生器或测速发电机）。

（3）限制“冲动”。“冲动”是加速度的变化率，单位是 m/s^3。PLCU 通过控制由逆变器供给电机的电流频率的变化率来控制列车加速度的变化率，即“冲动”程度。“冲动”程度过高会造成车内乘客的不适。

（4）调节牵引电机的耗电量。当检测到来自接触网的电压明显低于标称值 1 500 V 时，PLCU 会指令逆变器减少对牵引电机的供电。

（5）检测接触网对再生制动产生的再生电流的吸收情况，并在必要时减少再生制动。

（6）防滑控制。PLCU 采集来自安装于车轴端头的测速发电机的信号来比较所有车轴的转速。当发现有明显的差别时（意味着有些车轴处于抱死状态，即在制动过程中车轮打滑），PLCU 发指令给相关牵引电机减少再生制动。

（7）限制列车车速。PLCU 可以通过向逆变器发指令来限制列车超速。

（8）监视列车运行方向。通过安装于车轴端头的测速发电机来监视列车运行方向。

小资料

为什么叫静止逆变器

来自接触网的 1 500 V 直流电经过逆变器转换成交流电供交流牵引电机使用。类似地，车上其他交流电机如空气压缩机的电机也需要逆变器来供电，这些逆变器又被称为静止逆变器。

为什么叫静止逆变器呢？因为它们在完成逆变任务时，不涉及运动的部件，而是靠处于静止状态的电子元件来工作的。以前为了实现逆变，曾把直流电输入直流电机，由直流电机带动一个交流发电机来获得交流电，这种形式的逆变器就不是静止逆变器。

思考题

1. 车上哪些设备需要电力供应？
2. 车上电力供应的来源有哪些？
3. 车上哪些设备需要配备后备电源？
4. 在什么情况下，受电弓会自动落弓？
5. 受电弓升弓的动力来源有哪些？
6. 假设列车的集电器（包括受电弓和集电靴）全部故障，运行中的列车是否会施加紧急制动？
7. 在接触网供电故障的情况下，如何处理车载蓄电池电力耗尽的载客列车？

第四节　气系统

前一节讲电系统时采用了“先讲两头，后讲中间”的做法。本节仍旧按这个顺序来安排：

先讲车上利用压缩空气来运作的设备（需求）以及产生压缩空气的设备（供应），然后有选择地介绍一些处在供需之间的设备。

1. 需　求

（1）车上的用气大户当数空气制动系统。虽然个别轨道交通系统使用油压系统来实现制动，但绝大多数的城轨交通使用以空气制动为基础的制动系统，电制动作为辅助制动系统。

（2）有些老式的城轨列车使用空气系统来操作车门，但新的城轨绝大多数使用电机来操作车门。

（3）位于转向架和车体之间的空气弹簧是另一个用气大户。和空气制动一样，空气弹簧正是利用压缩空气具有弹性这一物理特性来工作的。

（4）车上其他利用压缩空气工作的例子还有：受电弓的升降、车顶换气口叶片的开闭、气喇叭等。

2. 供　应

空气压缩机是生产压缩空气的设备。车上通常有两种空气压缩机：一是辅助压缩机，二是主压缩机。

辅助压缩机靠近受电弓，靠车载电池工作，是为了列车升弓以便获得高压电源供应。主压缩机功率要大很多，需要380 VAC电源，在升弓后负责全车的压缩空气供应，包括维持受电弓处于升起状态所需的压缩空气。这意味着，在主压缩机启动一段时间之后，辅助压缩机将停止工作。图2-2-15是一个包括主压缩机和主要用气设备的示意图。

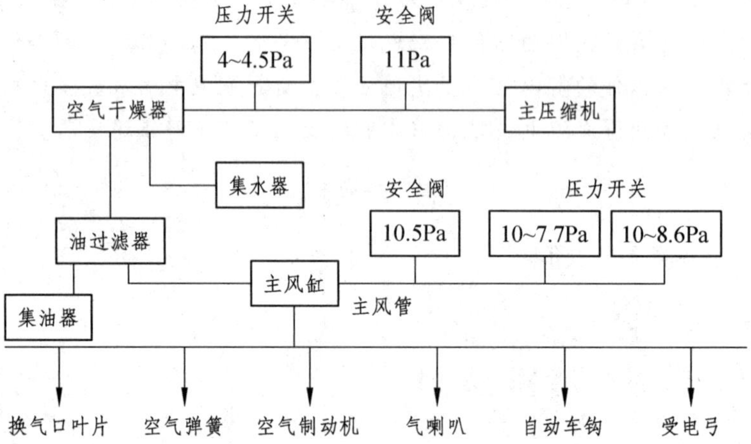

图2-2-15　主压缩机和主要用气设备的示意图

3. 中间环节

安全阀的作用是防止压力过大造成设备损坏。

压力开关是靠空气压力来控制电路的开或合。例如，当主风缸的压力达到8 Pa时，会让辅助压缩机停止工作，升弓所需的压力由主风缸提供。

空气干燥器的作用是保证压缩空气的水分被清除，以免影响下游设备的正常工作。

集水器的作用是收集来自空气干燥器的水分。

油过滤器用来清除压缩空气中的油质及粉尘，目的和干燥器类似，是为了提高压缩空气的清洁度。

主风缸用来储存压缩空气。

主风管负责向车上各用气设备送压缩空气。

当然另外还有一些风阀，用来关断或开通风管，或控制和外界大气的连通。

思 考 题

1. 车上哪些设备需要压缩空气？
2. 车上的压缩空气来源有哪些？
3. 风压不足时列车为什么不能起动？
4. 供气系统中的主要设备有哪些？
5. 城轨列车上是否能完全不设气系统？

第五节　车内设备监控系统

现代的城轨车辆都装备了车内设备监控系统，监测并反映车上关键设备的状态，一方面使得运营人员能够及时掌握车辆的最新情况，比如系统会自动检测到头灯、尾灯的故障，并会把相应的报警显示在驾驶台的显示器上甚至控制中心调度工作站的显示屏上。另一方面，车辆的设备监控系统的记录也能帮助车辆维修人员更快更准地查找故障。

一、车上的防灾报警系统

车内设有烟感（见图 2-2-16）和温感，当发生火灾时能够把火警信息传到控制中心。

图 2-2-16　烟　感

二、黑匣子（行车记录设备）

通常听到关于黑匣子的新闻是在发生空难事故以后。现代化的城轨列车上一般也装有类似的列车运行记录仪。在不同的国家，此设备有不同的名称，如澳大利亚称其为 data logger，而在英国有 data recorder，event recorder，on-train monitoring and recorder（OTMR）equipment 等多种称呼。本书为方便起见，使用“黑匣子”一词。

2001 年 1 月出版的英国铁路标准明文规定铁路列车必须装设黑匣子，并对什么时候使用黑匣子所记录的数据做了规定，具体如下：

（1）撞车、脱轨、列车分离、车门不正常被发现后。

（2）当冲红灯事件被发现后。

（3）越站：列车被发现越过车站停车点或未按规定跳停车站时。

（4）超速：列车超过线路允许最高速度，被人举报时。

（5）雷达速度检查：雷达测速结果反映出列车超速的情况下。

（6）超速防护设备因列车超速而自动启动的情况下。

（7）人工隔离列车上的安全设备被发现后。

（8）乘客投诉：说列车停站不足、列车超速、车门开错边等。

（9）新司机培训过程中及培训后做考核时。

（10）随机抽查在岗司机的驾驶表现或有针对性地检查个别司机的表现时。

黑匣子可分为信号、通信和自诊断三部分。信号黑匣子主要记录列车的速度、驾驶模式、起动制动时间等；通信黑匣子主要记录司机和调度的通话。通信黑匣子有两种放置方法：一种是放在车上，另一种是存放在控制中心。存于控制中心有两个好处：其一是便于安排设备存放位置，其二是所存记录不易丢失，便于保存。自诊断黑匣子主要记录列车自诊断系统得出的诊断结果。

黑匣子可将列车运行中车速的变化、司乘人员状况、沿途允许速度变化等状态，按时间和列车运行坐标位置顺序记录下来，不仅可用于事故的事后分析，更重要的是管理人员可通过对每趟列车运行数据的分析及时发现一些事故隐患，防患于未然。

小资料

2003年1月31日07:14左右，从澳大利亚悉尼中央火车站开往Port Kembla的一列4节编组的列车在高速行驶过程中脱轨翻覆，司机和6名乘客死亡，另有42人受伤，包括位于车尾的车长。事故直接原因是列车在通过曲线时超速运行。

主要间接原因包括：

（1）司机因心脏病突发而失去对列车的控制。

（2）车上的“死人装置”（Deadman Device 警惕装置）未能按预计的那样发挥作用，因为司机的身体压在“死人装置”上。

（3）车上没有配备超速防护（如ATP）设备。

事故的调查报告指出，出事列车上虽然有黑匣子，但由于劳资双方当时对黑匣子的数据的使用尚未达成一致意见而处于非工作状态。报告又进一步指出，因为缺乏黑匣子的数据，调查人员多用了数百小时的时间才确立如下事实：

（1）事故司机在事故列车离开Waterfall车站后并没有真正操控列车。

（2）事故列车从Waterfall车站出发后并没有出现导致脱轨事故的设备故障。

（3）事故司机没有施加制动。

（4）位于车尾的车长也没有尝试施加制动。

（5）当时列车的牵引和制动系统运作正常。

（6）“死人装置”当时并未触发紧急制动。

由于没有黑匣子的数据，以下情况始终无法最后确定：

（1）脱轨事故发生的准确时间。

（2）脱轨时列车的速度。

（3）列车离开Waterfall车站后，事故司机到底是如何驾驶列车的。

思 考 题

1. 车载防灾报警系统中的烟感和温感报警器设在什么位置？
2. 行车记录仪会记录哪些方面的信息？
3. 行车记录仪所做的记录有何作用？

第六节　列车操作

再先进的城轨列车也要具备人工驾驶的功能。

为了人工驾驶，就需要配备相应的驾驶设备。虽然不同类型的车，其驾驶设备的形式也不尽相同（见图 2-2-17 和图 2-2-18），但归纳起来，司机通常需要两大类设备：让司机了解掌握情况的信息显示设备和让司机实施控制的操控设备，如图 2-2-19 所示。

图 2-2-17　列车驾驶台 I

图 2-2-18　列车驾驶台 II

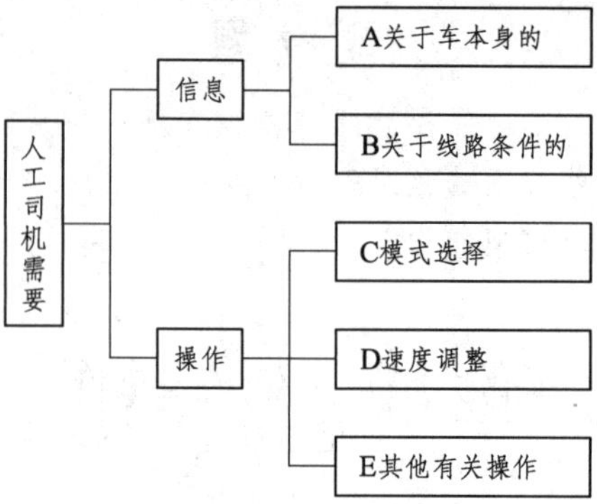

图 2-2-19　司机人工驾驶所需信息显示与操作功能

一、信息显示设备

（一）列车本身的信息

司机在进行人工驾驶之前，首先要检查列车的状态，即健康状况。这包括许多方面：

（1）列车的牵引供电。受电弓是否处于升起状态，是否有高压牵引电流供应。

（2）列车的牵引电机控制单元是否正常。

（3）列车的空气制动系统是否正常，有没有施加紧急制动。

（4）风压是否正常，蓄电池电压是否正常。

（5）车门是否关好且锁闭，有无车门故障报警。

（6）有没有其他方面的故障报警，如车头灯、尾灯故障、烟感及温感器触发、车载 ATP 和/或 ATO 故障、车上广播设备故障等。

（7）车内温度、湿度、噪声水平。

（8）当前驾驶模式，当前列车速度。

比较新型的列车都有触屏显示器，供司机查询有关上述情况的信息。除此之外，对关键信息通常会保留一些传统的表现形式，如风压表、电表、速度表、个别设备的状态显示灯（如牵引供电到位、所有车门锁闭、紧急制动处于施加状态）等，以备不时之需（如触屏显示器黑屏）。

1. 触屏显示器

触屏显示器事实上就是一个电脑屏幕，其主页通常显示司机最为关心的一些信息（包括驾驶模式、列车速度、车门的状态、牵引系统、制动系统的状态等）及翻页查询按钮，见图 2-2-20 的例子。

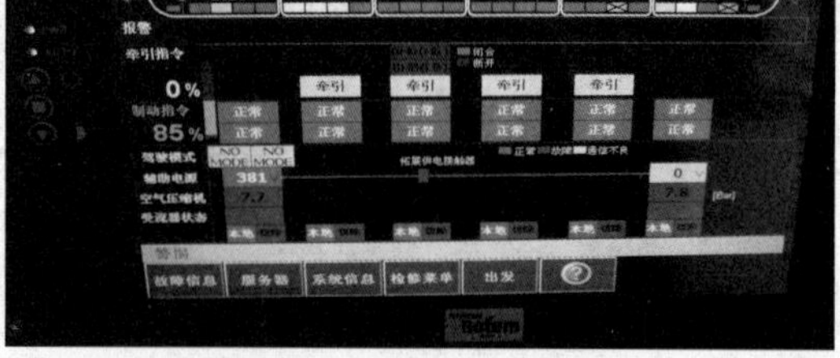

图 2-2-20　列车触屏显示器

以上图所示的页面为例，除了显示年月日、当时的时间外，还有其他一些重要信息：

（1）列车编组是四动二拖。

（2）运行方向：双龙站。

（3）当时的速度（为零）。

（4）下一站是龙城广场站。

（5）牵引指令为0，表示没有指令电机进行牵引。

（6）制动指令为85%，表示指令制动系统施加85%的制动。

（7）最下方有一些功能键如故障信息、系统信息等，用来查询更具体的情况。

2. 风压表

风压表（见图2-2-21）通常有两个指针：一个表示总风缸内的风压，另一个表示制动缸内的风压。因为列车上多个重要设备（如空气制动系统，空气弹簧等）都依赖压缩空气进行正常工作，所以如果总风缸的风压低于某一水平，就会引起紧急制动，以阻止列车动车。而制动风缸对应的指针显示制动机的状态。如果该指针读数为零，就表明制动机处于缓解位。

图2-2-21　风压表

3. 速度表

大家所熟悉的速度表（比如汽车上的速度表、摩托车上的速度表）只有一个指针，用来表示汽车或摩托车的实际速度。而现代城轨的速度表（见图2-2-22）通常有两个指针，一个用来表示城轨车的实际速度，另一个则用来表示允许的速度，这是汽车和摩托车所不具备的。这个允许速度的意义在不同的人工驾驶模式下是不尽相同的。关于城轨车的驾驶模式的详细描述，见本书“列控系统”一章。

图2-2-22　速度表

如果列车处于有码限速人工模式（CM），那么允许速度所反映的是线路的条件。如允许速度 50 km/h，是指列车应以 50 km/h 或以下的速度行驶，因为前方不远处有另一列车或该区段线路处于弯道或该区段刚进行过线路维护而需要限速。这个速度限制来源于轨旁 ATP，而且会随着时间地点而改变。

如果列车处于无码限速人工模式（RM），那么允许速度指针的指示是一个固定的速度值，比如 25 km/h。不论列车在什么位置，这个限速值都不变。在不同的城轨系统，这个固定值可能不同，比如有的城轨系统为 25 km/h，也有取 20 km/h、18 km/h 等速度值的。这个允许速度值不反映线路条件。实际上，这个允许速度值有个隐含的意义：线路条件不明，司机要加强瞭望，谨慎（以限速值或以下的速度）驾驶，并随时准备停车。

如果列车处于非限制人工模式（URM），那么允许速度指针的指示为固定的零，意味着设备已经没有能力提供任何帮助，如果要动车，司机必须负起全部责任，完全靠自己的判断和自我约束（按行车规程把速度控制在规定的数值以下，这个数值通常是取无码限速人工模式时的限速值，具体由城轨运营管理部门决定）来驾驶。

下面通过图 2-2-23 来对不同人工驾驶模式下的允许速度做一个总结。

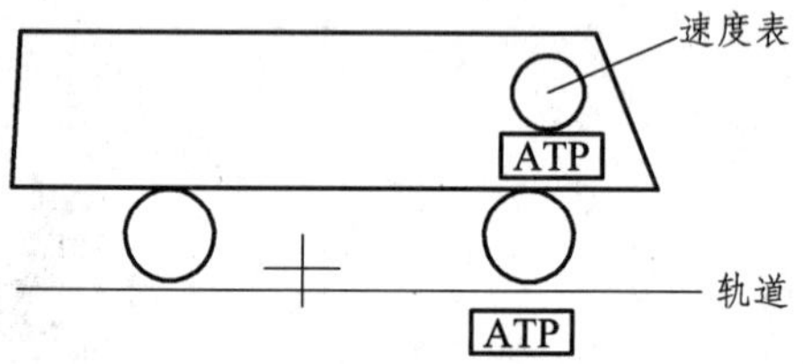

图 2-2-23　城轨列车示意图

在轨旁 ATP 和车载 ATP 均正常的情况下，轨旁 ATP 把反映线路条件的允许速度信息发给车载 ATP，车载 ATP 将其反映在速度表上。

在车载 ATP 正常、驾驶模式为无码限速人工模式的情况下，不论轨旁 ATP 是否正常工作，车载 ATP 都会在速度表上显示一个固定的允许速度。

当轨旁 ATP 故障时，无法用有码限速人工模式驾车，而只能用无码限速人工模式或非限制人工模式驾车。

在轨旁 ATP 正常的情况下，为了退行或进行连挂救援，有必要突破轨旁 ATP 的限制，此时也要选择无码限速人工模式。此时线路条件不会反映到车上，而要司机人工判断。

车载 ATP 故障的情况下，不仅线路条件无法反映到车上，就连固定的非零限速值也无法支持，所以允许速度指针“落”到零位。

最常见的速度表现形式是速度表，但也有用其他方式来表示速度（这包括列车实际速度和允许速度）的，如数字或类似温度计的柱状图等。但实践表明，数字表现方式不如速度表和柱状图那么好用，因为速度表和柱状图更为直观。

小资料

没有速度表的城轨列车

美国交通安全委员会的一份调查报告指出，截至 1996 年 6 月，纽约地铁仍有过半数的列车没有安装速度表，尽管在 1989 年 3 月 10 日第 103 街地铁站发生追尾撞车事故后，委员会曾要求纽约地铁公司为其列车加装速度表。

在没有速度表的情况下，司机只好靠经验依据牵引手柄所在的牵引位来估计自己的车速，具体做法是：

如果手柄处在第 1 牵引位，最大速度约为 10 英里/小时[①]；

如果手柄处在第 2 牵引位，车速大约在 10 到 20 英里/小时之间；

如果手柄处在第 3 牵引位，车速可以达到 55 英里/小时，甚至更高，如果是下坡的话。

显然，这样的判断是十分粗糙的，因为影响速度的因素不只是牵引力的大小，还有阻力，包括坡道阻力。

为了保证行车安全，纽约地铁在轨旁安装了和自动闭塞信号相联锁的地面自动停车装置，如图 2-2-24 所示。

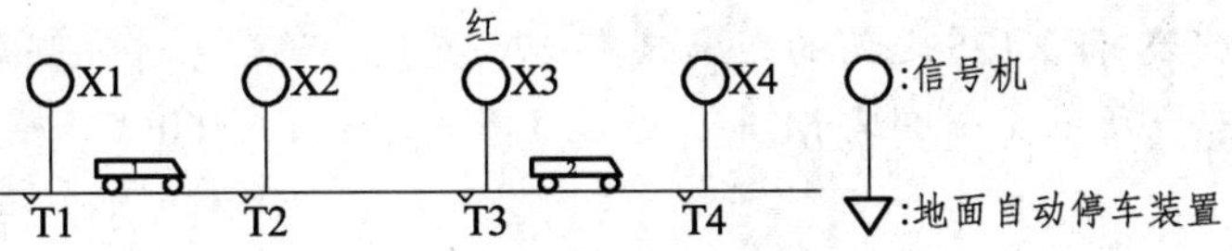

图 2-2-24　地面自动停车装置示意图

当 1 号车司机看到 X2 显示红灯时，不管他的车当时的速度是高还是低，他都要施加制动。制动力的大小由司机凭经验和感觉来掌握。如果司机很老练，判断得很好，1 号车会在红灯 X2 及对应的停车装置 T2 前停下。如果判断得不好，1 号车到 T2 时还没有停下来，那么 T2 会通过打击安装在车底的“车上停车装置”引发紧急制动。1 号车是否会冲过红灯 X2，取决于当时 1 号车的速度及它与 X2 之间的距离。

如果存在以下情况：

（1）1 号车的司机由于某种原因（比如疲劳等）没有瞭望信号，以全速行驶。

（2）在设计上 X2 和 X3 的距离较短。

那么由于高速行驶情况下的制动停车距离长，1 号车就有可能和 2 号车追尾相撞。这种设计并不十分安全，正如委员会在调查报告中引用当时纽约地铁公司的一位管理人员所说的那样：我们纽约地铁公司从来没说过我们的系统设计是“故障-安全”的，我们靠的是安全的操作。

但不幸的是，并非每位操作人员在任何时候都能做到安全操作。正因为如此，1995 年 6 月 5 日，纽约地铁再次发生列车追尾相撞事故。事故发生在 06:12，主要原因是司机因过度疲劳而冲红灯。事故情况见下面的案例材料。

案例

事故过程示意图如图 2-2-25 所示。

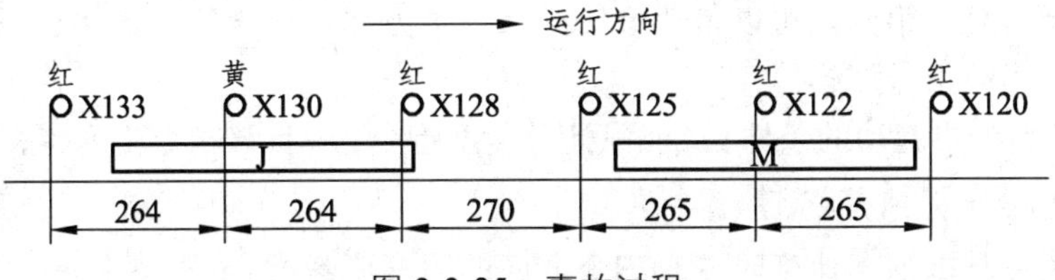

图 2-2-25　事故过程

① 英里：英制长度单位，1 英里 = 1.609 344 km。

X_{133}：信号机133。

264：信号机之间的距离，单位英尺（1英尺 = 0.305 m）。

M：前行车（M车尾端距X_{125}为16英尺）。

J：后行车。

M和J两列车均为8节编组，列车长度为485英尺。

由于夜间施工用的工程车在回段的途中占用X120下游的轨道，所以X120显示红灯。M车的司机把车停在X120等待信号开放。此时后续列车（J）以大约34～36英里/小时的速度越过X130。由于J车的司机过于疲劳，处于半睡眠状态（这是事故调查的分析结论）而冲红灯（X128）。因为X128和X125之间的距离只有270英尺，而紧急制动距离约为355英尺（事后的制动试验结果），所以J车追尾M车，造成J车司机死亡，60多人受伤和两百多万美元的财产损失。

（二）线路条件的信息

早期的铁路列车完全靠司机自己去观察判断线路的条件以确定是否可以安全地行进、以什么样的速度行进，就像现在的公共汽车司机那样。

现代的城轨列车正在甚至有些已经演变成“智能”列车，除了能向运营人员（司机或控制中心行调）反映车内状态外，还可以向司机反映影响列车运行及操作的线路条件，以帮助司机进行正确的决策。

1. 列车可否重新起动

存在两种情况：一是到站停车后能否再起动以便从车站发车；二是列车所在位置不是车站站台，而是存车线或正线上的站间区间。

对于第一种情况，列车可以从车站发车的条件有：

（1）停站时分已结束；

（2）站台隔离门已关好且锁闭；

（3）控制中心没有对这列车设置站台扣车；

（4）从轨旁来的速度指令不为零。

导致速度指令为零的因素有多种，比如：出站前方不远处有车占用；出站前方进路未排列，相应信号未开放；出站前方进路虽然已经排列，但行调出于某种考虑而把相应信号关闭（显示红色）；站台紧急停车按钮启动，尚未恢复；轨区作业防护钥匙被取出，意味着有人已经进入轨区。

上述四个方面的条件可以用设在轨旁（包括站台上）的装置来向司机显示，比如：上述第一点可以是站台的发车时间指示器，第二点可以是设在站台的隔离门指示灯，第三点可以是设在站台的指示灯，第四点可以是轨旁信号。为了方便司机，这些显示也可以设在司机的驾驶台上，就像车载信号那样。

列车从非站台处再起动的条件。此时只涉及速度指令，一旦该指令不为零，就可起动开车。

2. 列车应以什么速度行驶

作为司机，在掌握列车速度时，有三个方面的因素要考虑：

（1）安全。即不能太快，否则可能因为超速而在弯道脱轨，或来不及刹车而发生追尾撞车事故。

（2）效率。即不能太慢，否则不能满足运行图的要求，造成列车的晚点。

（3）到站停车的需要。

在理想情况下，上述三方面的信息都应反映在司机的驾驶台上。但在现有的城轨系统中，通常只反映第一点，也就是安全速度。反映的方式是在速度表上除了显示列车自身实际速度的指针外，多加一个指针，并用不同于实际车速指针的颜色加以区分。

对于时刻表要求的速度以及到站停车指导速度，据作者掌握的情况，目前还没有哪个城轨系统真正反映到司机驾驶台上。

3. 车门开关操作的信息

（1）开门。

为了乘客的安全，越来越多的城轨在车站站台设隔离门，这就要求列车到站停车有较高的停车准确度，以便车门和隔离门对得上。这样的城轨系统，通常会在轨旁或驾驶台上设“可以开门”显示，告诉司机可以开门了。

除此之外，如果列车只有一侧靠站台，那么会有指示灯提醒司机开靠站台一侧的车门。有时，比如有些终点站，其车站设计允许乘客同时从两边车门上下车，那么列车到站后，指示灯提醒开站台两侧的门，如图 2-2-26 所示。

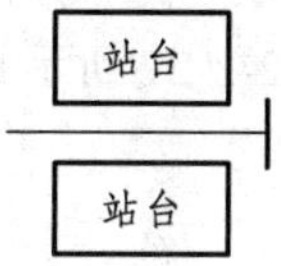

图 2-2-26　需两侧开门的终点站示意图

（2）关门。

司机关门时要考虑的主要是停站时分。通常时间一到司机就应关门。虽然乘客是否上下完毕也是考虑的因素之一，但由于城轨列车的快节奏（停站时间短、追踪间隔短），所以有时即便乘客尚未上完（已经挤不上去了），司机也需按时关门。这也就是大家在繁忙城轨线路经常看到的乘客必须等下一班车的情况。

此时，向司机提供信息的主要是发车时间指示器，及可以查看乘客上下情况的闭路电视显示屏。这些可以是设在站台上的，当然设在驾驶室会更方便司机使用。

二、操作控制设备

总的来说，司机的第一步操作是起动列车，就像起动一辆处于熄火状态的汽车一样。这需要一把钥匙，这把钥匙应是通用钥匙，可以起动同类型的任何一列车。

现代的城轨交通列车通常有多种驾驶模式，有不少甚至具备自动驾驶功能。即便在自动驾驶模式下，有些设备仍然可以或需要人工操作，比如：

（1）驾驶台上的紧急停车按钮，以便必要时（如司机看到紧急情况）把车停下来。

（2）车门的开关（多数城轨系统把车门的开关设计为人工操作，特别是关车门）。

（3）广播（人工广播有优先权）。

（4）车上的照明。（比如收车时，虽然驾驶仍然是自动的，但因为不载客，所以可以关闭正常照明，只保留紧急照明）。

1. 模式选择

为了进行人工驾驶，必须首先选择相应的人工驾驶模式。城轨列车的人工驾驶模式通常有四种：有码限速人工（CM）、无码限速人工前进（RMF）、无码限速人工后退（RMR）和非限制人工（URM）。

各种人工驾驶模式的详细情况，见于本书“列控系统”。

模式选择的方式通常是旋钮，也有用按钮来选择模式的。旋钮方式又分两类：一类是固定旋钮，另一类是非固定旋钮，即旋钮可以从驾驶台上拿走。这样的旋钮实际上就像一把钥匙，只不过其形状更像旋钮。但不论是什么形式，其功能是让司机根据需要把列车设置到某种驾驶状态。重要的是要有清晰的显示，以使司机能够确认模式选择操作过后，列车是否进入到要求的驾驶模式，这属于本节前面有关信息显示的范畴。

另外，为了安全，模式选择旋钮或按钮的设计最好是：只有当列车速度为零时，旋钮或按钮才能操作。这是为了避免列车在运行过程中发生模式转换，比如从前进突然变成后退。

2. 速度调整

速度调整是通过对牵引和制动系统的控制来实现的。现代的城轨列车通常把对牵引和制动的控制集中设在同一个控制手柄上，通常称为主控手柄。虽然也有把二者分设的，即两个手柄分别控制牵引和制动，就像汽车或摩托车那样，一个“油门”，一个“脚闸”或“手闸”。

图 2-2-27 所示是一个典型的现代城轨列车的主控手柄及控制位（俯视图）。

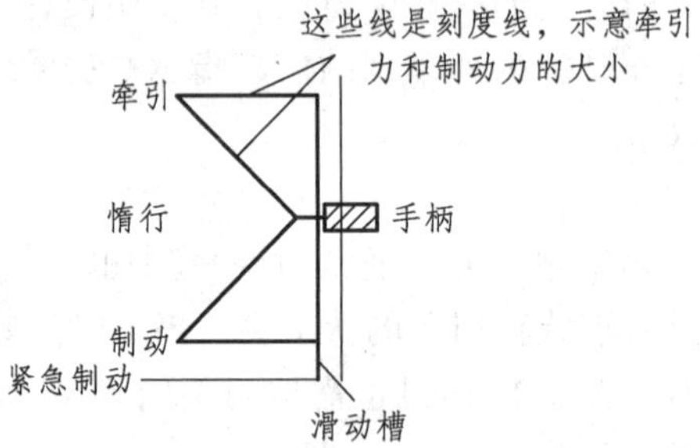

图 2-2-27　现代城轨列车的主控手柄及控制位

手柄可以沿滑动槽前后移动。如果往前推，电机会工作，列车加速；如果往后拉，会施加制动，如果拉到最后控制位，会施加紧急制动。图示的手柄位是惰行位，即列车既不牵引，也不制动。手柄离开惰行位越远，牵引力或制动力越大。

有的主控手柄的控制位是不连续的，如图 2-2-28 所示，牵引和制动都是分级的。

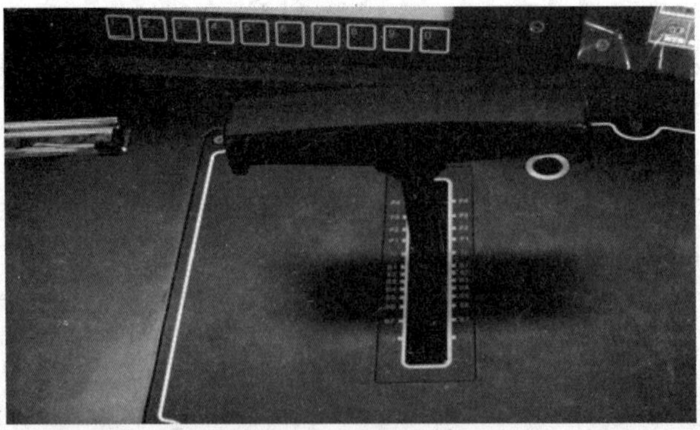

图 2-2-28　主控手柄

除了上面这些前推后拉式的主控手柄外，还有旋转式的，就像用扳手松紧螺丝帽那样。

值得注意的是，不论是有级调速还是无级调速，不论是直线推拉还是旋转，为了安全起见，都在主控手柄上设警惕按钮（也称死人装置）功能（虽然看上去并一定像是个按钮），并要求司机在驾驶时保持这个按钮处于按下状态。一旦此按钮不在按下状态，就会发出听觉报警。如果司机没能及时将此按钮按下，几秒钟（如 2 ~ 3 秒）后列车会启动紧急制动。该警惕按钮又被称为“死人按钮”或“死人装置”。

这样的警惕按钮并非为城轨列车所独有，其他一些涉及安全的操作，为了确保操作员处于良好状态，也有类似的装置，如重型卡车、推土机等，一旦起动，就要确保司机始终保持着控制。

警惕按钮的设置是为了保证安全，其设计的好坏十分重要，设计不当可能导致严重后果，如下面案例所反应的问题。

案例

2003 年 1 月 31 日 07:14，一列 4 节编组的城际列车在从澳大利亚的悉尼中央火车站到肯布拉港（Port Kembla）火车站的途中，在瀑布（Waterfall）火车站以南大约 1.9 km 处以高速通过弯道时翻覆，造成司机和 6 名乘客死亡，另有 42 人受伤，包括一些伤者致残。

事故调查报告指出，事故的直接原因是：

（1）司机在出事前因心脏病突发而死亡。

（2）车上的“死人装置”因被司机的身体重量所压而没能触发紧急制动。

（3）列车没有配备超速防护设备，如 ATP。

（4）列车经过弯道时，严重超速。

事故报告还指出，这起事故涉及的列车其实有两个“死人装置”，一个是在主控手柄上，需要司机有意识地持续按压；另一个是脚踏式“死人装置”，需要司机用脚持续按压，如图 2-2-29 所示。在这种情况下，仍发生意外，实在非常偶然。

另外，事故报告还揭示，由于司机需要持续按压警惕按钮，在某种程度上增加了司机的工作负荷，长时间的按压会使得司机疲劳。正是因为有这种不便，部分司机有使用其他物品把警惕按钮保持在按压状态，以便解脱自己的现象。如果列车由 ATO 在 ATP 保护下自动驾驶，司机的工作负荷就可以得到减轻，行车安全也会大大提高。

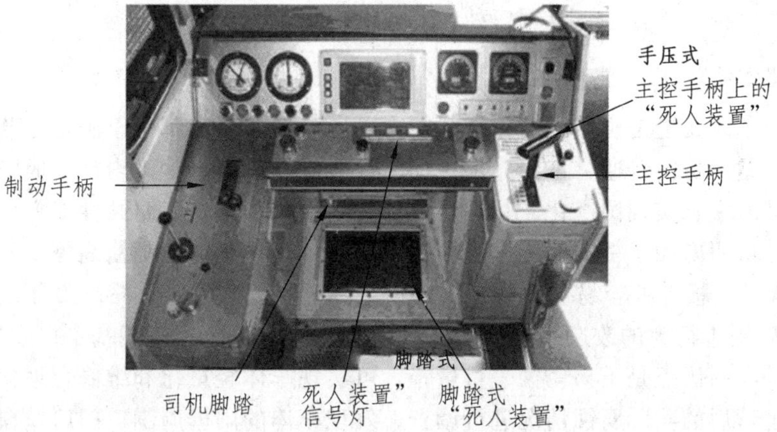

图 2-2-29　城轨列车驾驶台

思 考 题

1. 人工驾驶模式下司机需要哪些关于列车本身的信息？
2. 人工驾驶模式下司机需要哪些关于线路条件的信息？
3. AM和CM两种模式的本质区别是什么？
4. 为什么RM的安全性比较低？
5. 为什么把两个指针设在同一个速度表上？

第七节　车体和车钩

车体是容纳乘客和驾驶员的地方，还是安装和连接其他设备及组件的基础。车体强度、刚度关系到车辆运行的安全性、可靠性和舒适性；车体的防腐耐腐能力、表面保护和装饰方法关系到车辆外观、寿命和检修制度；车体的重量则关系到能耗、加减速度乃至载客能力。以上所述都直接影响运营质量和经济效益。

一、车体特征

城市轨道交通车辆用于城市大运量公共交通，其车体具有以下特征：

（1）车体的外观造型、色彩应协调于城市市容规划。

（2）车体内部布置是座位少、车门多且开度大，服务于乘客的设施较为简单。

（3）对重量限制较为严格，车体采用轻量化设计，其他辅助设施也尽量采用轻型材料，以降低高架线路的工程投资。

（4）车体的防火要求严格，采用防火、阻燃、低烟和低毒的材料。

（5）车体对隔音和减噪措施有严格要求，以最大限度地降低车辆噪声对乘客和沿线居民的影响。

二、车体材料

车体结构形式、性能和技术经济指标主要取决于车体材料。目前，国内外城轨车辆车体材料主要有不锈钢、铝合金、碳钢三种，下面做一简单分析比较。

1. 车体腐蚀状况及使用年限比较

碳钢结构车体无论是机械强度（承载能力）还是使用寿命都可以满足运营要求。碳钢车体的主要优点是：材料普通，来源充足，加工性能好，价格低，国内技术成熟，具有多年的生产经验，可以完全实现国产化。其不足之处就是重量较重，耐腐蚀性能方面不如不锈钢和铝合金车体，从而增加了一定的维修量和运营成本。碳钢车体的雨檐周围、门口及车窗周围的立柱、墙板、地板等处容易被腐蚀。通常6年之后要进行局部修补，10年之后要进行部分改造，20年后要进行大的改造。如此反复修补、改造，30年后车辆基本报废。

铝合金材料的优点是不易锈蚀、重量轻，可实现车体轻量化和维修合理化。有关资料显示，经过对运营后的实际腐蚀情况进行调查，发现车体的雨檐周围、门口及窗周围及底架端部、车体侧面的焊接热影响区等处发生了腐蚀，但和碳钢车相比，腐蚀程度很轻，对车体的刚性不会产生影响。由于这种腐蚀很少，只要定期对车辆进行维护即可。铝合金车体的不足之处就是车体耐热性比较差，铝合金的熔点为 660 °C，在发生严重火灾的情况下，铝合金车体可能会很快融化。

不锈钢材料的最大优点是：优异的耐腐蚀性，表面可不涂装；抗冲击性能好，维修量小，几乎可实现免维护；熔点比铝合金高很多，耐火性比铝合金材料优越。不锈钢车体除了车钩座、底架及部分骨架使用碳钢外，其余强度件全部使用不锈钢材料。有关资料显示，经过 30 余年的运营，确实不用维修，没有必要对外板及梁柱进行修补。

2. 制造成本

考虑到各种车体材料的耐腐蚀性，碳钢车体和铝合金车体一般需要涂装，不锈钢车体一般要贴彩带，制造成本应包含涂装成本和彩带和密封胶费用。另外，由于碳钢车和铝合金车的车体组成要采用弧焊，故修整工作较多。不锈钢车体采用点焊，所以基本上不需要修整工作。

可以看出铝合金车体制造成本最高，碳钢车体制造费用最低。

3. 运用维护成本

根据有关统计资料，碳钢车的维护费用 20 年后是铝合金车（不涂漆）和不锈钢车的 20 倍左右。

三种材质车体的维护费用中，碳钢车体最高，不锈钢车体最低。

4. 国内工程实际应用情况

国内各城市新建城轨工程的车体材料已基本上不再使用碳钢，而分为铝合金和不锈钢两类。

三、车体组成

车体是由底架、侧墙、车顶和端墙等部件组成的封闭筒形结构，如图 2-2-30 和图 2-2-31 所示。

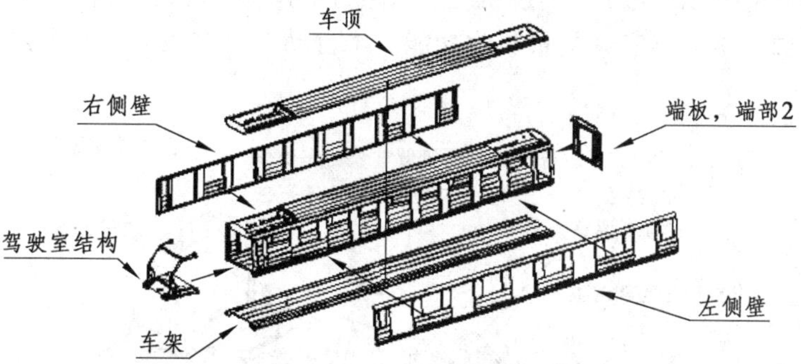

图 2-2-30 车体组成图

图 2-2-31 车内效果

四、车钩缓冲装置

车钩缓冲装置的基本作用有：连接列车中的各车辆，并使之保持一定的距离；传递车辆间的各种纵向力；缓和纵向力和冲击。

1. 车　钩

目前轨道交通车辆的常用车钩分为全自动车钩、半自动车钩、半永久棒式车钩三种类型。

全自动车钩（图2-2-32所示是一个例子）可实现机械、气路、电气自动连接；可在司机室操作，实现气动解钩；设有缓冲器及对中装置；设有可吸收能量的可压溃筒体。全自动车钩多安装在列车的首尾两端，最大限度地方便城轨列车相互联挂。在进行连挂救援时，即使车辆处于弯道、变坡点等不利于连挂的地段，自动车钩的对中装置也应能满足两列车的连挂需求。图2-2-32中的电动车钩指的是电连接接头，而气动车钩指的是风管连接接头。

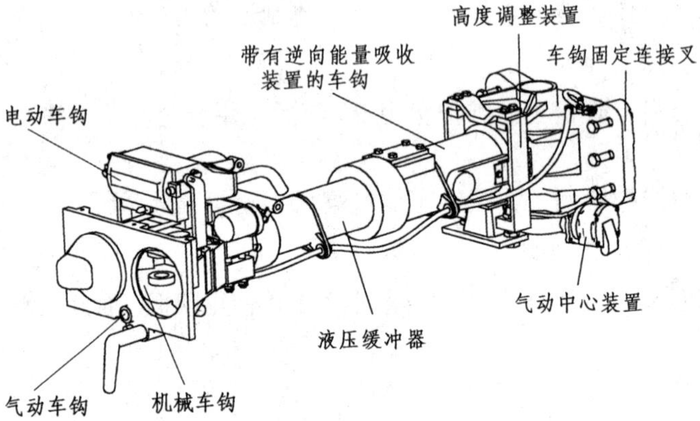

图2-2-32　全自动车钩

半自动车钩（见图2-2-33）可实现机械、气路自动连挂；可在车站、车场以手动方式（气动）解钩；通过弹性缓冲器实现能量吸收功能。半自动车钩多用于单元车组之间或列车之间的联结。

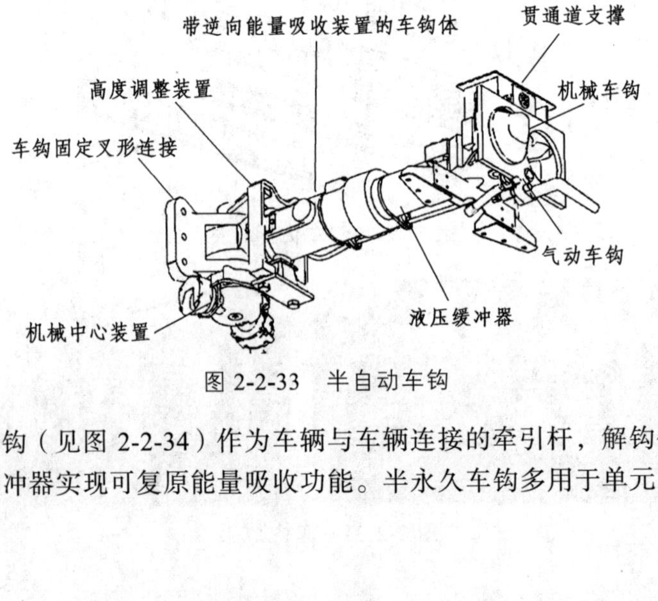

图2-2-33　半自动车钩

半永久棒式车钩（见图2-2-34）作为车辆与车辆连接的牵引杆，解钩作业需在车辆段内进行；通过弹性缓冲器实现可复原能量吸收功能。半永久车钩多用于单元车组内部车辆之间的联结。

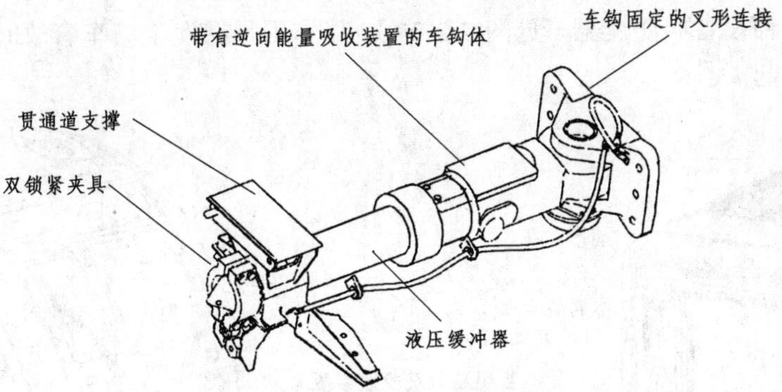

图 2-2-34　半永久棒式车钩

全自动车钩、半自动车钩、半永久棒式车钩三种类型在一列列车中的分布如图 2-2-35 所示。

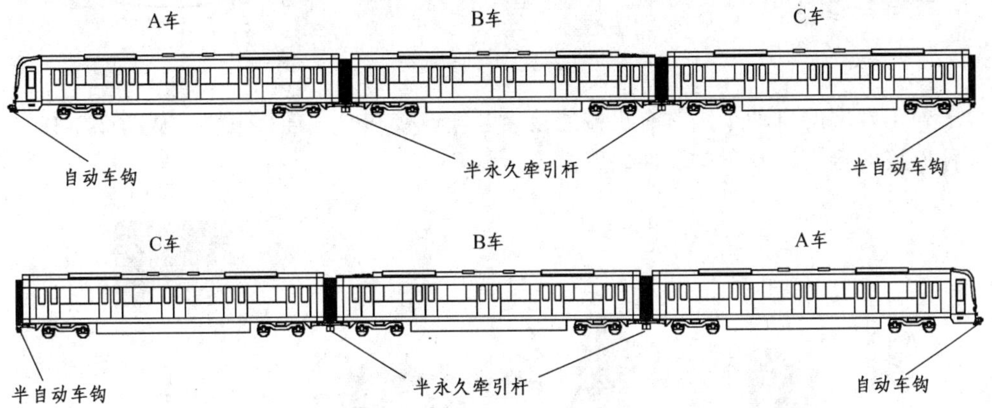

图 2-2-35　车钩分布图

2. 缓冲装置

缓冲装置可分为可再生缓冲器和不可再生缓冲器两种类型。可再生缓冲器有双作用环弹簧缓冲器、橡胶缓冲器、液压缓冲器和气液缓冲器等。压溃管是不可再生缓冲器。

双作用环弹簧缓冲器（见图 2-2-36）由弹簧盒、弹簧前后座板、外弹簧、内弹簧、端盖盒牵引杆等组成。

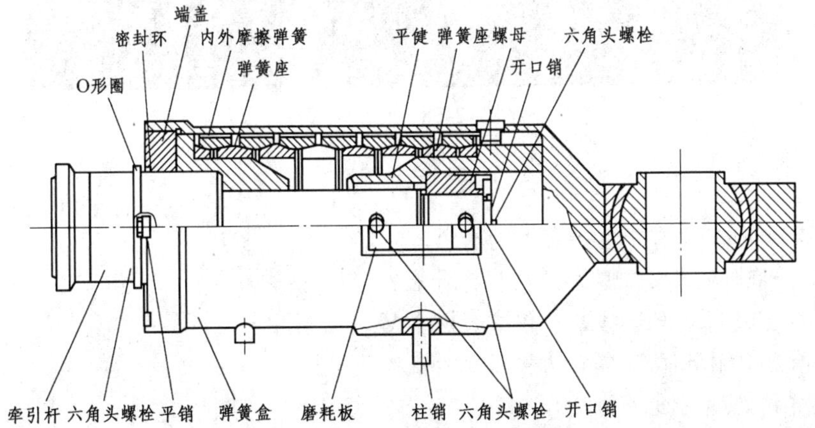

图 2-2-36　双作用环弹簧缓冲器

此外还有一种设备叫防爬器（见图 2-2-37），其作用是在发生撞车事故时，防止前后车厢因冲击而叠在一起。

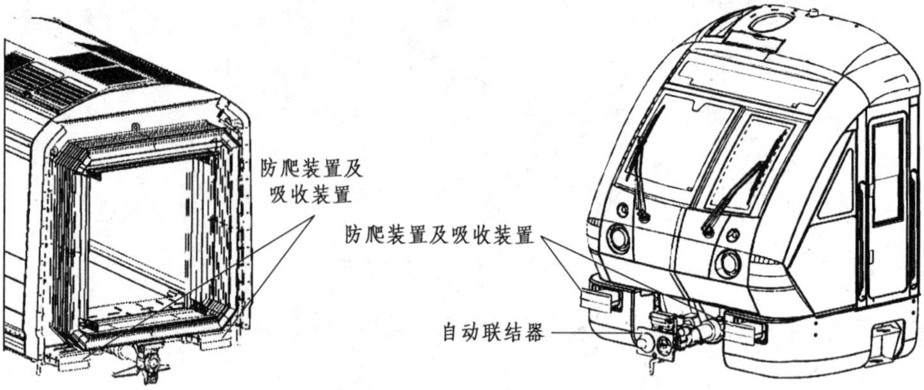

图 2-2-37 防爬器

位于列车两端的自动车钩具有机械连接、电气连接和空气连接三种。从图 2-2-38 中可以看出三种连接的接头以及车钩缓冲装置。

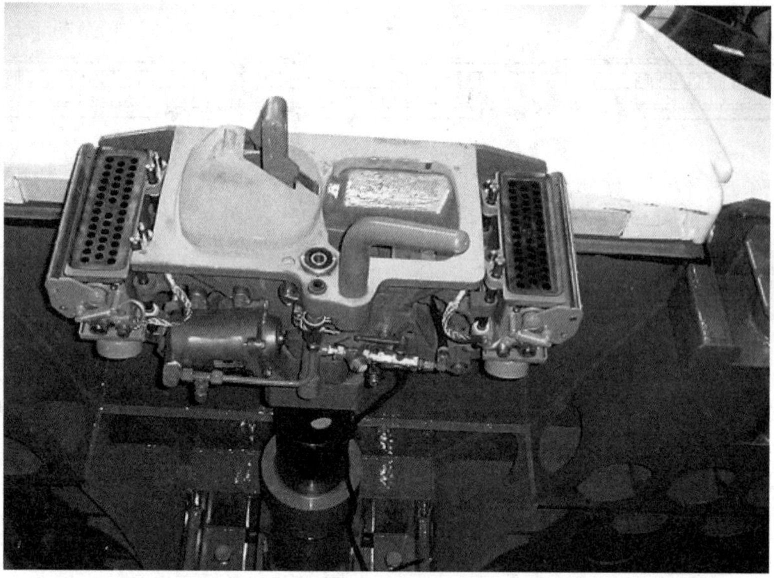

图 2-2-38 自动车钩

思 考 题

1. 城轨列车的车体有哪些特征？为什么？
2. 车体材料选择要考虑哪些因素？为什么？
3. 在曲线上进行列车连挂时，依靠什么装置辅助对中？
4. 车钩有哪几种形式？各自的作用是什么？
5. 车钩解钩是如何进行的？
6. 城轨列车防爬器的作用是什么？

第八节　转向架

顾名思义，转向架的基本作用是辅助车辆转向。如果线路上没有曲线，也就不需要转向架了。

转向架支承整个车体，并引导其沿线路运行；承受并传递车体与轨道之间的载荷；缓和车体与轨道之间的作用力；将车轮滚动转化为车体的平动；提高车辆通过曲线的能力。转向架能否保持良好的状态，对于车辆的安全、平稳、高速运行有很大影响。

车体能相对于转向架自由转动，使车辆的固定轴距大为缩短（见图 2-2-39），便于车辆顺利通过曲线。

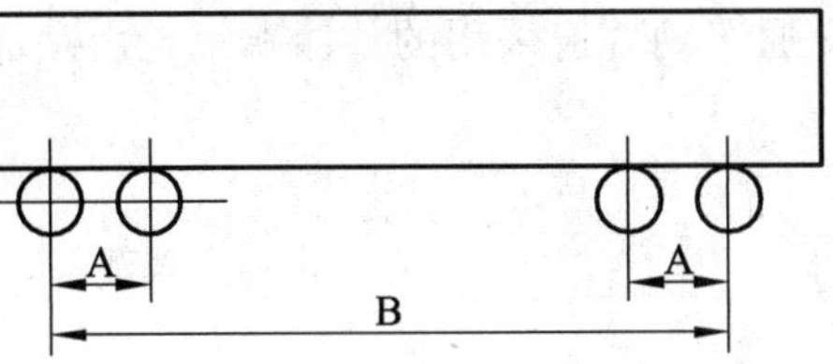

A—固定轴距　　B—全轴距

图 2-2-39　轴距示意图

城市轨道交通车辆所采用的转向架分为动车转向架和拖车转向架两种。为了检修方便与满足相同部件的互换性，动车转向架和拖车转向架的结构基本相同，其主要区别在于驱动系统。转向架一般由构架、轮对轴箱装置、弹性悬挂装置和中央牵引装置等部分组成，如图 2-2-40 所示。

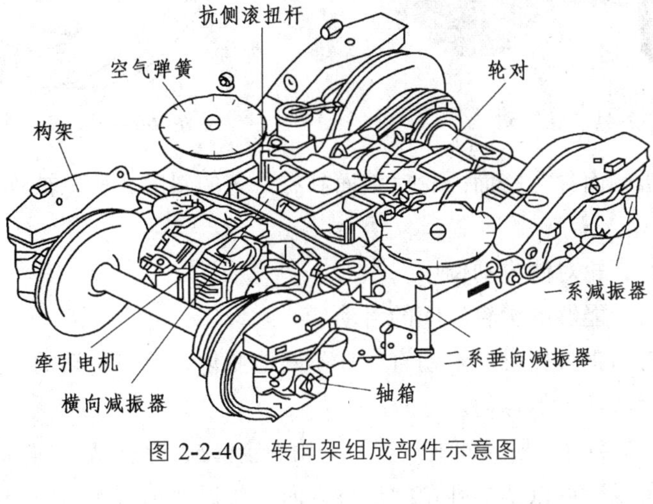

图 2-2-40　转向架组成部件示意图

一、构　架

构架是转向架的基础，它把转向架的零部件组成一个整体，其作用包括：承受、传递车与轨道间的作用力；是转向架各组成部件的安装基础。

二、轮对轴箱装置

轮对是由一根车轴和两个同型号车轮配合组成的，它的作用是引导车辆运动，并且承受车辆与钢轨之间的载荷。

在保证强度和使用寿命的前提下，应减轻轮对的重量，减少车轮与钢轨之间的作用力和磨耗。

1. 车　轴

绝大多数的车轴为圆截面实心轴，是采用优质碳素钢加热锻压成型，再经热处理和机械加工制成。为了实现轴承、车轮和传动轮等的安装，在车轴上的相应位置设有安装座。轮对为车辆的簧下质量部分。采用空心车轴结构可以减少轮对质量，从而降低车辆的簧下质量，减轻对钢轨和道床的冲击。车轴和车轮组成轮对，如图 2-2-41 所示。

2. 车　轮

目前，我国城市轨道交通车辆普遍采用的整体碾钢轮由踏面、轮缘、辐板、轮辋和轮毂组成，如图 2-2-42 所示。

图 2-2-41　轮　对

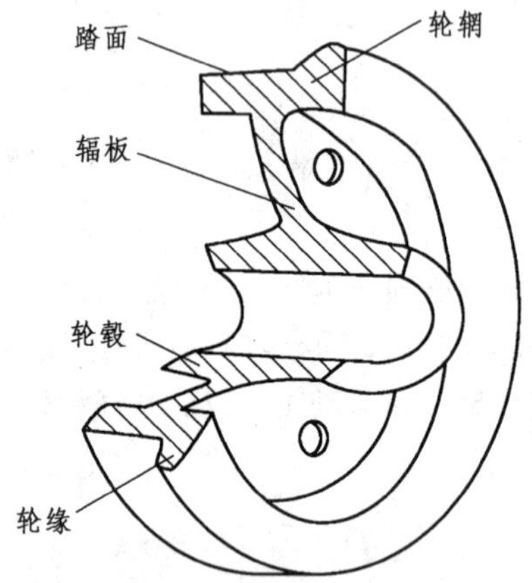

图 2-2-42　车　轮

车轮与钢轨的接触面称为踏面。轮对踏面具有一定的斜度，所以被称为锥形踏面。锥形踏面的作用：

（1）直线运行时，轮对能自动调中。

（2）曲线运行时，能够减少轮轨间的滑动。

（3）运行时车轮与钢轨接触的滚动直径在不断地变化，致使轮轨的接触点也在不停地变换位置，从而使踏面磨耗更加均匀。

车轮要圆，但列车经过一段时间的运行后，轮子会磨损，受损后的踏面如图 2-2-43 所示。利用线路上的“三角线”可以调换列车的运行方向，使得列车两侧的轮子经受的磨损接近一致。除此之外，在车辆段还设有不落轮旋床，对轮子进行切割，使它们恢复圆形。但轮子尺寸会因切割而变小，所以切割的次数是有限的。

在有的城轨系统中考虑到轮轨黏着问题，在车轮附近增加了两个装置：一个是撒沙器（增大轮轨摩擦），一般在高架及地面线路下雪时使用；另一个是喷油器（减少轮轨摩擦），一般用在弯道，起润滑作用，以便使列车较易通过曲线地段，减少磨耗。但过量撒沙会增加轮轨磨损，而过量喷油可能导致车轮打滑影响安全。

图 2-2-43　车轮踏面受损示意图

除了锥形踏面以外，在研究轮轨磨耗的基础上又提出了磨耗形踏面。实践证明，锥形踏面车轮的初始形状在运行中磨耗成一定形状后，车轮与钢轨的磨耗都变得缓慢，踏面形状将处于相对稳定状态。磨耗形踏面可减少轮对的接触应力，提高车辆运行的横向稳定性和抗脱轨安全性。

由于车轮踏面有斜度，各处直径不同，因此国际铁路组织规定，在车轮内侧 70 mm 处量得的直径为名义直径，作为车轮直径。我国规定地铁车辆的轮径为 840 mm，误差 3 mm。新造车同轴的两轮直径之差不超过 1 mm，同一动车转向架各轮径差不超过 2 mm。

案例

1998 年在加拿大发生了一起地铁追尾撞车事故，造成 10 人死亡、5 人受伤。事发当日，被撞列车由于车上设备故障途中停车，后方信号机正确地显示了红灯。但是由于肇事列车的司机疲劳疏忽没能及时瞭望，列车越过安全停车点。另一方面由于车轮过度磨耗，轮径太小，导致车底高度低于设计水平，车体本身先于设在车底的紧急停车杆之前打倒了位于轨旁的自动停车装置，所以未能引发紧急制动。

3. 轴箱装置

轴箱由轴箱盖、防尘挡板、滚动轴承、密封圈和轴箱体等部件组成，如图 2-2-44 所示，其主要作用是：将轮对和构架连接在一起；将轮对的滚动化为车体的直线运动；将车辆重量及各载荷传给轮对。

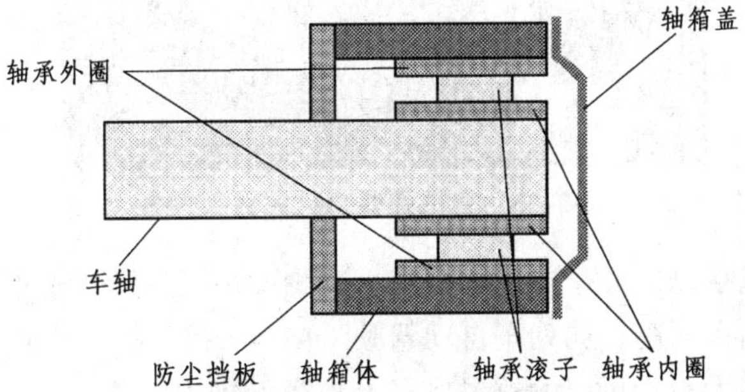

图 2-2-44　轴箱组成

三、弹性悬挂装置

弹性悬挂装置（见图 2-2-45）安装在轮对轴箱装置与构架之间（一系悬挂）和构架与车体之间（二系悬挂）。弹簧悬挂装置的基本作用是：缓和并减少车辆行驶时的振动和冲击；控制车体的侧滚，提高舒适性；控制车体底板面至轨面的高度，以保障车底板高度和站台高度的一致性，方便乘客上下车；降低噪声。

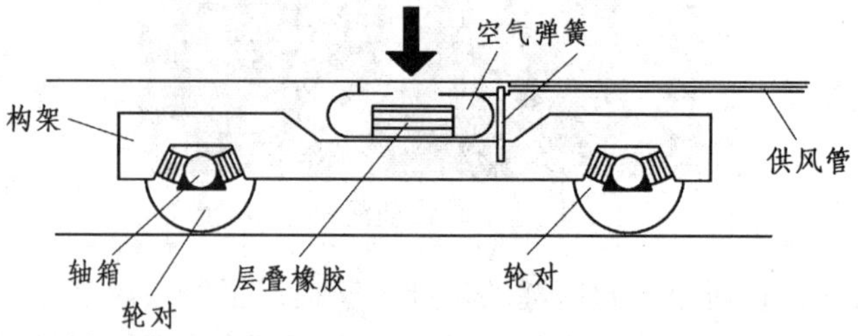

图 2-2-45　弹性悬挂装置

1. 一系悬挂

一系悬挂与转向架的轴箱定位有关，常见的有人字层叠橡胶弹簧、内外圈钢螺旋弹簧和锥形橡胶套等形式。

2. 二系悬挂

大多采用空气弹簧，因为它具有如下的优点：能够大幅度降低车体的振动频率；可根据车辆性能的需要设计其弹性特性；使空车和重车状态的运行平稳性保持一致；能够使车体在不同静载荷下保持其高度基本不变；具有良好的降噪性能。

空气弹簧悬挂系统主要由空气弹簧（气囊）、高度控制阀、差压阀、节流阀和附加空气室等组成，如图 2-2-46 所示。

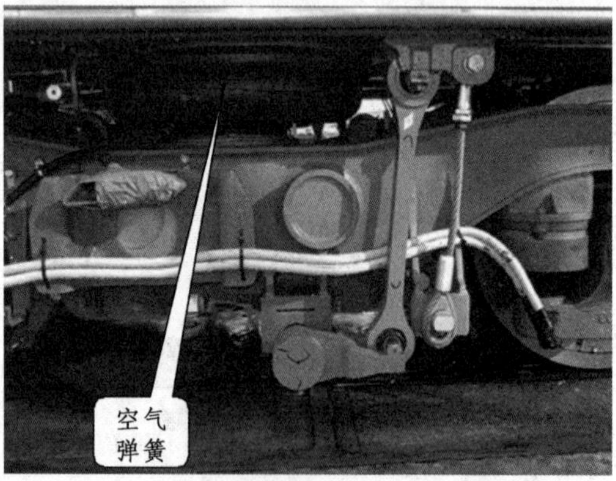

图 2-2-46　空气弹簧悬挂系统实物图

空气弹簧的作用包括以下几个方面：减震，减少噪声，提高舒适度；自动调节车底板的高度，保持车底板和站台同高；向列车自动驾驶（ATO）提供有关车重的信息，ATO 借此来决定牵引力、制动力的大小；可以大致提供车上乘客人数的信息，这一信息可以被用来估算列车满载率，还可以反映车内乘客在不同车厢之间分布是否均匀。

空气弹簧工作原理如图 2-2-47 所示。当车辆静载荷增加时，空气弹簧被压缩，使得空气弹簧工作高度降低，这使高度控制阀随车体下降。由于高度调整连杆的长度固定，此时高度调整杠杆发生转动而打开高度控制阀的进气机构，压缩空气由供风管通过高度控制阀的进气机构进入空气弹簧和附加气室，直到高度调整杠杆回到水平位置，即空气弹簧恢复其原来的工作高度。当车辆静载荷减小时，空气弹簧伸长使空气弹簧工作高度增大，高度控制阀随车体上升。同样由于高度调整连杆的长度固定，高度调整杠杆发生反向转动而打开高度控制阀的排气机构，压缩空气由空气弹簧和附加空气室通过高度控制阀的排气口排入大气，直到高度调整杠杆回到水平位置。

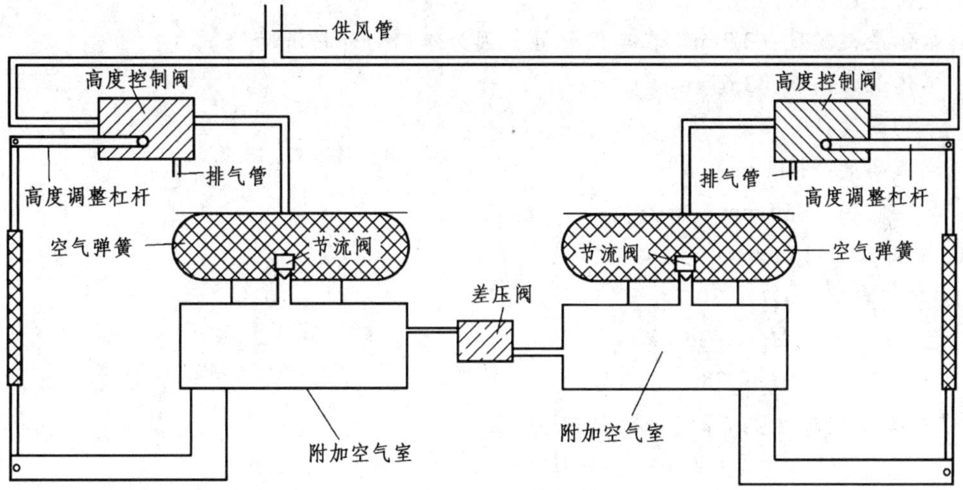

图 2-2-47　空气弹簧悬挂系统原理

小资料

车辆主要技术参数

1. 自重：车辆本身的全部质量。

2. 载重：车辆允许的正常最大装载质量。

3. 构造速度：车辆设计时，按安全及结构强度等条件所允许的车辆最高运行速度。车辆实际运行速度不允许超过构造速度。

4. 轴重：车辆总重与轴数之比。

5. 车辆最大宽度、最大高度：车体最宽部分的尺寸和车辆最高点离钢轨水平面之间的距离，它们均需符合车辆限界的要求。

6. 车钩高：车钩中心线距轨面高度。

7. 车辆定距：车辆两相邻转向架中心销之间的距离，它决定了列车所能通过的最小曲线半径。

以下是关于城轨车辆主要参数的两个例子，可以让读者能在短的时间内了解城轨车辆的基本情况。本书之所以安排这个内容，有两个方面的用意：一是让读者了解哪些参数是重要的，二是让读者对参数的数量级有个概念。这对读者以后的实际工作有现实的帮助。

例 1

某三轨供电 6 节编组直流电机牵引的城轨车的主要参数

1. 列车编组：$DT+M_1+M_2+M_2+M_1+DT$

   其中 DT：带司机室的拖车；

   M_1、M_2：动车。

2. 列车长度：138 m（按车体而不是车钩）。

3. 车长（按车钩）：DT：23.65 m；

   M_1、M_2：22.8 m。

4. 定距：15.8 m。

5. 车体最大宽度：3.2 m（在车门位置，因为车门为外挂滑动门）。

6. 车体最大高度：3.67 m。

7. 车钩高度：0.77 m。

8. 地板高度：1.11 m。

9. 车轮直径：850 mm（新轮）。

10. 轨距：1 435 mm。

11. 车辆自重：DT：30.7 t。

    M_1：37.8 t；

    M_2：38.0 t。

12. 列车最大编组：6 节（正常情况）；

    12 节（连挂救援）。

13. 载客量：座位数：DT、M_1、M_2 62 座（即每节车内座位数相同）。

    最大载客人数：每节车 320 人。

14. 车体材质：铝合金。

15. 牵引系统：牵引电机为直流电机，每个动力转向架 2 台电机，全车共 16 台电机。电机控制为斩波控制。

16. 传动比：92/14（6.57）。

17. 制动系统：电阻制动；电空制动；停放制动。

18. 运行速度：正常最大运行速度 78 km/h；

    最大构造速度 90 km/h；

    最大加速度 1.0 m/s^2；

    最大减速度 1.25 m/s^2。

19. 牵引供电方式：第三轨，下部接触，每个转向架有 2 个集电靴，全列车共有 24 个集电靴，每侧 12 个。

    牵引供电电压：标称：直流 750 V；

    最大：直流 900 V；

    最小：直流 525 V（仍能正常工作）；

    直流 400 V（不能完全正常工作，但不至于损坏设备）。

20. 驾驶模式：自动：由 ATO 负责；
人工 1：有码人工，速度码为 0，17，29，39，61，77；
人工 2：无码人工，限速 20 km/h。

例 2

某上部触网供电 6 节编组交流电机牵引的城轨车的主要参数

1. 列车编组：$DT+M_1+M_2+M_2+M_1+DT$
其中 DT：带司机室的拖车；
M_1：带受电弓的动车；
M_2：无受电弓的动车。

2. 列车长度：138.5 m（按车钩计）。

3. 车长（按车钩）：DT：23.65 m；
M_1、M_2：22.8 m。

4. 定距：15.8 m。

5. 车体最大宽度：3.2 m（在车门位置，因为车门为外挂滑动门）。

6. 车体最大高度：3.7 m。

7. 地板高度：1.1 m。

8. 车门：紧急逃生门：2 个，车头车尾各一个；
客室侧门：每节车每侧 4 个，最大开度 1.4 m，由直流电机操纵。

9. 车轮直径：850 mm（新轮）；
775 mm（最小）。

10. 轨距：1 435 mm。

11. 车辆自重（包括转向架重量）：DT：35.06 t；
M_1：41.26 t；
M_2：40.45 t。

12. 载客量（一列车）：座位数 296 个；
站位：1 600 个。

13. 每节车最大载客重量：23 t。

14. 车体材质：铝合金。

15. 牵引系统：牵引电机为交流电机（三相异步鼠笼感应式交流电机），每动力转向架 2 个电机。牵引控制为变压变频（VVVF）方式。

16. 传动比：5.95/1。

17. 制动系统：电空制动；停放制动；再生制动。

18. 运行速度：正常最大运行速度 80 km/h；
最大构造速度 100 km/h；
最大加速度 1.1 m/s^2；
最大减速度 1.0 m/s^2；
最大紧急制动减速度 1.4 m/s^2。

19. 牵引供电方式：上部接触网，每个 M 有一个受电弓。

牵引供电标称电压：1 500 V DC；

牵引供电最大电压：1 900 V DC（允许正常工作）；

牵引供电最小电压：1 000 V DC（允许正常工作）。

20. 驾驶模式：自动：由 ATO 负责；

人工 1：有码人工，（连续速度码）；

人工 2：无码人工（向前），限速 18 km/h；

人工 3：无码人工（向后），限速 18 km/h，限距 15 m。

说明：列车最大编组：如果列车最大编组在正常时是 6 节，而在救援时是 12 节，那就意味着，当 2 列 6 节编组的车在救援时发生故障，不应安排调车机车或另一列 6 节编组的车来连挂救援，而只能把 12 节分成 2 列，分别救援。

思考题

1. 为什么要引入转向架？
2. 简述二系悬挂的作用。
3. 简述空气弹簧的工作原理。
4. 简述轴距和定距的区别。
5. 为什么把城轨车轮做成锥形踏面？

第三篇

二线设备

本篇所讲的二线设备包括线路及轨道、供电、列车自动控制系统、通信系统以及城轨沿线其他辅助设备，如隧道通风、照明、给排水等。

轨道是城轨交通的根本特征，没有轨道就不称其为城轨交通。轨道的作用最初是支撑列车、引导列车运行方向。100 多年前，轨道电路技术的出现使组成轨道的钢轨有了检测列车占用的新任务。列控技术的进一步发展，曾赋予钢轨传输列控信息的功能，以向列车发送速度相关指令。虽然越来越多的新城轨系统已开始采用新型的信息传输媒体，如波导管等，但有些城轨系统仍将钢轨传输方式作为后备。另外，对于以直流供电为牵引动力的城轨而言，钢轨还担负着牵引回流的重任。可以说，轨道的功能是五位一体的：

支撑列车、引导列车、检测列车占用、传输列控信息、牵引回流。

牵引供电虽然有接触网、接触轨等不同形式，但同时具备多种形式的城轨系统非常少。这意味着，牵引供电的接触部分像轨道一样没有后备，一旦故障，就会直接导致行车中断，具有“一票否决”的特点，值得运营管理人员充分重视。

列车运行控制系统整合了传统铁路信号的安全功能、列车司机的驾驶功能以及控制中心的调度功能，而这些功能正是我们运输专业的生命线，因此是本篇的重点。

通信技术在现代城轨系统运作中扮演着重要角色。本篇对通信系统的讲述以人员之间的通信为重点，并不包括设备之间的通信，这主要是出于对本书读者定位的考虑。

隧道通风、照明、给排水等系统在正常情况下的作用并不显著，但在非正常情况下，比如发生火灾、水灾时，它们的重要性就会十分明显。

第一章　线路及轨道

本章所要介绍的线路和轨道实际上是同一事物在两个层面上的反映：线路是宏观的，而轨道是微观的。在宏观层面上，运输专业人员要掌握的是不同线路形式在运营管理上的优缺点，以及各种不同功能的线路，如折返线、渡线、联络线等的作用。在微观层面上，道岔的结构及其对列车运行的影响是本章需要重点掌握的知识。

城轨交通的轨道和传统铁路有许多相同之处，但新型城轨交通展现出多种多样的轨道形式，比如胶轮城轨系统所采用的钢筋混凝土轨道以及跨座式独轨、悬挂式独轨系统所采用的梁式轨道，这些在本章中有所涉及。

第一节 线 路

一、线路类型

（一）按线路空间设置分类

1. 地下线路

地下线路设置于地下隧道中（如图 3-1-1 所示），其优点是与地面交通完全分离，且不占城市地面空间，不直接受地面气候影响；其不足之处在于需较大投资、较高的施工技术及完善的环境控制、防灾系统，而且建设过程仍会影响地面交通，运营成本较高，改造调整与线路维护均较困难。

2. 地面线路

地面线路（如图 3-1-2 所示）的优点是造价低，施工简便，运营成本低，线路调整与维护较易。其不足是运营速度难以提高，占用城市道路，使城市道路交叉口复杂化，此外易受气候影响，破坏城市景观及环境。

图 3-1-1 地下线路

图 3-1-2 地面线路

3. 高架线路

高架线路设在高架桥面之上（如图 3-1-3 所示），与地面交通无干扰，造价介于地下形式与地面形式之间，施工、维护、管理、环控、防灾等方面都较地下线路方便，但要占用一定的城市用地并对光照、城市景观等有影响，同时噪声污染严重。

在一条轨道交通路线上，可采用上述 3 种不同的空间布置方式，较为理想的铺设方式为在城市中心人口、建筑密集、土地价值较高的区域，宜采用地下隧道方式；在城市边缘区或郊区，宜采用高架或地面方式。

图 3-1-3 高架线路

（二）按线路功能分类

1. 正 线

正线是指连接车站并贯穿或直股伸入车站的线路，包括区间正线和车站正线。车站内两端墙间的线路为站内线路，简称站线。车站正线是站线的一种。

正线一般为全封闭线路，按双线设计，分上下行。两相邻车站相邻端墙间的线路称为区间。正线与其他线路交叉时，多采用立体交叉，以保证通过能力。

正线有广义的正线和狭义的正线之分。广义的正线是相对车辆段而言的，除了车辆段都是正线。狭义的正线就是正常行车的运行线，和狭义的正线相对应的是折返线和存车线等辅助线。本书中如无特殊的说明，正线均指狭义的正线。

2. 辅助线

辅助线是为保证正线运营而配置的线路，比如为列车提供折返、停车、检查、转线及出入段作业的线路。辅助线包括折返线、渡线、联络线、出入段线、存车线、安全线、避难线等。

（1）折返线。

折返线是指在线路两端终点站或中间站，为能开行折返列车而设置的供列车将运行方向改变 180°的线路。

在城市轨道交通中，如果全线的客流分布不太均匀，除在线路两端的终点站之间开行大交路外，可能还需要在终点站与中间站或者中间站和中间站之间开行小交路。这些车站就需要配置折返线。折返线有时可作为夜间存车用。

（2）渡线。

渡线用于列车从一条线过渡到另外一条线，如图 3-1-4 所示。

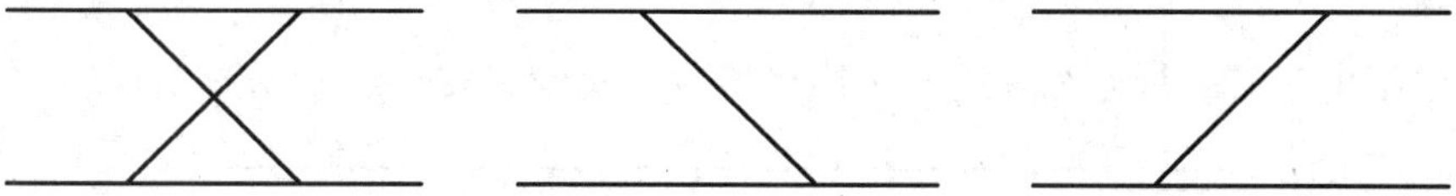

图 3-1-4 渡线示意图

（3）联络线。

联络线是为沟通两条单独运营的线路而设置的连接线，为两线车辆过线服务，如图 3-1-5 所示。

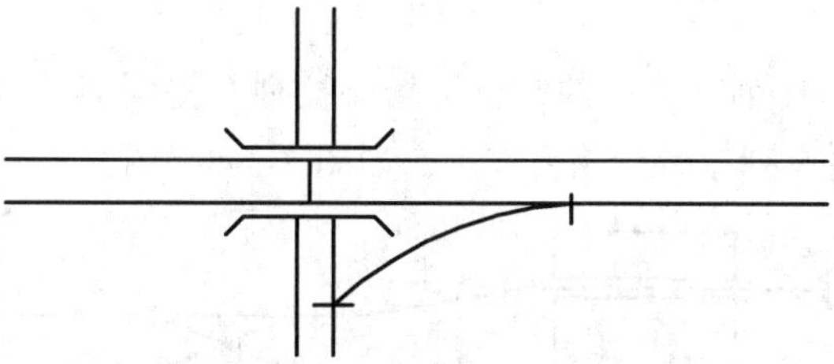

图 3-1-5 联络线示意图

合理确定联络线，能够在线网建成后机动灵活地调用线网中各线的车辆，并在必要时用于维持列车服务（如在 2011 年 12 月新加坡地铁南北线的上行线因牵引供电故障而无法通行时，下行线上的列车利用和东西线的联络线过渡到东西线上，并在裕廊东转换站再度回到南北线而形成环形服务），使线网成为有机整体。

联络线的作用包括：车辆送修的通道（因为不是每条运营线都设有大修能力的车辆段）；调运运营车辆；为后建线路运送设备；必要时用于列车过线以维持运营服务。

（4）存车线。

存车线一般设置在终点站，用于列车停放，并可进行少量检修作业。

在正线运营过程中，列车运行间隔通常很小，如出现非正常情况，为使故障列车能及时退出正线而不影响后续列车运行，通常每隔 3 ~ 5 个车站加设存车线和渡线。

（5）出入段线。

出入段线是车辆段和运营正线之间的连接线。

（6）安全线。

安全线是一种列车运行隔开设备。安全线的主要目的是防止在车辆段出入线、折返线和支线（岔线）上运行的列车未经允许进入正线与正线列车发生冲突，例如：

① 当车辆段（场）出入线上的列车在进入正线前需要一度停车，且停车信号机至警冲标的间距小于制动距离时，宜设置安全线（见图 3-1-6）。

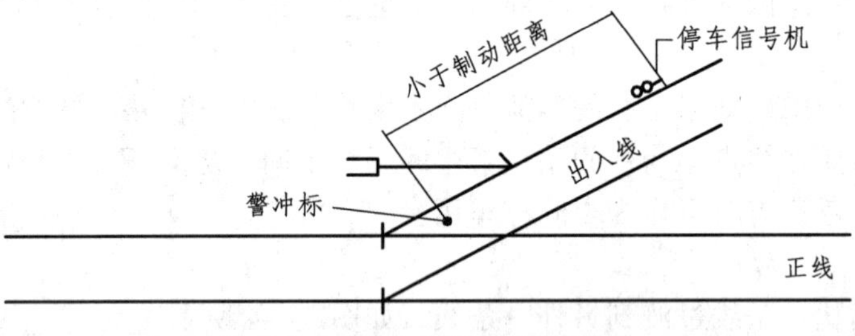

图 3-1-6　出入段线接正线形式

② 当位于中间站的折返线末端与正线接通时，宜设置安全线（见图 3-1-7）。

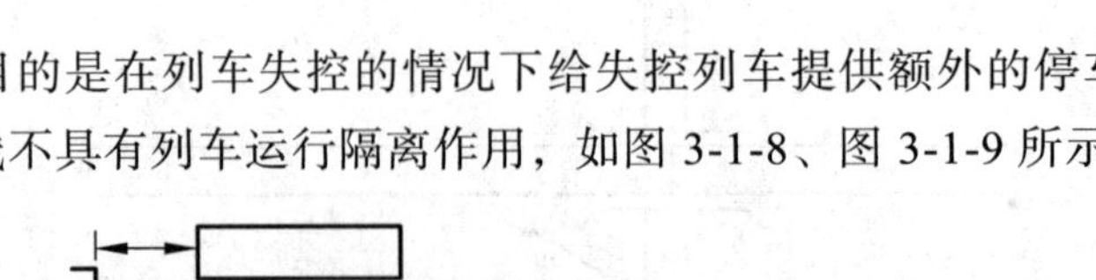

图 3-1-7　折返线末端接正线形式

（7）避难线。

避难线设置的目的是在列车失控的情况下给失控列车提供额外的停车距离。和安全线的不同之处在于避难线不具有列车运行隔离作用，如图 3-1-8、图 3-1-9 所示。

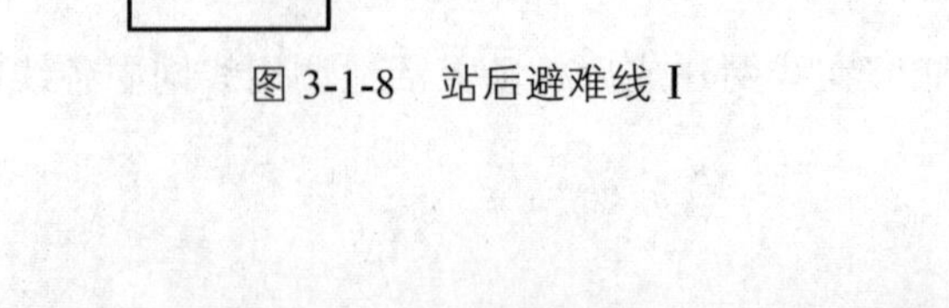

图 3-1-8　站后避难线 Ⅰ

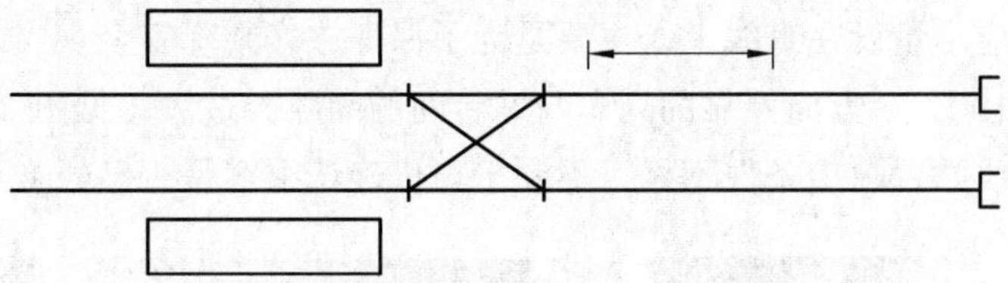

图 3-1-9　站后避难线Ⅱ

3. 车场线

车场线是车辆段内的线路，供厂区作业、列车停放等。

车辆段内线路布置要以出入段线及其延伸线为基线，以库房功能划分线群。在库的横跨内，线路设线束，达到线路布置紧凑，减少进路交叉和作业干扰，保证段内行车作业安全的目的。

（1）检修线——用于车辆的检修，配有地沟或架车设备；

（2）试验线/试车线——用于对检修完毕的车辆进行状态的检测；

（3）洗车线——用于清洗车辆的外部；

（4）牵出线——用于转线调车作业。

（5）存车线——用于列车的停放。

二、线路平面主要技术参数

1. 最小圆曲线半径

线路最小曲线半径与线路性质、车辆性能、行车速度、地形地物等条件有关，是城市轨道交通的主要技术指标之一。其选定是否合理，将对城市轨道交通的工程造价、运行速度、养护维修产生很大影响。确定最小圆曲线半径时所要考虑的其他因素包括：

（1）列车运行安全。当列车运行在小半径曲线时，由于视距短，瞭望条件差，对行车安全不利。

（2）连挂救援的需要。当故障车停留在曲线位置时，为了使救援列车能顺利连挂故障车，线路曲线半径不能过小。

（3）钢轨磨耗。列车在小半径曲线上运行时，轮轨磨耗会加大。

根据《地铁设计规范》的规定："线路平面曲线半径应根据车辆类型、列车设计运行速度和工程难易程度比选确定，线路平面的最小曲线半径不小于表 3-1-1 规定的数值。"由于轻轨交通运量较小，最小曲线半径可视车型情况采用比地铁曲线半径更小一些的数值。

表 3-1-1　最小曲线半径取值表　（单位：m）

线路		一般情况		困难情况	
		A 型车	B 型车	A 型车	B 型车
正线	≤80 km/h	350	300	300	250
	＞80 km/h	550	500	450	400
联络线、出入线		250	200	150	
车场线		150	110	110	

车站站台线路应尽量设在直线上，主要是为了保证旅客乘降安全。当站台段线路设在曲线上时（见图3-1-10），一方面停靠的列车与站台间的间隙会过大（见图3-1-11），形成安全隐患；另一方面曲线站台瞭望条件不好，不利于司机确认乘客是否已经上下完毕。

图3-1-10 列车停靠弯道

图3-1-11 列车与站台缝隙

2. 圆曲线长度

从改善瞭望条件、减小行车阻力和养护维修来看，线路的圆曲线长度短则有利，但最短不能小于车辆的全轴距，否则就会出现一节车辆同时位于三个不同线型上的情况，对行车稳定性和旅客舒适度产生不利影响。

《地铁设计规范》规定："正线及辅助线的圆曲线最小长度，A型车不宜小于25 m，B型车不宜小于20 m，在困难情况下不得小于一个车辆的全轴距。"

3. 缓和曲线

为保证列车安全，使线路平顺地由直线过渡到圆曲线或由圆曲线过渡到直线，以避免离心力的突然产生和消除，需要在直线与圆曲线之间设置一个曲率半径变化的曲线，这个曲线称为缓和曲线。

由于直线与圆曲线间存在曲率半径的突变，圆曲线半径越大，这种突变程度就越小。当圆曲线半径超过2 000 m时，这种突变对轨道交通行车影响很小，而当正线上曲线半径小于或等于2 000 m时，则要在圆曲线与直线间加设缓和曲线，实现曲率半径的逐渐过渡，减少列车在突变点处的轮轨冲击。

4. 夹直线

夹直线是指相邻曲线两端点间的直线。当相邻曲线距离较近时，可能会出现夹直线过短的情况。夹直线太短时，一辆车可能会同时跨越两条曲线，引起车辆左右摇摆，影响行车平稳性；夹直线太短也不易保持线路方向，增加轨道养护难度。

《地铁设计规范》规定："正线及辅助线上两相邻曲线间的夹直线长度（不含超高顺坡及轨距递减段的长度），A型车不宜小于25 m，B型车不宜小于20 m，在困难情况下不得小于一个车辆的全轴距；车场上的夹直线长度不得小于3 m。"

5. 轨距加宽

为使具有固定轴距的轨道交通车辆能顺利通过曲线，在半径很小的曲线上，轨距要适当地扩大，这种扩大称为轨距加宽。

轨距加宽是指将曲线的内轨向曲线中心方向移动，并在缓和曲线长度范围内完成，曲线外轨保持不变。

6. 曲线外轨超高

轨道交通车辆通过曲线部分时，由于离心力的作用，有向外侧抛出的趋势。为了平衡这个离心力防止列车向外侧抛出，需使外侧钢轨比内侧钢轨高，这种设置称为超高。

设置曲线超高的目的包括：

（1）防止车辆通过曲线时向外侧抛出；

（2）使内外两股钢轨所受的垂直压力大致相等，垂直磨耗均匀；

（3）使列车安全平稳通过曲线，增加旅客舒适度。

超高设置方法：

设置超高时，最理想的办法是将超高值的一半通过把内股钢轨向下落低，而将另一半通过把外股钢轨向上抬高来实现。这样设置超高使车辆通过曲线时，其重心高度几乎不变，可以避免不必要的上下振动。但是，由于以上的设置方法在处理道床方面复杂，对养护维修作业技术的要求高，因而一般将超高设置在外轨上，采用加厚外侧道床的办法来实现。

在地下线路中，有时为了满足限界要求，可通过使外轨抬高一半、内轨降低一半来设置超高。

三、线路纵断面主要技术要素

城市轨道交通的线路纵断面是由坡段和连接相邻坡段的竖曲线组成的。坡段的特征用坡度和坡段长度来表示。坡段长度是该坡段前后两个变坡点之间的水平距离，而坡度则为坡段两端变坡点的高程与坡段长度的比。

1. 坡　度

（1）最大纵坡。

城市轨道交通的列车为了适应小站间距（一般为 1 000 m）频繁起动、制动，应具有良好的动力性能，一般采用全动轴或者 2/3 动轴列车，起动加速度很大。设计原则要求列车在失去部分（最大可达一半）牵引动力的条件下，仍能用另一部分牵引动力将列车在最大坡度上起动。因此，最大坡度阻力及各种附加阻力之和不宜大于列车牵引动力的一半。

《地铁设计规范》规定：“正线的最大坡度不宜大于 30‰，困难地段可采用 35‰，联络线、出入段线的最大坡度不宜大于 40‰。”

（2）最小纵坡。

为了满足纵向排水的需要，地下区间线路不宜设计成平坡，一般情况下，地下区间线路与排水沟为同一坡度值，取不小于 3‰ 的坡度。

地面和高架正线最小坡度在采取了排水措施后不受限制。

（3）车站纵坡。

地下车站站台段线路应设单一坡度，最好为平坡。考虑到纵向排水的需要，坡度值宜采用2‰，困难时可设在不大于3‰的坡道上。

地面和高架上的车站站台宜设在平坡道上，在困难地段可设在不大于3‰的坡道上。

2. 坡段长度

两个坡段的连接点，即坡度变化点，称为变坡点。一个坡段两端变坡点之间的水平距离称为坡段长度。如果坡段长度小于列车长度，那么列车就会同时跨越2个或者2个以上的变坡点，各个变坡点所产生的附加应力和局部加速度会因叠加而加剧，影响列车的平稳运行和旅客的舒适。

城市轨道交通线路坡段长度不宜小于远期列车计算长度。

3. 坡度连接

列车运行至坡度代数差较大的变坡点处，容易造成车轮脱轨、车钩脱钩等问题。为避免这类情况发生，当坡度代数差不小于2‰时，应在变坡点处设置竖曲线，把折线断面平顺地连接起来，保证行车的安全和平稳。中国城市轨道交通线路采用圆形竖曲线，圆形竖曲线应符合表3-1-2的规定。

表3-1-2 竖曲线半径取值表

线别		一般情况/m	困难情况/m
正线	区间	5 000	3 000
	车站端部	3 000	2 000
联络线、出入线		2 000	
车场线		2 000	

在线路上，纵断面的竖曲线不应与平面上的缓和曲线互相重叠，因为竖曲线轨面标高以一定曲率在变化，而缓和曲线的外轨以一定的坡度递增升高（或者下降）。如两者重叠起来，外轨就成为一条复杂的空间曲线，铺设、养护困难。

思考题

1. 地面、地下和高架线路在运营管理方面分别面临怎样的挑战？
2. 安全线的作用是什么？
3. 夜间停运后的城轨列车存放在正线上过夜会有什么问题？
4. 小半径曲线对行车有什么影响？
5. 城轨车站设在曲线段会有什么问题？
6. 线路最大、最小坡度的决定因素有哪些？
7. 为什么车站范围内坡度最好为0，区间为什么要设计一定的坡度？

第二节　轨　道

本节主要介绍城轨轨道的构成，包括钢轨、道岔、钢轨扣件、轨枕、道床等。

一、有砟轨道

（一）下部基础

1. 路基（针对地面线，地下线和高架线没有路基）

路基是铺设轨道的基础，直接承受轨道的压力，并将其传递到地基。路基有两种基本形式，即路堤和路堑。

路基设计标高高于地面标高，用土、石填筑而成的路基称为路堤，如图 3-1-12（a）所示。

路基设计标高低于地面标高，通过挖掘而形成的路基称为路堑，如图 3-1-12（b）所示。

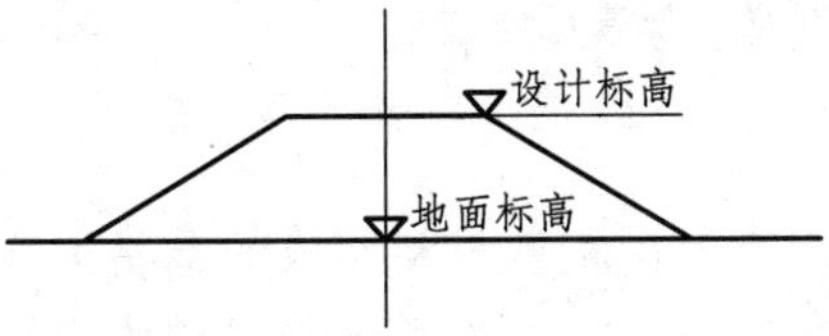

（a）路堤断面

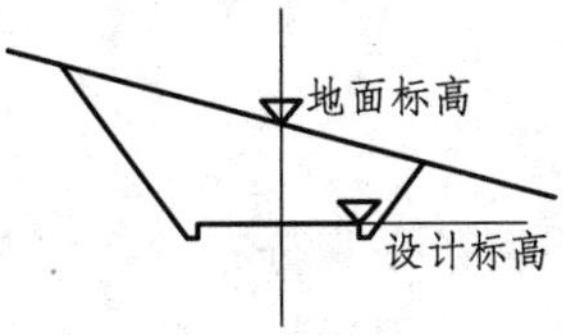

（b）路堑断面

图 3-1-12　路堤、路堑示意图

路基组成如图 3-1-13 所示。

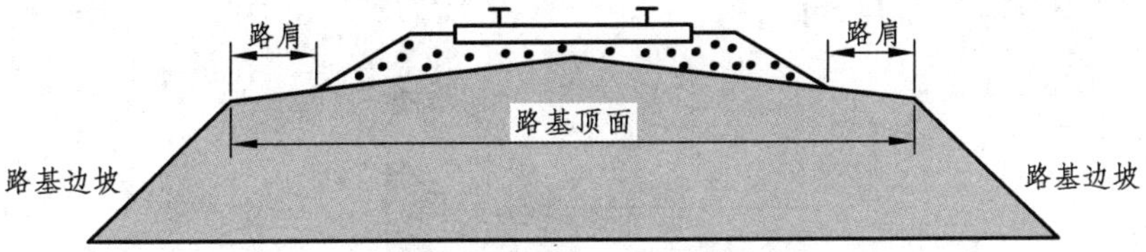

图 3-1-13　路基组成

2. 道　床

道床的主要作用有：把轨枕压力均匀地传递给路基，减少路基的变形；固定轨枕位置，阻止轨枕纵向或者横向移动。

具体表现为：

（1）分压作用。将来自轨枕的巨大载荷分散并传于路基，使路基面的应力均匀并小于其容许强度。

（2）约束轨道框架。提供道床阻力以约束轨道框架，保持轨道的方向和高低等几何形位。

（3）增弹减振。提供弹性和阻尼，减弱列车通过时产生的振动，避免过大的动作用力传到路基等下部结构上。

（4）排水。道床所提供的排水性能，对减轻轨道病害及提高路基的承载能力有着重要作用。

（5）方便维修养护。在有砟线路情况下，轨道在行车中产生的不平顺及方向不良可以通过一些道床维护方法加以整治。

（二）上部建筑

传统有砟轨道的上部建筑由钢轨、轨枕、联结零件等组成，如图 3-1-14 所示。

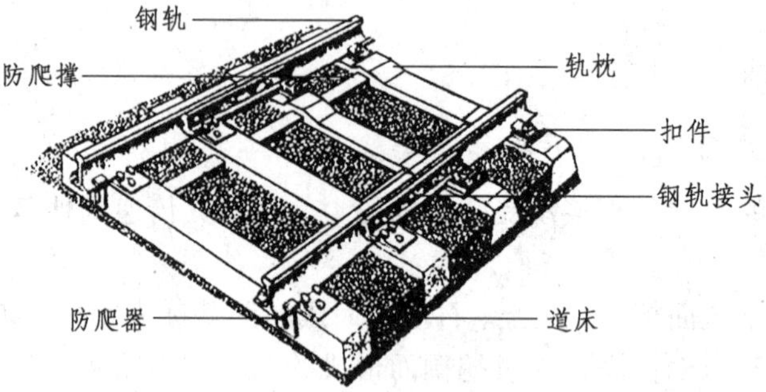

图 3-1-14　有砟轨道上部基础组成

1. 钢　轨

钢轨是指两条平行分布的、安装在轨枕之上的由钢铁材料制成的金属构筑物。它直接承受车轮的压力，引导城市轨道交通车辆的运行方向，并将所承受载荷传到轨枕、道床及路基上去，为车轮滚动提供最小阻力的接触面，因而它应当具备足够的强度、稳定性和耐磨性。

钢轨由轨头、轨腰、轨底组成。钢轨断面形状为“工”字形（见图 3-1-15）。这种形状受力好、省材料，具有最佳抗弯性能。

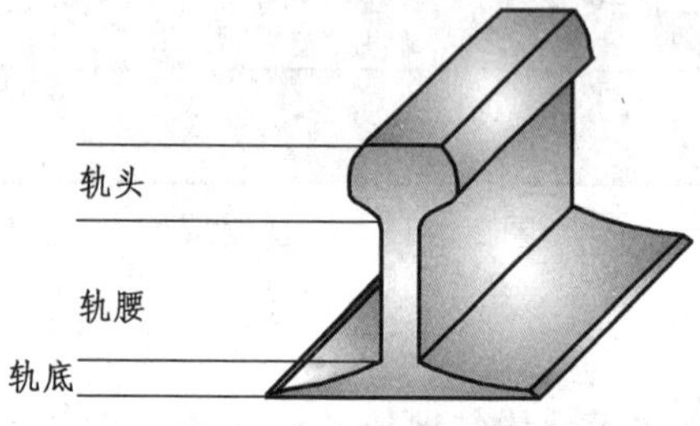

图 3-1-15　钢轨断面

钢轨的类型可按每延米的重量来区分。国内外城市轨道交通有选用重型钢轨的趋势，其中 50 kg/m 和 60 kg/m 最为常用。

走行钢轨的功用包括如下几个方面：

（1）直接承受车轮传递的列车及其载荷的重量；

（2）引导列车的运行方向；

（3）作为轨道电路的组成部分，完成列车占用的检测；

（4）作为牵引供电回流的径路；

（5）传输电码功能，用于向列车发送列车控制相关指令。

此外，钢轨也被用来做安全保护，如防脱护轨、桥上护轨、道岔护轨。

2. 轨　枕

轨枕的作用是承受钢轨传来的作用力，将其传给道床，并有效地保持钢轨的位置和轨距，应具有坚固性、弹性、耐久性。

中国常用的混凝土枕的长度为 2.5 m，如图 3-1-16 所示。在直线区段每千米配置 1 600 ~ 1 680 根。

图 3-1-16　轨枕示意图

3. 接头联结零件

为了将定长的钢轨连接成连续的轨线，一种做法是在钢轨之间用夹板连接。如以 12.5 m 或者 25 m 标准轨铺设，每千米接头就有 80 或 40 多个。接头联结零件（见图 3-1-17）包括夹板、螺栓和垫圈等，其作用是在接头处把钢轨连接起来，使钢轨接头部分具有一定整体性，以抵抗弯曲和位移。接头处还要满足钢轨伸缩的要求。

另一种做法是焊接。在城市轨道交通的轨道结构中，已大量采用无缝线路，即将多根标准钢轨依次焊接在一起，钢轨接头数量大大减少。但是在无缝线路的缓冲区、轨道电路的绝缘区、有道岔的线路区段中，钢轨接头还是不能缺少的。

4. 扣　件

把钢轨与轨枕牢固地联结起来的零件称为扣件，如图 3-1-18 所示。

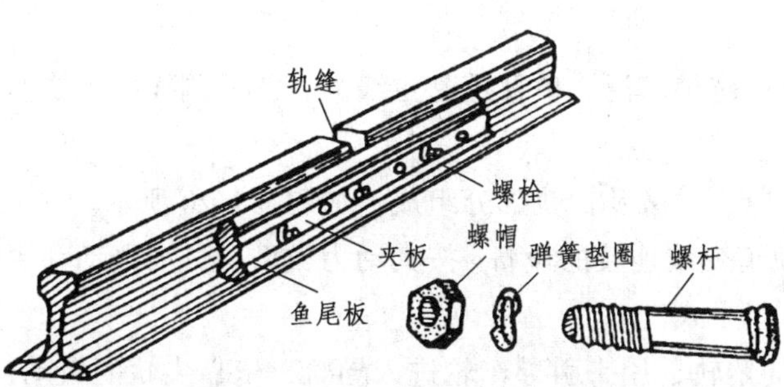

图 3-1-17　接头联结零件示意图

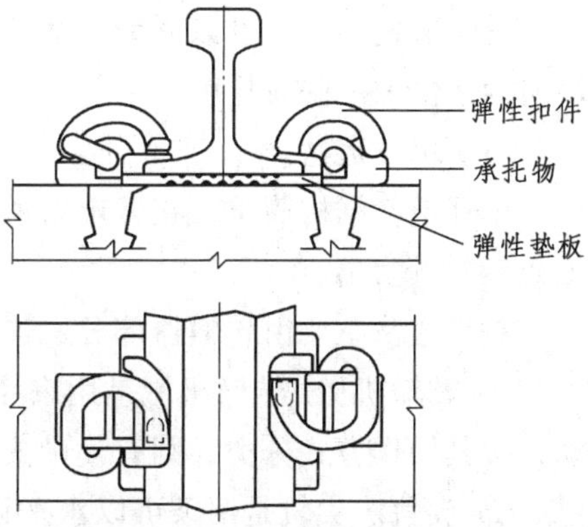

图 3-1-18　扣件示意图

除了扣件，还有：

（1）承托物，作用是把扣件固定在轨枕上。

（2）弹性垫板，使钢轨与轨枕之间互相绝缘，避免钢轨漏电，并增加钢轨弹性，如图 3-1-19 所示。

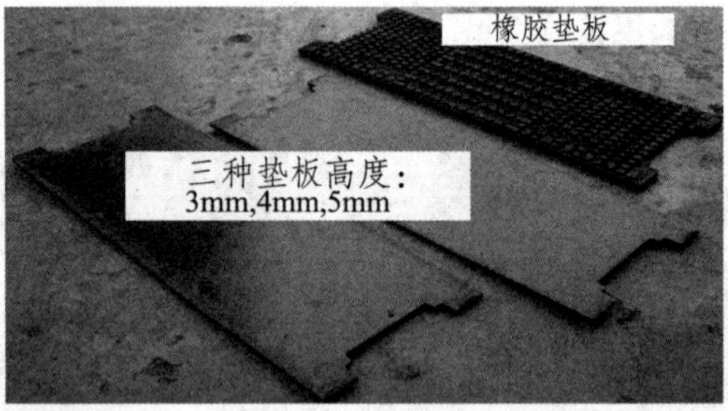

图 3-1-19 弹性垫板

扣件的基本作用是将钢轨固定在轨枕上，保持轨距和阻止钢轨的纵、横向移动。扣件应具有：

（1）足够的扣压力。这是钢轨和轨枕联结的重要保证，通常要求扣件纵向阻力大于道床的纵向阻力。当然扣压力也不宜过大，否则会使扣件弹性急剧下降，影响扣件的使用寿命。

（2）适当的弹性。适当的弹性可减小载荷对道床的压力及车辆簧下振动加速度，延长部件的使用寿命。扣件的弹性主要由橡胶垫板和弹条等部件提供。

（3）一定的可调性。这要求扣件具有一定的水平和轨距调整能力。当曲线轨距要加宽或因钢轨磨耗使轨距扩大时，都需要通过扣件对轨距进行调整。线路维修时也需要通过扣件来调整两股钢轨的水平。

（4）可靠的绝缘性。在钢轨与轨枕之间通过绝缘垫板，防止钢轨内流经的牵引回流散失到周围结构而形成杂散电流，进而防止周围结构遭受电腐蚀。

5. 道　岔

道岔是轨道结构的一个重要组成部分。列车运行中的折返、会让、越行、调车等，无不借助于道岔方能实现。

道岔形式多样，可以分为单开道岔、双开道岔、三开道岔等。此外，还有一种具有特殊功能的道岔——脱轨道岔。

（1）单开道岔。

单开道岔结构简单，在城市轨道交通中应用广泛。单开道岔主线为直线，侧线由主线左侧或者右侧岔出。

单开道岔主要由转辙器部分、连接部分、辙叉及护轨部分组成，如图 3-1-20 所示。

① 转辙机械。转辙机械是用来控制轨道变线连接的设备。按其动力类型可分为电动和手动；按其操作方式分类，则有集中式和非集中式。

② 尖轨。尖轨是两条可以水平移动的钢轨，用来引导车轮进入导轨，依靠尖轨的扳动，将列车引入正线或者侧线方向。

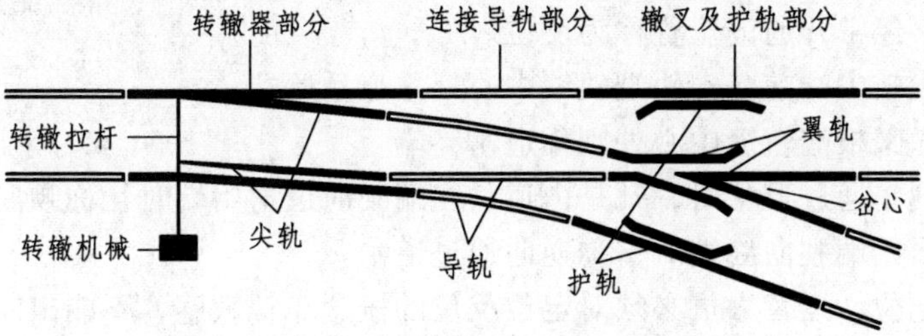

图 3-1-20　普通单开道岔的构成

③ 轨距拉杆。轨距拉杆是一根位于两条尖轨间的连接拉杆。轨距拉杆用来维持两条尖轨之间的距离，并加强尖轨间的联系，以提高尖轨的稳定性。

④ 转辙拉杆。转辙拉杆是一根用来控制尖轨位置转换的拉杆，并与转辙机械相连，以实现尖轨的摆动。

⑤ 连接导轨。连接导轨是引导车轮进入辙叉的一组或者多组轨道。连接导轨分为直线导轨和曲线导轨。

⑥ 辙叉。辙叉是用来引导车轮准确地进入岔心的一组钢轨，由岔心、翼轨和联结零件组成。

⑦ 护轨。护轨是防止车轮在岔心处因车轮有可能走错辙叉槽而引起脱轨或进错路线而在固定辙叉两侧设置的钢轨。

⑧ 翼轨。翼轨是在紧邻岔心处设置的钢轨。翼轨与岔心间形成必要的轮缘槽，引导车轮行驶。

⑨ 岔心。岔心又称为辙叉心，是用来连接两边轨道的钢轨。

道岔上的有害空间（翼轨和岔心之间的空隙）是限制列车过岔速度的一个重要因素。为了消灭有害空间，适应列车高速运行的要求，国内外都研发了活动心轨道岔。辙叉心轨和尖轨是同时被扳动的。当尖轨开通某一方向时，活动心轨的辙叉心轨就与开通方向一致的翼轨密贴，与另一翼轨分开，从而消灭有害空间。图 3-1-21 所示为活动心轨辙叉。由于城轨列车的运行速度相对较低，所以活动心轨辙叉在城轨交通领域的应用并不广泛。

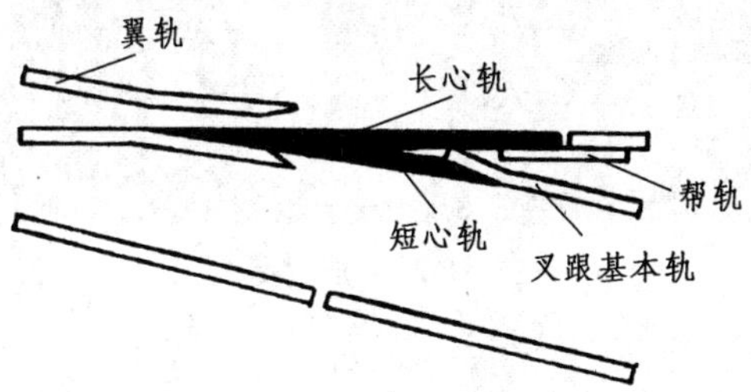

图 3-1-21　活动心轨辙叉

道岔的开通方向决定着列车的运行线路，作为运营人员必须准确掌握道岔开通方向的相关概念。

直向：一般将道岔开通直股称为直向，如图 3-1-22（a）所示。

侧向：一般将道岔开通侧股称为侧向，如图 3-1-22（b）所示。

定位：道岔经常开通的位置称为定位。

反位：道岔不经常开通的位置称为反位。

道岔始端：尖轨尖端前基本轨端轨缝中心处称道岔始端

道岔终端：辙叉根端轨缝中心处则称道岔终端

顺向过岔：列车通过道岔时，凡是由道岔终端驶向道岔始端时，称顺向通过道岔。

逆向过岔：由始端驶向终端时，称逆向通过道岔。

直向不等于定位，运营人员必须对定位反位的概念非常敏感，不能出差错，一旦出错就可能会有严重后果。

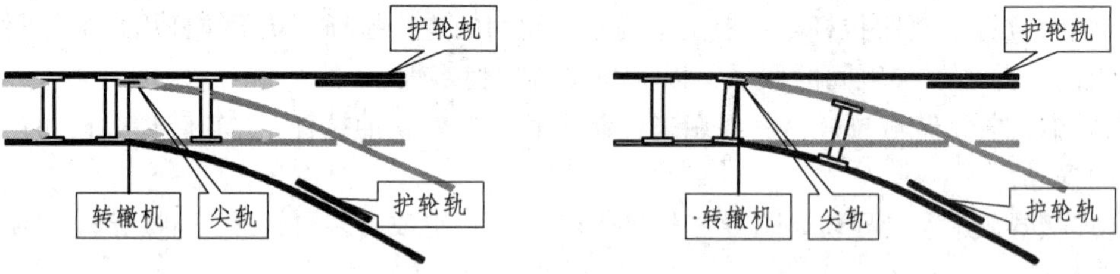

图 3-1-22　道岔开通方向示意图

（2）脱轨道岔。

脱轨道岔的作用是为了保护正线载客列车的安全而使从侧线驶来的未经授权的列车脱轨，如图 3-1-23 所示。

图 3-1-23　脱轨道岔

二、无砟轨道

城市轨道交通中多采用无砟道床结构，主要用于地下隧道与高架线路。其中最普遍的是混凝土整体式道床，在坚实的基底上直接浇筑混凝土以取代传统道砟层的轨下基础。高架桥上整体式道床通过扣件直接把钢轨和混凝土桥面联结起来。

整体道床的优点是整体性强、稳定性好，轨道几何尺寸易于保持，减少养护维修工作量；不足的是工程造价高、施工难度大，一旦成形无法纠偏，出现病害难以整治，道床弹性差。

无砟轨道与基床的连接形式主要有轨枕式、支承块式和整体灌筑式三种。

1. 轨枕式

轨枕式是把预制好的混凝土枕与混凝土道床浇筑成一个整体。苏联铁路隧道整体式道床采用这种形式，新加坡地铁和上海地铁也采用这种形式。其最大的优点是可采用轨排施工，施工进度快，施工精度也容易得到保证。

2. 支承块式

支承块式是把定制的钢筋混凝土支承块与混凝土道床浇筑成一整体。这是世界上很多国家整体式道床大量采用的形式。这种形式的整体性和减振性能较差，施工较整体灌筑式简单而比轨枕式复杂，成本较低，施工精度比整体浇筑式容易得到保证。

3. 整体式

整体浇筑式是就地连续灌筑混凝土基床或者纵向承轨台。这种形式结构简单，建筑高度较低，但施工时需采用刚度较大的模架，施工较为复杂。

小资料

独轨交通轨道结构

1. 跨座式独轨

跨座式轨道的轨道结构由轨道梁、道岔、支柱和基础构成。

跨座式独轨的轨道通常为支柱上端的预应力钢筋混凝土轨道梁，车轮自车厢的下部支承于轨道梁上。轨道梁的上表面是车辆走行的行驶路面，两个侧面是水平导向轮的导轨，轨道梁的两侧中部设有刚性滑触式导电轨。

跨座式轨道道岔由一定长度的道岔梁组成。道岔梁一端可以移动，整个梁与梁下方的支撑台车固定在一起，由台车上的电动机驱动。

2. 悬挂式独轨

悬挂式独轨的轨道梁由一定跨距的钢支柱或钢筋混凝土支柱架在空中，车辆悬挂在轨道梁下运行。它的特点是轨道梁为钢制断面，底部有开口，充气轮胎组成的转向架在轨道内走行，车体悬挂在转向架的下面，车辆走行平稳，噪声低。

思考题

1. 轨道的基本作用是什么？
2. 除了基本作用之外，轨道还有哪些其他作用？
3. 在现场如何快速准确判断道岔开通方向？
4. 道岔处于定位/反位和开通直股/侧股有何区别？
5. 无砟轨道和有砟轨道相比有什么优缺点？
6. 简述脱轨道岔和安全线的异同。
7. 列车脱轨事故最常发生在什么地方？

第二章　供电设备

最早的城轨交通不用电，而现代的城轨交通却离不开电，就像人体内的血液不可缺少一样。

本章第一节讲城轨系统内用电设备对电流制式和电压等级的要求；第二节讲上述制式和等级的电流的产生和供应过程以及在此过程中涉及的设备；第三节讲牵引供电的回路，包括回路中的各个环节的设备，这是本章的重点；第四节对供电监控系统的介绍包括遥信、遥测和遥控三个方面；第五节通过对四个和牵引供电有关的事故案例的介绍和分析，使牵引供电系统可能出现的问题及其影响跃然纸上，给读者提供了进一步理解牵引供电系统特性的机会。

第一节　用电负荷及用电需求

用电负荷是指消耗电力以完成特定功能的设备，比如照明灯、电梯，当然电动列车也是一种用电负荷。

城轨交通系统内有多种多样的用电负荷。一种划分方式是按用电设备所处的位置，可分成车上设备（对应的是牵引供电）和其他设备（对应的是动力及照明供电）。城轨的牵引供电典型制式为 750 VDC 或 1 500 VDC；而动力及照明供电的典型制式为 380 VAC 和 220 VAC。并非所有车上设备都直接用 750 VDC 或 1 500 VDC，但是都是来自牵引供电网。另一种划分方式是按其重要程度，分成一级负荷、二级负荷和三级负荷。《地铁设计规范》有如下相关规定：牵引用电负荷为一级负荷；动力照明等用电负荷可分为一级负荷、二级负荷、三级负荷。

一、一级负荷

一级负荷是重要设备，其供电应最大限度地得到保障。所以，一级负荷都是由双电源双回路供电，当一个电源发生故障时另一个电源负责供电。一级负荷中特别重要的负荷除由双电源供电外，还应增设应急电源。

一级负荷主要包括：

（1）牵引系统、变电所操作电源。

（2）火灾自动报警系统、消防系统、消防电梯、事故风机、排风/排烟风机及相关的疏散用的自动扶梯。

（3）通信系统、信号系统、电力监控系统、环境与设备监控系统、AFC 系统。

（4）隔离门、防护门、防烟门、排雨泵、车站排水泵。

（5）应急照明、地下站厅站台照明、地下区间照明。

二、二级负荷

二级负荷由双回路供电；对电梯及其他距变电所不超过半个站台有效长度的负荷，可采用双电源单回路专线供电。

二级负荷一般包括：

（1）普通风机、污水泵、直升电梯、自动扶梯。

（2）地上站厅站台照明、设备管理用房照明、出入口照明。

三、三级负荷

三级负荷可用单电源单回路供电，当系统中只有一个电源工作时允许自动切除该负荷。

三级负荷一般包括：

（1）冷水机组及配套设备、电热设备、清洁机械。

（2）广告照明。

思 考 题

1. 讨论城轨交通中，用电量最大的设备及设施有哪些？
2. 简述不同用电设备对供电制式和电压等级的不同要求。
3. 在一级、二级和三级负荷中，哪一级是最高级？
4. 有哪些办法可以用来保障最高级用电负荷的电力供应？
5. 举例说明属于最低供电等级的设备。

第二节　城轨交通供电系统

一、供电系统

工业用电通常是由发电厂生产的，城轨交通系统的用电也不例外。从发电厂到市电网这一过程不在此讨论，本节只论述城轨交通从市电网获得电力供应之后的事。为方便讨论，下文假设从市电网获得的是 110 kVAC 高压电，经城市主变电站降压后，得到 33 kVAC 中压电源。该中压电源传输到城轨沿线牵引变电站，经降压整流后变成 1 500 VDC 牵引供电或到降压变电站经降压后变成 380 VAC 动力电源或 220 VAC 照明电源，如图 3-2-1 所示。

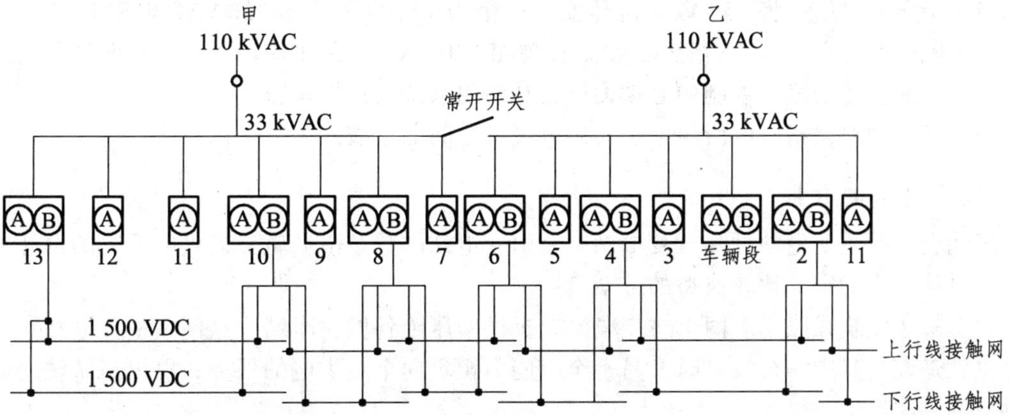

图 3-2-1　供电网示意图

在图 3-2-1 中，该城轨线路共有 13 个车站和一个车辆段，车辆段位于 2 号车站附近。有两个主变电站从市供电网获得 110 kVAC 高压电，经主变电站内的变电设备降压后成为 33 kVAC 中压。在 33 kVAC 的电网中，在 7 号站和 6 号站之间有个常开的开关。正常情况下，主变电站甲向 7 至 13 号车站供应 33 kVAC 中压电，而主变电站乙向 1 至 6 号车站及车辆段供应 33 kVAC 中压电。如果一个主变电站故障，通过关闭常开开关，就可以让无故障的主变电站负责全线的供电（33 kVAC）。

在所有车站及车辆段，都有降压变电设备（用Ⓐ表示），以向车站及轨旁用电设备提供动力（380 V）和照明（220 V）用电。对于那些使用更低电压（如 110 V、24 V 等）的车站或轨旁设备，会另有相应设备负责转换电压等级甚至制式（即从 AC 变成 DC）。

在部分车站（13、10、8、6、4、2）及车辆段，还有降压整流设备（用Ⓑ表示）。它们的作用是生产 1 500 VDC 电流，并通过接触网供应给列车。接触网是分段的，每段都从两个牵引变电站获得 1 500 VDC 电流供应，即双边供电（1 号站和 2 号站之间的接触网除外，它们属于单边供电）。

1. 主变电站（对于集中式供电）

主变电站把来自城市电网的高压 110 kVAC 或其他等级电源降压为城市轨道交通系统使用的中压交流电。

2. 中压供电网

中压供电网将从主变电站出来的中压交流电传输给牵引供电系统和低压供电系统。其作用是：纵向把上级的主变电站和下级的牵引变电站、降压变电站连接起来；横向把全线的多个牵引变电站、降压变电站连接起来。

3. 牵引供电系统

牵引变电站把从主变电站来的中压交流电通过降压整流变成城市轨道交通电动列车所需的 1 500 VDC 或 750 VDC 电源，并通过接触网供给城轨一定区段内的电动列车。这个网络直接影响到城轨列车的运行，所以是本章的重点。

4. 车站及区间动力照明供电系统

（1）降压变电站，将 33 kVAC 降压变为三相 380 VAC 和单相 220 VAC 电流。

（2）配电所（室），将三相 380 VAC 和单相 220 VAC 分别供应给动力、照明设备，以保证车站、区间、场、段、控制中心动力设备和照明系统的正常运行。

（3）配电线路，指配电所（室）与用电设备之间的导线。

5. 变电站的数量

城轨交通的主变电站、降压变电站、牵引变电站的数量由城轨交通供电系统的设计单位通过供电计算来确定。比较典型的方案是：

（1）每条城轨线路都有两个主变电站，提供中压给各城轨车站。这两个主变电站互为备用，也就是说当其中一个故障时，另一个有能力担负向全线供电的任务，以提高城轨交通电力供应的可靠度。

（2）在各城轨车站设降压变电站，负责向本站范围内（包括轨旁）的设备供电。

（3）在城轨线路沿线有选择地在某些车站设牵引变电站。

6. 应急电源

前文所讲的都是正常情况下的电力供应。对于城轨交通系统一些重要设备来说，光有正常供电系统还不够，还需设有应急电源（或称后备电源）。这些重要设备包括车站及隧道内的紧急照明、控制列车运行的信号设备等。

《地铁设计规范》规定下列电源可作为应急电源：

（1）独立于正常电源的发电机组；

（2）供电网络中独立于正常电源的专用馈电线路；

（3）蓄电池。

其中，蓄电池是最普遍的应急电源模式，特别是对车载设备而言。《地铁设计规范》规定车载蓄电池应急照明电源应满足 1 小时应急照明的需要。

7. 供电方式

（1）集中供电。

在城市轨道交通沿线设置几座主变电站，每座主变电站分别从城市电网引入 110 kVAC 或其他等级电源。引入的电压等级越高，所需的主变电站的数量就越少。

（2）分散供电。

分散供电指不设主变电站，各牵引变电站、降压变电站分别由城市轨道交通沿线城市电网就近引两路相互独立的中压电源供电。

（3）混合供电。

混合供电是集中与分散的结合，以集中为主，个别地段就近引入城市电网电源作为集中供电方式的补充。

二、供电设备

变电站内的电气设备多种多样，下面仅介绍一些主要的。

1. 变压器

顾名思义，变压器是用来变压的，可以是升压，也可以是降压。在城轨系统中，大多数的变压器是用来降压的，因为城轨内的用电设备的工作电压比市网供应的电压要低。变压器是按电磁感应原理工作的，图 3-2-2 所示是一个单相变压器的基本构造。

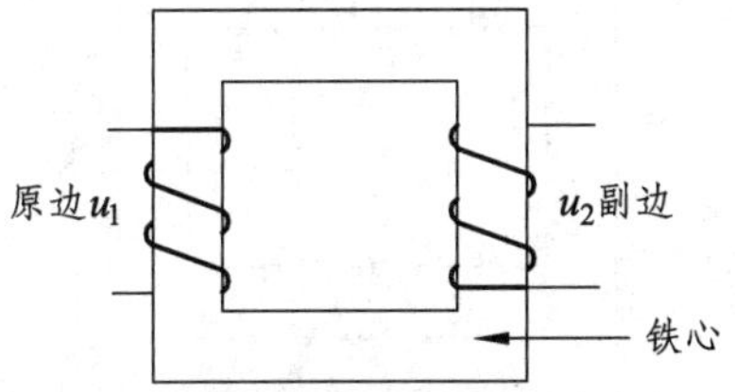

图 3-2-2　单相变压器基本构造示意图

当原边线圈内有电流时，铁心内产生磁通，该磁通会使副边线圈内产生感应电流。

如果原边和副边绕组的匝数一样，则副边电压 u_2 和原边电压 u_1 相同，否则会不同，也就是“变压”，而且 $\frac{u_1}{u_2}=\frac{E_1}{E_2}$，其中 E_1、E_2 分别是原副边线圈的匝数。

2. 整流器

整流器是变交流电为直流电的设备。交流电的流动方向是随时间改变的。整流器利用某些电子元件及电路只允许某个方向的电流通过的特性，“过滤”掉反方向的电流，获得单一流向的电流，并经过多个同类回路的组合以弥补由“过滤”而造成的空白，最终得到平稳的持续的单向电流（即直流电）。

3. 断路器

顾名思义，断路器是用来断开供电回路的。为了维持城轨的正常运行，供电回路通常是闭合的。但在系统出现不正常现象（如设备漏电时），断路器会自动动作，迅速切断故障电流，以策安全。

断路器的主要构成部分有：导流部分、灭弧部分、绝缘部分和操作机构。其中，灭弧部分的作用是在断路器的动触头和静触头之间产生电弧时，迅速把电弧灭掉以保护断路器。

4. 隔离开关

隔离开关是没有灭弧装置的开关设备。因为隔离开关没有灭弧装置，所以不能切断负载电流和短路电流，因此它通常是和断路器配合使用，且在操作中必须注意与断路器操作的先后顺序：要合闸时，先合隔离开关，再合断路器；要分闸时，先分断路器，再分隔离开关。

5. 负荷开关

负荷开关是在隔离开关的基础上加入简单的灭弧装置形成的。它能切断、闭合负载电流，但不能切断短路电流，因此，负荷开关必须和高压熔断器配合使用。熔断器的作用就像是“保险丝”，当发生短路时，熔断器动作，以切断回路。

6. 互感器

供电系统中的高电压、大电流参数无法直接测量，互感器的作用是把高电压、大电流变成低电压、小电流，以供继电保护和电气测量使用。

（1）电压互感器（见图 3-2-3）。

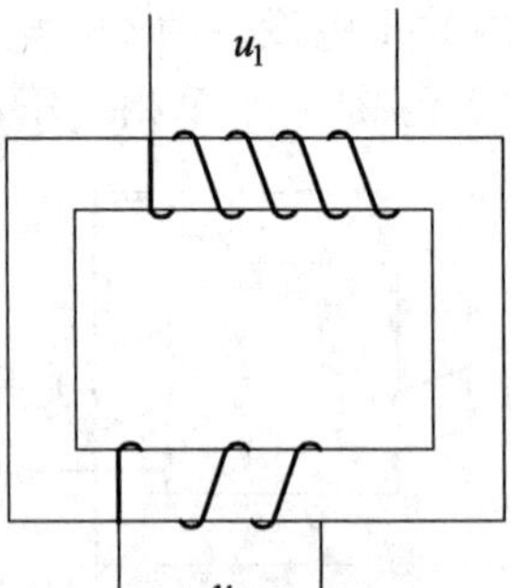

图 3-2-3　电压互感器原理图

在图 3-2-3 中，u_1 为待测电压（原边），u_2 为实测低压（副边），Ⓥ是电压表。可以看出电压互感器实质上是一个变压器。

（2）电流互感器（见图 3-2-4）。

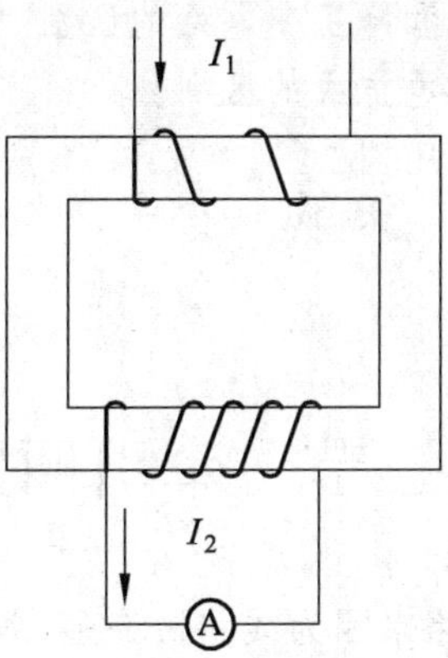

图 3-2-4　电流互感器示意图

在图 3-2-4 中，I_1 为待测大电流（原边），I_2 为实测小电流（副边），Ⓐ是电流表。

小资料

为什么绝大多数的城轨交通使用直流作为牵引供电？

1. 主要原因是历史的发展过程。最早铁路机车开始使用电机牵引时采用的是直流电机。一方面直流电机具有“牛马”特性，即低速时，牵引力大（“牛”），而高速时（“马”），牵引力小，刚好符合列车牵引的需要。另一方面，当时的控制技术使得对直流电机的控制比较容易。

当然车上采用直流电机并不是一定要接触网送直流电。但在接触网送交流电的情况下，需要在车上装配有“交变直”的降压整流设备。当时这些设备都比较笨重，设在火车头上还可以，但设在动车组上就不太适合了，所以把这些设备放在牵引变电站，然后用接触网送直流电给列车。

2. 这样的做法延续了下来，即使后来（现在）把牵引电机从直流电机换成交流电机，也还是在继续使用直流供电给列车。

为什么要把牵引电机从直流电机换成交流电机呢？一方面交流电机在同样马力情况下，可以做得比直流电机小，而且更耐用，更易维护，另一方面控制技术的进步使得交流电机能满足列车牵引的需要。

3. 虽然交流电在输送上比直流电更适合远距离输送（因为交流电可以很容易地升、降压：在传输前是升压，以便跨越大距离；到目的地后再降压以便使用），但由于城轨交通线路普遍较短，所以交流电在传输上的优势并不显得十分重要。

4. 虽然在交流电机取代直流电机后，从接触网来的直流电必须转化成交流电才能驱动交流电机，但是现代技术已经能够把这些设备（逆变器）变得小型化。另一方面可以把它们分散在多个动车上。

思考题

1. 简述主变电站、牵引变电站和降压变电站的区别。
2. 简述集中供电方式和分散供电方式的区别。
3. 变压器和整流器的作用有何不同？
4. 断路器和隔离开关的作用有何不同？
5. 为什么需要互感器？

第三节　牵引回路

前面讲过，城轨交通比起大铁路来因为线路短许多，所以最适合用直流电来向列车供电。而最简单、大家最熟悉的直流电路是手电筒的电路，下面就从手电筒的电路讲起。

在图 3-2-5 所示的电路中有一个直流电源（通常是干电池），一个控制开关和一个电灯泡。当开关闭合时，电流从电池的正极经导线流向灯泡，通过灯泡后再经另一段导线流回电池的负极，从而完成一个回路。

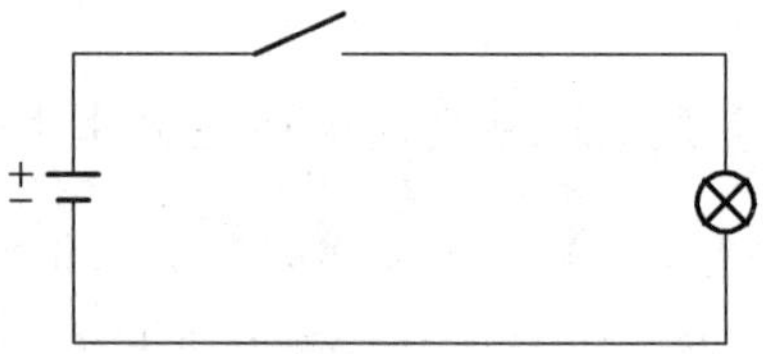

图 3-2-5　手电筒电路示意图

假设一个城轨系统是用上部接触网向列车供电的，那么它和手电筒的电路有什么相似之处呢？城轨系统电路示意图如图 3-2-6 所示。

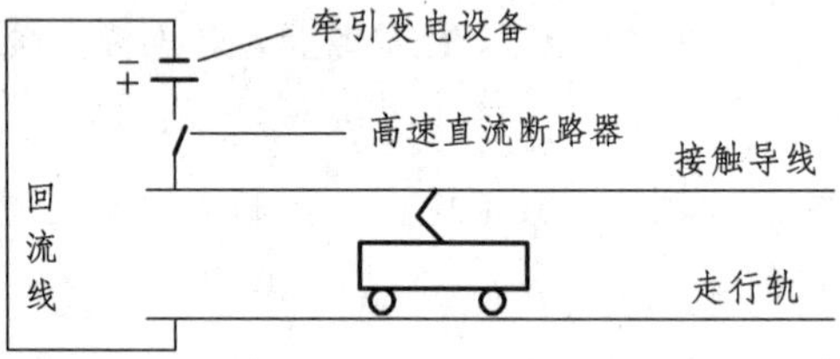

图 3-2-6　城轨系统电路示意图

给列车供电的电源是牵引变电所内把交流电变成直流电的整流器。控制电流回路开闭的是高速直流开关（又称高速断路器）。直流电通过开关后流经的第一段导线是接触导线，和手电筒灯泡相对应的是城轨列车。电流经过城轨列车（包括受电弓、车上电气设备、车轮）后所要经过的另一段导线，其实就是供列车走行的钢轨以及与钢轨及牵引变电设备负极相连的回流线。

接下来的内容是按照牵引变电设备、高速直流断路器、接触导线、列车电气设备、走行轨及回流线这样的顺序来展开。不过读者要注意的是，这里所要讲的只是一个牵引回路的情况，实际上一条城轨线上含有多个这样的回路（多个回路之间的分隔是“电分段”的概念，将在讲完单个回路之后讲)。为了方便理解，可以把这样的一个回路和两个城轨车站之间的牵引供电回路相对应，虽然实际上一个回路的范围内可能有多个车站。

一、牵引变电设备

牵引变电设备包括整流变压器和整流器。整流变压器不仅要起降压作用，还要将三相交流电变成多相交流电供整流器整流。整流器的作用是把交流电变成直流电。交流电的流向是周期性变化的，而直流电的流向是单一的。有多种技术可以把交流电变成直流电。下面简单地介绍一下二极管整流的原理。

二极管相当于一个单通阀，即只允许一个方向的电流通过而阻止反向的电流通过。交流电的流向有两个，在交流电接到二极管上后，只有正向的电流会通过，而反向的电流会被挡掉。为了获得完整持续的直流电，可以把两个或者更多个上述电器（即二极管）组合起来以弥补反向电流被阻挡掉所形成的空档。

手提式电脑（笔记本电脑）的电源通常有两套：一套是电池，供户外使用；另一套是供室内使用的，叫“交流适配器”(AC adapter)。这个交流适配器和牵引变电设备的作用很相似，即把较高电压的交流电转变成较低电压的直流电。

二、高速直流断路器

高速直流断路器的基本作用是控制电路的开闭，其实就是开关，因此也被称为高速直流开关。之所以要从名称上和开关加以区别是因为高速断路器的主要用意是在必要的时候把常闭的电路断开，以策安全。在设计上，它应具有：

（1）灭弧功能。在开闸及合闸的过程中触头间会产生电弧，电压高时可能产生更多的电弧。电弧会损坏触头，所以要尽量减少电弧。

（2）跳闸功能。当电路中出现短路、过载、逆流等不正常情况时，应该断开电路（及跳闸)，以起到保护设备和人身安全的作用。详情参见本节第九部分。

（3）动作时间很短（即高速)。这一方面有利于减小电弧，另一方面也有利于对设备和人身安全的保护。高速直流断路器的动作时间为几个到几十个微秒（ms)。

高速直流断路器的操作有远动控制、现场控制和自动跳闸。其中，远动控制和现场控制属于人工操作。

（1）远动控制。由控制中心的电调通过 SCADA 系统遥控。

（2）现场控制。由供电专业人员在断路器所在的设备房机柜上通过按压按钮来控制。

（3）自动跳闸。比如在检测到短路情况时自动断开电路。

三、接触导线

因为接触导线是向运行中的列车送电，所以和一般的供电导线（比如前面所说的手电筒的导线）相比有着很大的不同。

（1）因为列车耗电量大，所以这个导线要有足够的横截面和好的导电性以通过大电流。大的横截面又意味着接触导线较粗重，所以又要有足够的机械强度以承受所需的张力。从材质方面看，铜接触线的导电性能、耐磨性能、抗腐蚀性及机械强度都较高，所以得到普遍应用。为了降低造价也有采用其他较为便宜的接触线的，如钢铝接触线，其工作面为钢质，其他部分为铝质。

接触线的形状通常是如图 3-2-7 所示的截面：

图中，上半部分的凹槽用来供线夹夹持接触线而将其吊挂起来。下半部分是工作面，与受电弓接触。横截面的尺寸多数为 120 mm。

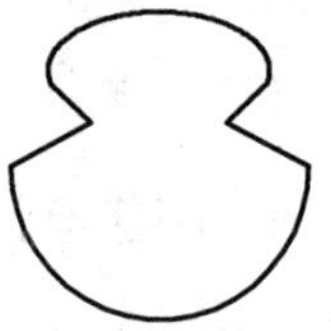

图 3-2-7　接触线截面示意图

（2）在接触线以简单悬挂方式固定时会有下垂现象（见图 3-2-8），并会导致下面两个问题：

① 在 a 点过后，受电弓可能会离线，特别是高速运行时，这会导致电弧。

② 在 c 点，受电弓会打击接触线，这会导致接触线的机械损伤。

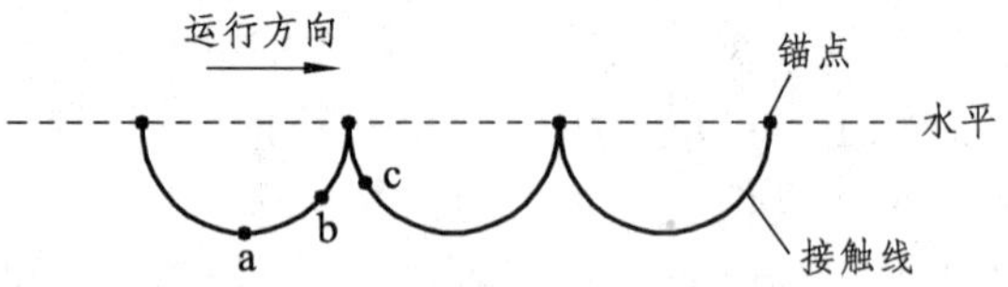

图 3-2-8　接触线下垂现象

为了使接触线足够平顺，以减少电弧及冲击所造成的损伤，可以在系统中加入“承力索”，形成“链形悬挂”，如图 3-2-9 所示。

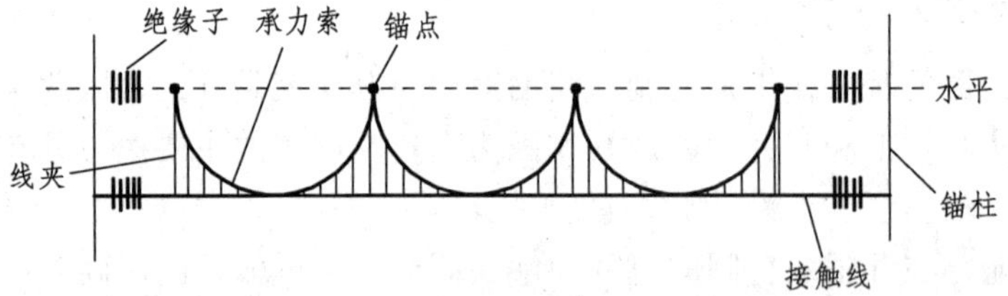

图 3-2-9　链形悬挂示意

承力索需要承受接触线及线夹的重量，所以要有足够的强度。为此，承力索的结构一般是绞线形式，由一根金属线在中心，其周围绕若干条金属线构成，其横截面如图 3-2-10 所示。

另外，还可以再加入“张力补偿装置”，以形成“有补偿的链形悬挂”。

图 3-2-11 所示是半补偿链形悬挂，即只是为接触导线加了“张力补偿装置”、滑轮组、补偿绳和坠砣。如果为承力索也加“张力补偿装置”就形成了“全补偿链形悬挂”。

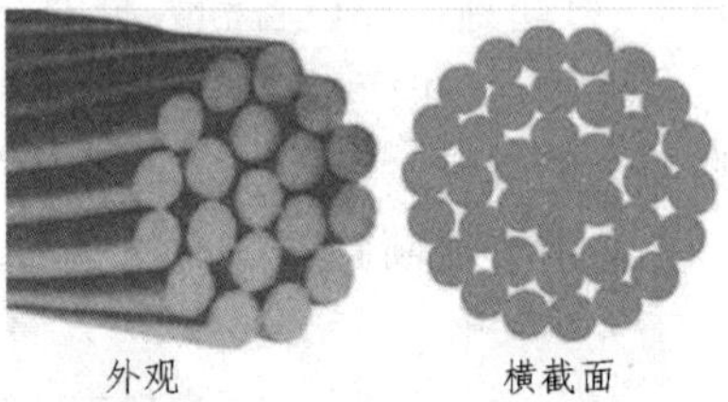

图 3-2-10　承力索

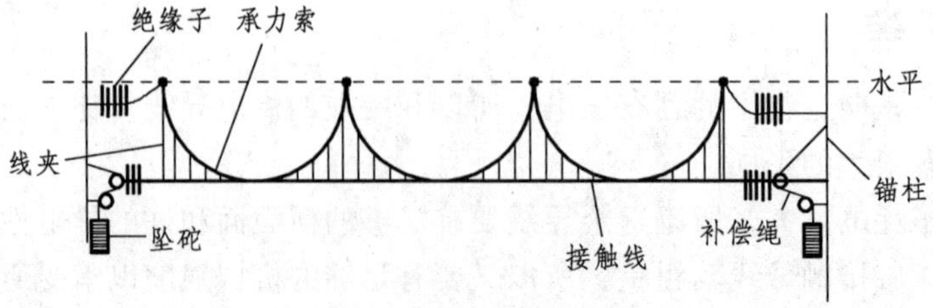

图 3-2-11　半补偿链形悬挂

上述张力补偿装置又被称为“张力自动补偿装置”。因为在接触线因气温变化而发生热胀冷缩时，坠砣会自动跟着向下或者向上移动。因坠砣的重量是固定的，所以虽然温度在变，接触线的长度在变，但是张力保持不变。在车辆段内，由于车速较低，为了节约建设和维护成本通常就以简单的悬挂来处理。

（3）因为这个导线和列车的集电器（即受电弓）的接触是动态的，所以会产生摩擦，导致对导线和受电弓的损伤。为了减少这种损伤，对导线而言可以做的就是选用耐磨性高的材料，如前文所提到的铜、钢；对受电弓而言，除了选用好的材料外，还可以通过一定的措施使受电弓的接触点不是在一个固定的位置，换言之，就是使摩擦分散到整个受电弓的碳棒上。这个措施就是把接触导线沿着轨道布置成“之”字形，如图 3-2-12 所示。

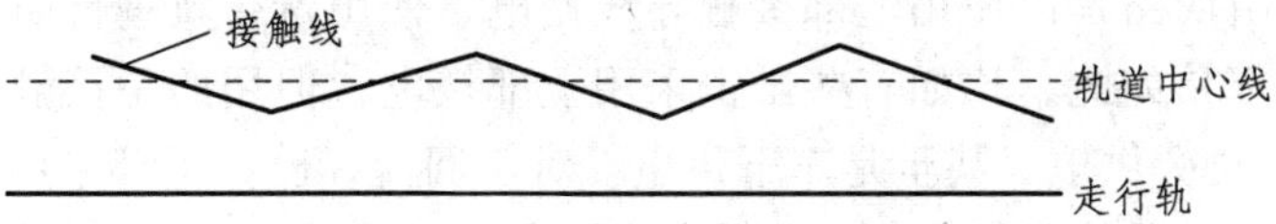

图 3-2-12　接触导线“之”字形布置

（4）为了向列车送电，这个导线不能有绝缘保护层，而必须是裸露的，这会对人员造成危险。所以，一方面要使导线离轨面有一定的高度（这一点不是很难，因为列车本来就有一定的高度）；另一方面要有短路器来保证轨区作业人员的安全。

短路器实际上是一条电阻很小的导线，通常是和接触导线差不多粗的铜质绞线。之所以用绞线是因为绞线既柔软又有韧性，便于使用。

短路器的作用是在接触导线和走行轨之间形成一条便捷的电通路（见图 3-2-13）。即便由于某种原因使处于断开状态的高速直流断路器关闭，靠近接触导线作业的人员也不会发生危险，因为电流会经过短路器直接到达走行轨而造成断路器的跳闸。

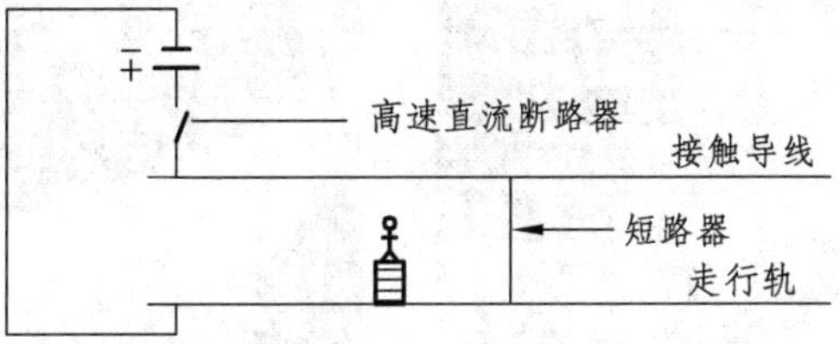

图 3-2-13　短路器示意

四、列车电气设备

列车是牵引回路的一个组成部分。从接触导线来的电流经受电弓进入列车内部，一部分经降压、逆变后，供车载电器如空压机、电池充电器、照明、空调设备等使用；另一部分供牵引电机使用。电流在通过这些设备后最终会经过连接在轮轴上的电刷及车轮本身到达两条走行轨。

五、走行轨

在到达走行轨时，牵引电流的电压已经很低了，不会对人体造成任何伤害。为了确保人身安全，高速直流断路器的自动跳闸功能可以保证在钢轨电压不正常时，自动断开回路以使走行轨电压恢复到安全水平。

为了牵引回流，通常钢轨采用无缝（无绝缘节）焊接形式。在由于其他原因而必须设绝缘节的情况下（如为了给钢轨热胀冷缩的空间），会用跳线把绝缘节两边的钢轨连接起来。

六、回流线

回流线把钢轨和牵引变电设备的负极相连，来完成整个牵引回路，由于设回流线的地点不多，不大引起人们的注意。

七、其他形式的牵引回路

上面所讲的牵引回路是以使用上部接触导线授电、使用走行轨进行回流为假设的。但并非所有的城轨系统都是如此，比如有些虽也采用上部授电，但用的是接触轨（又称刚性接触网）；也有的是采用轨旁供电，甚至是车下供电。对于回流，也不是都采用走行轨来实现，特别是当城轨列车使用的是橡胶轮胎时，因没有用于走行的钢轨，而必须另想办法来实现牵引电流的回流。下面是这方面的一些例子。

例 1

刚性接触网

刚性接触网是区别于传统柔性接触网的又一供电方式，它用来给列车授电的是位于列车上方的刚性导电接触轨，如图 3-2-14 所示。

图 3-2-14　刚性接触网

和柔性接触网相比，这种接触方式的优点如下：

（1）系统结构简单、紧凑，节省隧道净空，节省投资。

（2）接触轨不受张力，无须张力补偿装置，系统零部件较少，不仅易安装而且减少了维护工作量。

（3）接触轨横截面可以较大，电阻较小，所以无须辅助电线，减少初期投资，施工简单，维护工作量少。

（4）接触轨位置固定，弓网关系较好，减少拉弧现象，进而减少了对弓和网的损坏。

（5）接触轨不受张力，所以断轨概率较低，减少了因接触网断网而对行车造成的影响。

例 2

第三轨供电

之所以叫第三轨是因为已经有两条供列车走行的钢轨了。这条用来向列车授电的导电轨铺设在走行轨的一侧（通常在外侧，即不在两条走行轨之间），如图 3-2-15 所示。

图 3-2-15　第三轨

1. 与上部授电方式中的刚性接触网相比，第三轨供电有以下一些优缺点。

优点：

（1）因为它位于走行轨旁边，便于安装和维护。

（2）对隧道净空的要求比较少。

缺点：

（1）因为它位于走行轨旁边，带电时对人员造成的危险性会更大。这些人员包括：轨区作业人员（如维修工作人员和急救人员）；从列车紧急疏散到轨道上的乘客；误入轨道的公众（如从站台掉到轨道上的乘客）。

（2）因为它位于走行轨旁边，所以在道岔区段，第三轨的铺设会出现不连续。列车经过时，集电靴与第三轨的端头之间常会出现拉弧现象，造成集电靴及第三轨的损坏，特别是列车运行速度较高时。这也是为什么三轨供电不适合高速铁路的主要原因。

2. 为了提高三轨供电的安全性，可以采取以下措施：

（1）对供电轨加装保护盖板。这一方面减少了人员触电的概率，另一方面对供电轨本身也是一种保护。比如在大雪天气的落雪、乘客掉落在轨道上的雨伞等异物，在没加盖板时可能会对行车造成影响。

（2）在轨旁设“断电按钮”供轨区作业人员在进入轨区前用来切断电力供应。

（3）使用较低的电压等级，如 750 V 或者更低。

（4）在系统设计上，在列车紧急逃生门和三轨供电系统之间建立联动联锁关系，即一旦紧急逃生门启动，三轨供电立即自动切除。

（5）在车站站台线路区段，将第三轨设在远离站台的一边。

3. 按集电靴和接触轨的相互位置，可以将三轨授流方式划分为上磨式、下磨式和侧磨式。

（1）上磨式。

上磨式指集电靴从上压向接触轨轨顶而受流。集电靴和接触轨的接触力由下作用弹簧的压力调节，如图3-2-16所示。上磨式第三轨施工作业简便，可以在轨头上部通过支架安装不同类型的防护板。北京地铁、纽约地铁都是采用上磨式第三轨。

（2）下磨式。

下磨式第三轨的轨头朝下，通过绝缘肩架、橡胶垫、扣板收紧栓、支架等安装在底座上，如图3-2-17所示。下接触式的优点是防护罩从上部通过橡胶垫直接固定在接触轨周围，对人员安全性好。这种方式安装较为复杂，费用较高，在经常冰冻和下雪而造成集电困难的地区使用较为普遍，莫斯科地铁就是采用这种方式。

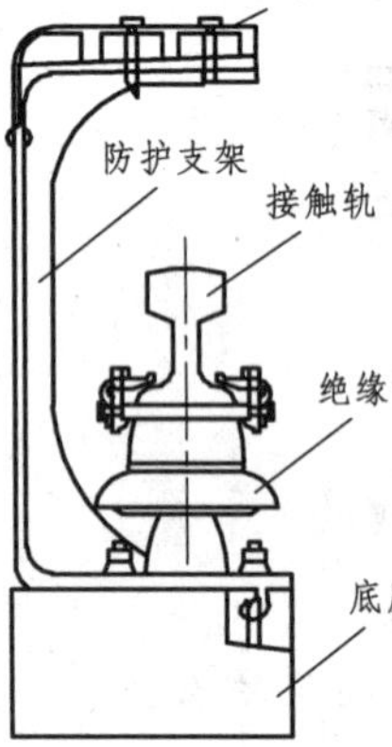

图3-2-16 上磨式受流

图3-2-17 下磨式受流

（3）侧磨式。

侧磨式接触轨的轨头面朝走行轨，集电靴从侧面受流，如图3-2-18所示。跨座式独轨车辆采用的就是侧面接触形式。其受流器装在转向架下部，接触轨装在轨道梁上。

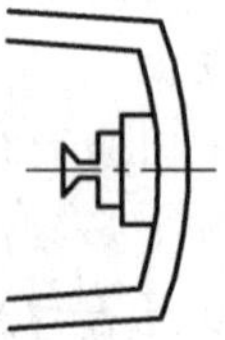

图3-2-18 侧磨式受流

例3

四轨供电

早期由于技术的限制，为了不影响轨道电路的正常工作，设第四轨来取代走行轨进行牵引供电的回流。最为典型的是伦敦地铁，如图3-2-19所示。

图3-2-19 四轨供电

新建的城轨系统不再采用这种方式，因为它使轨道变得更复杂，也增加了维修工作量。

例 4

两轨供电

两轨供电指直接利用一条走行轨作为正极供电，另外一条走行轨作为负极回流。图 3-2-20 所示就是一条如此供电的老铁路线。模型铁路都是用这种方式供电的，新建城轨不再采用这种方式。

图 3-2-20　两轨供电

例 5

胶轮系统的两轨供电

因胶轮系统不具有钢质走行轨，所以需要单独的回流轨。如图 3-2-21 所示，右侧有两条靠绝缘子（白色）支撑的电轨。位于上面的是正极，位于下面的是负极。

图 3-2-21　胶轮系统的两轨供电

例 6

跨座式轨道交通系统的两轨供电

跨座式轨道交通系统的两轨供电实例如图 3-2-22 所示。

图 3-2-22 跨座式轨道交通系统的两轨供电示意图

八、电分段和机械分段

前面的第一至第七部分讲的是一个牵引回路的各个部分的情况，在城轨系统中像这样的牵引回路不止一个。把城轨系统中牵引供电划成不同牵引回路的做法称为电分段。最典型、最易理解的电分段的例子是把正线和车辆段的牵引网分开形成两个相互独立的回路。而在正线范围内以及在车辆段范围内通常又不只有一个回路。

为什么要电分段？一方面可以使牵引供电的故障（如短路跳闸）对行车所造成的影响限制在最小范围；另一方面也便于维修人员对供电故障的查找及对供电设备的维修、测试。

为什么要机械分段？一方面可以实现电分段，另一方面可以缩小由于断线故障而涉及的范围，因为一旦断线，机械张力就变了，同处一个机械段内的接触线都将受到影响。

1. 上部接触导线方式下的电分段和机械分段

下面以传统接触网供电方式为例讲电分段及机械分段的具体安排。三轨供电方式的电分段及机械分段稍后再讲。

如图 3-2-23 所示，假设正线部分有 A、B、C、D 四个牵引回路（每个回路中有 2～3 个城轨车站），而车辆段有 E、F 两个牵引回路。为了方便，图中省略了回流线。

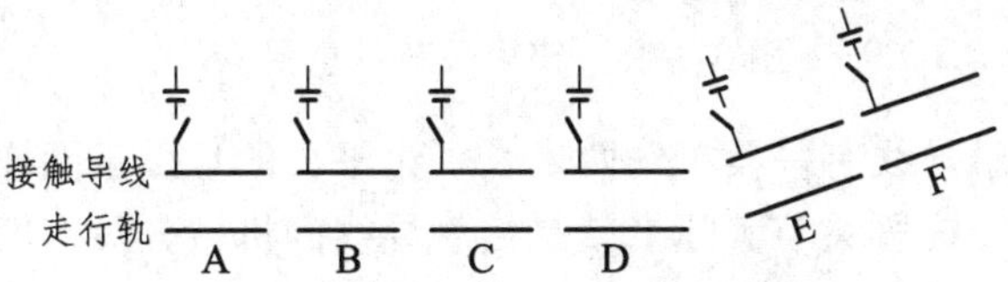

图 3-2-23　线路牵引回路示意图

为了使列车能从一个回路顺利进入另一个回路，一方面相邻回路的走行轨必须连起来，这是通过绝缘节实现的，这使得相邻走行钢轨在机械上是连起来的，而在电气上是分开的。另一方面相邻回路的接触导线也要连接起来，这可以通过“分段绝缘器”来实现。

分段绝缘器结构如图 3-2-24 所示，中心部分为绝缘材料，两侧有金属导流滑板。列车的受电弓可以从一个回路（如 A 回路）的接触导线平滑地过渡到相邻的回路（B 回路）的接触导线。分段绝缘器的两种不同形式见图 3-2-24 和图 3-2-25，可以分别用图 3-2-26 和图 3-2-27 表示。

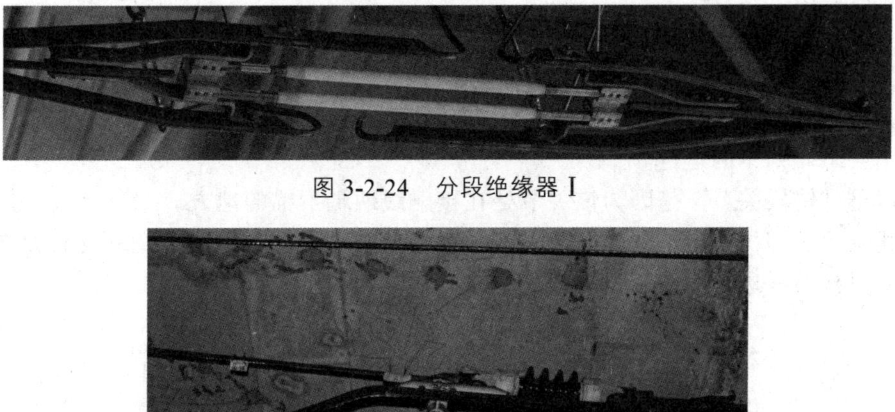
图 3-2-24　分段绝缘器 Ⅰ

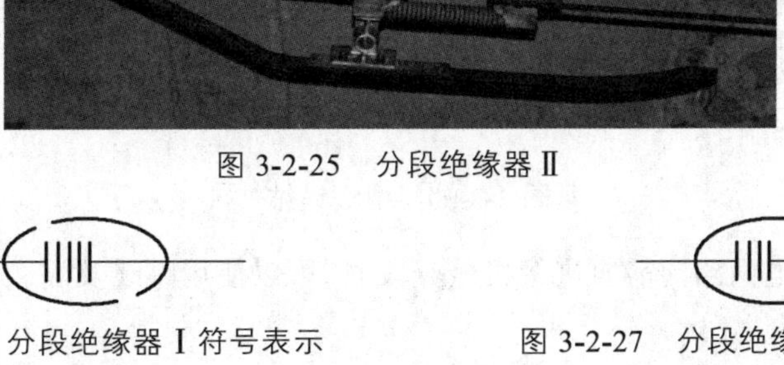
图 3-2-25　分段绝缘器 Ⅱ

图 3-2-26　分段绝缘器 Ⅰ 符号表示

图 3-2-27　分段绝缘器 Ⅱ 符号表示

为了使受电弓能平顺地从一个回路的接触导线过渡到另一回路的接触导线，除了可以用上述分段绝缘器外，还可以用如下的“锚段关节”。其实质是在相邻回路的接触线之间形成部分重叠，但没有物理的接触，如图3-2-28所示。

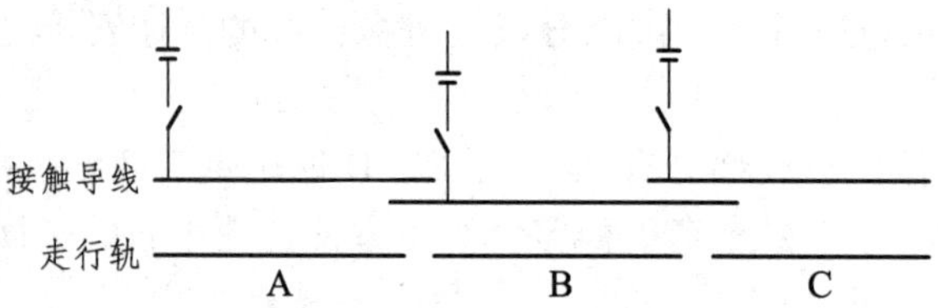

图3-2-28 锚段关节示意图

处于重叠地段的接触导线有一段（约两米长）是平行的且位于同样的高度，这样受电弓就可以平顺地过渡。这个锚段关节实际上就是接触导线的机械分段，即相邻回路的接触导线之间没有机械接触，这和分段绝缘器不同。在使用分段绝缘器时，相邻回路的接触导线是通过绝缘材料机械连接的。

可以说锚段关节的做法是一举两得：既实现了机械分段，又实现了电分段。如果把张力补偿装置反映出来，是如图3-2-29所示的形式。

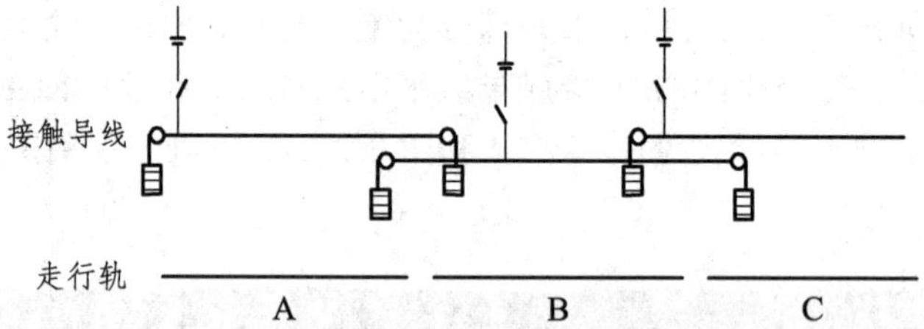

图3-2-29 含张力补偿装置的锚段关节

当然，张力补偿装置会通过滑轮等被安排在轨道的旁边，而不像图中所示在轨道的正上方，因而不会阻碍列车的运行。

之所以称“锚段关节”是因为该关节处在接触线两端下锚的地方。

为防止锚段（即机械段）两端负荷失去平衡而向一端滑动和缩小断线事故的影响范围，在锚段中心对接触线进行固定，称为中心锚结，如图3-2-30所示。

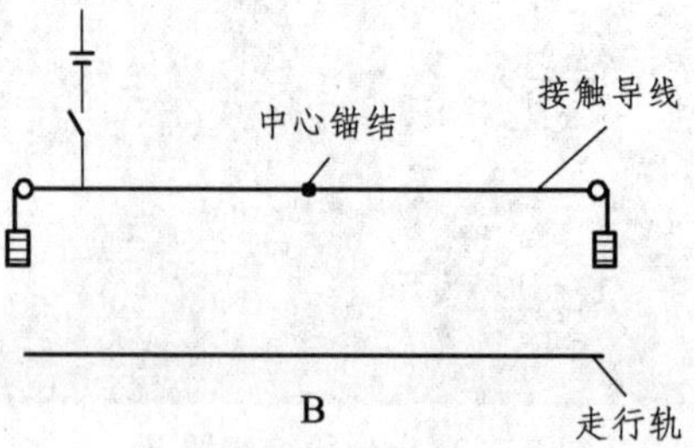

图3-2-30 中心锚结

当在同一个牵引电回路内需要进行机械分段时，可以使用跳线及隔离开关的组合来实现，如图3-2-31所示。

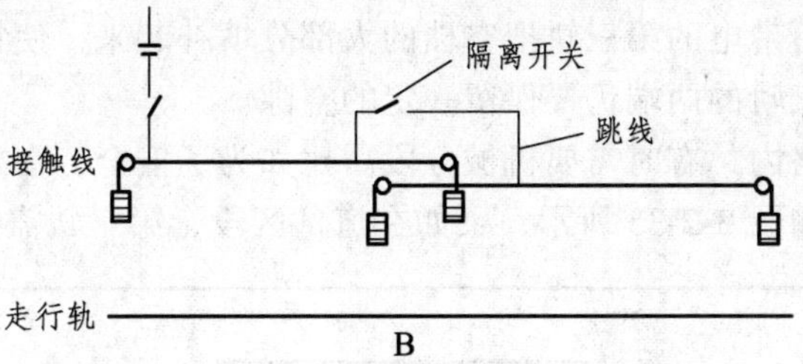

图 3-2-31　同一回路内机械分段示意图

为了保持右边的机械段的供电，可以把隔离开关置于“经常关闭”状态。

车辆段的情况和正线的有些不同，不同之处在于，在车辆段内许多线路是横向相邻的，在电分段的安排上通常以分段绝缘器来实现。而正线和车辆段之间可以用“锚段关节”形式。

双边供电：在前面的示意图上稍做修改，可以形成如图 3-2-32 所示的双边供电示意图。

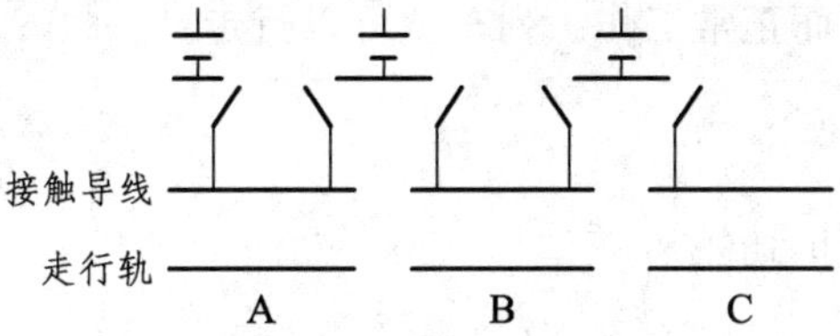

图 3-2-32　双边供电示意图

这样每个回路的接触导线都有两个电源，这就是所谓的双边供电。双边供电的好处是：

（1）在正常情况下，两个电源同时从两边向接触线供电，使接触线上的电压比较一致。在单边供电时，由于电在传输过程中会有电损失，会使末端电压偏低。

（2）在非正常情况（即一个电源丧失）下，接触线仍能获得电流供应。

2. 三轨供电情况下的电分段和机械分段

（1）在不同的供电回路之间，机械分段和电分段可以合二为一，具体体现为一个大的空档，如图 3-2-33 所示。

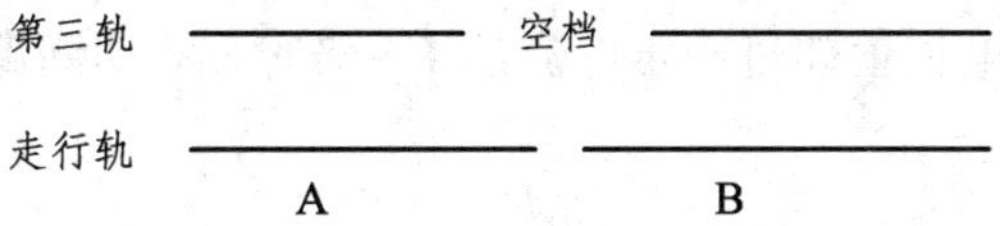

图 3-2-33　合二为一的机械分段和电分段

空档的大小和同一节车上前后集电靴之间的距离有关。下面以图 3-2-34 所示的 6 节编组的列车为例。

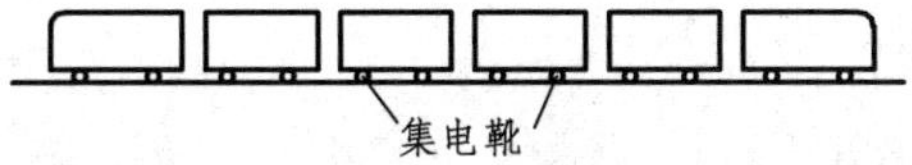

图 3-2-34　集电靴之间的距离

如果同一节车同一侧前后两个集电靴的距离为 15 米，而第三轨分段的空档尺寸是 16 米，那么当列车经过空档时，不会通过集电靴及集电靴之间的电缆连接而把两个不同的回路（图 3-2-33 中的 A 和 B）连通。

当然也可以用一段不带电的第三轨把空档的大部分填补起来，使集电靴处于正常接触状态。在这段不带电的第三轨的两端仍要保留一定的空隙。

（2）在同一供电回路内，有时需要机械分段。比如为了安全，在站台轨道范围内要把第三轨设在站台的对面，如图3-2-35所示；又如在道岔区段，第三轨需要断开。

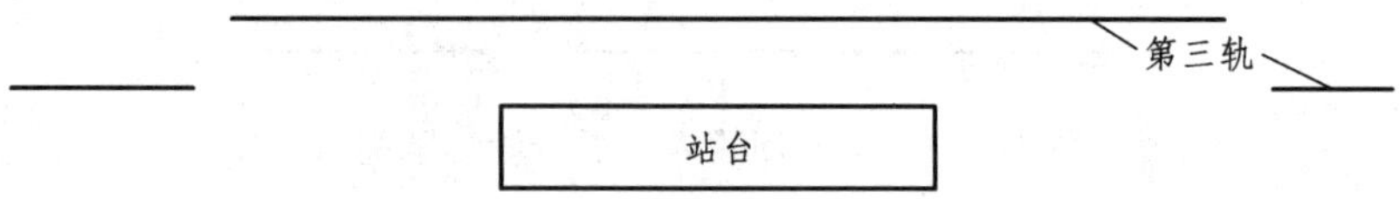

图3-2-35 站台区域的第三轨设置

这时如果列车较短，比如只有一节车，那么要保证相邻两段第三轨之间的空隙不大于前后集电靴之间的距离，否则列车可能会因失电而停在空隙里。

如果列车较长，比如前面所说的6节编组的列车，通常就不会有什么问题，因为只要一半的牵引电机得到电力供应而正常工作，列车就可以行走。

九、牵引回路保护

高速直流断路器具有保护功能。

1. 间接过流保护

在接触网发生短路故障时断路器会自动跳闸。短路按故障点和断路器的距离又分两种情况：

（1）近距离短路。此时会产生一个电流增量ΔI。如果该增量达到一个阈值，那么断路器立刻断开，以赶在短路电流达到高速断路器电磁过流脱扣器阈值之前，从而使整流设备免受最大电流冲击。

（2）远距离短路。由于存在回路阻抗，电流增量可能达不到阈值，但电流增长率 $\mathrm{d}i/\mathrm{d}t$ 可能达到阈值，且持续时间也达到阈值，那么高速断路器也自动断开。

2. 直接式过流保护

直接式过流保护由直流高速断路器的电磁过流脱扣器来实现，其阈值范围是额定电流的1.5至3.0倍，即如果实际电流值超过额定电流的1.5倍时，高速断路器会脱扣。该保护是前面所讲间接过流保护的后备。

3. 联跳保护

在双边供电时，如果一段接触线发生故障，故障近端的牵引变电所先接到信号，相应的高速直流断路器跳闸，同时通过联跳电缆发脉冲信号给相邻牵引变电所，使位于相邻牵引变电所向该区段供电的高速直流断路器也跳闸，从而断开故障区段的所有电源。该保护也可作为远距离短路故障的后备保护。

4. 自动重合闸保护

在直流馈线柜内设有“合闸判断单元”。当该单元收到合闸指令时（合闸指令可能来自控制中心电调，也可能来自现场人员按合闸按钮的动作），合闸判断单元对馈出线及接触网进行检测，如无故障，合闸判断单元发允许合闸令，使高速直流断路器合闸；如有故障，则不发合闸令。

合闸判断单元内存储能够连续若干次（比如 3 次）对馈线及接触线进行检测的程序。如果连续 3 次合闸指令都因检测到故障而被拒绝，那么合闸判断段单元就会发闭锁令，即接下来的任何合闸指令都将不被理会。

合闸判断单元还有一项功能：如果由于前述的任何一种保护而使断路器跳闸，那么合闸判断单元就会自动开始检测。如果检测结果为无故障，合闸判断单元就发允许合闸令而使断路器合闸。这是为了减少稍纵即逝的瞬时性故障对列车运作造成不必要的影响。

小资料

杂散电流

杂散电流是指牵引直流电经过城轨列车后，在通过走行轨进行回流的过程中，泄漏到道床而在周围土壤介质中形成的电流。

由于运营环境、成本及其他方面因素的限制，走行轨不可能完全绝缘于道床结构，因此有少量电流不会沿着走行轨回到牵引变电所的负极，而是沿着大地回到牵引变电所，形成杂散电流。只要地下结构钢筋、金属管线流过一定量的杂散电流，在电流流出的地方就会出现电化学腐蚀，如果防护不当，它还可能泄漏到线路外部，危害城市其他金属结构和管网设施。

杂散电流腐蚀防护的基本原则：

（1）以防为主，将城轨杂散电流减小至最低限度。

（2）限制杂散电流向城轨外部的扩散。

（3）加强监测，为杂散电流腐蚀防护提供依据。

根据以上原则，对于杂散电流的防护首先应从源头入手，即减少杂散电流的泄漏；其次将杂散电流的流向尽量控制在城轨直流系统内部，这就要求排流通路畅通，尽量减少其向城轨外的扩散；再次，要加强对各专业结构钢筋及金属管线的防护，减少杂散电流泄漏对其造成的腐蚀，同时加强杂散电流监测，采取相应措施，减少杂散电流对地铁运营造成的影响。

思 考 题

1. 牵引回路中为什么使用高速的断路开关？
2. 向列车输送牵引电流的形式有哪些？
3. 牵引电流回流的形式有哪些？
4. 为什么要有电分段？
5. 为什么要有机械分段？
6. 什么是杂散电流？它有什么危害？

第四节　供电系统的监控

像城轨系统中的其他设备一样，供电设备也需要受到有效的监控。有些控制是自动的，如前面曾讲到的高速断路器的自动跳闸及跳闸后的自动再合闸功能。但作为完整的供电监控系统，应具有下列三个方面的功能：

（1）信。反映设备的状态，特别是各开关（包括断路器等）的开和闭。

（2）测。对供电参数（电压、电流值）的测量。

（3）控。对开关的操作。

在早期，上述功能是由人工在设备现场实现的，很显然，这种做法的效率是不高的。电子计算机和通信技术的进步，使得集中的自动化系统成为可能。这里的自动化主要是指信和测的自动化，而控通常是人工的（自动跳合闸除外）。这个集中的自动化系统在传统上被称为SCADA。

SCADA 的全称是 Supervisory Control And Data Acquisition，其字面直译是“监督、控制和数据采集”。很多时候，人们把它称为“遥信、遥测和遥控”，即“三遥”。

SCADA 的发展起源于对供电和供水系统的集中控制，在石油、天然气的供应/输送领域也有广泛的应用。在这些系统中，SCADA 所监控的对象主要是阀门和液体/气体的压力及流量值。

因为城轨系统有大量的分散的供电设备，所以 SCADA 也出现在城轨系统中。在学习 SCADA 时，要清楚地认识到：

（1）它并非为城轨系统所专有；

（2）它是为了对大量的、分散的设备进行集中控制而发展起来的；

（3）它本身也在演变，并越来越多地和其他自动监控系统相融合，甚至有可能在将来新的城轨系统中不再使用 SCADA 这个名称。

下面从以下三个方面来组织：

（1）SCADA 的系统结构及相关设备；

（2）SCADA 的案例；

（3）有待解决的问题。

一、SCADA 的系统结构及相关设备

SCADA 是一种集中控制系统，在结构上有两个层次：中央层和地方层。当然，在中央和地方层之间有通信联系。如图 3-2-36 所示是一个典型的 SCADA 系统的结构。

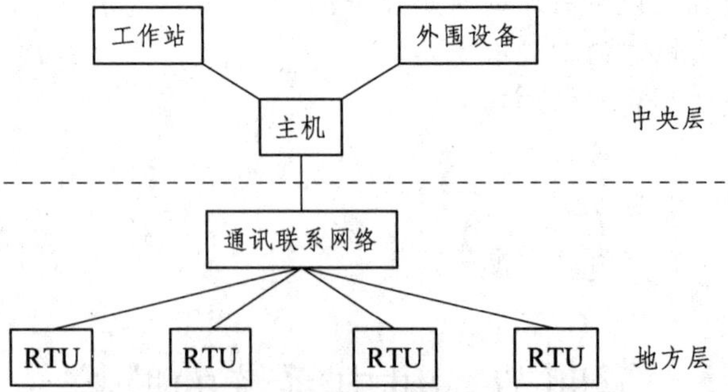

图 3-2-36　SCADA 系统结构图

通常在地方层是若干个所谓的“远动终端设备”或“远程终端设备”，即 RTU（Remote Terminal Unit）。这些 RTU 靠近被监控的设备，起着相当于人的“眼、耳、鼻、手”的作用：一方面为中央层提供现场设备的状态信息，另一方面执行来自中央层的控制指令。

在中央层通常有三种设备：

（1）主机。

主机的数量可能是一个或多个，其主要作用是：和地方层保持通信联络；进行信息处理；支持工作站和外围设备的运行。

（2）工作站。

工作站的数量也可能是一个或多个，主要作用是：人机接口，供操作人员看系统状态、发控制指令或对 SCADA 系统本身进行维护等。

（3）外围设备。

外围设备包括打印机、外存储器等辅助设备。负责在中央层和地方层之间建立通信联络的设备包括：缆（电缆或光缆）、租用电话线或无线电。

二、SCADA 的案例

某地铁线路共有 13 个车站和 1 个车辆段。控制中心位于车辆段内，供电方面共有 23 个变电站，包括 2 个主变电站，7 个牵引变电站（6 个位于车站，1 个位于车辆段）和 14 个降压变电站（13 个位于车站，1 个位于车辆段）。

1. SCADA 系统的组成（见图 3-2-37）

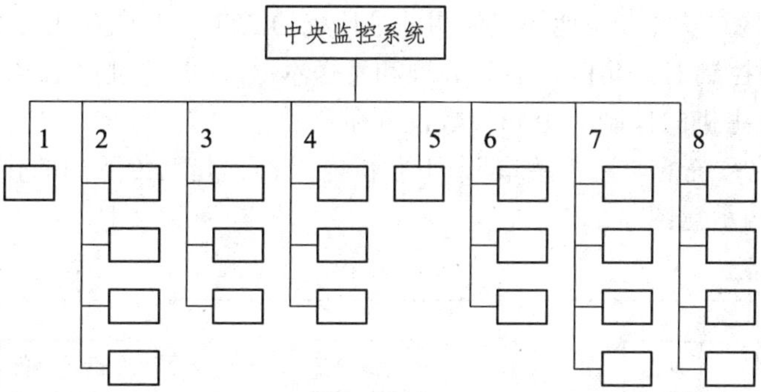

图 3-2-37 SCADA 系统结构

图 3-2-37 所示是系统结构，1，2，…，8 代表 8 条通信光缆，其中第 1 和第 5 条服务于两个主变电站。这些光缆由地铁通信系统供应商供应，而不是由供电设备供应商负责。矩形代表 RTU，共 23 个，对应于 23 个被监控的变电站。

（1）中央监控设备。

如图 3-2-38 所示是 SCADA 的中央设备，其中虚线以上部分位于控制中心（OCC），而虚线以下部分位于控制中心设备房（OCCER）

两台主计算机之间互为热备用，即所有送给 1 号主机的信息，同时也送给 2 号主机，双机的运行情况受“系统监视和切换装置”的监控。一旦主控主机发生故障，“系统监视和切换装置”就执行切换操作，把另一主机转入主控状态。

整个中央系统采用二级数据处理方式，即从 RTU 来的实时数据先在遥控接口进行预处理，只有那些发生变化的数据才被送至主计算机，以减轻主机的负荷。

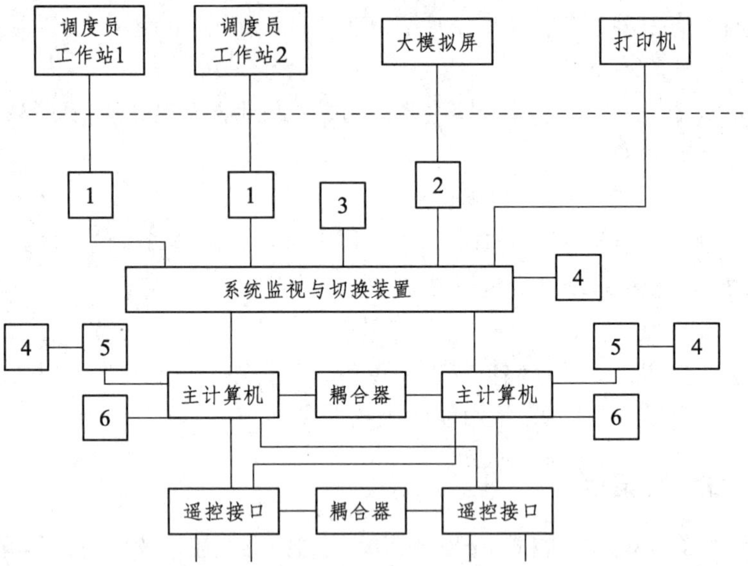

图 3-2-38 SCADA 中央设备

1—显示控制器；2—模拟屏控制器；3—系统维护工作站（针对系统监视和切换装置）；4—打印机；5—维护工作站（针对主机）；6—外储存器

（2）地方层设备。

① RTU 的结构与功能。该地铁线使用的是传统的 RTU，不具有 PLC（programmable logic controller，可编程控制器）功能，而只处理和发送本 RTU 内的过程信息（如信号、测值等）以及接受来自中控主机的控制命令和参数设置命令。

RTU 上接中控系统的“遥控接口”，下联供电设备，起上传下达的作用。图 3-2-39 所示是一个 RTU 的结构示意图。

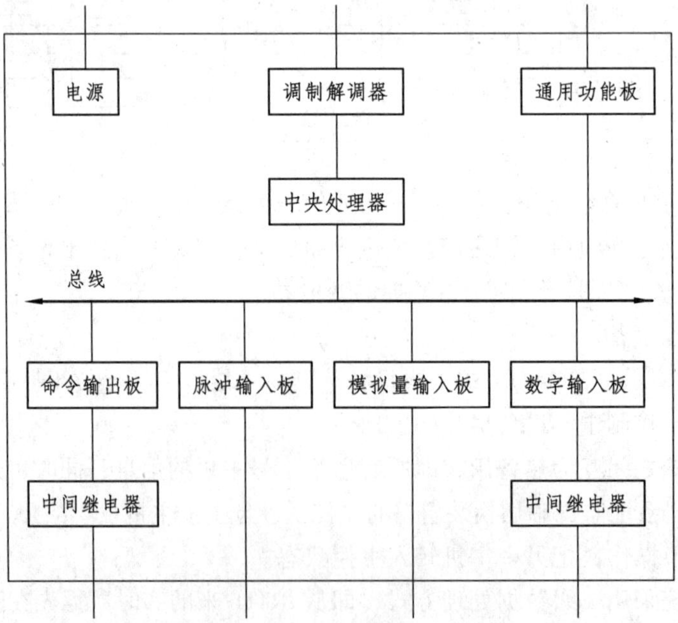

图 3-2-39 RTU 结构示意图

a. 调制解调器，负责对信号进行调制或解调（即信号形式的转换），相当于“翻译”。

b. 通用功能板，用于反映 RTU 的工作状态。

c. 总线，用于把 RTU 内各功能部件联系起来。

d. 命令输出板，负责将来自中央主机（经调制解调器和中央处理器）的控制命令发往供电设备。

e. 脉冲输入板，用以采集与处理脉冲计数信息（比如对开关跳闸次数的记录）。

f. 模拟量输入板，用以采集模拟量（如外加的电流或电压）信号，并将它们转换成数字码。

g. 数字输入板，用以采集遥信的数字信号，对应供电设备中断路器和隔离开关的状态。

h. 中间继电器，用以对断路器和隔离开关的状态进行探测和控制。

② RTU 和供电设备的接口。

a. 遥控接口。图 3-2-40 所示是 RTU 和被控设备（断路器/隔离开关）之间的接口示意。

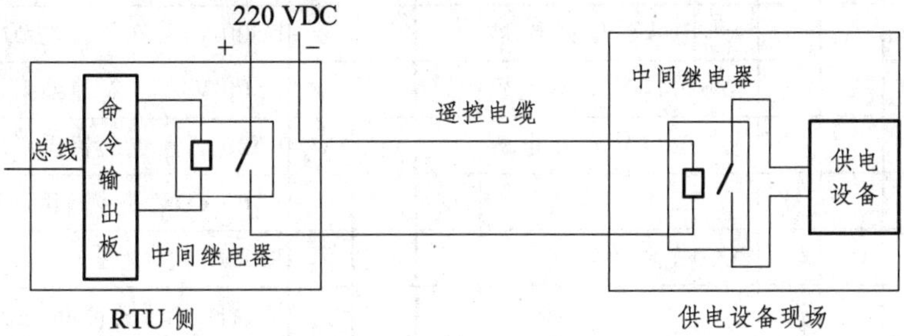

图 3-2-40 RTU 和被控设备的接口示意图

b. 遥信接口。图 3-2-41 所示是 RTU 和被监视的供电设备（断路器/隔离开关）之间的接口示意。

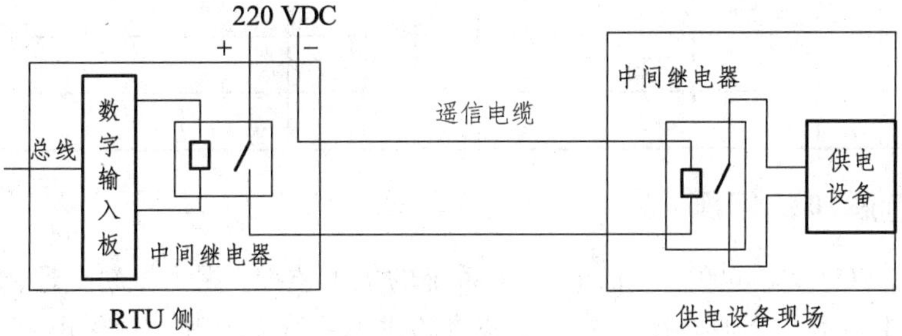

图 3-2-41 RTU 和被监视设备的接口示意图

c. 遥测接口（见图 3-2-42）。

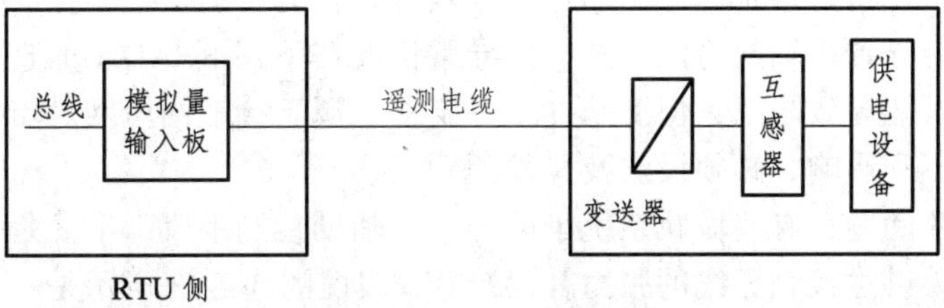

图 3-2-42 遥测接口

变送器的作用是把遥测量（包括交流电压、交流电流、牵引直流电的电压、电流以及进线功耗等）变成 0 ~ 20 mA 的电流值，传给 RTU 的模拟量输入板。

2. 遥控、遥信、遥测的举例

在这个地铁系统中，被监控的对象所在的处所有三个类别：主变电站、牵引变电站和降压变电站。表 3-2-1 是“三遥”的功能分布表。

表 3-2-1 “三遥”的功能分布

主变电站监控范围				车站降压变电站监控范围				牵引变电站监控范围			
设备	遥控	遥信	遥测	设备	遥控	遥信	遥测	设备	遥控	遥信	遥测
110 kV 断路器	√	√		10 kV 断路器	√	√		33 kV 断路器	√	√	
110 kV 接地闸刀	√	√		10 kV 隔离开关		√		33 kV 接地闸刀		√	
110 kV 隔离开关	√	√		0.4 kV 空气开关	√	√		33 kV 隔离开关		√	
110 kV 母排电压			√	10 kV 母排电压			√	1 500 V 直流母排电压			√
110 kV 进路电流			√	0.4 kV 母排电压			√	1 500 V 直流高速断路器	√	√	
110 kV 进路功耗			√	0.4 kV 母排电流			√	1 500 V 直流隔离开关	√	√	
33 kV 隔离开关		√		三类负荷切除	√	√		1 500 VDV 馈线输出电流			√
33 kV 母排电压			√	故障报警信号		√		33 kV 母排电压			√
33 kV 接地闸刀		√						接触网电动隔离开关	√	√	
33 kV 断路器	√	√						故障报警信号		√	
10 kV 断路器	√	√									
10 kV 接地闸刀		√									
10 kV 母排电压			√								
变压器分接头		√									
故障报警信号		√									

三、有待解决的问题

前面讲过，SCADA 起源于对供电/供水系统的集中监控，因为城轨交通依靠电力来运作，所以 SCADA 也被应用于城轨系统。但是城轨的供电系统有着和常规供电系统不同的地方，最大的不同是其牵引供电网。列车作为电负荷是移动的，列车集电器和供电网中的接触导线的连接是动态的，这要求接触导线的位置要相对固定。但由于接触导线受到来自列车集电器的作用以及其他力（重力、张力等）的作用，其位置很有可能发生变化。比如在接触网情况下，绝缘子断裂会导致接触网垮网，这样的异常情况并不在 SCADA 的直接监控范围以内。虽然接触网垮网可能导致跳闸，但跳闸并不一定都是源于接触网垮网。垮网对列车的安全运行会造成极大的不利影响，必须设法及早检测到。

为了解决上述问题，有些城轨系统采取了一些辅助检测手段，下面是一个例子。

前面第三节曾讲过接触导线的张力补偿装置。假设图 3-2-43 所示是一个供电区段的接触导线及其张力补偿装置。

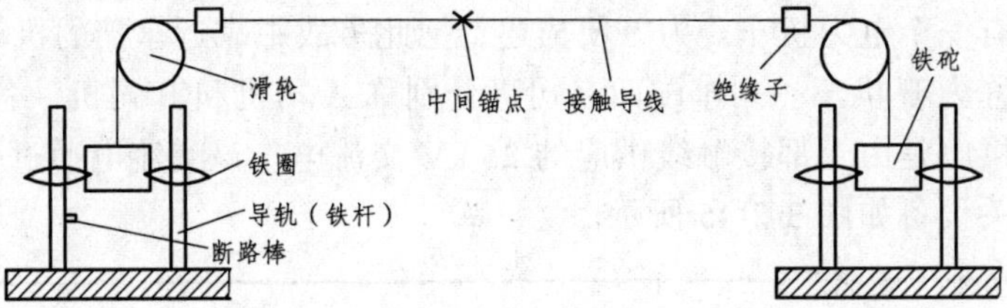

图 3-2-43　供电区段的接触导线及其张力补偿装置示意图

在这个例子中，用于补偿的是两端带铁环的铁砣。铁环套在导轨（铁杆）上。铁砣在张力和重力的作用下可以沿着铁杆上下移动。在一边的铁杆上安装一个断路棒（限位开关）。如果铁砣下降打掉断路棒，断路棒所在电路就断开，从而发出报警。这个报警信号可以送至就近的车站控制室，也可以送至 OCC 或者两处都送。

还可以将这一装置同列车运行监控系统直接联锁，以便在第一时间阻止列车进入故障区段。

思考题

1. SCADA 系统的监控对象有哪些？
2. SCADA 系统结构中有哪些层次？
3. SCADA 的“三遥”是指什么？
4. 举例说明 SCADA 系统的局限性。

第五节　事故案例分析

本节将以一个事故案例为主来加深对牵引供电系统的理解，并辅以其他案例说明牵引供电系统故障对城轨交通运作的影响。虽然所选择的主案例并不是发生在地铁系统内，但在铁路牵引供电这个意义上其典型性及代表性还是不容置疑的。

一、案例 A

2009 年 9 月 23 日 18:35，某铁路尽头式终点站第 9 站台所服务的股道上方的接触网断线，所幸未造成人员伤亡。

（一）背景情况

出事的地点是一条大铁路的一个尽头式终点站，如图 3-2-44 所示。

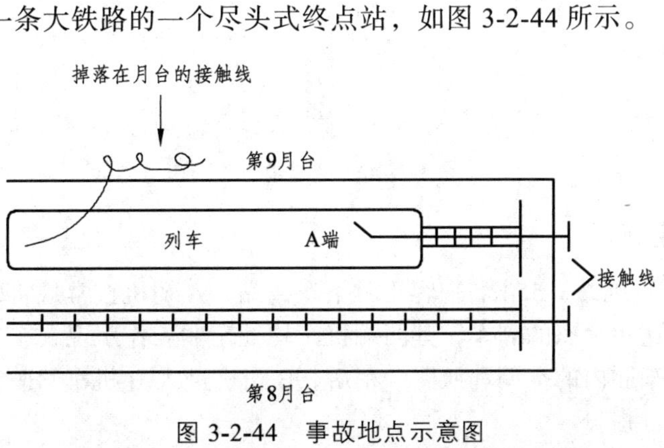

图 3-2-44　事故地点示意图

列车两端各有一个电力机车。为方便描述，把此事故中靠近车挡的机车称为 A 机车，而把另一端的机车称为 B 机车。列车配两名司机分别称 A 司机和 B 司机，各负责一个机车。

列车的牵引供电是由上部接触线供应的 25 kV 交流电。该交流电通过受电弓进入列车母线。车上其他相关设备如图 3-2-45 所示。

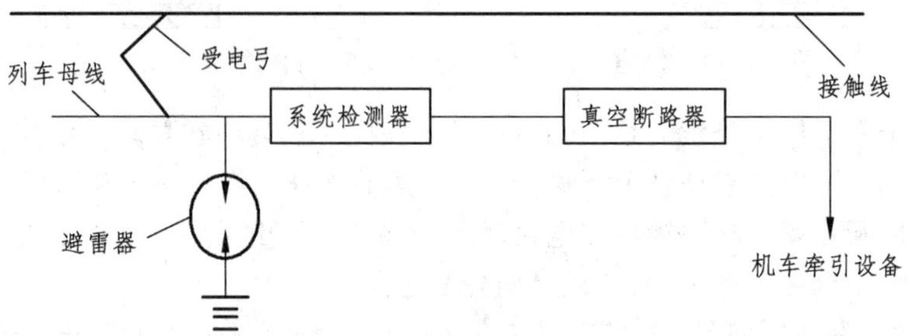

图 3-2-45　相关设备示意图

系统检测器又称电压检测器。因为这条干线跨国界，而两边的供电电压不一样（一个是直流 3 kV，另一个是交流 25 kV），所以设电压检测器以切换列车受电模式。

真空断路器可以由司机操作，包括闭合和断开。另外，该真空断路器还可以在出现过流时自动断开，以保护车载设备。

避雷器有两个极，上面一极和母线相连，下面一极和车体相连，车体是接地的。上、下两极之间的空隙的标准值为（160 ± 2）mm。当由于某种原因（比如雷击）而在接触线出现大电压（显著高于 25 kV）时，避雷器通过放电来发挥避雷作用，如图 3-2-46 所示。

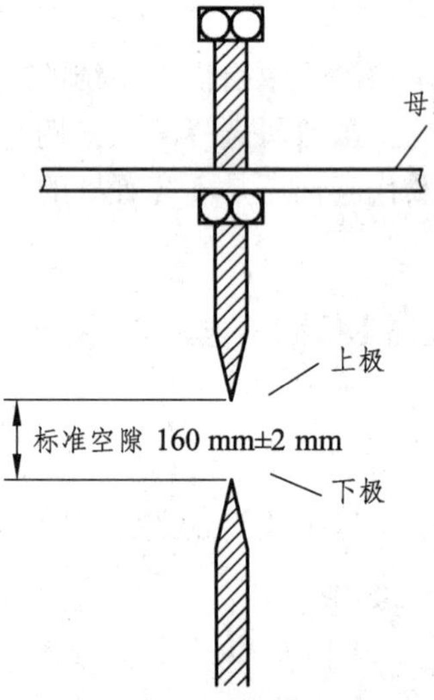

图 3-2-46　避雷器示意图

（二）事故情况

17:13，列车准点到站，554 名乘客正常下车离站，A 司机按常规将列车模式转为“暂停服务”状态。处于这一状态的列车，其两端机车均处于非工作工况，车上供电仅限于对机车上辅助设备及客车车厢内的空调和照明。稍后，B 司机进入 B 机车驾驶室，开始对机车进行整备以开始反向的行程。

机车整备程序的步骤：

（1）把两个受电弓（A 和 B）均落下；

（2）选择供电制式（此时为 25 kV AC）；

（3）把两个受电弓（A 和 B）升起；

（4）在电压检测器检测到正确的电压后，关闭真空断路器。

当 B 司机按程序把真空断路器闭合时，避雷器发生严重放电。系统的记录表明放电过程持续 370 ms，电流值为 5 200 A。

接着牵引电站的断路器自动跳闸。几乎同时，接触线从 A 受电弓处断开。一边碰到车顶后落在站台上，另一边碰到车顶后停在那里。

6 s 后，牵引电站的断路器自动合闸，又马上自动跳闸。这是符合设计要求的，这种设计的理念是，如果造成电路故障的原因是短暂的，在自动跳闸 6 s 以后，进行自动合闸可以减少对列车运作的影响。

此时 A 司机还在 A 机车内，他听到车顶上方传来很大的一声爆炸声，并注意到有明显的闪光，又看到掉落在站台上的接触线。他意识到出事了，马上使用车内电话告诉 B 司机立即落弓。

B 司机听从 A 司机的要求，马上把两个受电弓降下来。

负责牵引供电操作的电调在他的工作站的显示屏上注意到了牵引电站的断路器自动跳闸、自动合闸、又自动跳闸的情况。他通过工作站发出人工合闸指令。这一指令是在自动跳闸后 34 s 发出的。由于一段接触线仍然和车体接触，所以断路器在接到这一合闸指令后合闸又跳闸。

断路器跳闸后过了 6 s，又自动合闸，并再次自动跳闸。

断路器的每次合闸都导致车顶的接触线和车体之间发生火花放电。站台上的乘客虽未惊慌失措，但也都惊得目瞪口呆。

电调记得当天早些时候，曾有供电维修人员在牵引电站工作过，所以电调马上打电话给供电维修部门的值班工程师查询情况。值班工程师确认维修人员早已经离开牵引电站，并同意电调再次尝试合闸。

电调再次尝试合闸（离上次尝试合闸 1 min 又 46 s），断路器合闸后，又自动跳闸。6 s 后断路器又自行合闸，并再次自动跳闸。

与此同时，在调度室值班的当班经理接到一个在事故车站作业的承包商的员工的电话，说接触线断线落到了站台上，并请求立即断电。

电调立即断电，此时离最早跳闸大约 5 min。

另外，事故车站的值班员也收到一位站务员的报告说接触线断线，掉落在站台。这位值班员用紧急电话通知调度室，不过此时调度室已经知情了。

（三）事故调查结果

（1）接触线断线是由于接触线和 A 受电弓之间有持续的大电流（370 ms，5 200 A）通过，造成高温使接触线局部熔化。在张力作用下，接触线断线。

（2）大电流的产生原因：

① B 司机在机车整备过程中按程序关闭真空断路器时，真空断路器的闭合造成短暂的高压。

② 靠近 A 受电弓避雷器的上极和下极之间的空隙由于某种原因为 122 mm，远小于标准值（160 ± 2）mm，使放电更加容易。

（3）在牵引变电站本来是装有过流保护装置的。在发生大电流时，该装置应于 200 ms 内将断路器跳闸。但由于接线错误，这一功能未能发挥，导致 370 ms 过后，接触线断线，掉到车顶上，才由另一保护装置将断路器跳闸，

（4）这个接线错误没有早些被发现，是由于系统在验收调试过程中少做了一些实验，包括这一功能的实验。

（5）该段接触线属于“简单悬挂”，没有承力索。如果有承力索，即便接触线断线，由于承力索的支撑，断线所造成的潜在危险也会降低。

当然该段接触线位于终点站内，列车速度很低。而一般情况下，低速地段的接触线通常都采用“简单悬挂”。

（6）该段接触线为单线形式，如果是双线形式，那么电流会分散，由电流引起的热量交换也会分散，有可能不足以使接触线熔断。

（7）牵引电站负责向接触线供电的断路器在自动跳闸 6 s 后会自动合闸，属于固有设计，用意是减少停电时间，继而减小对列车运作的影响。但这种设计确实有潜在的危险。

（8）在事件过程中，电调反复多次尝试合闸，其实没有按规章行事。规章规定，在断路器跳闸后，应先确认有关区段内是否有列车。如果有列车，先要（直接或间接）联系司机，确认受电弓都落下后，才能尝试合闸送电。因为造成跳闸的原因可能是列车的故障，只有当把这方面的原因排除掉之后，才能尝试合闸。

（9）电调之所以犯上一条中所述的错误，原因如下：

① 在他的培训过程中，对应付跳闸的情况的培训不够。

② 他过于轻易地听从其他人的意见。

当供电值班工程师也同意他尝试合闸时，他没有想一想，供电值班工程师是否有足够的信息提供正确的建议。

当调度室值班经理也同意他尝试合闸时，他没有想一想，其实值班经理虽负有管理责任，但其供电方面的专业知识非常有限。

（10）事故未造成人员伤亡。同时，由于事故车站有多个站台，所以事故对列车运行的影响不是很大。

二、案例 B

2007 年 5 月 4 日 20:45，某地铁一列车的一个避雷器故障，导致牵引电站的直流高速开关（断路器）跳闸。事故并未造成人员伤亡，但由于列车服务中断，一些乘客受到影响。

（一）背景情况

该地铁线是上部接触网授电，供电电压为 1 500 VDC，列车为 4 动 2 拖，编组形式如图 3-2-47 所示。

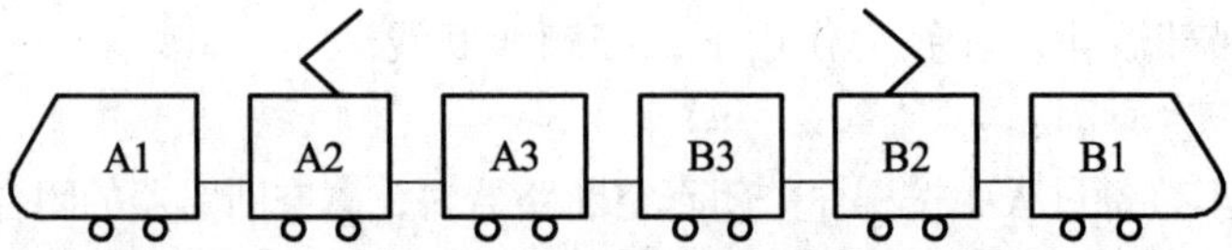

注：A1 和 B1 为有驾驶室的拖车；A2 和 B2 为带受电弓的动车；A3 和 B3 为不带受电弓的动车。

图 3-2-47　事故列车编组形式

为车上供电的主要设备的情况如图 3-2-48 所示。

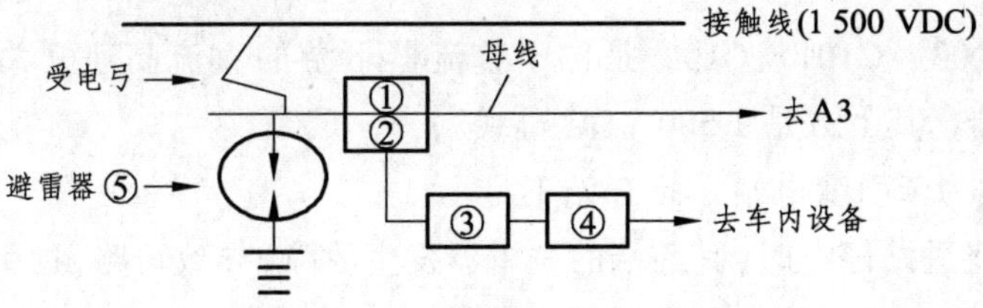

图 3-2-48 车上供电主要设备

图中：①是高压保险盒；②是高压探测继电器；③是逆变器接地开关；④是接触线电流检测器；⑤是避雷器，其一端同母线相连，另一端同车体相连，而车体和走行轨是相连的。

故障车以下行方向驶近 A 站，出事地段的线路布置如图 3-2-49 所示。

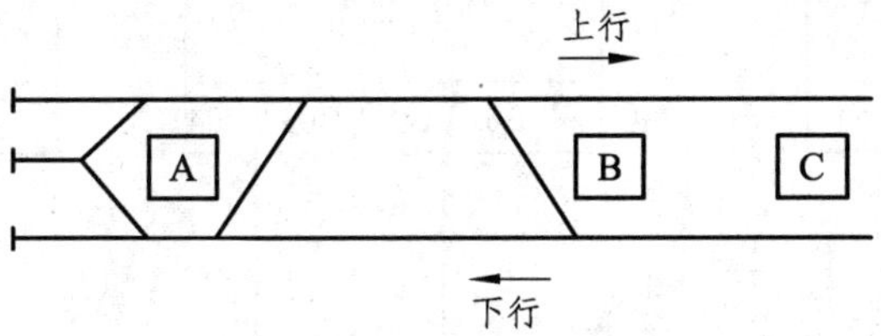

图 3-2-49 出事地段线路布置图

出事地段的接触线的电分段如图 3-2-50 所示。

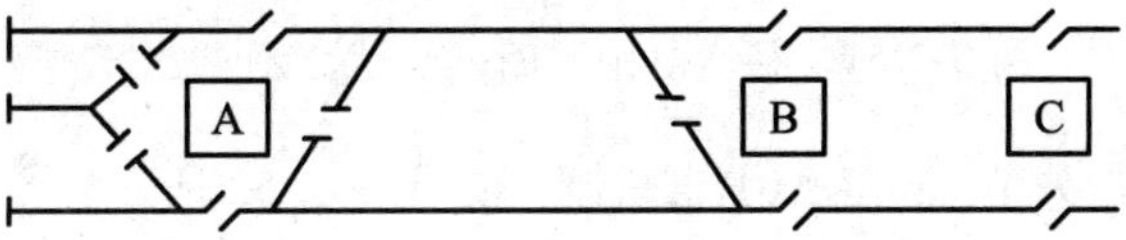

图 3-2-50 出事地段接触线电分段示意图

图中：—⁄—表示用“锚段关节”来实现电分段，⊣⊢表示用“分段绝缘节”来实现电分段。

（二）事故情况

在断电期间，事故车后方的列车被扣车，个别车在车站清客后，经上下行之间的渡线被调往上行线。

因为电调判断准确，行调和司机配合到位，断电时间较短，只有 12 min。为了避免故障车可能造成的对接触线的损伤和对其他列车的受电弓造成损害，行调只使用 A 站上行站台。

（三）事故调查结果

跳闸是由列车前端的避雷器发生故障而引起的。

在图 3-2-51 中：

（1）A01、A02、A03、A04、B01、B02、B03、B04、C01、C02、C03、C04 是向接触线

供电的直流高速开关，其上面的横线代表 1 500 VDC 母线，其下接接触线。每段接触线都是双边供电。

（2）A101、A102、C101、C102 是位于整流器下游的直流高速开关，其上边是生产 1 500 VDC 的整流器，其下方是 1 500 VDC 母线。

（3）A、C 两站为牵引变电站，而 B 站不是。

当事故列车即将进站停车时，其前端的避雷器发生故障，导致短路，这引起 A 站的 A101、A102 跳闸，A04 跳闸，22 kV AC 的断路器也跳闸，B 站的 B01 跳闸，如图 3-2-51 所示。

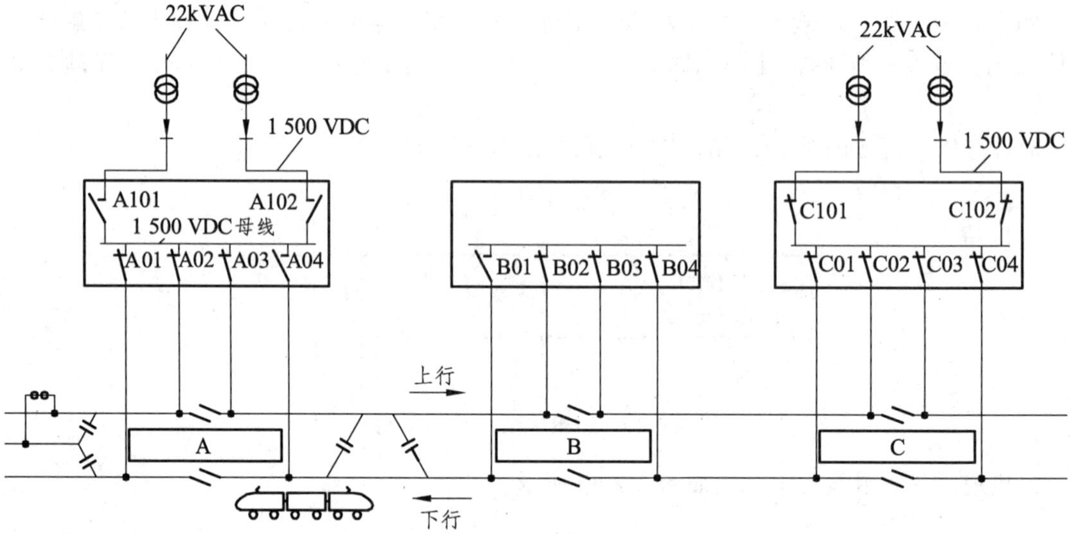

图 3-2-51 初次跳闸时断路器状态示意图

事故列车越过“锚段关节”，使 A01 也跳闸，如图 3-2-52 所示。

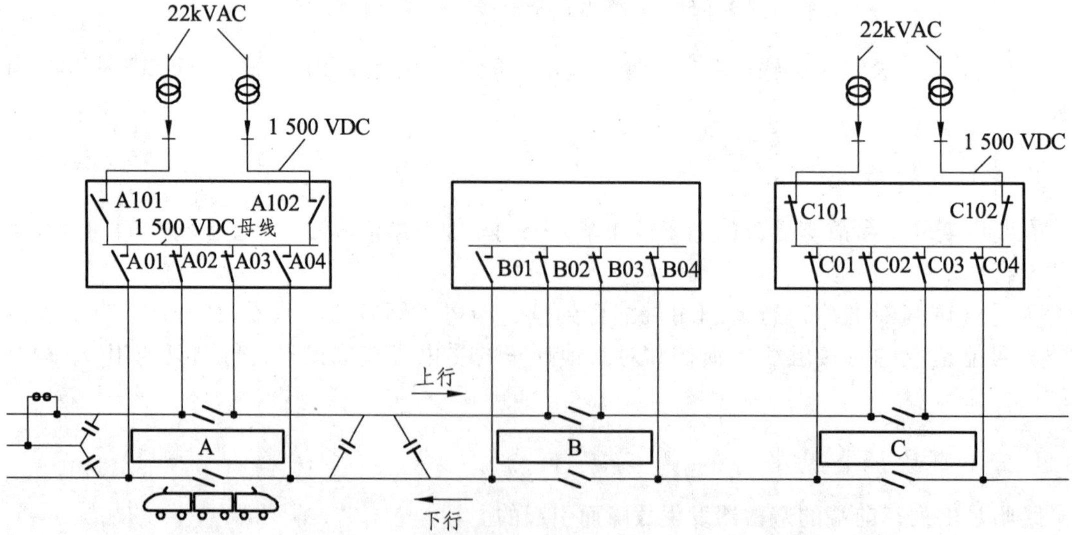

图 3-2-52 列车越过锚段关节时断路器状态示意图

注：在 A101、A102 断开后，虽然 A 站不再生产 1 500 VDC（因为 A 站的 22 kV AC 断路器跳闸），但 A 站的 1 500 VDC 母线仍然有 1 500 VDC，这来自 C 站生产的 1 500 VDC。A101、A102 跳闸是因为它们和 A01、A04 有联动关系，但位于 A 站的事故列车只使 A01 跳闸，并不使 C101、C102 跳闸，因为 A01、A04 已经断开。

电调经查询发现有车在失电区间，按程序安排车上司机把两个受电弓都降下，然后通过工作站发合闸指令，使 A101、A102、A01、A04、B01 等均顺利合闸，如图 3-2-53 所示。之后让司机逐个升弓。当前端受电弓升弓时，又发生跳闸，而后端受电弓升弓时无跳闸现象，遂断定是前端有问题。之后让司机用后端受电弓及 B3、B2 的动力把列车开进站后存车线暂避并落弓，这也说明前后两个受电弓之间没有电联结。

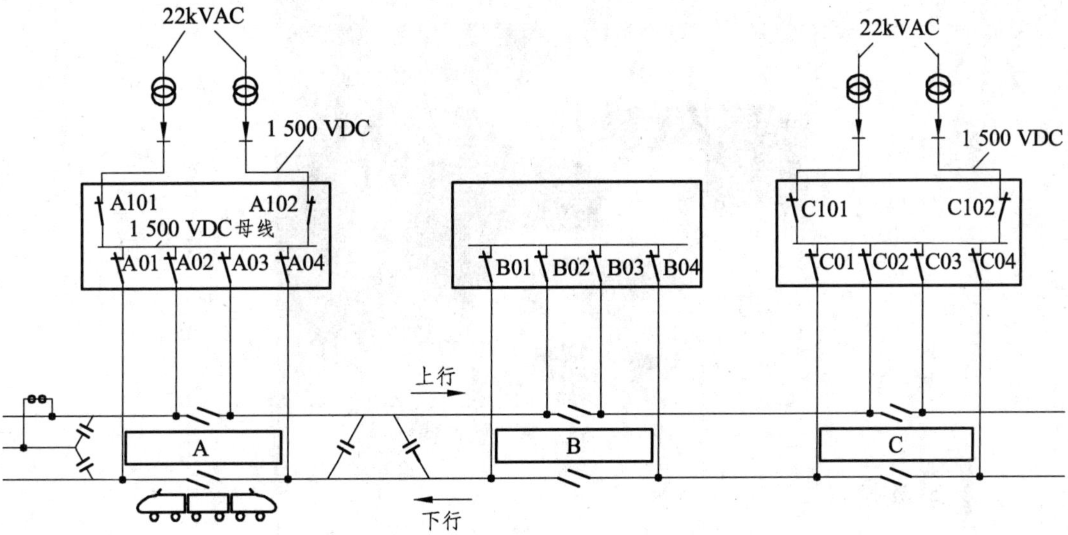

图 3-2-53　电调遥控合闸后断路器状态示意图

三、案例 C

2011 年 12 月份，某地铁线路由于第三轨下移，而造成多列运营中的地铁车的集电靴受损，无法继续正常行驶。因为事发在晚高峰期间，从 18 点多一直持续到 23 点多，所以有大量（约 13 万）乘客受到影响，但没有人员伤亡。

（一）背景情况

该地铁线路南北走向，使用第三轨供电，供电电压为 750 VDC。列车为 6 节编组，每节车每侧有 2 个集电靴。集电靴与第三轨的底面接触，即“下磨式”。第三轨的上面有防护盖板。第三轨靠抓钩固定位置，如图 3-2-54 和图 3-2-55 所示。第三轨的位置：区间内的第三轨通常位于行车方向的右侧，车站内的第三轨位于站台的对侧。列车正常情况下以有人监督的自动驾驶模式运行。

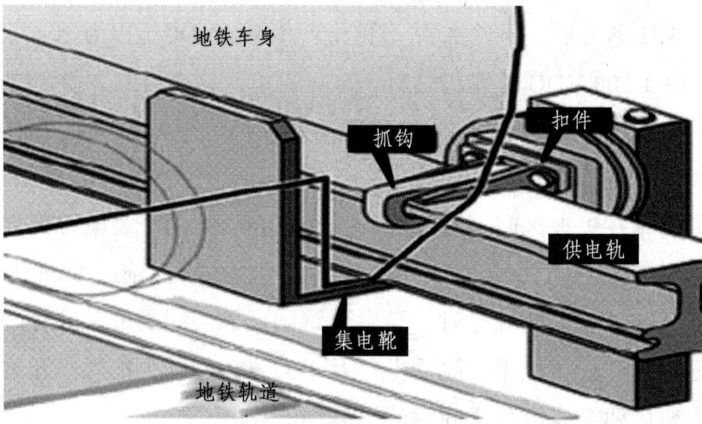

图 3-2-54　第三轨相关设备示意图

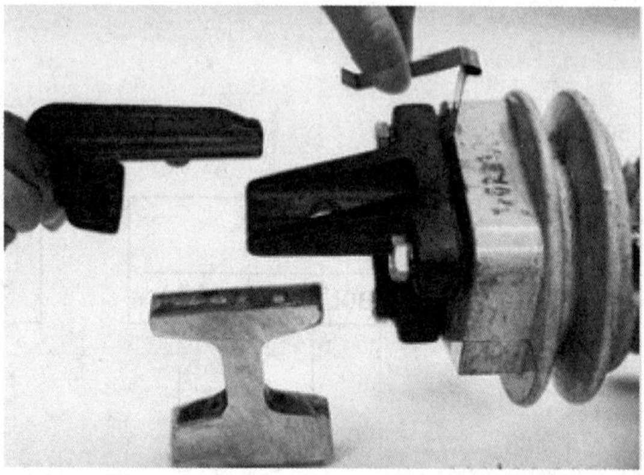

图 3-2-55　第三轨抓钩

（二）事故情况

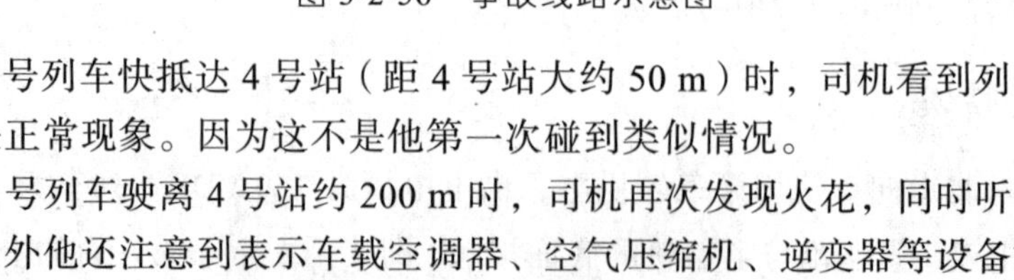

图 3-2-56　事故线路示意图

18:40，133 号列车快抵达 4 号站（距 4 号站大约 50 m）时，司机看到列车右侧车底冒出火花，但以为是正常现象。因为这不是他第一次碰到类似情况。

18:41，133 号列车驶离 4 号站约 200 m 时，司机再次发现火花，同时听到奇怪响声，并闻到烧焦味，另外他还注意到表示车载空调器、空气压缩机、逆变器等设备故障的状态显示灯亮起。这次他通过无线对讲机向控制中心做了报告。

18:43，139 号列车驶离 3 号站约 250 m 处时，司机报告 OCC“故障显示灯亮起”。OCC 指示司机到 4 号站后处理。到 4 号站停车后，司机按照排故程序按压有关“恢复按钮”，故障显示灯灭灯。事故调查表明，由于负责供电的第三轨在站内位于行车方向的左侧（即远离站台的一侧），所以当列车停站时，列车左侧的集电靴能正常从第三轨取电。被损坏的集电靴位于列车的右侧。

18:45 到 18:47，134 号列车驶离 3 号站后不久，司机听到巨响之后列车慢了下来，最后在接近 4 号站的地方停下。列车停下前冒烟并失去车内冷气供应及正常照明而只剩紧急照明。

18:48，开往 7 号站的 128 号列车的故障显示灯亮灯，指示冷气、压缩机故障。139 号车瘫痪在离 6 号站约 50 m 处。

18:54，OCC 指示 118 号列车的司机在 3 号站清客以便前往救援 134 号列车。

18:56，128 号列车到 9 号站时失去动力，司机的通信设备也失灵。列车在 9 号站清客。

19:08，在多列车瘫痪，118 号无法将 134 号推向 4 号站的情况下，OCC 决定对 134 号列车进行隧道内乘客下车疏散。

对其他列车的处理如下：

133 号列车在到达 10 号站后，无法离站，就地清客。

139 号列车因故障停在离 6 号站约 150 m 的隧道里，后被从下行线经位于 6、7 号站之间渡线转到上行线上来的 112 号列车救援，拖到 6 号站清客。

（三）事故调查结果

由于多个负责固定第三轨位置的抓钩脱落，致使位于 3 号站上行出站端约 100 m 处的一段约 40 m 长的第三轨位置下移，如图 3-2-57 所示。列车经过故障区段时，位于列车右侧的集电靴与移位的第三轨发生碰撞而受损，导致列车不能正常取电。

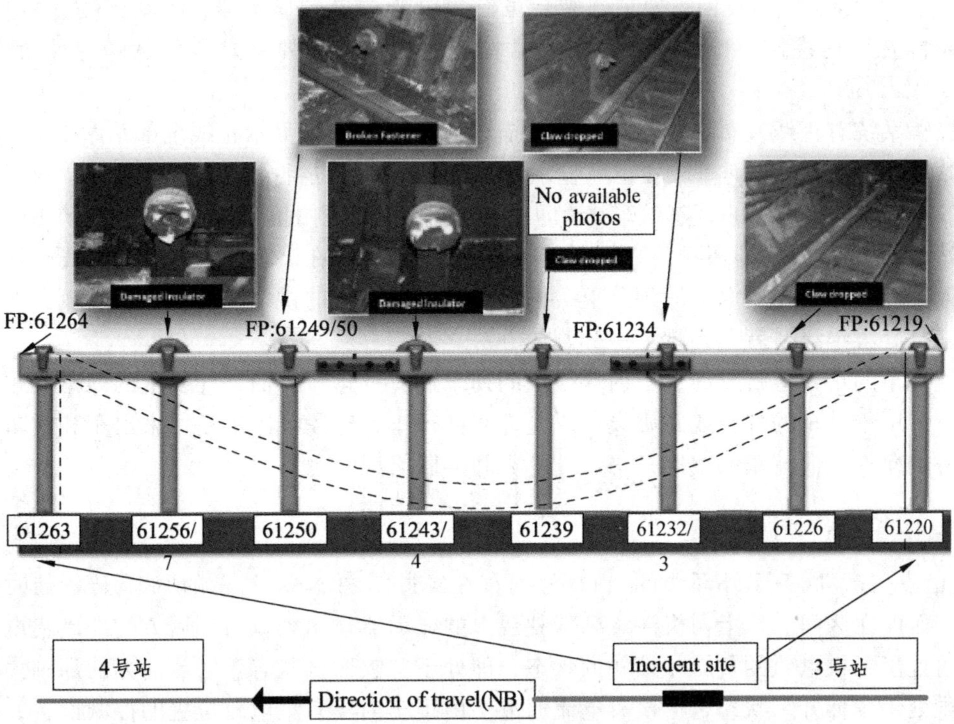

图 3-2-57　第三轨位置下移示意图

从这个案例可以得到以下教训：

（1）事故涉及的抓钩，其设计不是十分完善，较容易脱落，特别是在车轮踏面受损没有及时进行镟削而使震动加剧的情况下；

（2）第三轨的防护盖板不透明，不便于检修人员对抓钩的情况进行检查，以及时发现问题；

（3）运营人员对故障显示灯及火花、异味等不正常情况的警惕性不足，没能及时采取措施。

四、案例 D

某轻轨系统由于某供电轨的木制分段绝缘节（或称绝缘器）局部破损（见图 3-2-59），而导致轻轨列车的个别集电靴在与破损的绝缘节碰撞后自动缩回。轻轨列车在失电后停在区间，经连挂救援到下一站疏散乘客。事故中无人伤亡。

（一）背景情况

事发城轨系统是一个服务小区的小型的全高架轻轨系统，其线路靠近居民楼。为了减少噪声影响以及适应线路的坡度，该轻轨使用胶轮车辆。走行轨是由钢筋混凝土构建而成的。列车为单节编组，车长约 10 m，最高行驶速度为 60 km/h。

在走行轨的一侧设一上一下两根专用供电轨。上面的为正极，下面的为负极。供电电压为直流 750 V。由于车站站台没有安全门，为了保证安全，车站范围内的供电轨设于站台的对侧。其他区段的供电轨也尽可能地设在站台的对侧（虽没有站台）。

列车四个角各装有一对集电靴，分别对应两根供电轨。集电靴和供电轨的接触是“侧滑式”接触。集电靴靠弹簧的弹力和供电轨保持接触。在遇到碰撞的情况下，集电靴可能（依力度大小而定）自动收回。列车驾驶台虽有集电靴位置的显示器，但没有位置控制器，即司机不能在车内控制集电靴的位置。正常情况下的列车驾驶模式是有 ATP 保护的人工驾驶。

该轻轨系统有正线及车辆段。为了方便描述，图 3-2-58 只显示正线全部车站中的四个。全部车站都是岛式站台，而车辆段也只显示其与正线相连接的部分（即出入段线）。值得指出的是，车辆段内没有专门的动态试车线（即对车辆进行动态测试的线路），车辆的动态测试是利用车站 A 和 B 之间的外环线路区段在夜间进行的。为了能在试车的同时也允许线路检修工作在其他区段进行，在供电区段划分上，把动态试车所涉及的供电轨和其他供电轨在电气上分隔开来。分段绝缘节就是实现这一分割的方法之一。

正线列车的正常运行方向为：内环线上的列车逆时针运行，而外环线上的列车按顺时针方向运行。用于试车的部分线路则设计成允许双向行车，这段线路也是用来出车和收车的线路。另一段允许双向行车的线路是内、外环之间的联络线。

（二）事故情况

10:13 左右，服务于外环线的 T11 号列车在经过图 3-2-58 所示的⑮-⑭转弯处时失电（750 V）而停在区间。车上司机注意到驾驶台上的显示器显示列车右侧后方的那副集电靴的负靴不再处于和供电轨的负轨相接触的状态，即处于“收回”状态。右侧前方的那副集电靴的负靴虽处于“伸开”状态，但没有电流通过。由于车内没有集电靴位置的控制设备，司机无法把自动收回的负靴打开，只好请求控制中心派车前来进行连挂救援。

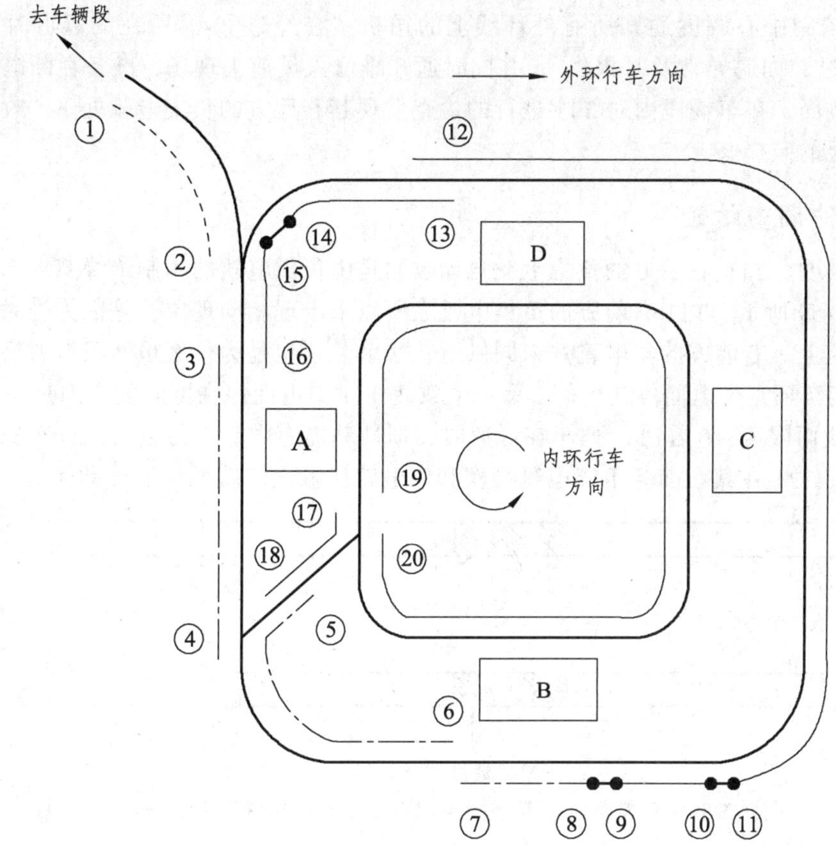

走行轨

供电轨

·虚线段（即①-②）是出入段线上的供电轨。

·点划线（包括③-④，⑤-⑥，⑦-⑧）在试车期间带电，而其余（黑色实线）在试车期间不带电。另外，为避免在试车时由于列车冲过站台头端墙进入相邻供电区段，而致使相邻供电区段带电而伤人，规定⑨-⑩，⑮-⑯在试车期间不可以有轨旁作业。注：并非每个夜间都有试车。

分段绝缘节。包括⑧-⑨，⑩-⑪和⑭-⑮。每个绝缘节的长度为50 cm，在绝缘节附近设有“绝缘节标志牌”，其符号为“ ”。

图 3-2-58　事故线路示意图

10:17，跟在T11后面服务于外环线的列车T19在A站站台清客后前往T11停车的区段。

10:23，连挂成功。

10:26，救援列车T19将T11推送到D站进行清客。

11:49，T19和T11回到车辆段。

控制中心调度指示后续第一趟列车T23以低速（5 km/h）经过⑮-⑭所在的弯道并注意供电轨是否异常。司机在列车到达D站后向控制中心报告“未有集电靴方面的异常但注意到木制绝缘节有轻微破损。”

一方面，控制中心调度通知所有外环线上的司机“在经过⑮-⑭所在的弯道时减速至 5 km/h 慢行通过，如遇异常及时报告”，并同时通知维修人员前去现场，准备在断电后，进行抢修。另一方面，在车辆段内对 T11 进行的检查发现其右后方的负集电靴处于“收回”状态，但没有明显的破损。

（三）事件调查结论

调查结果表明，T11 右后方的负集电靴自动收回是由负供电轨的木制绝缘节局部破损造成的，如图 3-2-59 所示。T11 右前方的负集电靴之所以未出现相同现象，是因为当时列车运行在右转的弯道上，右前方的集电靴并未同供电轨接触。这也是为什么虽然只有右后方负集电靴出问题，列车还是失电而停在区间。另一个致使 T11 失电而停在区间的原因是，⑮-⑭所在的区段因曲线而限速 10 km/h。列车在低速时，惯性动能有限，不足以帮助列车完成整个转弯过程，致使 T11 在其右前方负集电靴再次和供电轨接触之前就耗尽惯性动能。

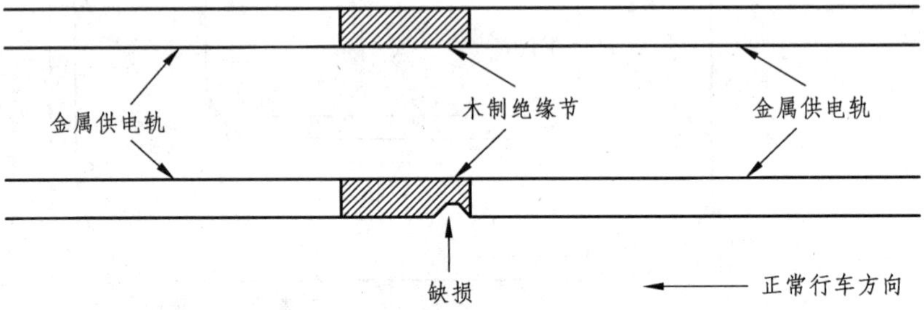

图 3-2-59 正常情况下及破损情况下木制分段绝缘节对比图

思考题

1. 案例 A 中接触网为什么会断线？
2. 案例 A 中接触网断线后电调是如何处理的？
3. 案例 B 中如何确认接触网失电是由车载电气设备引起的？
4. 如何及时检测出类似案例 C 中出现的第三轨位移并做出报警？
5. 案例 D 中如果在车上设有可控制集电靴伸缩的人工操作旋钮，会对事件的发展有什么影响？

第三章　列车自动控制系统

在先进的城轨交通系统中，城轨列车的运行控制已经发展到了一个新的阶段：其列控系统已经整合了传统铁路信号的安全功能、列车司机的驾驶功能以及控制中心的调度功能，而形成了包括列车自动防护（Automatic Train Protection，ATP)、自动驾驶（Automatic Train Operation，ATO）和自动调度（Automatic Train Supervision，ATS）在内的三位一体的列车自动控制 ATC（Automatic Train Control）系统。所以本章内容的重点有三个方面：列车自动防护（ATP)，自动驾驶（ATO）和自动调度（ATS)。

不同的城轨系统，其列控系统的自动化程度也不同。为了保证讨论内容的完整性，本章除了讲述上面提到的自动列控系统的设备外，还会涵盖自动化程度较低的城轨系统所使用的列控设备。在这样的系统中，人的作用会比较大。为方便起见，在讨论包含人和设备的广义的列控系统时，会使用如下缩写：TC、TP、TO、TS，分别代表列车控制、列车防护、列车驾驶和列车调度，而 TC 是由 TP、TO、TS 构成的整体。

本章第一节会对列控系统进行概述，明确指出系统内的主要元素（即 TP、TO 和 TS）及其相互关系。第二节通过对简化了的城轨系统运作的描述，深入浅出地阐述列车运作对列控系统的功能要求及相应的实现方式，是对第一节的展开。第三节介绍列控过程中一些相关设备的情况，包括继电器、轨道电路、计轴器、道岔转辙机、道岔位置表示器、信号机、车地通信设备。第四节和五节结合实例分别介绍非 CBTC（Communication Based Train Control）和 CBTC 列控系统的情况。

第一节　列控系统的概述

一、列车运行控制

列车运行控制是一个过程。在这个过程中，列车的速度、列车运行的方向、列车在车站的停留时间、车门的开关、车上的乘客广播等一系列状态参数均受到监管和调整。

这个过程的最终目标是使乘客能安全、迅速地抵达目的地。这个过程的实现依赖于一个由人和设备共同组成的指挥系统，即列控系统。

这个系统很像人体内由感觉器官和神经组成的系统。它收集现场信息，加以处理、判断，并做出决定。决定的执行由其他专门设备负责。例如，列控系统会测出列车的实际速度，然后结合周围环境条件，决定是减速还是加速。如果是要加速，列控系统就发指令给牵引电机，并监测目标速度是否达到。最终的加速工作并不是列控系统的任务，那些把牵引电流送到牵引电机的设备，以及牵引电机本身，也都不属于列控系统。再比如，发出指令给道岔并设置进路的设备属于列控系统，但道岔转辙机和道岔本身并非列控系统的设备。

二、列控系统的三要素

（1）列车的安全防护，简记为 TP（Train Protection）。

（2）列车的操作，简记为 TO（Train Operation）。

（3）列车的监督和调度，简记为 TS（Train Supervision）。

在上述三个基本功能之间还有一个支持功能——通信，以实现三者之间的信息交换，使三者成为一个有机的整体。

为什么可以把列控系统的基本功能归结为 TP、TO 和 TS 呢？

列控系统的控制对象是列车。列车是用来运送乘客的。为了实现位移，列车必须动得起、停得下。列车的动与停依靠牵引系统和制动系统。牵引系统控制列车加速，而制动系统控制列车减速。但牵引系统和制动系统并不会自发地运作，而是要靠外来的指令。这些指令到底源自何处？

一是环境条件，对应制动系统；

一是计划安排，对应牵引系统。

环境条件的体现之一是停车点。停车点有两类，一类是安全停车点，即如果列车没能在该点或该点之前停下来就有可能导致事故，比如撞车。另一类是运营停车点，主要是指车站停车点。对于该类停车点，如果列车没能停车不会导致事故，但会造成行车时间的延误。

环境条件的另一体现是列车限速点。如果列车未能及时降低车速，就可能发生危险，比如因超速而脱轨或撞车。前面所讲到的安全停车点可以视为列车限速点的一个特例，即限速值为 0 的情况。

另一方面，列车的运行计划是下达给列车的运行任务，需牵引系统配合来加以完成。

由此可以看出，整个过程涉及三个主要角色：驾驶列车的列车操作系统、管理线路条件的列车防护系统和管理运行计划的列车调度系统。上述系统可以是人工系统，也可以是全自动化系统，还可以是人和设备结合起来构成的半自动化系统。对于自动化系统，我们称之为 ATO、ATP、ATS。由 ATO、ATP 和 ATS 构成的整体称作 ATC。

图 3-3-1 所示是一个典型城轨系统中各主要部分 TP、TO、TS 的概念性表达（并不代表系统的设计）。各部分的功能可能是由人来完成，也可能是由设备来完成，或由人和设备相配合来完成。

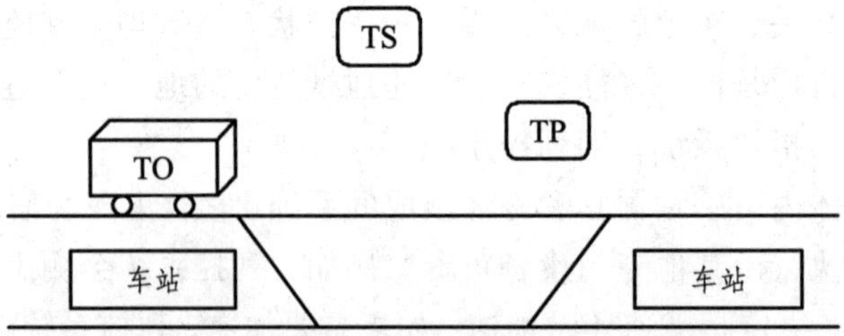

图 3-3-1 TP、TO、TS 相互位置关系

在控制过程中，真正被控制并发生动作的其实只有两样东西，一样是列车，另一样是道岔。虽然多数城轨系统中有信号机，且这些信号机需要转换显示的颜色以反映线路当时的条

件；还有些城轨系统有站台隔离门，这些隔离门需要开和关，但是归根结底这些设备并不是不可或缺的，只有列车和道岔是必不可少的。

TS 负责发指令给列车和道岔，以指示列车运行和道岔转换。但这些指令并不是直接发给列车或道岔转辙机/人工操作情况下的扳道员，而是经过 TP。TP 会对来自 TS 的指令做安全条件验证。对不符合安全条件的指令，TP 将扣发，或修订后再发送。例如，为了赶点，TS 下指令让列车加速到 85 km/h。但如果线路上有限速区段，其限速值为 65 km/h，那么 TP 传达给列车的指示将会是加速到 65 km/h，而不是 85 km/h。

上图中所示的三个主要角色的物理位置分别如下：

TO 的主要设备集中在车上，虽然在某些区段沿轨道还设有部分辅助设备，例如帮助司机在车站进行定点停车的停车对位标记（如果是自动驾驶系统，则采用地面应答器帮助车载 ATO 准确停车）。

TP 的主要设备分布在沿线，其主要功能是掌握、反映、控制线路条件，包括限速点的位置及限速值，进路的排列及状态等。

TS 的主要设备集中在控制中心，主要功能是管理运行计划。

三、列控系统的结构

一般情况下，TS、TP、TO 三者呈现出三级结构，如图 3-3-2 所示。虽然不同的城轨系统的具体结构设计可能不尽相同，但这个结构图对认识理解一个具体的列控系统很有帮助。

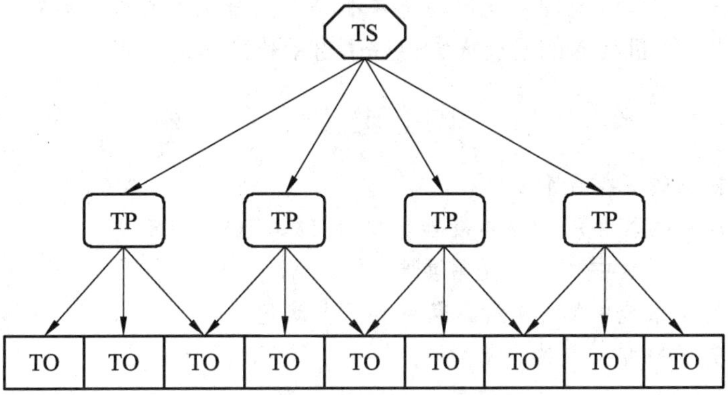

图 3-3-2　TS、TP、TO 层级关系

其结构特点：

（1）TS 处在结构的最高一层，而 TO 处于最下一层。这意味着在列控系统内部 TS 是指令的源头，只发出指令，不接收指令。而 TO 是指令的接收者，只接收指令，不发出指令，虽然它需要向上一级汇报。TP 处于中间，它一方面接受来自 TS 的指令并传达给 TO，另一方面还会自主生成与安全相关的指令，这些指令也会发给 TO。

（2）从数量上看，TS 最少，而 TO 最多。这意味着 TS 是统管全局的（管理线上运行的所有列车的均匀分布），TO 管理的是具体的每一列车（相当于司机）；中间的 TP 管辖某个特定的区域（负责确保相邻两列车不发生相撞事故，即处理两列车之间的关系）。在实现由“人工到设备”的自动化方面，TO 和 TP 的自动化比 TS 来得容易。这是因为 TS 涉及的是全局的问题，有较高的战略性。而和设备相比，人的最大优势是可以综合考虑较多因素，对较复杂的问题处理比较灵活。只涉及个别列车或个别区域的战术性问题，更适合由设备来负责处理。

从列控系统的自动化历程来看，最早实现自动化的是TP，原因有两个方面：

（1）TP涉及安全，安全比其他问题更重要，更应给予优先考虑；

（2）人为因素导致事故频频发生，急需解决方案。

四、列控系统的自动化

早期铁路（甚至今天某些地方的铁路）中，所有的工作都由人来完成。比如司机负责驾驶，乘务员负责开关车门、做广播，轨旁有扳道员负责扳道岔，以及信号员打信号旗或信号灯，在调度所有调度员负责协调各车之间的先后顺序。现在，特别是小规模的铁路系统（包括城轨交通、机场内各航站楼之间的轨道交通，还有旅游风景区内的观光线路），其自动化程度已达到相当高的水平，在正常情况下，整个系统完全自动运作。虽然在控制中心和车上还有为数不多的员工，但这些员工的责任主要是：

（1）监视系统的运作情况，并在必要时人工介入。

（2）照顾乘客的特别需要，即当乘客提出或被发现需要帮助时，提供相应的服务。如在车上，乘务人员帮助使用轮椅的乘客上下车。

在完全人工控制和完全自动化这两个极端情况之间，有许多人工和自动化的不同组合。目前世界上完全人工控制的城轨系统已经没有了，完全自动化的系统在逐渐增多，而大部分则属于人工和自动化的某种程度的组合，人和设备的关系属于互补关系。

需要指出的是，这里所说的完全自动化并不等于完全无人值班。另外，自动化也不一定要靠计算机，虽然计算机技术的发展大大促进了自动化的实现和提高。

思考题

1. 列车运行控制的目标是什么？
2. 为什么可以把列控系统的基本功能归结为TP、TO和TS？
3. 在列控系统三要素中哪一个是最重要的？为什么？
4. 为什么说列控系统中的TS最不容易实现自动化？
5. 为什么要实现列控系统的自动化？
6. 简述城轨列控系统和传统铁路信号系统的关系。
7. 举例说明没有电脑也可以实现一定程度的自动化。

第二节　对列控系统的功能要求

在城轨交通系统中，列控系统的首要任务是保证行车安全。在确保行车安全的基础上还要进一步提高列车运行效率。安全是指没有撞车、脱轨事故的发生，而效率是指单位时间内开行的列车数量。效率跟列车速度、行车间隔有关。速度越高，间隔越小，效率也就越高。一般而言，在运行效率较低时，安全较容易得到保障，随着对运行效率的要求的提高，安全保证的难度也相应加大。因此效率和安全本身是一对矛盾，而列控系统要解决的正是这样的一对矛盾。

接下来，我们通过对一系列不同运营情况的分析来进一步讲述效率和安全这对核心矛盾，及其对列控系统提出的相应要求。讨论中所使用的城轨交通例子不是实际的系统，而是对实际系统的抽象和简化。

图 3-3-3 所示是一个环形城轨系统，只有一条轨道，而且只有一列车运作，所以没有撞车的危险。但在弯道的情况下，列控系统要保证列车在运行中不要超过一定的限速，否则有脱轨的危险，这是“超速防护”的概念。

在上例中，如果有两个或两个以上列车运行，那么除了超速防护以外，列控系统还要做“闭塞”，即设法保证列车之间有足够的空间距离。可以看出，随着运行效率的提高（从一列车运行到多列车运行），列控系统的责任也增多了。

在实际的城轨交通系统中，列车需要到维修库内检修。于是，除了前面例子中的环形线路（正线），还要有检修库线（假设有两条）及库线与正线之间的联络线，如图 3-3-4 所示。

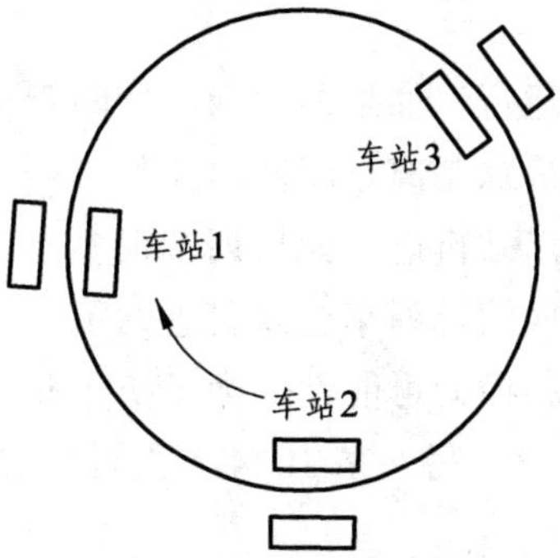

图 3-3-3　环形城轨系统

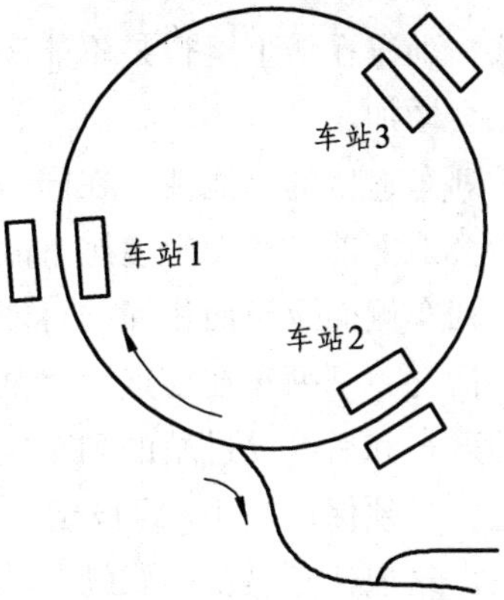

图 3-3-4　环形 + 配线城轨系统

假设有 3 列车在线上运行，为了把其中一个发生故障的列车开到维修库（假设该故障车尚能靠自身动力运行），就必须确保该故障车在从正线去联络线的过程中不和别的车发生冲突，包括正面冲突及侧面冲突，如图 3-3-5 所示。

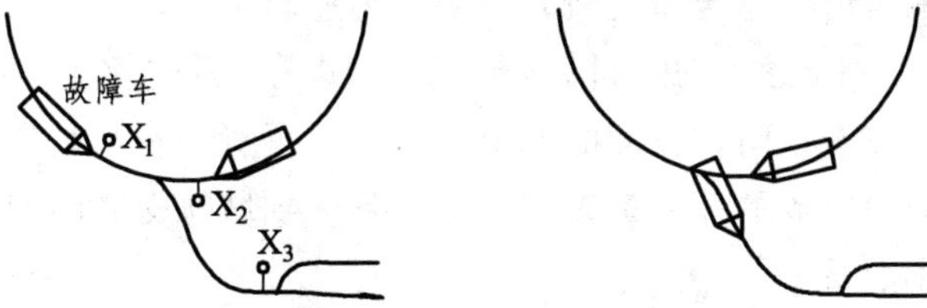

图 3-3-5　冲突示意图

这是通过“联锁”来实现的，即在回库进路（从信号机 X_1 到 X_3）设置到位、信号灯 X_1 亮绿灯的同时信号灯 X_2 要亮红灯。

此处所讲的联锁，和大家所熟悉的城市道路交通信号灯之间的联锁原理相同：禁止相互冲突的交通流同时进行，以避免撞车事故。只是轨道交通的联锁不只是信号灯之间的联锁。道岔、站台隔离门甚至站台紧急停车按钮等也会被“联锁”。

通过上述例子，我们可以看到列控系统所应具备的基本安全功能有：超速防护、闭塞和联锁。

对于线形线路也可做类似讨论。

如图 3-3-6 所示，线路两端为侧式站台，采用站前折返。

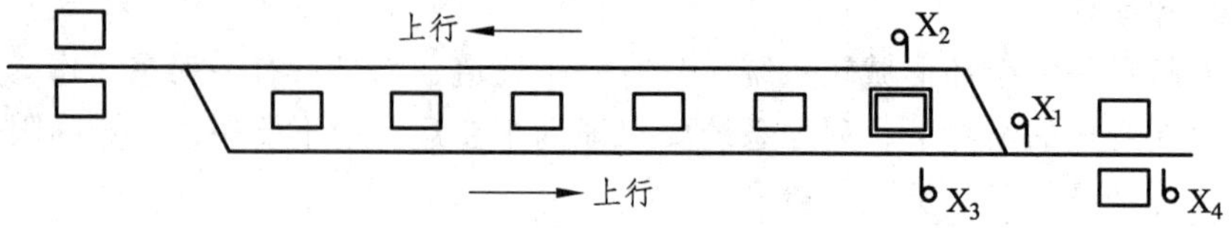

图 3-3-6　线形线路

如果只有一列车在线上运行，就没有列车相撞的危险。但列车到了终点站，如果控制不当可能会与线路终点的车挡相撞，甚至出轨，这属于超速防护的范畴。另外在道岔部分有曲线，列车侧向通过道岔时，要对速度进行一定的限制，否则列车也会脱轨，这也属于超速防护。

显然一列车在线上运行是不能满足客运服务需要的。一旦列车数目增加，安全上要考虑的因素也会增加。

（1）列车追尾的可能性。在同一轨道上，列车追踪运行。如果前后列车的间距很小，续行车可能会追上前行车发生追尾事故。保持列车之间的追踪距离是闭塞的任务。

（2）列车侧面及正面相撞的可能性。列车需要在终点站折返，如果列车很多，就有可能出现如下情况：一列车在终点站因某种原因晚点离站，而续行列车也需要进站了。这时终点站离站的列车和后续要进站的列车之间有侧面甚至正面相撞的可能性。为了防止此类相撞事故的发生，必须保证在 JL12[①]设定，信号 X_1 开放的情况下，另一条 JL34 不能设定，信号 X_3 不能开放。这项任务是由“联锁”功能来承担的。

从上面对环形及线形线路的讨论可以看出，虽然城轨交通系统的线路形态可能多种多样，但行车的安全防护所面临的基本问题是相同的，包括：

（1）为避免正面或侧面列车冲突，需要“联锁”。

（2）为避免列车的追尾冲撞，需要“闭塞”。

（3）为避免列车在弯道上超速而脱轨，需要“超速防护”。

闭塞在本质上是通过列车速度的限制来实现的。所以在这个意义上，超速防护包含了闭塞。

以上讲了列控系统在安全防护方面的要求，接下来再看一看在效率方面有何要求。

效率是用单位时间内完成的任务量来衡量的，具体到城轨交通的列控系统，效率是指在单位时间内开行的列车数量。

实践证明，要想有高效率，必须有好的计划，并很好地加以实施，否则就会造成时间的浪费，从而降低效率。

在列控系统中，行车计划是由 TS 来管理的，而计划的实现是由 TO 在 TP 的安全保护下来进行的。行车计划规定了列车的开行次序，TP 的安全保护就是前面提到的闭塞、联锁和超速防护。

本节接下来就分别对 TS、TP、TO 展开讨论。由于 TP 事关安全，所以首先讲述。

---

① JL12：JL 指进路的拼音简写，12 是进路起讫点对应的信号机。

一、列车防护（TP）

列车防护包括闭塞、超速防护和联锁。为了实现列车防护，必须知道列车的位置。列车位置的检测办法有多种，包括轨道电路、计轴、车地无线通信等技术方案。这些技术方案将在本章稍后一一介绍。

（一）闭 塞

闭塞的核心是避免列车追尾。为此，必须保证列车之间有足够的距离。那么什么样的距离足够呢？只要后行列车（见图 3-3-7）能在 L 内停下来，那么 L 就算是足够了。

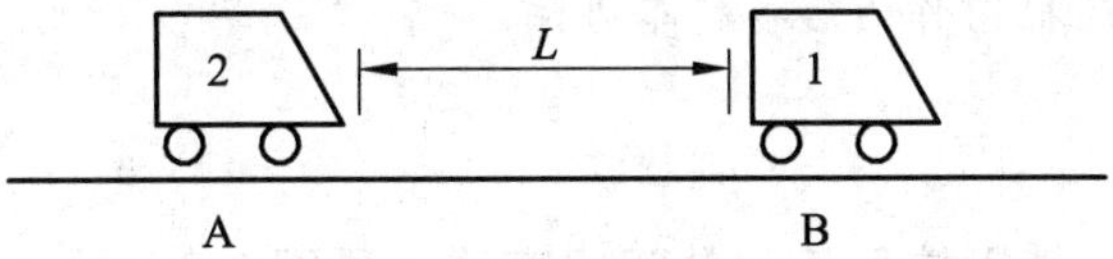

图 3-3-7 列车追踪距离

显然 L 的具体大小和列车 2 在 A 点的速度、列车 2 的制动能力以及 A 到 B 的线路条件等有关。比如在其他条件相同的情况下，2 号车在 A 点的速度为 80 km/h 时所对应的 L 要比 2 号车在 A 点的速度为 50 km/h 所对应的 L 要大；如果 A 到 B 是下坡，那么它对应的 L 会比 A 到 B 是上坡所对应的 L 要大。

保持足够距离的办法很多，分述如下：

一是单靠列车司机的视力，就像道路上行驶的车辆一样。为了避免追尾撞车，每辆车的司机都要集中注意力，密切关注前行车的位置、速度等情况。这是最原始的办法，但即便是在最先进的城轨系统中，当设备发生重大故障时，也需要这种原始办法作为后备。

这种办法可行，但有一定的条件。比如列车要能在司机的视力所及的距离内停下来。换言之，如果列车很大很重，车速很高，那么等到司机发现前面有车而需要刹车时，可能已经太迟了。

二是靠列车司机的视力和某种方式的预警。

前面说过，由于列车重，速度高，司机发现前方的车时可能太迟了。那么，如果给司机提供某种形式的预警，会帮助司机提早刹车以避免追尾。

1. 人工预警

人工预警是指有这么一个人，他知道前行车的位置，然后适时地通知后行车的司机。具体这个人是如何知道前行车的位置，又是如何适时告诉后行车司机的，读者可以发挥想象。下面给出两个曾在铁路发展史上出现过的例子。

例 1

站间作业法

如图 3-3-8 所示，假设有车站 A 和 B，各站有一个信号员 a、b。当信号员 b 看到当天的第一列从 A 站来的列车 1 从 B 站出发离站时，他打电话给信号员 a，告诉他可以放行当天的第二列车。信号员 a 就以口头或书面形式或以手信号形式指示还在 A 站待命的 2 号列车的司机离站。

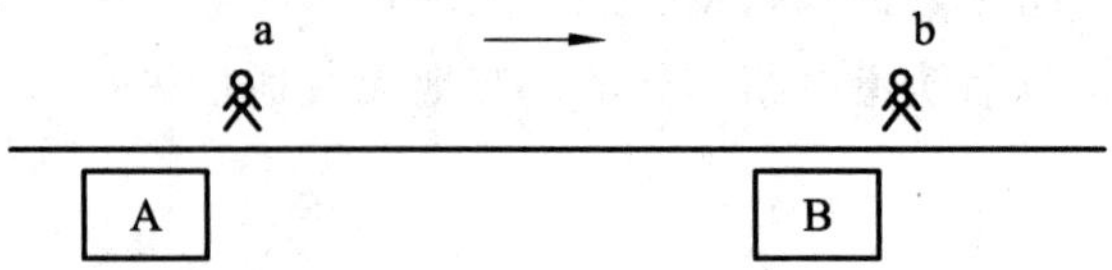

图 3-3-8 站间作业法

在这种情况下，2 号列车的司机永远不会看到前行 1 号列车，是信号员 a 和 b 在帮他看。当然这时追尾是可以避免的了（只要信号员 a 和 b 都认真负责）。这种办法属于站间作业法，目前有些城轨交通系统还把它作为后备行车办法。

例 2

基于信号机的站间闭塞法（见图 3-3-9）

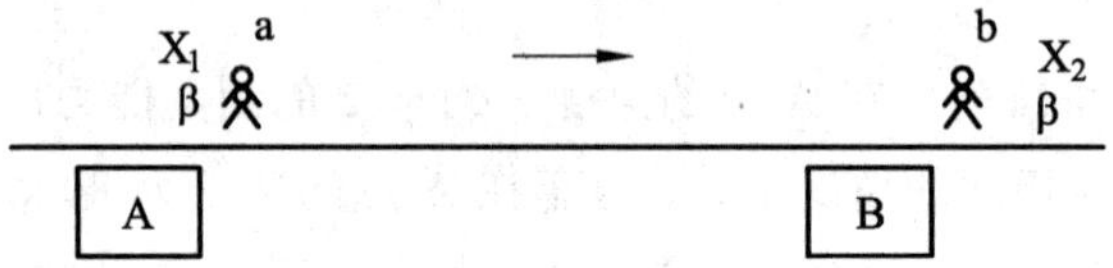

信号机可以显示红色和绿色

图 3-3-9 站间作业法 + 信号机

例 2 的情况大致和例 1 一样，不同之处是信号员 b 并不同信号员 a 联系。在 b 确认当天由 A 站来的第一列车从 B 站发出后，他通过按压一个按钮控制位于 A 站的出站信号机 X_1 使其亮绿灯（假设绿灯表示可以行进），X_2 由下一站（C 站）的信号员 c 来控制。

上述两个例子其实都是简化了的描述。为了提高行车的安全度，实际的过程比上面描述的要复杂得多，主要是增加安全检查环节，以减少因人为失误而造成追尾撞车的可能性。

2. 自动预警

自动预警时给后续列车司机提供预警的不是人，而是设备。最典型的例子是轨道电路和轨旁色灯信号的组合。

例 1

基于轨道电路的自动闭塞

如图 3-3-10 所示，车站没有信号员，有的只是出站信号机 X_1 和 X_2 以及位于车站站台区域的轨道电路 GD_1 和 GD_2（这里 X：Xinhao；GD：Guidao Dianlu）。

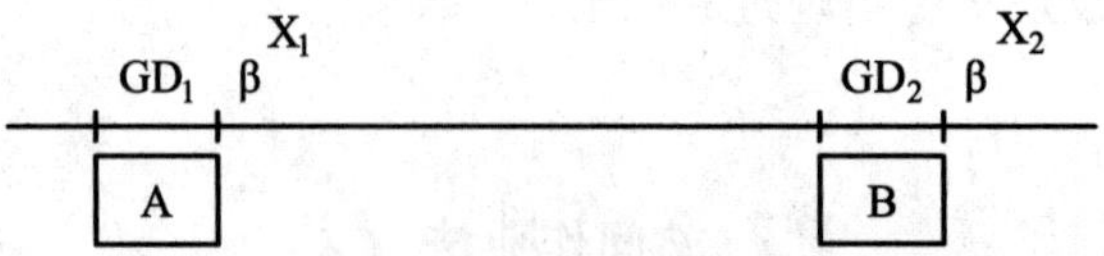

图 3-3-10 轨道电路

信号灯 X_1 由轨道电路 GD_2 来控制：当 GD_2 的状态由空闲变为占用，之后又由占用变为空闲时，X_1亮绿灯，否则亮红灯。这样的“空闲→占用→空闲”的状态变化意味着列车到达B站后又出发离站了，所以A站又可以向B站发车。

当然上面所表述的只是一种可能的闭塞方式，并不是信号设备的具体设计方案。

接下来通过例2～例5介绍的闭塞方法是现实中实际存在的。例2是基于轨道电路和轨旁色灯信号机的固定闭塞，广泛应用于常规铁路，而例3～例5分别是基于车载信号的固定闭塞、准移动闭塞及移动闭塞，已在城轨交通系统中推广。

例2

基于轨道电路和色灯信号机的固定闭塞

前面例1中所述方法是可行的，但列车之间的距离太大了，可能远远超过制动所需距离L。下面是铁路上常见的自动闭塞，它属于固定闭塞。

如图3-3-11所示，为了保持与前面例子的连贯，A、B站的出站信号机编号保持不变，而A、B之间的新增信号机用S（Signal）来编号。

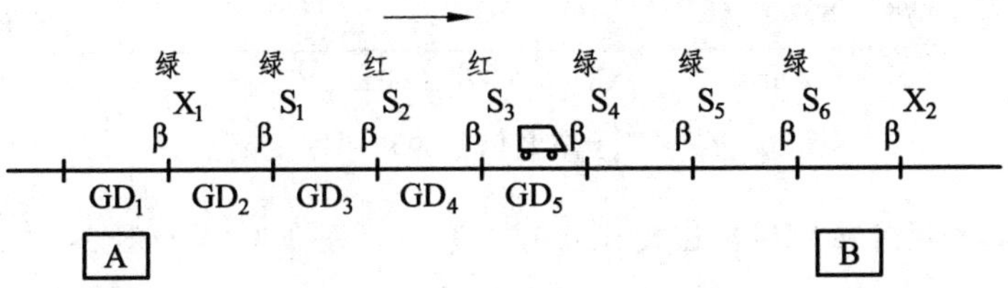

图3-3-11　基于轨道电路和轨旁色灯信号机固定闭塞原理

相邻两个信号机之间的线路区段是闭塞分区。每个闭塞分区和一个轨道电路相对应。每个闭塞分区的长度和列车运行最高时速、列车制动性能、线路纵坡情况有关。

假设前行车1在信号机S_3和S_4之间，那么S_3亮红灯。为了保险，让S_2也亮红灯。S_1可以亮绿灯，当然X_1也是绿灯。也就是说后续列车2可以行驶到S_1和S_2之间，仍然不至于追尾。显然车1和车2之间的距离比例1中的距离更短，因而提高了运行效率，同时安全也得到了一定的保障。

轨旁信号亮起红灯是提醒司机停车，但如果司机由于某种原因而没有停车该如何处理呢？有一种被称作“自动停车装置”（Automatic Train Stop，ATS）的设备可以迫使列车停下来。

例3

基于轨道电路和车载信号的固定闭塞

如图3-3-12所示，在前面例2的基础上，增设和轨道电路相连的计算机，把适当的速度码通过钢轨或其他方式发送给列车。列车上的接收器在收到速度码后以速度表或指示灯的形式向列车司机显示当前最大允许速度。在这种情况下，原来例2中位于轨旁的色灯信号机可以免去，列车司机根据车载速度指示行车。如下图所示，每个闭塞分区会对应一个速度码，也就是相应闭塞分区的限速值，这是单码固定闭塞。

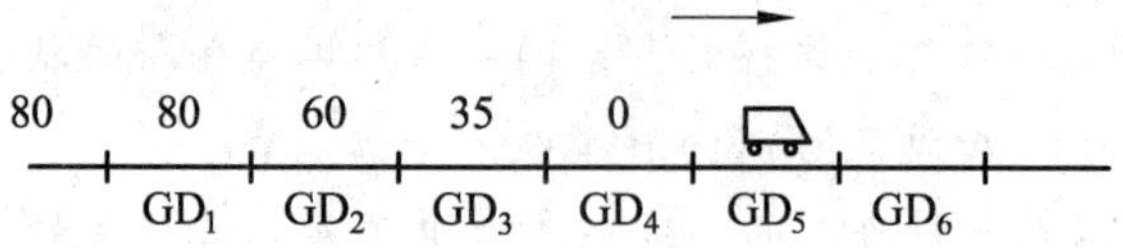

图 3-3-12 基于车载信号的单码固定闭塞

对上述单码固定闭塞的一种改进是在对闭塞分区分配速度码时，不是一个速度码，而是两个，如图 3-3-13 所示。当 GD_5 有车占用时，其后方的轨道电路将依次被分配 0/0、35/0、60/35、80/60、80/80 速度码。其中分子是当前所在轨道区段的最大允许速度，分母是列车到达该轨道区段末端（也是下个轨道区段的始端）的最大允许速度。通常第一个速度被称为入口速度，第二个速度被称为出口速度。之所以说双码方式是对单码方式的改进，是因为列车司机在双码方式下获得额外的信息（到达前方轨道电路分界点时的最大允许速度）后，就可以提前采取必要的行动，更为主动地调节列车的速度。

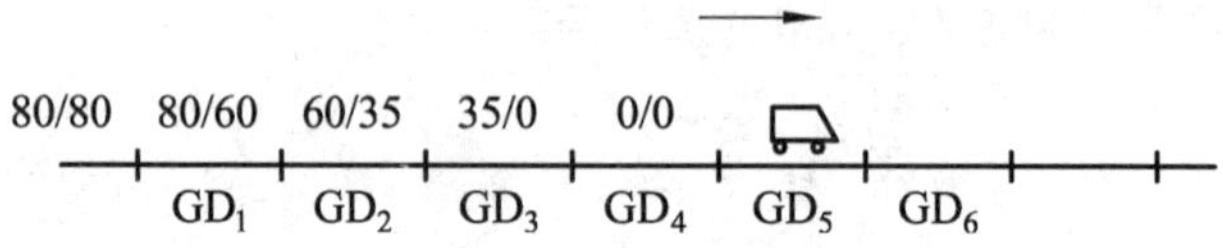

图 3-3-13 基于车载信号的双码固定闭塞

上述两种闭塞方式对应的列车速度曲线可以分别用图 3-3-14 和图 3-3-15 来表示。

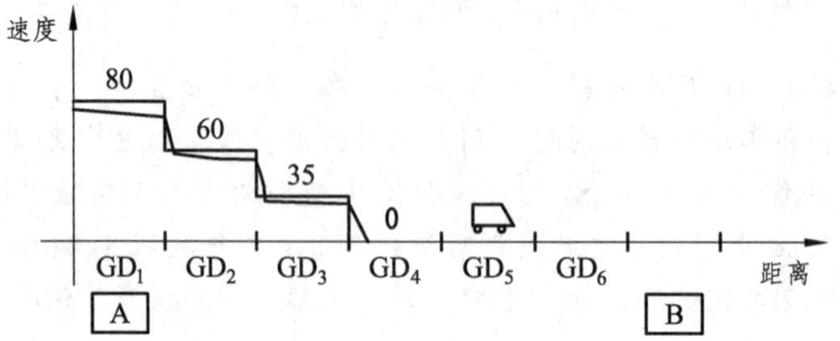

图 3-3-14 （单码）速度-距离曲线

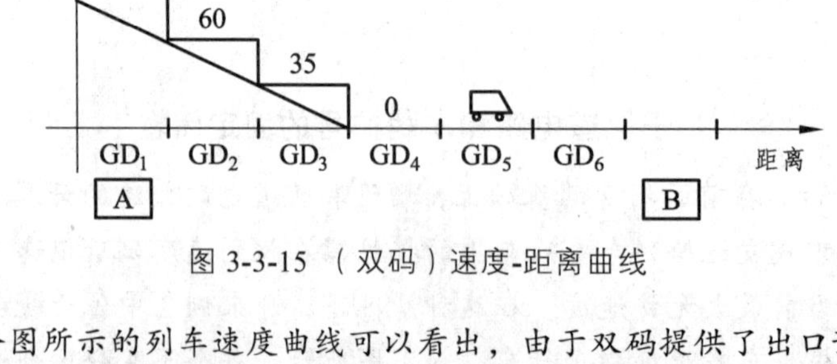

图 3-3-15 （双码）速度-距离曲线

对比上面两个图所示的列车速度曲线可以看出，由于双码提供了出口预告速度，所以列车司机可以使列车的运行更加平顺，而不会出现明显的阶梯式变化。

上面例 2 和例 3 中讲述的闭塞方式都属于固定闭塞，即一旦轨道电路 GD_5 被车占用，后续列车司机就会被指示不应越过 GD_3 和 GD_4 之间的分界点，即使前行车的实际位置已接近 GD_5 的末端，甚至前行车已部分进入 GD_6，也不管 GD_5 是否很长，比如 500 m 甚至更长。另一方面，GD_4 的长度也可能很长，如图 3-3-16 所示。这样在无形中就使得前后两列车的实际距离比真正需要的安全间隔要长出许多，致使列车追踪间隔处于不必要的大间隔水平，影响了运行效率。

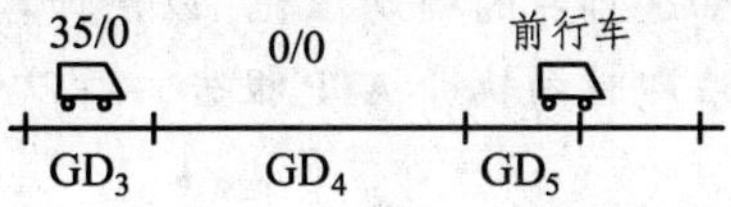

图 3-3-16 固定闭塞缺点示意图

例 4

准移动闭塞

为提高运行效率，需要更小的行车间隔。如图 3-3-17 所示的准移动闭塞可以使后续列车在保证安全的前提下，更靠近前行列车运行。

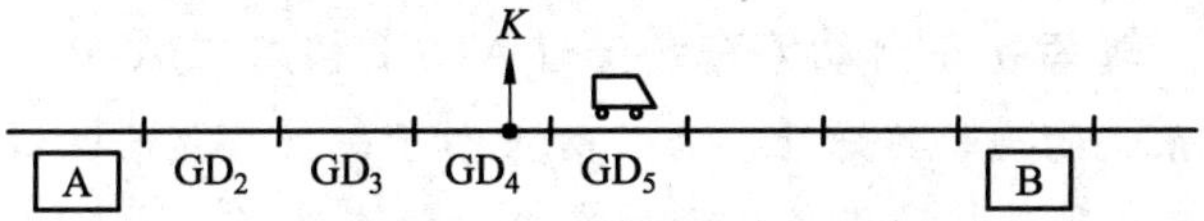

图 3-3-17 准移动闭塞原理图

当 GD_5 被 1 号车占用时，轨旁计算机并不像例 3 中那样向后续列车发速度码，而是告诉后续列车不要越过一个禁行点 K。这个禁行点位于被占用的 GD_5 后方若干米处。如上图所示，在收到这个信息之后，后续列车根据自身的具体位置、速度、制动能力及它所掌握的这个地区的线路情况（如坡度等）自主地计算出应该遵循的安全速度曲线。可以看出，这种办法之所以能压缩追踪间隔，其核心是后续列车得到了解放，不再受所处轨道电路的限制，可以自主地对速度进行计算。另一方面，这种闭塞之所以被称为准移动，尚非完全移动，是因为 K 点的确定还是基于轨道电路的分界点，仍然受到轨道电路划分的局限。

与这种闭塞相对应的列车速度曲线如图 3-3-18 所示。容易看出，这种方式除能压缩追踪间隔外，还能使速度控制变得更加平顺。

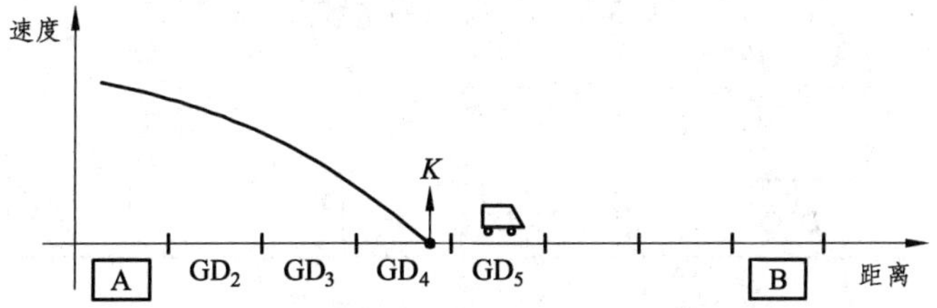

图 3-3-18 准移动闭塞速度-距离曲线

例 5

移动闭塞

和准移动闭塞相比，移动闭塞的关键是在确定禁行点 K 时，不再参照轨道电路的分界点，而是直接参照前行列车的实际位置。

这样一来，后续列车的速度曲线就可以向前行列车方向平移，如图 3-3-19 所示。不仅如此，因为前行列车可能也在行进中，所以这个 K 点也在不断变化。因此，后续列车可持续以较高速度追踪运行。当然，K 点的确定有赖于对前行车的准确定位。具体定位办法在后面有关设备的介绍时讲述。在前面准移动闭塞的情况下，列车虽然也能自我定位（后续列车需要知道自身的确切位置，以便计算所要遵循的速度曲线），但由于缺乏高效的车地通信手段而无法即时向轨旁 ATP 报告，所以无法实现移动闭塞。

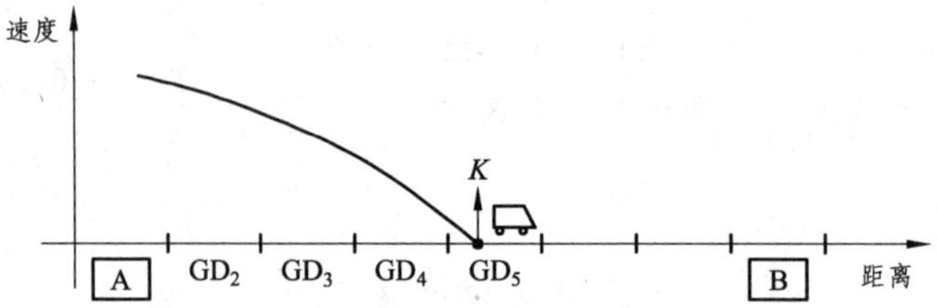

图 3-3-19　移动闭塞速度-距离曲线

小资料

轨旁列车自动停车装置（ATS）和点式 ATP

在没有装备 ATP 系统的城轨线路上，为了防止由于司机疏忽而冲红灯，不少国家包括英国、美国、加拿大、澳大利亚都采用了轨旁列车自动停车装置，由轨旁和车底两部分组成，如图 3-3-20 所示，其工作原理如图 3-3-21 所示。

车底紧急制动启动装置　　轨旁紧急制动启动装置

图 3-3-20　自动停车装置

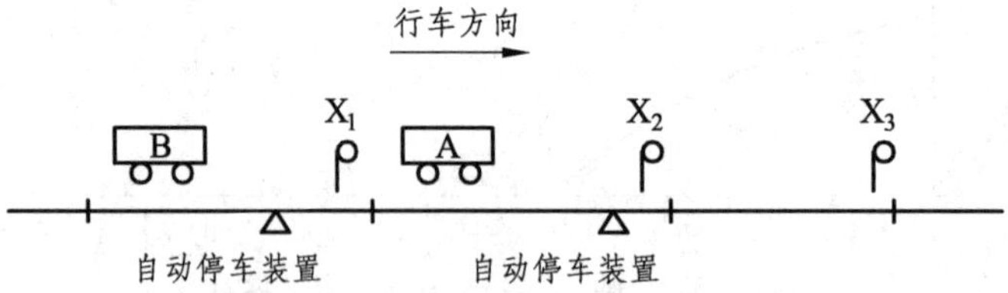

图 3-3-21　自动停车装置工作原理

当 X_1 显示红灯时，和 X_1 相连的轨旁自动停车装置会处于立起的状态。如果 B 车司机没有及时停车，处于立起状态的轨旁自动停车装置（Automatic Train Stop，ATS）会打击位于车底的紧急制动杆从而触发紧急制动。

在 X_2 显示绿灯时，和 X_2 相连的 ATS 处于躺倒状态，A 车可以顺利通过 X_2。

在上述思想的基础上，把自动停车装置（ATS）换成可以发送信息的地面应答器，并把位置往行车方向的上游移，就可以形成点式 ATP 系统的概念，如图 3-3-22 所示。

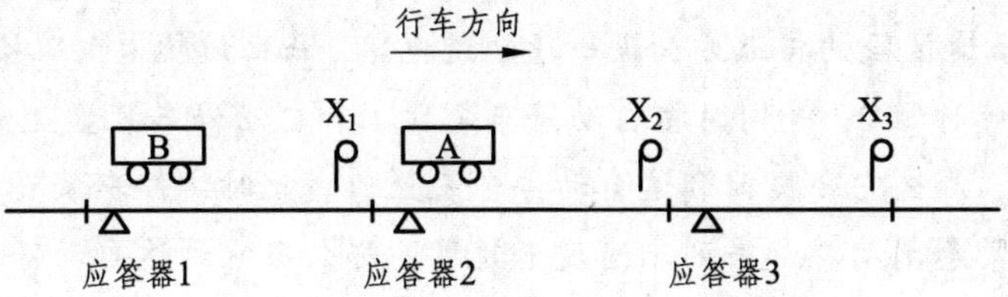

图 3-3-22 点式 ATP 系统示意图

同前面的轨旁停车装置一样，每个应答器和一个信号机相对应。不同的是应答器和信号机之前的连接要稍微复杂一些，需要一个中间设备把信号的显示状态转换成电码（ATP 码）传给相对应的地面应答器，再由地面应答器通过电磁耦合发送到位于车底的车载应答器。这样车载设备就可以获知前面信号的显示状态，并计算出相应的速度曲线。这种系统之所以被称为点式 ATP 是因为：

（1）它确实能起到列车自动防护（ATP）的功能。

（2）它向列车发送信息的方式是点式的，即通过地面应答器。与连续式 ATP 相比，点式 ATP 最大的弱点是列车不能及时收到线路条件的更新信息。比如一旦 B 车经过应答器 1，它就会根据 X_1 显示红色而计算制动曲线，即便稍后 A 车已经出清 X_1 和 X_2 之间的轨道区段，且 X_1 由红变绿。这样一来就会大大影响列车的追踪间隔，严重限制线路的通过能力。尽管点式 ATP 造价相对较便宜，但只有少数城轨系统采用它，而且有些也只是把它作为工程项目实施过程中的一个过渡，或作为连续 ATP 的一个后备。

（二）超速防护

从前面对闭塞的分析中可以看出，闭塞研究的核心是速度控制。如果某个线路区段由于曲线半径或别的原因而需要限速的话，也可以应用和在闭塞中所说的相似手段，即通过轨旁或车载信号向列车司机做出提醒。问题是：如果司机没能遵照执行怎么办？

为了保证行车安全，在列车超速的情况下，必须设法对列车施以紧急制动或称为迫停。具体的办法有多种，下面举两个例子。

例 1

利用轨旁列车自动停车装置进行超速防护

英国信号工程师 C.B.Byles 在为澳大利亚新南威尔士政府铁路工作期间（1911—1929），曾设计过一种自动超速防护装置，并于 1932 年正式投入使用。该装置是为地面停车装置配的一个计时器，而这个计时器又和一个轨道电路相连，并受其控制。整个自动超速防护系统地面设备的设置如图 3-3-23 所示。

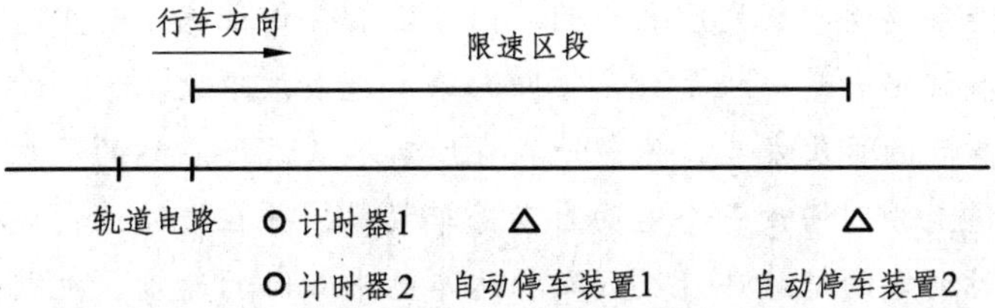

图 3-3-23 自动停车装置进行超速防护示意图

工作原理：在限速区段的接近方向设一段轨道电路。一旦该轨道电路检测到有列车占用，就启动计时器 1 和计时器 2，并同时把自动停车装置 1 和自动停车装置 2 变为“立起”状态。如果列车速度太高，那么它会提前到达自动停车装置 1。此时该停车装置还处于“立起”状态，会触发列车的紧急制动。如果列车速度不超限，那么当它到达自动停车装置 1'时，在计时器 1 的控制下该停车装置已经“躺下”，就不会触发紧急制动，列车就可以顺利通过停车装置 1。同样的，如果在接下来的运行中，列车速度超限，停车装置 2 会触发列车的紧急制动。

在 1975 年前，伦敦地铁也曾把类似的原理运用到行车控制。不同的是受控制的不是自动停车装置而是信号灯，即当轨道电路检测到有车占用时，会启动计时器。只有在计时结束时，信号灯才会由红灯转为绿灯显示。如果列车超速，那么它会提前到达信号机所在位置。因此时信号机仍显示红灯，所以司机必须停车，如图 3-3-24 所示。

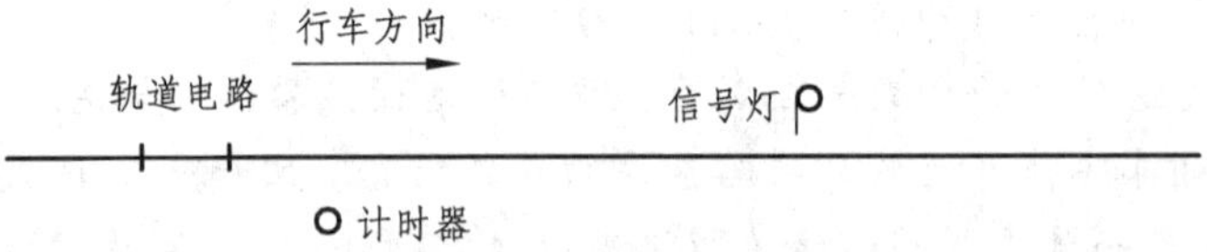

图 3-3-24　计时器 + 信号灯

这个系统只是提醒司机停车，但如果司机冲红灯，该系统并不迫停列车。

1975 年，伦敦地铁 Moorgate 站发生的一起严重的撞车事故改写了伦敦地铁行车控制的历史。Moorgate 车站是当时北线海波歌支线的尽头式终点站。站台后方是一段 20 m 的安全防护距离（Overrun Track）及与之相匹配的红色单显示信号灯，然后是一堆沙子，之后是一副油压车挡，车挡后方是砖墙，如图 3-3-25 所示。

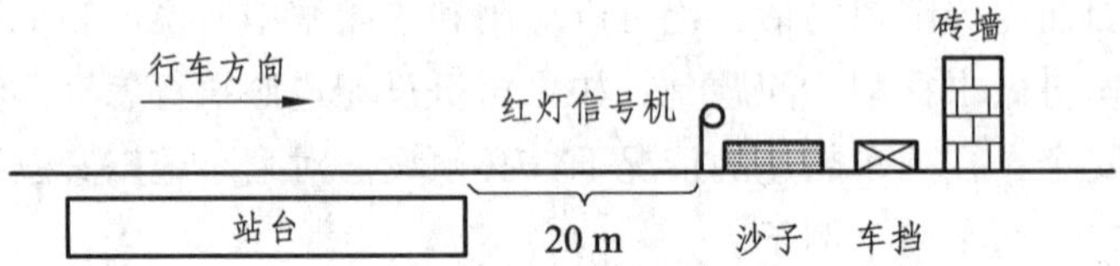

图 3-3-25　现场示意图

安全防护距离的作用是：当到站列车由于某种原因（比如轨道湿滑）没能在站台范围内停妥（即冲过停车点）时，这段轨道可以作为“储备”，给列车额外的停车空间。

当日 08:46，由司机 Leslie Newson（时年 56 岁）驾驶的 6 节编组的地铁列车，在进站后不但没减速反而加速冲过站台，以大约 64 km/h 的速度撞在车挡后面的墙上。事故造成包括司机在内的 43 人当场丧生。这是伦敦地铁史上死亡人数第二多的事故（第一多的事故是 2005 年 7 月 7 日的伦敦地铁爆炸事件，其死亡人数为 52 人）。

事故调查始终无法确定事故发生的原因。因为没有任何证据表明当时地面设备或列车本身存在问题，也没有证据表明司机是故意（即自杀）造成该事故。

为了避免类似事故的再次发生，伦敦地铁在所有尽头式终点站的尾端墙（即进站口）附近及车站中心的轨道上分别增设一个地面自动停车装置，并在进站方向设轨道电路及配套的计时器，以限制进站列车的进站速度及列车抵达车站中心时的速度，也就是前面所讲的英国信号工程师在大约 50 年前设计的自动超速防护系统。

例 2

在有车载信号的情况下，限速值可以反映在车上

车载设备通过对限速值与列车实际运行速度的比较，就可以检测到列车是否超速，并在检测到超速时采取相应行动，即先发出报警（声音、光或二者都有）。如果司机在规定时间内（通常只有 2～3 s）没能把速度降低，具有 ATP（Automatic Train Protection）功能的列车就触发紧急制动以迫停列车。但是此项功能是否能及时使列车停下，还取决于轨面条件，下面的案例就是有力的证明。例 1 中的办法也有同样的问题。

案例

1993 年 8 月 5 日 07:46，某地铁一列人工驾驶列车与因补充风压而未能及时离开前方车站的载客列车相撞，造成多人受伤。事故直接原因是：

（1）夜间施工作业使用的内燃机车漏油，导致轨道黏着系数降低。

（2）该段线路处于弯道，瞭望条件不良，如图 3-3-26 所示。

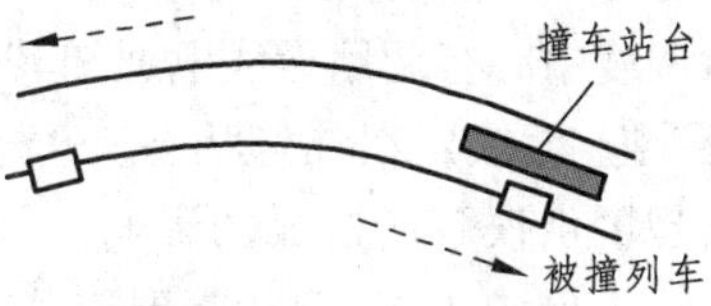

图 3-3-26　现场示意图

在这次事故中，肇事列车具备车载 ATP 功能，且该功能确实触发了紧急制动，但由于轮轨条件不好，最终没能避免撞车事故的发生，这说明 ATP 功能的发挥效果还取决于外界条件。

（三）联　锁

“联锁”一词有两个核心含义：第一，把几个相关事物联系起来；第二，把有关设备锁定在一定的状态。

传统的铁路联锁是对进路的管理，在城轨系统内联锁的管理范围有所扩大，包括了对站台隔离门、站台紧急停车按钮、区间防淹门等的管理。在学习联锁时，关键是学习进路相关知识，包括什么是进路、如何排列进路、进路排列的条件、如何解锁进路等。

1. 进路管理

联锁很重要，因为它会帮助确保冲突进路不至于同时被设置，进而避免列车正面或侧面冲撞的发生。

联锁虽然很重要，但并不神秘，只要想一想日常所看到的城市道路交叉口的交通灯，就可以明白联锁的道理。

在图 3-3-27 所示的交叉路口，如果处于交通流 a 和 c 中的司机看到的是绿灯，那么处于交通流 b 和 d 里的司机所看到的应该是红灯。这样做的目的就是把空间上可能出现的冲突，用时间划分的办法来化解。

当我们研究轨道交通的联锁时，还需要引入“进路”这个概念。究竟什么是进路呢？

从物理的角度来看，进路是有明确起讫点的一段线路。一旦相应的进路排列到位，列车就算是得到了授权从进路的起点行进到进路的终点。这个授权来自列控系统。换言之，在进路排列到位的情况下列车从进路起点到进路终点的运行是受到列控系统保护的，是“合法”的。

前面曾举过一个故障列车回库维修的例子，如图 3-3-28 所示。

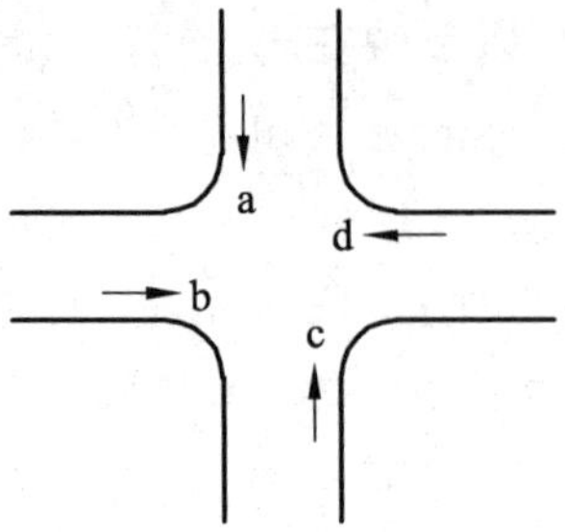

图 3-3-27　十字路口

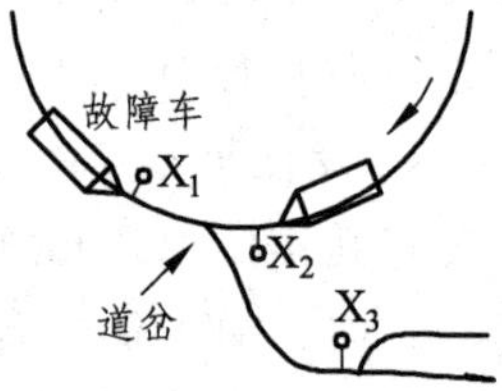

图 3-3-28　列车冲突示意图

一方面，故障车必须被调离正线，否则正线其他列车的运行也会受阻。在图 3-3-28 所示的轨道布置情况下，故障列车回库需要转换运行方向。另一方面，在轨道层面上，入库进路 JL13 要排列，信号 X_1 要开放（显示绿灯）。为了避免和其他列车发生碰撞，当然可以人为地由调度中心行调用无线电通知其他列车的司机，指示他们原地待命，但更好的办法是通过“联锁”把 X_2 锁定在红灯状态。这样车上的司机会得到更确切的信息，可以减少通话过程中可能出现的由误解所造成的影响。

上例中 JL13 涉及一副道岔。在排列 JL13 的过程中，该道岔会转换到要求的位置并锁定。当然也有不涉及道岔的进路，如图 3-3-29 所示。

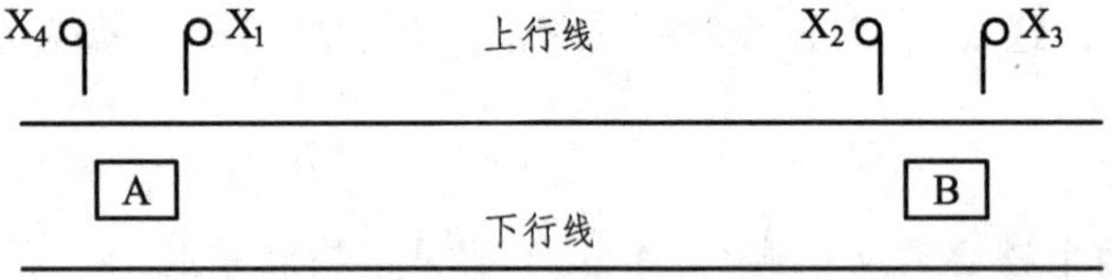

图 3-3-29　无道岔进路

图中上行线有两个可能的进路 JL13 和 JL24。第一个进路 JL13 是给位于 A 站的列车运行到 B 站用的。到达 B 站后，该列车换向，再驶回 A 站，这时就要求第二个进路 JL24 排列到位。这个例子所描述的其实是一种特殊的行车方式：用一条线往返运行。当然这样运行效率是不高的，所以只是在另一条线（下行线）故障时，临时维持运行才这样做。不过这里想说明的问题是：进路并不一定涉及交叉路口。

为了更好地理解进路的意义，大家可以联想一下道路表面经常可以看到的如图 3-3-30 所示的箭头。

图 3-3-30　道路箭头标记

假设有一条新路，路面已经完工，杂物也已经清走，只是还没有做任何标记，这条新路是不可以用的，因为大家不清楚这是条单行道还是双行道。排列进路在某种程度上就相当于在轨道起始点做标记，一旦标记做好，就算是发出了授权，允许列车通行。

当我们说两条进路互为冲突进路时，有两种可能的情况，如图 3-3-31 所示。

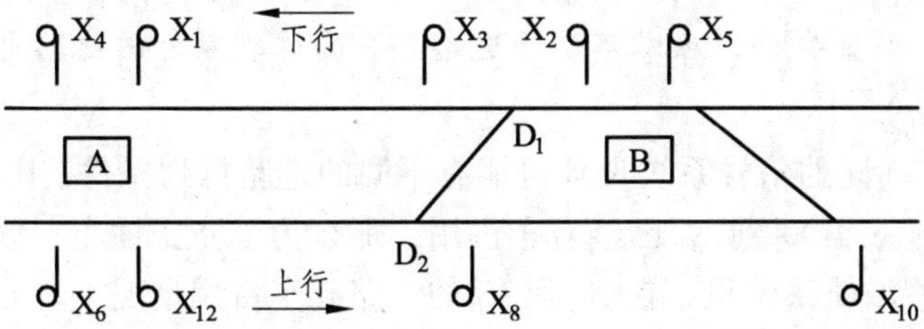

图 3-3-31　允许双向行车的列控系统的信号机布置示意

（1）由于道岔只能处于定位和反位中的一个位置，所以两条相关进路无法得以同时排列。如 JL35 和 JL26，对道岔 D_1 位置有不同的要求，所以无法同时排列。

（2）虽然两条相关进路对道岔位置的要求是一致的，但如果允许两条进路同时排列，被允许运行的两列车会占用相同的空间位置，如图 3-3-31 中的 JL35 和 JL24。

有的材料把（1）对应的情况称为敌对进路，而把（2）对应的情况称为冲突进路，本书把它们统称为冲突进路。

进路能否排列到位，要看是否满足相关条件。仍以图 3-3-31 为例，如果要排列 JL26，那么必须满足以下条件：

（1）任何与 JL26 有冲突关系的进路均未被排列，包括 JL35、JL24、JL86 等；

（2）沿途道岔已经处于该进路要求的位置并锁闭；

（3）从 X_2 到 X_6 没有列车（有些系统不要求具备这一条件，下文中有提到）；

（4）能够设置进路保护区段；

（5）侧翼防护的要求。

和条件（4）类似，为了保证安全，原本不在进路范围内的道岔也可能会被列为照查条件之一。

以图 3-3-31 中的 JL24 为例，虽然 D_2 道岔并不在 JL24 范围内，但在排列 JL24 时，要求道岔 D_2 所处位置能防止位于上行线的列车通过 D_2D_1 而进入下行线，而且这个位置必须能被系统检测到。换句话说，假设 D_2 失去检测（即“道岔失表”，系统不能断定它的确切位置），那么 JL24 就不得排列。也就是说其他地方的道岔出了故障，也可能会影响 JL24 的排列。这就是所谓的“侧翼防护”。

小资料

关于进路保护区段，以图 3-3-31 中 JL13 为例：排 JL13 是为了使从车站 A 到车站 B 的列车能够从 X_1 运行到 X_3。一定要考虑到如下可能发生的情况：列车抵达 X_3 时没有能够按计划停下来，结果冲过了 X_3。为了保证即使列车冲过 X_3 也不会出事（撞车或脱轨），就需要在 X_3 的下游方向设一保护区段。在该区段内：

（1）如果有道岔，那么这个道岔的位置要正确，并锁定。所谓正确是指列车冲过来的话，不会挤岔、出轨。

（2）该段线路没被其他进路所征用。

该进路保护区段的长度和列车在相关进路里所允许的最高速度、该段线路的坡度、列车的制动性能都有关，所以并不是一个固定值（随地点而变）。系统设计时会针对每个进路逐一确定。

由此看出，为了保证安全，原本不属于进路部分的这段额外的线路也会被纳入进路排列的条件范围内。

值得注意的是，不同的信号系统设计可能有不同的进路排列条件。比如上面的条件（3），在有些城轨系统里，一旦 X_2 到 X_6 已经有车占用，那么为了防止撞车，就不允许第二列车进入 JL26。而在另一些城轨系统里，在 X_2 到 X_6 的线路有车占用情况下，允许排列 JL26 进路，但 X_2 开放显示黄灯，而不是绿灯，称为引导信号，提醒列车司机：虽然进路排好，但要小心驾驶，随时准备停车。这主要是为了方便列车或车列的连挂，比如故障救援。还有一些系统，因为有速度码等形式的闭塞，所以即便有车占用 X_2 到 X_6 的线路，仍然允许 JL26 正常排列，并允许 X_2 开放正常显示（绿灯）。这是因为列车司机在驾驶台上有速度码提示，一旦接近已处在 JL26 里的列车，车载信号会给出相应表示。

这里又引出一个新的概念——多次进路。在传统上，一条进路排好，进路始端信号开放后，列车进入进路。随着列车的行进，进路会逐段解锁，恢复到排列前的状态。等下一列车来的时候，需要重新排列进路。现在有些城轨系统具有多次进路的功能，即一条进路排好后可以被多个追踪运行的列车使用，直到人工取消多次进路为止，这样做的好处会在本章的第五节描述。在上面的例子中，JL13 可以作为一个多次进路。当第一列车驶过 X_1 时，X_1 并不变红，后续列车可以继续使用该进路，靠基于车载信号的闭塞避免追尾。

与多次进路相比，传统上的进路可被称为一次进路。

对于多次进路，其解锁的第一步是先由人工改成一次进路，否则它永远不会解锁。接下来讨论一次进路的解锁。

（1）自动解锁。

列车驶过该进路，进路自动解锁。在这个解锁过程中，进路是分段式逐步解锁的，这是最常见的解锁方式。

（2）人工解锁。

解锁指令来自调度，调度通过人机界面发出解锁请求，进路是否立即解锁要看当时列车的位置，如图 3-3-32 所示。

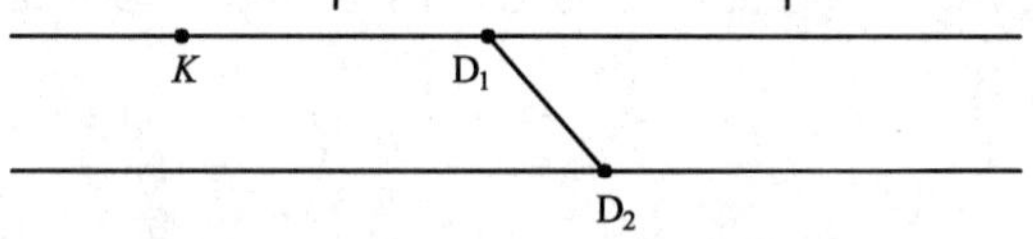

图 3-3-32 人工解锁与列车位置关系

- 假设在行调发指令解锁 JL12 时，列车位于“进路接近点 *K*”的上游，那么联锁系统会立刻解锁 JL12；X_1 也由绿灯变回红灯，因为列车离该进路还很远，JL12 的解锁不会使列车最大允许速度发生突变。当然 JL12 的解锁使列车不能按原计划一直行进到 X_2，但并不会使列车施加紧急制动。

- 假设在行调发进路解锁指令时，列车已经越过 K，即处于 K 的下游，那么联锁系统只会把 X_1 由绿灯变为红灯以警告列车前方有问题，但不会马上解锁 JL12，D_1 也会继续被锁定在原来的位置不能转动，这是为了避免列车脱轨。红灯的出现会导致列车施加制动。这种情况下 JL12 的解锁是所谓的“延时解锁”，即在设计时，计算出一个时间，比如 90 s，在 X_1 变红 90 s 后，列车应该已经因紧急制动而停下来了，这时进路就可以解锁了。

K 的具体位置与该段线路的列车最高速度有关，允许的速度越高，K 到 X_1 的距离就越远。

以上讲了进路的概念、排列进路的含义、排列进路的条件及进路的解锁，接下来讲人工排进路和自动排进路。

在没有联锁设备的情况下，扳道员人工扳道岔，并向列车司机打手信号示意进路已经开通，可以行进。在有联锁设备时，道岔和信号有联动，一旦扳道员把道岔 D_1 扳到位，X_1 即刻作相应显示，如图 3-3-33 所示。

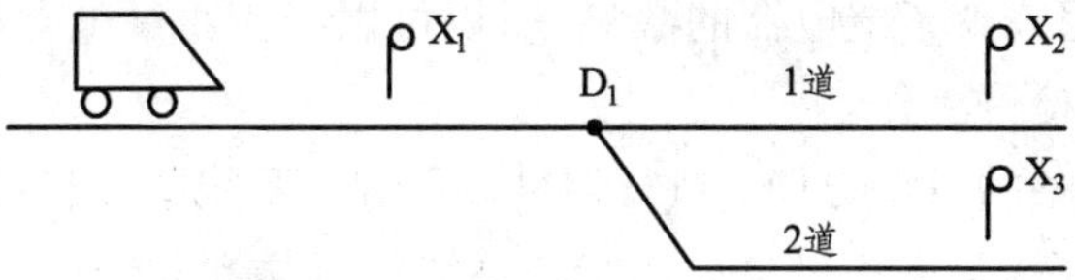

图 3-3-33　信号机与道岔联锁

采用调度集中以后，道岔由信号楼的值班员远动操作，现场不再需要扳道员。在信号楼有控制面板，面板上有相应的线路表示以及和信号机对应的进路控制按钮。比如，信号楼值班员按压对应 X_1 和 X_2 的控制按钮，则 D_1 开通 1 道方向，X_1 亮绿灯。等列车出清 D_1 后，X_1 点亮红灯。如果值班员按压与 X_1 和 X_3 对应的控制按钮，那么 D_1 开通 2 道方向，X_1 亮绿灯。

最初，铁路虽然有道岔，但没有联锁设备。后来为了提高安全系数，开始引入联锁的概念。联锁设备在发展过程中曾出现过四种形态：机械联锁、机电联锁、电气联锁、微机联锁。

（1）机械联锁。

在机械联锁的情况下，各有关设备之间的制约、联动关系完全由机械装置来实现，不涉及电。下面的这个例子虽然不是来自铁路，但极具代表性。

人们发明飞机并不是为了打仗，但后来大家发现飞机可以用于作战。一开始枪是随身携带的，开飞机打仗就像骑在马上射箭一样。后来人们想使枪和飞机一体化，特别是机枪，但碰到了一个难题：因为当时都是螺旋桨飞机，而且螺旋桨都安装在机头。如果要把机枪也安在飞机头，开枪时就有可能把自己的螺旋桨打烂，那等于是自杀！很快就有一个聪明人想出来一个巧妙的解决办法：把飞机的螺旋桨和机枪的扳机通过齿轮组联系起来，使得只有当螺旋桨的叶片不挡在机枪的枪口前面时，扣动扳机才能发射子弹，否则，即便扣动扳机，也不会射出子弹。

（2）机电联锁。

操作人员操纵的设备之间用机械形式相互联锁。但现场设备，如道岔和信号机的动作是靠电力。

（3）电气联锁。

电气联锁是利用由继电器组成的逻辑电路实现道岔、进路和信号机之间的联锁。

（4）微机联锁。

微机联锁是一种运用微型计算机对人员的操作命令及现场设备状态信息进行逻辑运算，

从而实现对信号机及道岔等进行集中控制的联锁设备。从有接点（使用继电器）到无接点（使用微机）的变革，使联锁设备更加小巧而可靠。微机联锁有如下优点：

- 采用计算机软硬件实现联锁逻辑关系，联锁设备动作速度快，信息量大，容易实现信号系统的自动控制和远程控制；容易扩大控制范围和增强控制功能。
- 设备体积小，机件重量轻，可节省信号设备房的建筑面积，降低材料消耗和工程造价，同时也便于安装调试和维修。
- 采用了软件，更能适应站场的改建与扩建。在站场改扩建时只需修改软件。
- 操作简便，改善了操作人员的工作条件，更利于防止误操作，并提高了作业效率。
- 容易和其他自动化系统衔接起来形成更大的整体控制系统，比如可以同旅客服务系统和列车运行监护系统等相连。
- 可以及时对故障做出报警。
- 由于软件的应用减少了继电器的数量，所以可以减少由继电器故障所可能带来的对列车运行的影响及相应的检修工作。

微机联锁是联锁设备的发展方向，执行器件电子化，系统组成标准化，使行车、调车（主要在车辆段）、操作和维修等进一步自动化，使系统的可靠性和安全性进一步提高。

2. 其他管理

联锁系统的其他管理包括对其他影响列车运行安全的有关设备的状态管理。

（1）站台隔离门。

当站台隔离门状态不明或处于开门状态时，联锁系统会向列控系统中的速度码控制设备发送信息以确保向接近的列车发送零速度码以防止该列车进站。

（2）站台紧急停车按钮。

当站台紧急停车按钮被启动时，联锁系统会向列控系统中的速度码控制设备发送信息。以图 3-3-34 为例，速度码控制设备会进而将站台范围及站台前后规定范围内（图中为 50 m + 180 m + 180 m）的速度码设为 0，列车的反应取决于它当时所在的位置和速度。比如：

- 如果列车位于 A1，那么该列车将会施加常用制动；
- 如果列车位于 A2，而且速度较高，那么该列车将会施加紧急制动；
- 如果列车已经进入零速度码区，那么该列车也将会施加紧急制动；
- 如果列车停在 A3 处，则该列车将不会起动离站；
- 离站的列车如果还没有出清零速度码区（如 A4 位），那么该列车也将会施加紧急制动。

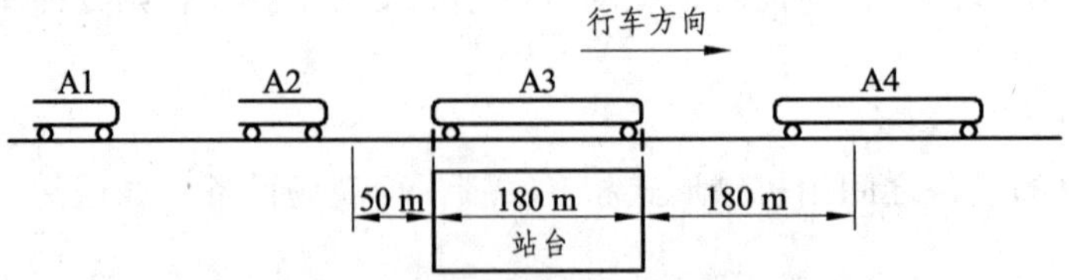

图 3-3-34　站台紧急停车按钮控制范围示意图

（3）区间防淹门/人防门。

区间防淹门/人防门在正常情况下是锁闭在全开状态以便列车的正常通行。一旦状态改变或状态不明，联锁系统就向列控系统中的速度码控制设备发送信息以阻止列车接近。

案例

2019 年 1 月 8 日 17 时许，某轨道交通环线一区间，因人防门侵入限界导致列车与人防门相撞。事故致 1 名乘客和 2 名工作人员受伤，另有 1 名工作人员经抢救无效死亡。人防门是地铁隧道内起隔离作用的门，主要用于战时防空。人防门侵入限界，是指这道门未处于正常全开状态。把人防门的状态纳入联锁的监管范围，可以避免此类事故的发生，因为一旦联锁"发觉"人防门未处于全开状态，就会将相关信号灯置于红显，阻止列车继续前行。

事故列车如图 3-3-35 所示，全开的人防门（并非涉事的人防门）如图 3-3-36 所示，半开的人防门（并非涉事的人防门）如图 3-3-37 所示。

图 3-3-35　事故列车

图 3-3-36　全开的人防门

图 3-3-37　半开的人防门

二、列车驾驶（TO）

对于列车的驾驶，其本质是对速度的调整，是通过向列车的牵引系统和制动系统发出指令来实现的。

列车什么时候需要加速？

（1）重新起动后，比如从车站发车，或在中途一度停车后；

（2）通过限速区之后，运行中的列车可以提速；

（3）禁行点沿列车运行方向前移，运行中的列车可以暂时提速。

减速的情况刚好相反，比如列车要进站停车，或接近限速点时就要减速。

决定列车加减速的影响因素包括三方面：安全、服务和效率。例如为了避免追尾及脱轨，列车需要减速；为了乘客乘降，列车需要到站减速停车；为了从车站发车以及有较高的运行效率，列车必须加速。

此外，对列车的驾驶还应包括对列车方向的调整。与其他交通方式不同，列车运行方向的调整不是靠方向盘，而是通过道岔或者调头来实现的。

最早的列车驾驶是全人工的。随着技术的发展，特别是随着对安全和效率的要求的提高，城轨列车的驾驶开始自动化，有些甚至实现了无人自动运行。现在自动模式（AM）、有码限速人工模式（CM）、无码限速人工模式（RM）和无限速全人工模式（URM）已经成为城轨列车驾驶模式的标准配置。下面针对每种模式，特别是它们和整个列控系统的关系逐一做详细介绍。讲解的顺序是AM、CM、RM、URM，这个顺序对应于实际运营管理过程中选择驾驶模式的优先顺序，即在实际运营中应首选AM。当由于设备故障等原因无法使用AM时才选用CM，以此类推。

（一）自动模式

自动模式下操作列车的是计算机（车载ATO）而不是人。自动模式又有完全无人的自动模式以及有人值乘的自动模式两种。

1. 无人的自动模式

如图3-3-38所示，以某无人驾驶城轨系统为例先讲完全无人的自动模式，这包括对如下方面的描述：列车出段上正线、到站定点停车、车站作业、站间运行、终点站折返、列车回段。

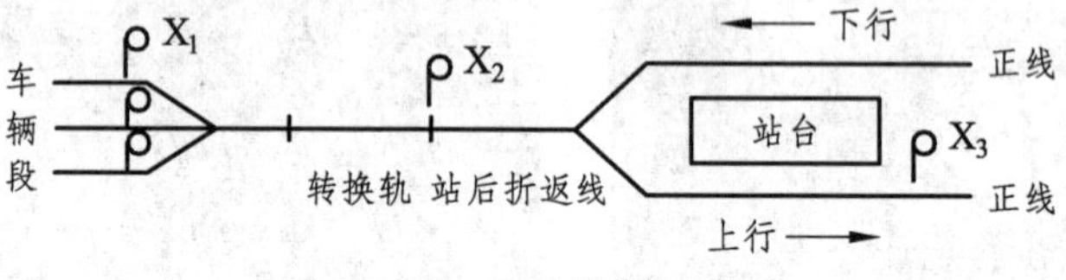

图3-3-38　系统举例示意图

（1）列车出段上正线。

① 列车的唤醒。

列车时刻表对列车的运行有详细的安排，这包括正线上的运行以及虽在车辆段内但与正线服务有关的运行。与正线运行无关的，如为了进出车辆检修库而进行的调车作业，没有定式，随机性强，并不反映在时刻表里。

列车时刻表存储在调度中心的计算机里。早晨按时刻表里所定的时间向列车发出唤醒指令①。处于睡眠状态的列车，虽然绝大部分设备处于断电状态，但仍有部分设备处于带电工作状态，随时准备接收唤醒指令。

① 该指令是通过车地双向通信设备传到车上的。车地双向通信的方式有多种，比如波导管、无线电波。该指令也可以由调度通过电脑终端（工作站）的人机界面发往列车。该指令是有针对性的，即发往指定的列车，指示指定的列车对其作出回应。

收到唤醒指令后，车载设备恢复供电，包括车载 ATO 及 ATP 计算机。车载设备自检之后向轨旁 ATC 报告自检结果。如果自检是成功的，轨旁 ATC 会进一步指示车载 ATC 进入“车辆段运行模式”。

② 进路的排列。

从列车睡眠所在位置到出段线转换轨（车辆段和正线间的过渡部分）的进路排列可以由调度员在控制中心发指令，也可以由系统根据时刻表及列车所在位置自动发指令。轨旁联锁设备检查其是否满足进路排列所应满足的条件，如果条件都具备，联锁设备就指令相应道岔转到进路所需位置并加以锁闭。

联锁设备把“进路已经排定”的信息发给闭塞设备，闭塞设备则指示列车：禁行点已经从 X_1 移到新排列进路的终点信号机，比如 X_2。

③ 列车移动到转换轨。

在列车真的开始移动之前，还有最后一个步骤：调度通过工作站的人机界面向列车发放“自动模式动车授权”。如果没有这个授权，列车不可以用自动模式行进，只能用人工驾驶模式行进。

获得动车授权后，列车自动鸣喇叭，并且闪头灯以警告可能在存车线附近的工作人员，然后车载 ATO 在 ATP 的监督下控制列车速度向转换轨行进。

④ 进入正线。

如果进入正线的进路已经排好（这由正线上相应的联锁设备负责），出段列车可以不在转换轨停车，而直接上正线。在经过转换轨的过程中，轨旁 ATC 会向车载 ATC 发指令，将运行模式从“车辆段模式”转换成“正线服务模式”。此外，轨旁 ATC 还根据列车运行图向车载 ATC 分配一个列车服务号，这个服务号也就是车次号。同时，轨旁 ATC 还把接下来的部分线路的信息（包括车站停车点的编号及位置，沿线应答器的编号及位置等）发给车载 ATC。

（2）在车站的定点停车。

进入正线的列车运行一段距离后，接近第一个车站（见图 3-3-39）。为了能在进站后准确地停在预定的停车位（尤其是在有站台隔离门的情况下，需要车门和隔离门对准，精度要求 ± 50 cm），在进站线路上及站内的轨道上设置了无源应答器，如图 3-3-39 所示。

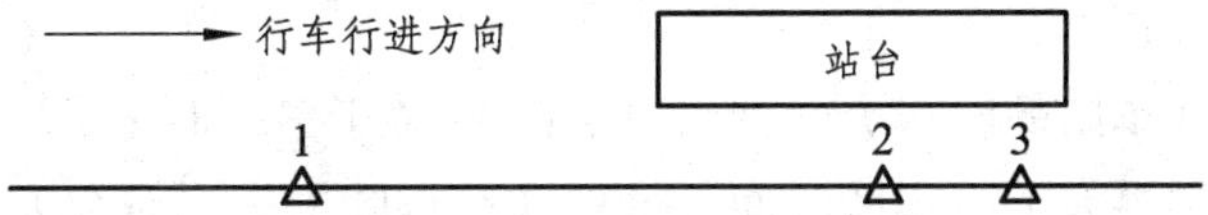

图 3-3-39　定点停车无源应答器

列车在每次（共两次，即对应应答器 1 和 2）收到应答器的信号后，都会对速度进行检查及必要的调整，以实现精确停车。

列车停稳之后，会通过第三个应答器（定点停车对位应答器）来判断是否停准了。这第三个应答器的尺寸为 1 m。1 m 是该应答器的有效通信范围，对应于 ± 50 cm 的到站停车精度。如果车载接收器在停车后落在这个 1 m 范围内就会收到应答器传来的信息，说明停准了。如果在停车后还没收到该应答器的信号，列车会认为自己停得太早了，并重新起动，向前慢速移动。在这个移动过程中，制动系统会施加部分制动力，以确保移动速度低于 3 km/h；如果停车前收到，但停车后不能继续收到来自定点停车对位应答器的信号，列车会认为自己停得太迟了，越位（或称为冒进）了。在这种情况下，如果冒进不超过 6 m，列车也会再次起动，向后慢速移动，同样的有相应制动力来保证低速。如果冒进超过 6 m，列车会再次起动前往下一站。

上述向前或向后的低速移动是系统自动执行的。不过向后的自动移动有个条件：列车越位的程度较小。该城轨系统定为 6 m，即如果越位超过 6 m，列车就不会自动向后退，而是重新起动后驶往下一站。如果越位发生在终点站，而且超过 6 m，列车就不会自动再起动，而需要司机来人工驾驶。如果在站后有折返线，就驶往站后折返线，然后换向，以人工或自动模式驶回另一站台让乘客下车。如果在站后没有折返线，就由司机把车人工驶回站台范围，对准后开门让乘客下车（见图 3-3-40）。

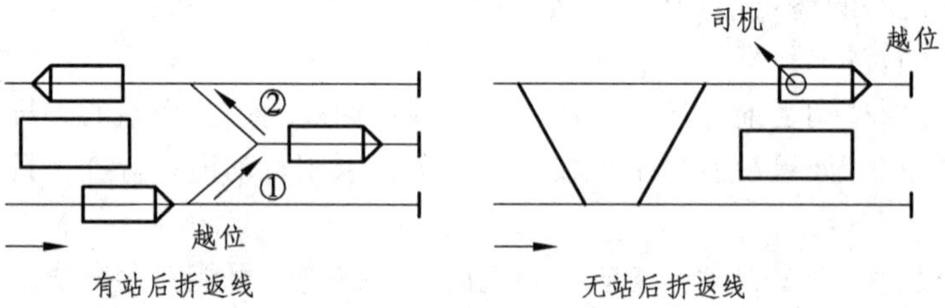

图 3-3-40 停车对位处理示意图

（3）车站作业。

列车的车站作业是指开门、上下客、关门及从车站发车。

① 开门、上下客。

当同时满足车速为 0、车载牵引系统已经终止向牵引电机供电、列车位置正确、已施加制动等条件时，车载 ATP 允许车载 ATO 发指令打开站台一侧的车门。

另一方面，车载 ATP 通过车地通信通知联锁计算机可以发指令给站台隔离门的控制器，以同步开启隔离门。

如果站台一侧的车门中有一个发生了故障，不能开门，那么与之相对应的隔离门也会保持关闭。反之亦然，即如果某个隔离门因发生故障而不能开门，那么相对应的车门也会收到指令保持关闭。

② 关门及发车。

列车到站停稳打开车门的时候会收到来自 ATS 的关于停站时分的指令。停站时分指的是从开门到关门的这段供乘客上下车的时间。虽然在运行图中事先对全天各时段各站台的停站时分做了安排（比如对图 3-3-41 中的 B 站台，早高峰时因为人多，停站时分定为 40 s，而非高峰期内定为 25 s），但是出于运营调整的需要（比如有一列车晚点 1 min），ATS 会根据列车实际到站开门时间对停站时分做调整。

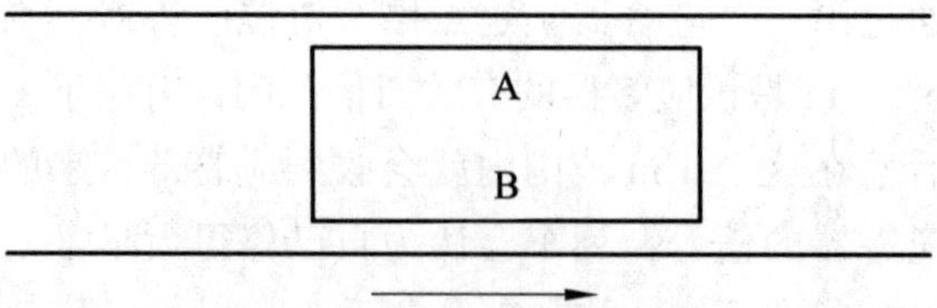

图 3-3-41 站台举例示意

在下列情况下，车载 ATO 不会发关门指令：

a. 如果停站时分尚未结束；

b. 如果调度曾发过站台扣车命令，而且尚未取消；

c. 如果有隔离门处于故障状态，系统不能确认它是否处于锁闭状态；

d. 如果有站台紧急停车按钮被按动，且尚未恢复；

e. 如果出站方向的“禁行点”很靠近站台头端墙。这一条件是为了避免列车出站后不久由于禁行点的存在而不得不停在区间，特别是隧道区间。

如图 3-3-42 所示，以 X_1 为起点的进路尚未排列，信号灯 X_1 就会显示红色，即“禁行点”在信号灯 X_1 处。

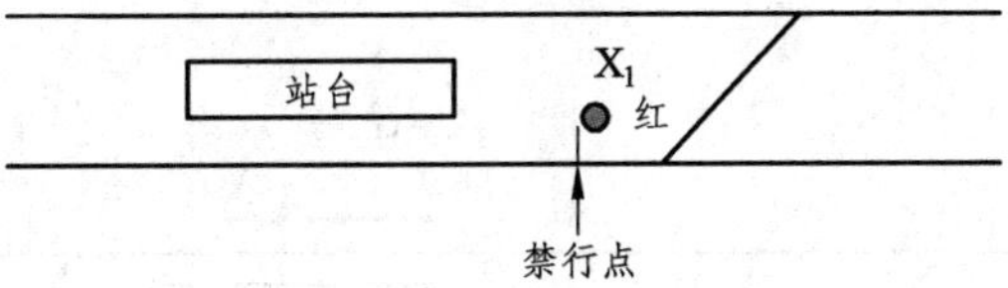

图 3-3-42　信号机导致禁行点

如图 3-3-43 所示，出站方向不远处有车占用，即“禁行点”处在前行车的后方。

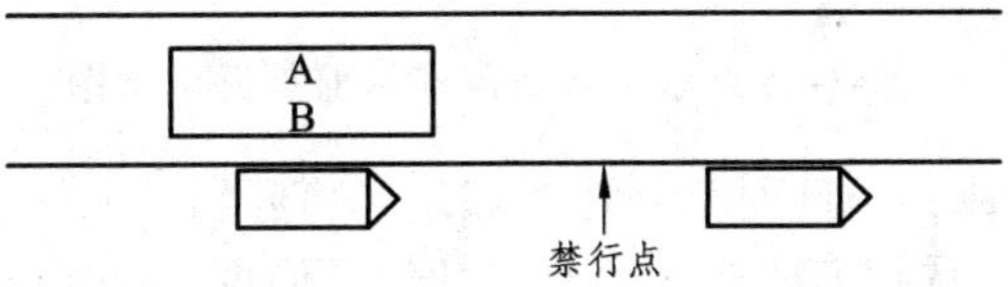

图 3-3-43　前方有车占用导致禁行点

（4）站间运行。

列车关门时会从 ATS 收到关于下一区间的运行时分的指令，比如 100 s。

车载 ATO 会根据如下几方面的资料计算出一个速度曲线（见图 3-3-44）：

① ATP 所管理的区间运行的速度上限。

ATO 不会考虑超过这个上限。这个上限可能是线路条件（如弯道）所决定的永久速度限制，也可能是由其他原因（如接触网情况不良）而由行调通过人机界面设置的临时速度限制。

② 区间的长度及线路情况。

③ 列车自身牵引、制动性能。

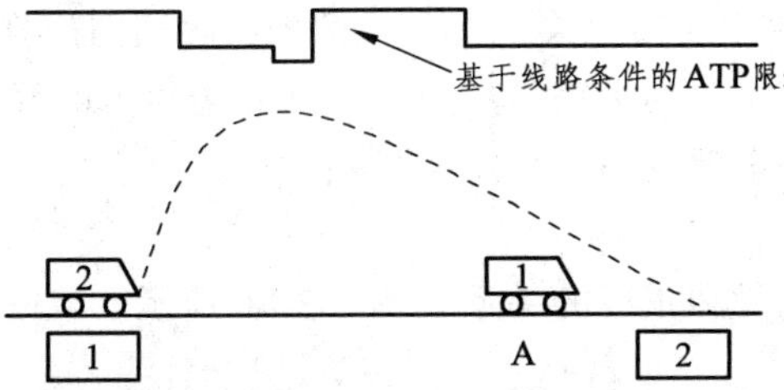

图 3-3-44　区间运行速度距离曲线

在计算速度曲线时，ATO 会考虑节能要求，从而得到优化的速度曲线，之后就以此曲线为指导来综合使用牵引和制动系统调整列车的速度。

值得指出的是，在计算速度曲线时，并不考虑前方是否有车。因为，即使前面有车，假如这个前行车也是以正常速度行进的话，并不妨碍后续的车按计算出来的速度曲线行进。

问题：如果前行车由于某种原因（比如车上设备故障）而停在区间内，比如 A 处（见图 3-3-44）会怎样？

答案：前行车引起的“禁行点”会使得续行车不得不减速，甚至停车，这是闭塞功能的体现。假设续行车因前行车的停顿而停了下来，那么在前行车恢复运行（比如派了司机进入前行车用人工模式把车开向 2 号站）后，续行车会自动起动，并重新计算速度曲线，争取把延误的时间赶回来，虽然未必能做到。

（5）终点站的折返。

对于如图 3-3-45 所示的站前折返，列车到站开门后，列车的头尾（即 A 端和 B 端）会自动互换角色，即 A 从车头变成车尾，而 B 从车尾变成车头。指令列车进行上述头尾互换的是 ATS 的时刻表功能。

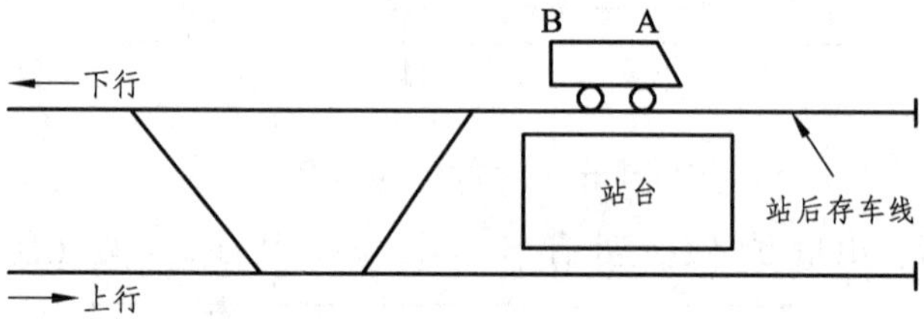

图 3-3-45 无人自动模式站前折返示意图

当然系统也可以设计成：一旦列车到达终点站停稳开门，无须 ATS 指令，由列车自动进行头尾互换。这是因为列车依据所收到的停车点的编号信息，能够判断出它已经到终点站的站台。而该站是站前折返，所以自然地要进行头尾互换。这种设计是由车载 ATO 自发进行头尾互换，而前一种设计是把互换的要求编在运行图里，由 ATS 触发互换。

第一种设计有一个好处，即可以在运行图中对有的车规定在到站、开门后不进行头尾互换，而是在完成车站作业后，继续前行到站后存车线，退出服务。在实际运营过程中，早高峰过后会有部分列车退出服务，可以这样处理一到两列这种车。而在晚高峰前再利用运行图把它（们）从站后存车线调出来重新进入服务。

对于图 3-3-46 所示的站后折返站，基本原理相同，其过程为：列车到上行站台进行车站作业（乘客上下）之后，行进到折返线。停妥后换向，然后自动开回下行站台。当然在上述过程中，进出折返线的有关进路必须排好。进路的排列可以是由 ATS 来发指令，也可以设计成由列车来触发，比如一旦列车在折返线停妥，就像控制隔离门那样，通过由列车向轨旁 ATC 发信号来排由折返线到下行站台的进路。后一种设计有个很大的好处：即使 ATS 发生故障，站后折返仍能进行。这样一来就提高了系统的可用性。

（6）回段。

为方便讨论，假设车辆段和正线的关系如图 3-3-46 所示。

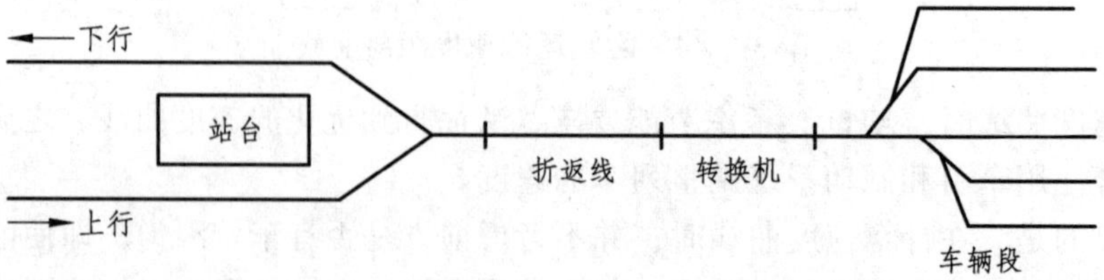

图 3-3-46 回段示意图

作业过程的开始部分类似前面讨论的站后折返。但由于现在列车是要回段，所以要确保列车在离开上行站台前往折返线时车上已经没有乘客。虽然折返列车最好也是空车（不带乘客），但对回段列车而言，这一点变得尤其重要。

为了列车清客，在列车到达上行站台前就会有车上广播提醒乘客：列车将退出服务，请乘客务必在列车到站后下车。但是这样的广播仍是不够的，因为有些乘客可能没有听到，比如坐车时睡着了，或是戴着耳机听音乐等。这就有必要安排工作人员进行人工清客。

清客后的列车经过折返线进入转换轨。在转换轨处收到轨旁 ATC 的指令，将运行模式由正线自动模式转换成段内自动模式。两种模式的最大区别是：段内自动模式把车速限制在较低（比如 20 km/h 以下）水平，而在正线上，列车可以高速（80 km/h）运行。

和出段有些类似，回段列车在经过转换轨时，如果进段进路已经排好，列车可以不停车，直接进段。

小结：

上面介绍的是无人（除回段列车的清客需要人工介入外）自动模式的一种做法。这样的系统在国外早已实现，并已经有多年的运营经验。中国目前这样的系统还为数不多，但有逐步增加的趋势。为了把如此复杂的运作过程完全自动化，需要大容量、高可靠性的通信手段来支持车上和轨旁设备之间的信息交流（车地通信）。这一信息交流的两个最大特点是：量大且速度快。所以通信是成功的核心。这也是为什么大家给这类列控系统起名 CBTC 的原因。CBTC 就是基于通信的列控系统。当然另一个不可缺少的要素是功能强大的计算机，能快速处理信息。

实际的系统比上面描述的情况要复杂得多，这里的讨论侧重于无人自动模式（AM）的基本工作过程。要说简单，这个工作过程也算得上简单，因为不外乎是车上计算机和轨旁计算机之间通过互换信息紧密合作。

这种无人自动模式是目前的“最高境界”，接下来所描述的有人自动模式更为普遍。

2. 有人的自动模式

这种系统通常在车上设有专门的司机室。司机的主要职责有两个：第一，监视设备运行情况，在必要时人工介入，这包括在看到线路上有危险时启动紧急制动，还包括设备故障时的人工驾驶；第二，列车在停站结束时，人工关门，并按压“ATO 启动”按钮。当然这个按压“ATO 启动”按钮的动作也可以通过和“关门”状态联系起来而省略。

（1）出段。

通常有人自动模式的系统在设计上不具备段内自动模式功能，自动模式只在正线上用。车辆段内的轨旁设备中没有 ATP 部分，所以不支持自动模式。

列车出段的第一步是司机到存车线上车，起动列车，进行列检，然后通过无线对讲报告车辆段行车调度“已经准备就绪”。

车辆段行调安排相关进路，然后授权司机以 RM（无码限速人工模式）驾驶列车前往转换轨。这里需要指出的是：RM 时列车的速度限制在较低水平（如 20 km/h）；这个限制是完全在车上实现的，和轨旁设备无关；这个限制对于一条城轨线而言是固定值，比如 20 km/h 就只是 20 km/h，不会变成 25 km/h 或其他值。

司机在接到授权后，鸣笛，动车，注意瞭望，谨慎驾驶：一方面保持速度在限速以下，另一方面随时准备停车。在行进过程中一旦发觉有不安全情况，比如轨道上有障碍物，或有人员穿越轨道（在车辆段内，工作人员较多，人员穿越轨道的可能性会比正线高，这也是为什么段内行车速度要低的主要原因）要马上停车。

列车到达转换轨后一度停车，司机把驾驶模式从 RM 转换为 AM。转换轨是有轨旁 ATC 的，列车的车次号可以由司机人工键入，也可以是由轨旁 ATC 发给列车。

进入正线的进路排好后，列车就可以上正线了。这个进路的排列可以由系统根据时刻表自行实现，也可以由正线行调来人工完成。

（2）在车站的定点停车。

从总体上看，有人的自动模式在车站的定点停车和无人的自动模式一样是靠设在轨道上的应答器来定位的。不同的是，有人的自动模式通常没有在没停准的情况下自动重新起动、向前或向后低速移动以调整停车位置的功能。必要的向前或向后的低速移动需由司机人工进行。

（3）车站作业。

在有人的自动模式下，列车到站后的开门也是自动的，开门的条件也和无人的自动模式一样。不同的是关门是司机操作的。为此通常会有一个站台停站时分倒计时器，可以设在站台头端墙适当的地方，也可以设在驾驶室内，其作用是告诉司机还有多久就要发车了。

司机在停站时分快要结束时（通常是结束前 5 s）通过一定途径检查乘客是否已上下完毕。检查途径可以是下面情况的一种或几种的组合：

① 靠安装在司机室内或站台头端墙适当地方的闭路电视显示屏；

② 站在站台上目测；

③ 靠站台工作人员发信号。

在确认乘客已经上下完毕后，司机按关门按钮，车门关闭，隔离门也同时关闭。为了让列车从车站发车，一种做法是司机按压“ATO 启动”按钮，另一种做法是把列车起动发车和车门关闭连起来，即一旦车门关闭，列车就起动离站。目前第一种做法比较普遍。

司机按压车门关门按钮后，车门能否关闭，其条件和前面无人的自动模式一样。

（4）站间运行。

和无人的自动模式一样，列车起动后由车载 ATO 负责控制速度，直至到下一站停车开门。如果在途中遇到意外而半路停车，需重新起动，通常是由司机通过按压“ATO 启动”按钮来实现，当然如果是因列控系统故障而致使列车不可以用 ATO 模式运行，那么就只好由司机人工驾驶了。

（5）终点站的折返。

在有人的自动模式下，对于站前折返（见图 3-3-47），列车到站开门后的头尾角色互换是由司机人工完成的：司机在 A 端把主控钥匙转到“关/off”位并取下，步行到 B 端把主控钥匙插入驾驶台上的钥匙孔，旋到“开/on”位。

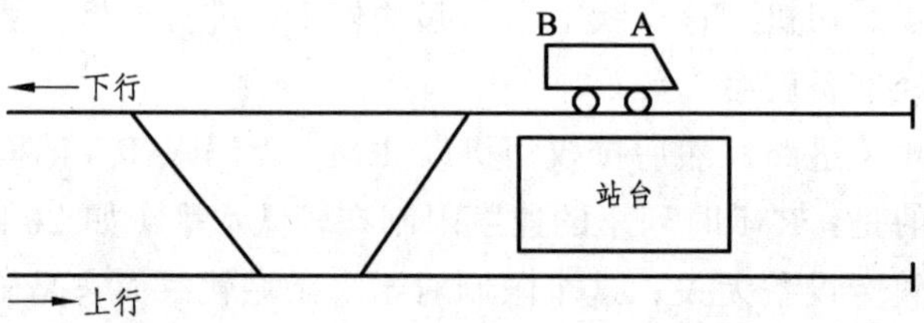

图 3-3-47　有人自动模式站前折返示意图

在列车较长的情况下，比如 6 节编组的列车，列车长度大约为 140 m，步行从一头到另一头可能需要 2 min 或更久，特别是当车内有乘客时。司机也可以选择通过站台从一头走到另一头，可能会快些。

为了提高折返效率，在运作上可以考虑在站台上事先安排另一名司机在列车到站开门后进入 B 端司机室。先通过驾驶台上的显示确认另一端（A 端）主控钥匙已经取下，然后把另一主控钥匙插入 B 端驾驶台。原本在 A 端的司机下车步行到站台另一头等待，接管下一趟车。

对于站后折返（见图 3-3-48），一种做法是司机跟车进入折返线。在这个过程中列车由 ATO 驾驶。列车在折返线上的头尾转换由司机人工完成，其过程和上面站前折返对主控钥匙的处理类似。头尾转换后，列车仍由 ATO 驾驶，回返站台另一侧。

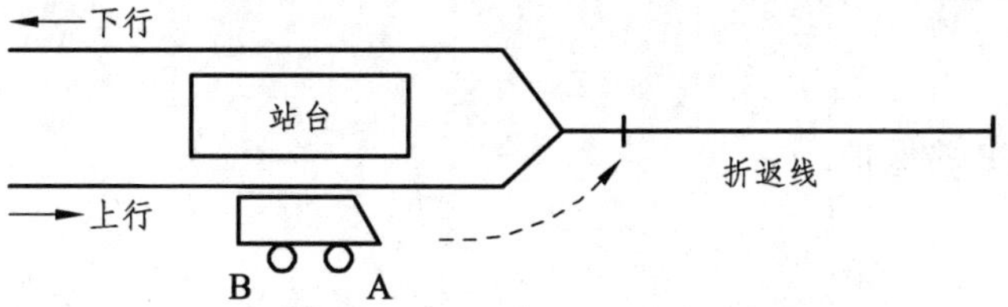

图 3-3-48　有人自动模式站后折返示意图

另一种做法是司机不跟列车进折返线，这时的折返程序是：

① 列车到站开门后，司机在 A 端把主控开关转到“ATO 折返”位置，然后取下并下车。

② 在上行站台头端墙（对应于列车的 A 端）上的控制板上按压一个按钮。这一操作的效果是告诉列车关门，同时也告诉列车启动自动折返程序。该程序会使列车进入折返线，停车换向后，再出折返线回到下行站台。当然乘客是操作不到控制板上的按钮的，因为它设在非公共区，或虽设在公共区，但有带锁的盖板。

③ 司机斜对角穿过站台走到下行站台的头端墙，等列车回到下行站台停稳并开门后，上车进入 B 端驾驶室。

（6）回段。

和无人的自动模式一样，列车回段前要在最后一站清客。在以自动模式行进到转换轨时要一度停车，司机转换驾驶模式到 RM，接到车辆段行车调度的授权后以 RM 模式把车驾入车辆段。

小结：

从前面对无人自动模式和有人自动模式的描述可以看出，二者之间的差别仅限于人工关门。至于车辆段内的运行，有人自动模式下也可以把车辆段做成支持 ATO 模式，只要愿意花钱。换言之，在技术上，两者只有一步之遥。

有不少小型的轨道交通系统，比如机场轻轨，很早以前就实现了无人自动模式运作。之所以大型的城轨系统以无人自动模式运行的还比较少，是因为一方面大型系统要考虑的因素较多，另一方面，乘客在心理上更习惯于有人的系统。

ATO 除了以上讲到的主要功能外，还有如下一些功能：

① 自动触发车内报站广播。

车载 ATO 从轨旁获得前方站的资料以及沿线其他情况的资料（如应答器的位置及编号）。

列车在经过应答器时，可以指示车载通信设备选择合适的（指站名）预制广播词进行报站。

② 越站不停车。

控制中心行调可以通过工作站的人机界面向列车发不停车通过某站台的指令，收到该指令的列车就会“跳过”相应的站台。

③ 恒速运行。

列车以恒定的低速（如 5 km/h）通过洗车机。

（二）有码限速人工模式

前面讲的自动模式（AM）有诸多的优点，所以许多新建的城轨系统都不惜斥巨资以便拥有这种模式。AM 的主要优点有：

1. 安全性

自动模式有 ATP 的保护。

2. 高效性

（1）人工驾驶时，那些经验不够丰富、自信心不足的司机，可能会和最大允许速度保持较大的距离（即假设最大允许速度为 80 km/h，司机可能只开到 75 km/h），而 ATO 通常是以接近最大允许速度的水平运行。

（2）在车站停车时，不熟练的司机可能会停不准，因而要重新起动以调整车位，而自动模式的列车通常都能停准。这是因为车载 ATO 计算机能快速处理来自空气弹簧关于车重以及来自地面应答器关于停车点距离的信息，从而灵活调整制动力。

（3）在折返时，如果是人工驾驶，除非另有安排司机，否则当班司机需要从列车一头走回到另一头。

3. 经济性

人工驾驶时，不熟练的司机可能会过度牵引，消耗过多的电力。而在接下来的运行中，又不得不靠制动来降低速度。甚至在同一个区间运行中重复上述两个方面。

车载 ATO 通过对运行曲线的优化，一方面可以尽量少地消耗电能，另一方面可以减少由不必要的制动带来的对轮轨的磨耗。优化的运行曲线也有利于提高乘客乘车的舒适度。

再者，如果是完全无人的自动模式，可以节省人工费用。

4. 舒适性

自动模式下，列车运行比较平稳。

5. 可靠性

ATO 计算机不会像人工驾驶员那样受主观因素（如情绪、精神状态）的影响。

虽说在整体上，因为有 ATP 的保护，所以 AM 是安全的，但经验证明，ATP 不是万能的，特别是当轨道上有异物而 ATP 检测不到时，或当钢轨湿滑导致黏着系数降低时，即使有 ATP，也可能出事。如 1996 年 1 月 6 日发生在华盛顿地铁的一起撞车事故，如果当时采取人工驾驶，可能会避免事故的发生。

案例

华盛顿大都市区交通局地铁列车相撞事故

1996 年 1 月 6 日 23:40，一列地铁列车越过终点站停车位与站后出入段线上的一列备用空客车相撞，司机当场死亡。

1. 背景资料

（1）线路。

该捷运系统有多条运营线路，用不同颜色来命名区分。出事的线路是红线。该线路建于 20 世纪 70 年代，呈“U”字形，两头在郊区，U 字的底部经过市中心。该线长 48.89 km，有 25 个车站（包括两端的终点站）。事故发生在位于西北部的终点站（下文以 A 表示）的站后。红线上多数的车站（包括 A 站）是地面站。在正常情况下，列车在红线上全程运行时间大约是 58 min。A 站和 B 站的距离是 4.31 km。相关部分的线路如图 3-3-49 所示。

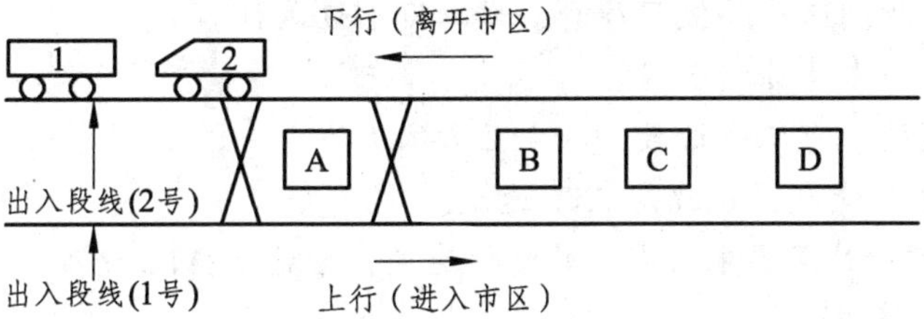

图 3-3-49　出事线路情况示意图

说明：

① A 站是该线的一个终点站，远离市区。

② 1 号车是备用车。按规定应该停放在车辆段停车场内待命，但为了出车方便，经常违规停放在 2 号出入段线上。

③ 2 号车是冲出 A 站下行站台撞上 1 号备用车的肇事列车，车号为 T111。

（2）供电。

该线路使用 750V 直流第三轨供电。

（3）控制中心。

控制中心位于市中心。值班人员包括：值班主任、无线电调度和按钮控制员。无线电调度的职责主要是和列车司机、现场维修队的队长以及车辆急修人员保持联络，进行协调。按钮控制员职责主要是：排列进路、控制信号、设定列车的运行等级（当列车以自动模式运行时），必要时协调换车（备用车替换故障车）。在指挥列车司机方面，无线电调度比按钮控制员有更大的责任和权限。

（4）列车驾驶模式。

模式 1：自动模式。列车的加减速都由 ATC 控制，列车司机的职责是监视列车的运行情况。

模式 2：有超速保护的人工模式。列车的加减速都由司机控制，ATP 提供超速保护。

模式 3：全人工模式。没有超速保护。

（5）列车区间运行等级。

按最高时速及加速度，在系统设计上把列车的运行等级（ATS 功能）分为 8 级：

1级：最高时速79英里（但是因为最大ATP时速是75英里，列车实际上达不到79英里的时速），常用加速度。

2级：最高时速64英里，常用加速度。

3级：最高时速59英里，常用加速度。

4级：最高时速49英里，常用加速度。

5至8级：最高时速分别和1至4相同，加速度为常用加速度的一半。

（6）列车到站定点停车。

为了在自动模式下实现在车站的定点停车，在列车进站方向的轨道上布设了四个应答器，距离车站中心线由远而近分别为2 700、1 200、484、160英尺。列车底部装有接收天线，以接收来自应答器的信号。

列车在车站停站时，列控系统轨旁设备会通过轨道电路向列车发送开门指令。停站时间到，开门指令停止发送，改发下一区段的运行等级指令。运行等级指令的缺省值为1级，也就是在列车因故没能收到运行等级指令时，列车按1级运行。

（7）列车驾驶台列车速度指示器。

速度表是数字式的，有三个读数，从左至右依次为：

a. 是最大安全允许速度，也就是ATP速度。

b. 是为了满足运行时间要求而需要的目标速度，也就是ATS速度。

c. 是列车的实际速度。

2. 事件经过

1996年1月6日06:40，气象局发布了大雪警报，预计当天晚上会下大雪，而且将持续到星期天整个白天，预计积雪会超过12英寸[①]。

鉴于天气情况，交通局启动了大雪应急预案，包括派人从17:00开始在应急指挥中心值班和19:00召开由相关经理及督导员参加的“大雪紧急会议”，对预案中的各项工作进行部署。

应急指挥中心位于交通局总部大楼内地铁运营控制中心的楼上。

夜班调度人员在22:00前陆续到位，此时已经开始下雪（华盛顿机场于21:10报告开始下雪），地铁系统的运作正常。所有列车都以自动模式（模式1）运行。

1995年11月17日，控制中心主任曾向调度发布书面指令：除非是在紧急情况下，调度不得授权列车司机使用手动模式（模式2）驾驶列车。在天气等因素影响到列车运行时，应该通过调节列车运行等级来应对。这一指令的背景是，当局怀疑频繁发生的轮对打滑导致车轮踏面擦伤事件和人工驾驶有关。

在22:00过后，调度开始接到现场司机的报告，说由于下雪路滑，列车在进站时有超过站台的现象。

由于担心列车运行的安全，调度员向控制中心主任请示，改用手动驾驶模式，但控制中心主任没有同意。

22:18:07，在地铁红线上运行的列车T110（紧随其后的就是事故列车T111）的司机通过无线电报告控制中心说，由于路滑，他的车在进C站时超过站台一节车的长度。调度员指示那个司机继续以自动模式运行，并对C站下行站台设定运行等级8，也就是最低等级。

① 英寸：英制长度单位，1英寸＝2.54 cm。

列车 T111 的司机于 22:27:35 通过无线电报告控制中心说，由于路滑，他的车在进 C 站时，4 节车全部超出站台。（记录显示，T111 在 C 站之前的停站作业中，没有任何停站不准的问题。记录还显示，T111 离开 D 站时的运行等级是 3。）调度的指示是：跳停 C 站，直接去 B 站停车。

于是列车 T111 就继续以自动模式前进，运行等级是经过 C 站时新获得的 8 级。

22:31:55，列车 T111 的司机报告说他的车在 B 站停车时一节车超出站台。调度员授权他只开第 2、第 3、第 4 节车的侧门供乘客上下。

如果列车 T111 没有在 B 站越过标准停车点，那么按事先的设定（当时 B 站下行站台运行等级为 3 级），在乘客上下完毕之后离站时会正常地收到 3 级运行等级指令，并以此运行等级开往 A 站。

如果列车 T111 在 B 站越过标准点停车后没有进行开关门作业的话，它也可以获得相应的运行等级 3 级，就像在 C 站获得 8 级指令那样。但是，它在 B 站下行站台进行了开关门作业，所以未能获得 3 级指令，结果按缺省值 1 级运行。

22:35:30，列车 T111 离开 B 站不久，司机报告控制中心说他发现列车速度表上显示的速度是 a：75 和 b：75。

虽然在接下来的大约 3 min 时间里，司机和控制中心都一直关注着 T111 的速度，但双方对当时情况的严重性都认识不足。

22:40:15，A 站的督导员报告控制中心说列车 T111 冲过车站撞上了站外的备用车。

系统记录显示，列车越过 A 站下行站台的北端时的速度大约是 35 英里/小时。

事故调查报告指出导致此次撞车事故的主要因素是：

（1）交通局管理层在没有充分理解自动列控系统的设计特点和性能局限情况下，认为自动驾驶模式在任何条件下都是安全的。

（2）交通局管理层错误地决定使用属于“非安全相关”功能的 ATS 子系统来执行“安全相关”的功能。

（3）交通局管理层不准控制中心调度授权司机进行手动驾驶。

（4）有关备用车停放的规章没有贯彻执行，交通局管理层没能有效地监管。

什么情况下需要 CM 呢？主要有以下三种情况：

（1）车载 ATO 或轨旁 ATO 设备故障。

（2）怀疑轨道上有异物。比如夜间轨旁作业之后，在开行第一班载客列车之前，可以用一列空车，以 CM 运行来轧道。司机在发现异常情况时，可以随时停车。

（3）黏着系数降低时，以 CM 运行，司机可以随机应变，比如在高架或地面线路上雨雪天气钢轨湿滑的情况下。

CM 和 AM 的唯一区别是在 CM 时驾车的是司机，而在 AM 时驾车的是计算机（ATO）。

为了方便司机人工驾驶，需要为司机提供车载信号显示。具体形式（比如是指针形式还是数字形式，拟或是柱状图形式）可参见本书“列车”那一章。不管形式如何，车载信号都是以速度值反映当时的线路条件，以便司机做加减速的决定。

这种模式被称作“有码限速人工模式”，是因为在这种模式下司机在轨旁及车载 ATP 的保护下进行驾驶，轨旁及车载 ATP 提供的保护体现在设定列车最高允许安全速度。而传统上，这个速度值是以速度编码形式传给列车的。如果司机驾驶不当，导致列车实际速度非常接近最高允许安全速度，会有报警信号（听觉、视觉或二者兼有）以提醒司机采取减速措施。如果司机没能及时减速，会触发列车紧急制动。所以 CM 模式也算得上是一种安全驾驶模式。

（三）无码限速人工模式

从总体上看，CM 是作为 AM 的后备模式出现的。那么，什么情况下需要 RM 呢？

可以先分成两个大类：

（1）车的问题。由于车上的设备发生故障而导致失去 AM 和 CM 功能。

（2）轨旁的问题。由于种种原因，轨旁 ATP 不能提供速度码（比如轨旁 ATP 坏了）或轨旁 ATP 只能提供 0 速度码（比如前方有前行车）。

系统的设计通常是把 ATP 不能提供速度码的情况当成 0 速度码来处理，即如果车载 ATP 收不到轨旁 ATP 的速度码，就当成从轨旁 ATP 收到 0 速度码来处理。

什么原因会导致轨旁 ATP 只能提供 0 速度码呢？当线路条件不良，需要运行中的列车停车或需要已经停下来的列车原地不动时，总而言之，即当需要设定一个“禁行点”时，如：

（1）前方有车占用，如图 3-3-50 所示。

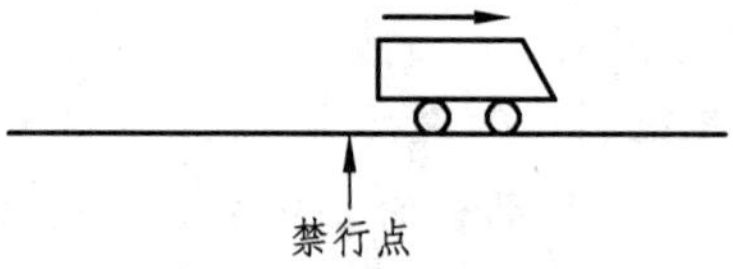

图 3-3-50　有车占用导致禁行点

（2）前方信号为红色（可能是因为进路尚未排列，或虽然进路已经排好，但行调选择关闭信号以阻止列车前进，如图 3-3-51 所示）。

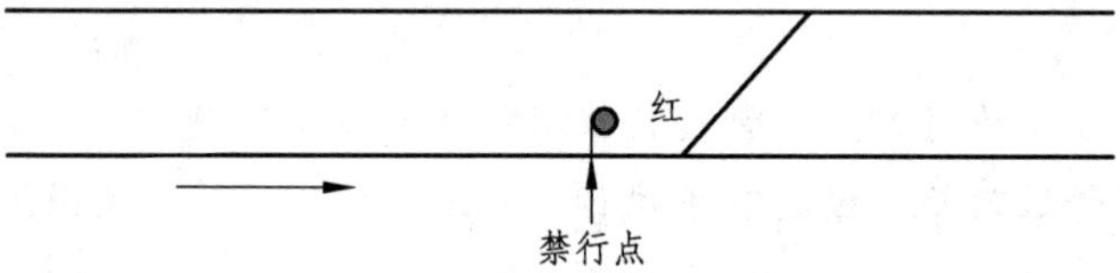

图 3-3-51　红色显示信号机导致禁行点

（3）站台紧急停车按钮启动，形成了“禁行区”。类似的还有当站台隔离门未锁闭时，为了防止列车进站，也需要设禁行区，如图 3-3-52 所示。

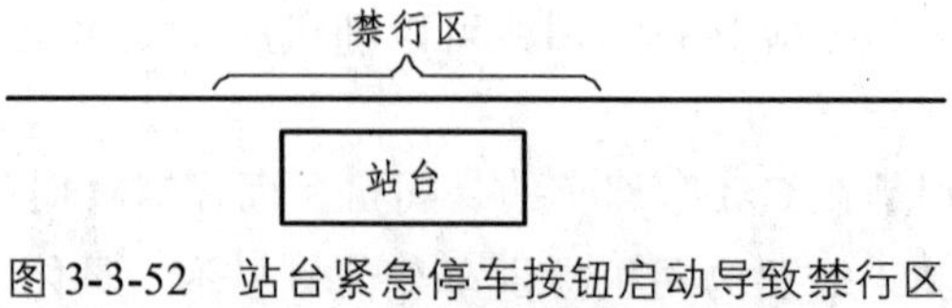

图 3-3-52　站台紧急停车按钮启动导致禁行区

（4）在有些系统中，轨道电路故障会被当作有车占用来处理。这时，虽然没有车，但也会有禁行点，如图 3-3-53 所示。

图 3-3-53　轨道电路故障导致禁行点

在上述情况下，如果仍然要动车，就只能用 RM，比如对故障车进行连挂救援。

在图 3-3-54 中，假设 1 号车为故障车，需要 2 号车前来连挂。我们知道列控系统的设计原本是要防止列车之间的碰撞的，所以会在每个车（包括故障车）后面设一个“禁行点”。但为了连挂需要撞车（当然这种撞车是在控制下的低速冲撞）。为了“撞车”，就需要“冲破”ATP 所设的禁行点。为此，2 号车必须选择 RM 模式，以避开轨旁 ATP 所发的禁行指令的限制。

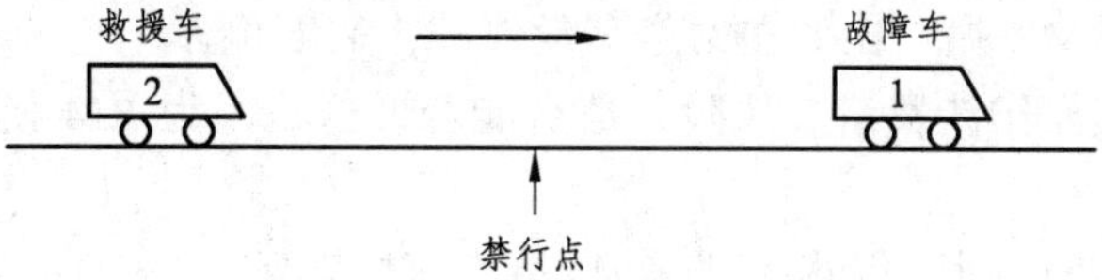

图 3-3-54　故障车连挂救援

再比如由于道岔故障或联锁计算机故障而无法排列进路的情况，为了让列车通过故障区，也需要用 RM。

实质上，选择 RM 是为了避开轨旁 ATP 的限制，以获得自由，但是这种自由是有风险的。风险具体表现在以下几个方面（和前面关于禁行点/禁行区的讨论相对应）：

（1）可能追尾撞到前行车。

（2）可能脱轨，因为道岔位置不对；也可能撞车，因为冲突进路已经排好。

（3）可能撞人，因为有人进入轨区，站台紧急停车按钮被启动。

（4）可能脱轨，因为轨道电路的故障可能是断轨引起的。

此外，在 RM 模式下，车门的开启也不再受轨旁 ATP 的限制，任意一侧的车门都可以通过按压相应的按钮打开。

正是由于上述种种风险，为了保证安全，在设计上对 RM 的运行速度有限制，比如 20 km/h（不同的系统取值可能不一样，比如有 10 km/h 的，也有 25 km/h 的），这个限制是在车上由车载 ATP 实现的。

上面所述的以限制速度运行，第一是希望司机能有更多时间在事故（撞车、脱轨）发生前把车停下，第二是希望万一发生事故，所造成的损失也会比较小。

RM 限速值的确定主要取决于以下两方面：

（1）能见度和制动距离。

制动距离≤能见距离的一半

所选择的限速值能保证：当司机看到前面有危险而采取紧急制动时，列车能在制动起点与危险点距离的一半处停下，如图 3-3-55 所示。

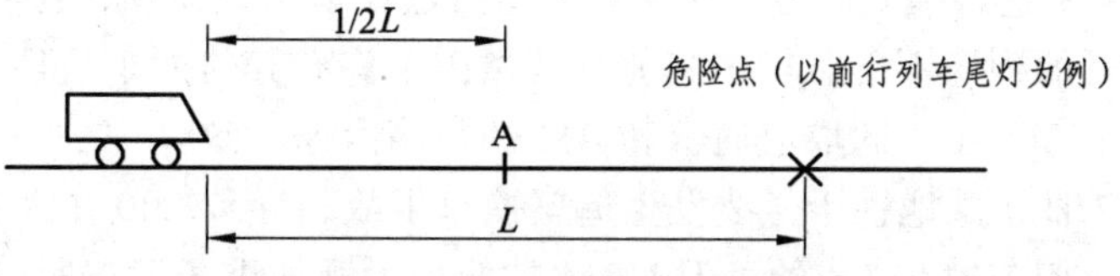

图 3-3-55　停车位置示意图

显然这受到线路条件的影响，比如弯道、高架线路还是地下线路等。

（2）列车的抗冲击能力。

前一点是希望列车能及时停下来，这一点是说列车万一没能停下来，在以选择的限速水平与危险物相撞的情况下，希望列车的抗冲击能力能够保证车上人员不会有大碍。

前面讲过，选择 RM 是为了避开轨旁 ATP 的限制，这还包括对运行方向的限制。在 AM 和 CM 情况下，列车只能按授权的方向行驶，否则会导致紧急停车，以保证安全。而在 RM 模式下，列车可以摆脱这一束缚。为了做反方向的运行，特设了 RMR（Restricted Manual Reverse）。为什么不用通常的 RM 来反向运行呢？原因是：用 RM 来实现反向运行，需要司机从车的一头走到另一头，这会需要一定的时间，特别是在列车较长时。

什么时候需要用 RMR 呢？比如在站停车没停准，需要倒车。

RM 模式下的列车操作涉及诸多风险，那么能否说这是因为 RM 模式下的列车完全没有受到保护呢？

事实上，RM 模式下的列车仍然受到保护，既有来自车载 ATP 的，也有来自轨旁 ATP 的。

车载 ATP 提供的保护有：

（1）限速保护。如果列车超速（超过某固定值，比如 20 km/h），就会触发报警。如果司机没能及时降速，车载 ATP 就会施加紧急制动。

（2）倒溜保护。如果列车出现“意外的反向”移动，一旦距离达到限值或车速达到限值，车载 ATP 也会通过紧急制动迫停列车。“意外的反向”是指本意是朝南走，但由于是上坡，因操作不当致使列车朝北移动。

（3）退行距离保护。即使是有意的反向运行，也要有个限制，因为后面还有续行列车。采用 RMR 进行反方向运行时，最多允许运行若干米（比如 15 m）。那么一旦达到这个极限，车载 ATP 就会通过施加紧急制动而迫停列车。

轨旁 ATP 提供的保护是：

虽然前文讲过，选择 RM 模式后列车就不再受轨旁 ATP 的限制，但并不是说列车就不再受轨旁 ATP 的保护，受限制和受保护是不同的。事实上，RM 模式下的列车本身仍受到轨旁 ATP 的保护。表现为：轨旁 ATP 仍旧在列车后方定义一个禁行点，续行列车（假设是以 AM 或 CM 运行）就不会撞上这个 RM 列车。

（四）无限速全人工模式

在这种模式下，车载 ATP 的防护不复存在，列车速度不受任何列控设备的限制（虽然在运营规程里也可以对速度有一定的限制，甚至对车辆本身附加限速设备。下文中的讨论假设车辆本身没有附加限速设备）。

事实上，URM 已经到了驾驶模式的最低层次，完全回到了“原始”状态，全靠司机谨慎驾驶。和 RM 相比，URM 更加危险，因为其速度可以远远超过 20 km/h。所以有些地铁公司为了安全，干脆取消了这种模式。另一些地铁公司虽然保留了该模式，但制定了严格的制度，比如，此种模式运行的列车不准载客；其前方两站内不许有其他列车而且司机必须把速度控制在 x km/h 以内等。其中，x 的取值通常和 RM 的最高限速一致。

2011 年 9 月 27 日，某地铁十号线发生追尾撞车事故，导致 200 多人受伤。此次事故虽然不能完全说是由使用 URM 造成的，但 URM 的使用无疑加重了撞车所造成的后果。

案例

1. 背景

某地铁线的基本线路走向如图 3-3-56 所示。

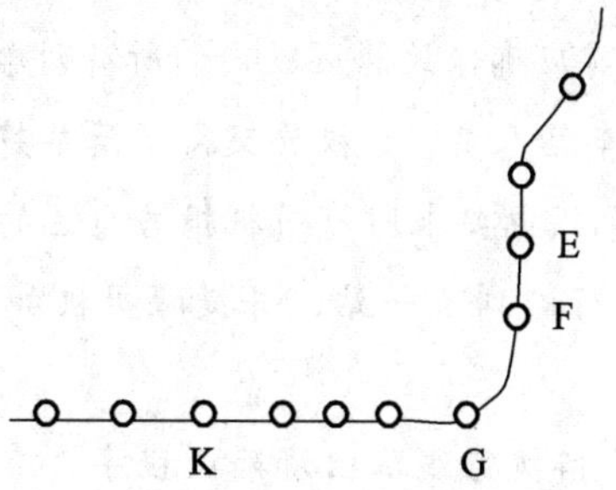

图 3-3-56　线路示意图

该线路在 F、G 二站之间有一个急转弯，而且是在地下隧道内。

2. 事故的主要过程

（1）当天下午承包商的工人在进行设备维修时，引起信号系统的供电中断，致使 K 站至 E 站这段的信号设备停止工作，控制中心以及车站的监视屏幕“黑屏”（即无信号），行调和车站值班员均无法从屏幕上确定列车的位置。

（2）在现场（图 3-3-57 所示的位置 A），列车 1 因为信号 X_1 显示红灯而无法正常前进，司机向 OCC 报告后原地待命。

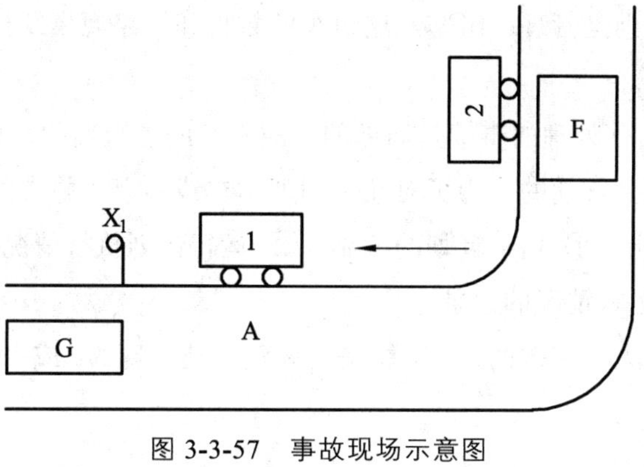

图 3-3-57　事故现场示意图

信号 X_1 显示红灯是因为“故障安全”原则：当信号设备失电时，信号灯显示红灯或灭灯。如果只是信号灯的控制设备失电而信号灯本身的供电仍正常，那么信号显示红灯。如果连信号灯本身的供电也中断，那么信号灯就灭灯，不做任何显示。

（3）OCC 把行车控制权下放给车站，车站值班员利用站间闭塞法（或叫电话闭塞法）维持列车运作。

（4）2 号车的司机在 F 站值班员的授权下进入区间，此时 1 号车仍在 A 点待命。

（5）2 号车转过曲线时，司机发现前方有车，采取紧急制动，但因当时列车处于高速（50 km/h

以上）运行状态，所以未能避免和1号车发生追尾。据车上黑匣子数据显示，相撞时的车速为35 km/h。

3. 教训

（1）在运行期间，不应允许维修人员做可能影响设备正常工作的检修工作。

（2）OCC在下放控制权之前应确保故障区段内的所有列车都已到站（换而言之，区间不应有车），并把列车位置通知到车站人员，交权要交得清清楚楚。为了确保故障区段内的所有列车都已到站，OCC可以通过无线电要求所有司机报告自己的位置，对于那些处于区间内的列车，授权以限速模式（RM）行进到下一站，并提醒司机加强瞭望，随时准备停车，到站后立即向OCC报告。

（3）实行电话闭塞时，要严格执行线路出清确认程序。

（4）不应允许列车以ATP切除模式（即URM模式）高速运行，而应以RM运行。在RM模式下，列车速度无法超过一个限值（如20 km/h）。这样即便发生追尾，也不致造成车内人员的大量受伤，因为限值的确定已经考虑了列车的抗冲击能力。

三、列车的调度（TS）

前面讲了列车防护（TP）和列车驾驶（TO），它们的管理范围是个别列车，比如TO只针对一列车；TP在弯道情况下只监管一列车的速度，在追踪运行情况下或在线路交汇处也只是处理两列车之间的关系。其中追踪运行对应的是闭塞，而线路交汇处对应的是联锁。

接下来要讲的TS则是管理一组车。这组车的数量和线路规模及行车密度有关，可能是十几列也可能是几十列。

可以看出，TP和TO处理的事情是局部的、战术性的、短期的，而TS要处理的事情是全局性的、战略性的以及长期的。为了对几十列列车在线路上一整天的运作进行有效管理，TS应具有如下主要功能：① 运行计划的编制；② 运行计划执行情况的跟踪监督；③ 运行计划的调整；④ 列车运行情况的记录。

这些功能可能是由人来实现的，也可能是由设备自动实现的，或由人和设备协作实现的。

1. 运行计划的编制

城轨交通从早到晚不间断地运作，会开行上百趟甚至几百趟列车。它们之间的开行顺序需要有合理的安排，特别是在城轨线路增多而网络化以后，各线路之间还有相互协调的问题。所以制定出完整的计划，包括什么时间、哪一列车应该在什么地方等信息十分重要。

虽然有些小型的城轨系统因线路布局简单，行车方案单一，并不需要完整的运行图，但运行计划还是必需的。比如几时出车、几时收车、早晚高峰列车密度等。

下面是一个简化了的城轨交通线路图（见图3-3-58）以及部分时刻表（见表3-3-1和表3-3-2）。

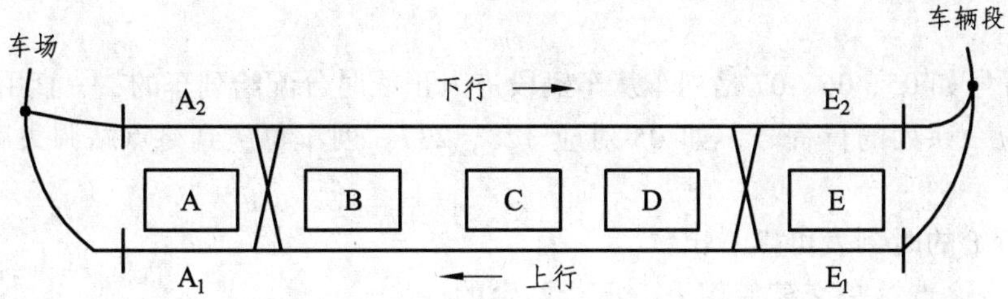

图 3-3-58　简化系统线路图

表 3-3-1　上行时刻表

上　行		服务号→	05	06	07
车站	折返站台	行程号→	128	129	130
E	E_1	到		7:53:13	
		发		7:56:20	
	E_2	到	7:51:30		7:55:48
		发	7:53:30		7:59:03
D		到	7:59:49	8:02:35	8:05:22
		发	8:00:19	8:03:05	8:05:52
C		到	8:08:56	8:11:42	8:14:29
		发	8:09:26	8:12:12	8:14:59
B		到	8:17:08	8:19:54	8:22:41
		发	8:17:58	8:20:44	8:23:31
A	A_1	到	8:26:43		8:32:16
		发	8:27:49		8:33:36
	A_2	到		8:29:29	
		发		8:30:39	

表 3-3-2　下行时刻表

下　行		服务号→	05	06	07
车站	折返站台	行程号→	237	238	239
A	A_1	到	8:26:43		8:32:16
		发	8:27:49		8:33:36
	A_2	到		8:29:29	
		发		8:30:39	
B		到	8:36:35	8:39:25	8:42:22
		发	8:37:15	8:40:05	8:43:02
C		到	8:44:54	8:47:44	8:50:41
		发	8:45:24	8:48:14	8:51:11
D		到	8:51:29	8:54:19	8:57:16
		发	8:51:59	8:54:49	8:57:46
E	E_1	到	9:00:39		9:06:26
		发	9:01:42		9:07:49
	E_2	到		9:03:29	
		发		9:04:45	

注：假设正线较长，为了两端的均衡发车和收车，在正线一端设有车辆段（包括存车线和修车设施），而另一端设有车场（只有存车线，而没有修车设备）。

补充说明：

（1）服务号如05、06、07是列车从车辆段进入正线时分配给列车的，一直用到回段为止。服务号会对应一系列的行程号，如05对应128、237。列车每次到终点站调头后会有一个新的行程号。

（2）从所给的时刻表可以看出：

① 列车在终点站是交替使用上、下行站台的。

② 列车的停站时分：中间站少于1 min，而终点站多于1 min。

③ 列车在站间的运行时间都在 5 min 以上。实际上城轨交通因为站间距较短（一般在1 km左右），所以通常站间运行时间只有2 min左右。

随着计算机应用的推广，城轨交通时刻表的编制已经从全人工方式发展到计算机辅助下的人工方式。虽然编图软件越来越完善，但始终还没能完全取消人的参与。这是因为尽管城轨交通列车运行的规律性很强，很适合采用计算机编图，但有些因素计算机是很难反映的，比如司机工作时间的限制，网络化运营条件下不同线路列车到发时间的配合等。

时刻表的编制多数是离线的，即编图人员使用的电脑和实际指挥列车运行的系统没有直接的联系，虽然部分城轨交通的列车自动调度系统（ATS）允许行调对正在运用中的时刻表进行实时的在线修改。

编图软件除了帮助编图人员编制运行图外，有些还具有对运行图进行仿真测试的功能，即通过软件模拟列车的运作来检查所编制的运行图是否可行，是否达到诸如对速度、行车密度、车底数量、司机数量、能耗等方面目标的要求。运行计划的编制本身是一个运用运筹学求最优化方案的过程。

列车运行模拟软件也被用来做城轨交通系统设计（包括列车技术参数、线路参数、列控系统参数等）的优化。

2. 计划的执行、跟踪、调整和记录

对运行计划的执行，不管是人工的还是自动的，都涉及一个包括中央和地方的层级结构。中央是指控制中心，而地方包括车站和车上。

在以人工模式执行的情况下，编制好的时刻表会印发给所有相关的车站和司机，当然控制中心也会有一份。

车站按时刻表接发列车，包括安排相应的进路以及向司机发出动车授权（即办理联锁和闭塞）。排进路的方式可以是派人到现场手扳道岔，也可以是在控制室按压按钮来遥控道岔。动车授权的形式可以是轨旁信号机或手信号及路票等。

司机则参照时刻表规定的时间掌握区间内的运行速度以及在站的停留时间。

在一切按计划进行的情况下，控制中心只是接收（通过电话或无线电话）来自车站及司机的报点，并作相应的记录。仅当出现运行混乱时，控制中心才出面协调。协调方式是先根据运行现状和资源（包括人手、线路等）制定出运行调整方案，再通过电话或无线电话把方案传给车站或司机。调整措施可能包括临时扣车、跳停、改变交路等。

自动方式的执行是用一系列计算机来取代处于层级结构的中央及地方层面上的人员。人员之间的语音信息交换也被计算机之间的数字信息所取代。

列车运行自动调度（ATS）系统一般包括如下核心设备。

（1）在控制中心。

① 墙屏。墙屏是一个大尺寸的屏幕，显示列车的位置、列车号、线路的状况（比如进路是否排出，信号是否开放）。

② 计算机。计算机储存时刻表数据并予以执行，还负责对列车的跟踪、实际运行情况和计划的比较，以及一些简单的运行调整措施（如根据晚点情况而需提高运行速度或减少停站时分）的生成及下达。ATS 的这部分运行调整功能被称为 ATR（Automatic Train Regulation）。

③ 调度员工作站。该工作站除了供调度员发号施令外，还使得调度员可以调看墙屏上未能显示的大量其他信息，包括时刻表数据，某列车行驶速度及列车其他状态情况（如是否有设备故障）。

控制中心通常还有许多其他供行调使用的设备，如电话、闭路电视屏幕、打印机、做广播用的麦克风。有些城轨系统的控制中心甚至有用来紧急迫停列车的紧急按钮、切断牵引供电的紧急按钮等。还有一些供其他控制人员使用的设备，比如自动收费系统的中央计算机及工作站、门禁系统的中央计算机及工作站、牵引供电系统的控制设备等。

（2）在车站。

设在车站的和行车调度有关的设备是作为控制中心的一个后备。另一种后备形式是建一个后备 OCC，但这样做的城轨系统为数很少，因为投资太大，又不常用。

① 站控室装备。

a. 在站控室设有供车站值班员使用的工作站，其功能类似控制中心为行调配备的工作站。只是车站级的控制范围仅限于本站或包括属于本站管理的邻站。

b. 车站级计算机储存时刻表数据，但仅限于和本站相关的数据。

c. 在车站控制室没有像控制中心那么大的墙屏，但很有必要提供某种形式的显示屏以使得车站人员对本线列车运作的全局（即所有列车的位置及号码）有清楚的了解。

② 站台设备。

a. 供司机（人工驾驶情况下）使用的“发车时间指示器”。

b. 向乘客预告列车到发时间的显示屏。

（3）在车上。

通常在车上只有很少量的属于 ATS 的设备。

① 车次号显示器。可能有两个，一个在车头上方，供站台上的人（包括站台准备接车的车站人员或替班司机）使用；另一个在驾驶台上，供司机使用。

② 车次号设置界面。设在驾驶台上，供司机人工输入车次号。

③ 列车运行等级显示器。华盛顿地铁的车上有这种显示器，告诉司机当时该列车的运行等级。每个运行等级包括最高速度水平及加速度值两方面的参数。行调可以通过对列车设不同的运行等级来控制快慢。

3. 行调的指令

行调所能发出的指令因地而异，即不同的城市，甚至同一城市不同时期修建的线路都不尽相同。但总体上可以分成两大类：一类与地段有关，即针对某区间所发的指令，这类指令会影响任何一列经过该地段的自动模式下的列车，有些对有码限速人工模式下的列车也起作用；另一类是针对个别列车的指令，这类指令只对处于自动模式的列车有效，如果列车处于人工模式，通常行调是用无线对讲设备直接把指令发给司机。

（1）针对某区间所发的指令。

① 临时限速。

a. 由于线路条件变化，比如轨面有积雪、落叶、油渍等影响了黏着系数，为了行车安全，有必要降低列车的速度。其他类似情况还包括轻微的钢轨破裂、接触网出现轻微位移等。如果问题严重，则必须禁止通行。

b. 在轨区有人作业的情况下，为了保证作业人员的安全，要减速慢行。一种是通过设临时限速来降低自动模式（ATO）列车的速度；另一种做法是改为人工驾驶来通过作业区段。在 CM 模式下，临时限速会反映到驾驶台上以指导司机慢行，所有经过限速区段以 AM、CM 模式运行的列车都会受到影响。有些城轨系统限速区段的长度以轨道电路为单位，即依据列轨道电路的分界来界定。

② 站台扣车。

a. 个别站台扣车。扣车的原因多种多样，比如，由于站台人多，需要多给乘客一些时间上下车；站台前方线路有意外情况发生，需要防止下一个列车进入区间后被困在里面；列车上有乘客需要车站人员前来帮助（如车上有乘客昏倒，需车站人员用担架协助）。

b. 有些城轨系统具有全线扣车功能。在发生比较大的意外事件时（如列车脱轨、相撞等），可以用这个功能临时把全线的运作暂停下来，以便控制中心对事件进行评估，并调动人力物力处理意外。这主要是为了防止别的列车进入区间后被困在里面。

关于“扣车指令”，有以下几点值得注意：

- 不论是全线扣车指令还是个别站扣车指令，扣车指令的作用是阻止已经到站停车的列车再次起动离站，而不是把一个运行中的列车停下来。
- 扣车指令对自动模式的列车及有码限速人工模式的列车有作用，但对其他模式（无码限速及全人工模式）不起作用。
- 扣车指令的发送不可以太迟。如果列车已经开始关门程序才接到扣车指令，列车将继续关门，然后离站。

③ 调整停站时分。

有些系统需要行调根据客流情况人工调整停站时分。这样的系统通常是简单的小型系统，本身没有时刻表功能。具备时刻表功能的系统，在时刻表里事先把当天各时段的各站停站时分已经规定好了就不需要人工调整了。需要调整时，可以通过对时刻表的在线调整来实现。

如果停站时分调整为零，则被称为跳停。正常情况下，列车需要到站停车，以便上下客。在行调发指令取消车站停车点后，列车会不停车通过。比如图 3-3-59 中 A 站上行停车点取消后，列车会越过 A 站，直接开往 B 站。

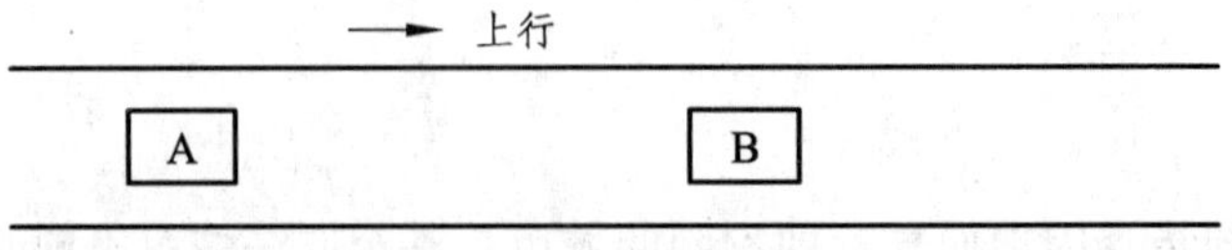

图 3-3-59 跳停示意图

④ 调整区间运行速度等级。

这和上面所讲的对停站时分的调整有些类似。但这属于比较旧的做法，新的做法是在

ATS 加入列车自动调度（ATR）功能，由系统自动根据列车的晚点情况来调整速度等级。速度等级不论如何调整，列车的最高速度仍受到来自 ATP 安全速度的限制。

以上指令属于影响“时间”的指令，下面的指令属于和“空间”有关的指令，包括进路、信号灯及道岔等的控制。

⑤ 排进路。

a. 一次性进路（见图 3-3-60）。

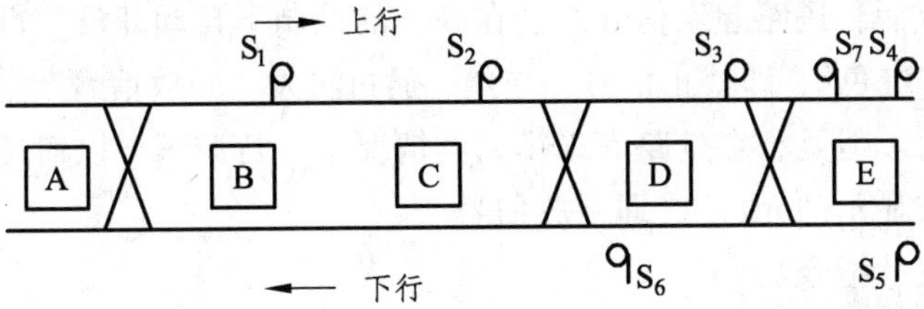

图 3-3-60　进路示意图

在图 3-3-60 中，以从信号 S_1 到信号 S_2 的进路（JL12）为例。在设为一次性进路的情况下，一旦列车进入该进路，信号 S_1 就由“允许”变成“禁行”显示。随着列车继续行进，JL12 会逐段解锁。第二个列车的通行必须等 JL12 再次建立之后才能实现。简单地说，JL12 只供一列车的通行。

b. 多次追踪进路。同样以 JL12 为例，在设为多次追踪进路的情况下，JL12 供多个追踪运行的列车使用，直到行车调度人工取消多次进路为止。

c. 循环进路组合。多次追踪进路有一个好处：在因 ATS 设备故障而不能自动下发进路排列指令时，或因设备故障行调不能发人工进路排列指令时，只要联锁设备正常，列车通过 JL12 就不成问题，因为多次追踪进路是由联锁来管理的。但是这样的功能无法在终点站实现，因为列车在终点站的进站和出站对同一道岔的位置要求刚好相反，所以进站的进路在列车进站后必须解锁才能排出站进路。为了在因设备故障而不能向联锁下发任何（自动、人工）进路排列指令时，仍能提供列车在终点站折返所需的进路，可以设定“循环进路组合”，由联锁来管理。以折返站 E 为例，可以把 JL34 和 JL76 合起来形成一个“循环进路组合”。一旦在联锁（CBS）中建立了“循环进路组合”，每当信号机 S3 的接近方向检测到有车时，联锁就排进路 JL34，而当列车抵达 E 站上行站台停妥时，联锁自动排 JL76，供列车由 E 站上行站台出站。

行调可以发进路排列指令给联锁（现在都是计算机联锁），联锁检查排进路所要求的条件后决定是否排列此进路。

⑥ 取消进路。

对已经排好的进路，行调可以取消该进路。与进路排列类似，联锁先检查进路取消所需的条件，然后决定是否取消进路。这里的取消进路和将进路解锁是一个意思。

⑦ 单动道岔。

行调发指令给联锁。如果条件满足，联锁会控制转辙机转动道岔。

对于上述三个指令（排列进路、取消进路和单动道岔），联锁都会先检查条件，如果条件满足，那么指令将被执行，否则指令将不会被执行。不仅如此，不能被执行的指令将被丢弃，而不会被联锁记下来以便等条件满足时，再予以执行。也有相反的设计，即一时不具备条件的指令会被记下来，等条件满足时再执行。这种设计的缺点是：等条件满足时，事过境迁，情况可能已经改变，使得执行先前的指令变得不合时宜。

⑧ 锁闭道岔。

道岔的锁闭可以通过发排列进路命令来间接实现，也可以通过发道岔锁闭指令来直接实现。道岔一旦锁闭，“单动道岔”指令将不能动作被锁闭的道岔。

⑨ 关闭信号。

在进路排列完成后，进路起点信号灯会在联锁的控制下自动开放。行调可以发指令把该信号的显示转换成“红色”，即禁止信号。当然，通过再发“开放信号”指令，可以把上述关闭了的信号重新开放。但是，在进路尚未排列的情况下，行调不可以通过发“开放信号”指令把红色信号转变成显示“允许”，即开放信号。

（2）针对列车发的指令。

这类指令只对自动模式的列车有效：

① 给列车分配车次号。

② 给列车分配目的地号。

③ 唤醒列车。

④ 让列车进入休眠状态。

⑤ 让列车在某个站台不停车通过。

⑥ 让列车在某个站台停车后原地待命，即扣车命令。这和前面所讲的“站台扣车”命令不同之处是这里的扣车命令是发给具体某列车，而“站台扣车”是发给具体某个站台的。

⑦ 让列车换向（是指车头车尾互换）。

⑧ 让列车进入“末班车”状态。处于“末班车”状态的列车每到一站停车后，都不会自动离站，直到行调发离站指令。这种功能是给车站人员时间以便确认站内该上车的乘客都已经上车。

⑨ 让列车立刻出发。

⑩ 指示列车行进到某个指定的位置后停车。

前面讲了行调的各种指令。值得特别注意的是行调的指令必须确保安全，比如行调不能够改变本来由 ATP 管理的限速水平。下面案例显示了人为错误的可能后果。

案例

2000 年 11 月 19 日（星期天）07:47，在某个刚开通运营一年的无人驾驶轻轨系统发生了一起列车追尾相撞事故（见图 3-3-61）。除了列车及部分轨旁设备受损外，车上有 5 位乘客受轻伤，列车服务中断近 7 h。

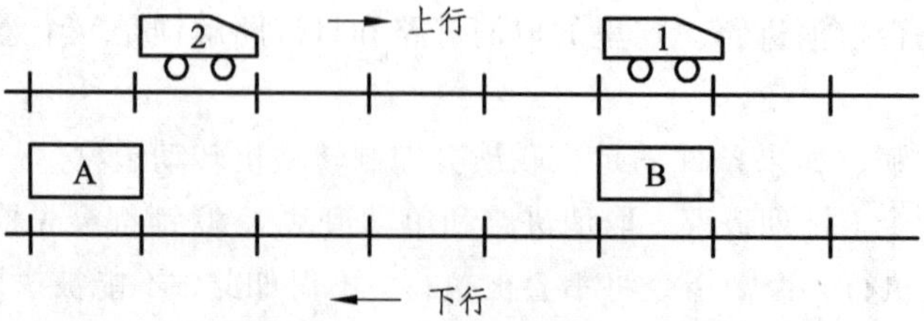

图 3-3-61 事故现场示意图

07:45，控制中心收到故障报警：1号车在B站上行站台发生“检测丢失”，即轨道电路未能检测到它的存在。列控系统自动生成一个新保护区以对1号车施加特别保护，防止续行的2号车跟进。

07:46，行调人工把保护取消。

07:47，2号车到B站与1号车相撞。

官方调查报告指出：事故纯粹是由于行调未按规定程序对系统提供的故障报警进行认真的调查确认，轻易地人工取消系统基于“故障-安全”原则生成的列车保护。本书作者则认为，系统在设计上“允许行调人工取消系统生成的列车保护”本身就是一种不安全的做法。

这个轻轨系统用的是胶轮车辆和混凝土轨道，其轨道电路功能是通过下面方式实现的：一方面，在走行轨旁加设两条裸露的金属导轨来模拟传统铁路的两条走行轨；另一方面，在车上加设可以造成短路的金属棒（通过弹簧来保持金属棒和导轨之间的接触压力）。调查报告称，在上述事故发生之前，曾发生过一些轨道电路的故障，并导致类似的报警及保护区，但都不是真的有车。这些过往的经验可能对行调产生了“狼来了”的心理作用，所以当真的有车时，行调未进行程序规定的检查就习惯性地将保护区取消。

4. 综合集中监控系统

监控系统的发展经过了如下三个阶段：

（1）个别系统的监控由分散到集中。比如列车运行的控制从早期的由若干联锁站分区控制到控制中心的集中控制。再比如从供电设备的现场控制到SCADA遥信遥控。这一集中的好处是增强了全局观。

（2）多个系统的集中。把列车运行控制和其他系统（如供电）的监控设备集中设置在一个大房间（OCC）内。这一集中的好处是方便了不同系统控制人员之间的信息交流和协同动作。

（3）多个系统的综合。这是最新的发展趋势，一改过去的“各自为政”——即各个系统有自己独立的监控设备的做法，而代之以统一制式的监控终端，使来自不同系统的状态信息都汇总到监控中心里的同一个平台上。这样一来，系统之间的界线被打破了，真正实现了信息共享。具体例子包括：

- 在控制中心，负责列车调度的行调和负责维修协调的维调都需要了解列车的状态。特别是当列车出现设备故障时，行调想知道故障的性质及影响，而维调想知道故障的类别以便调派维修人员前去处理。类似地，信号设备的状态也是大家共同关心的。

- 当隧道内发生意外，列车困在区间，乘客需要紧急疏散时，控制中心的所有调度员都想尽可能多地了解现场情况，如现场设备，包括车、电、信号、隧道通风、照明等的情况，以及乘客的情况（通过闭路电视）。

在这个阶段曾尝试把相关系统联起来再配以决策辅助系统，希望在意外发生时，系统能根据从各方面收集到的信息自动生成若干推荐处理方案，由调度员选择。但这方面成功的例子还不多，根本原因是计算机技术目前在综合决策方面还达不到有经验的专业人员的水平，而且所面对的突发情况非常地不确定。另一个重要原因是，考虑到对突发事件的处理涉及安全问题，目前还不放心交由计算机来处理。

下面这个比喻有助于对综合集中监控系统的理解。

设想你最近购买了一套新住房，房内各种风水电等设备一应俱全，唯一不足的是各设备之间毫无联系，对各设备状态的监视和控制也是分别进行的，比如，你想了解本月的用水量需要查看水表；选电视节目需操作电视遥控器；调节空调机的温度设置需操作空调遥控器等。能不能把上述多方面的监视和控制集中起来呢？这就是“综合集中监控系统”。有了它，就不必“东奔西跑”，而是可以在一个电脑终端完成所有的监视和控制功能。

思考题

1. 闭塞要解决的问题是什么？
2. 联锁要解决的问题是什么？
3. 简述闭塞和超速防护之间的关系。
4. 简述固定闭塞、准移动闭塞和移动闭塞的根本区别。
5. 和单速度码固定闭塞相比，双速度码固定闭塞有什么优点？

第三节 列控过程相关设备

本节主要介绍以下几种设备：继电器、轨道电路、计轴器、道岔转辙机、道岔位置表示器、信号机、车地通信设备等。

一、继电器

继电器本质上是一种电磁开关，在城轨列控系统中应用很广泛。通过继电器可以控制道岔的转换、信号机的开放和关闭以及进路的锁闭与解锁等。

一方面继电器的动作受电流的控制，另一方面继电器的动作又可以控制另一电路的闭合和断开。其工作原理的核心是电磁作用，如图 3-3-62 所示。

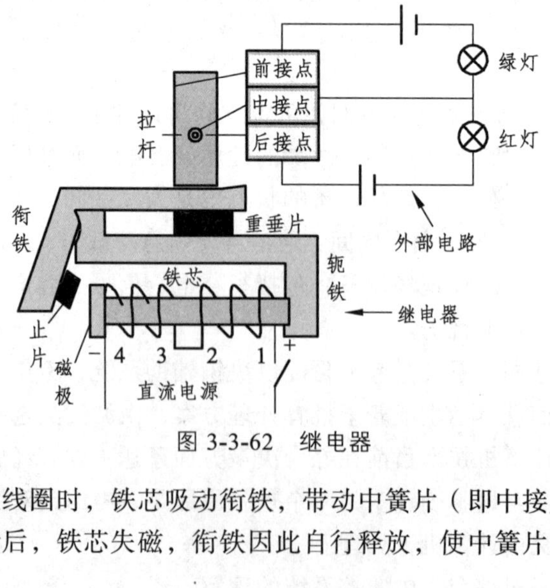

图 3-3-62 继电器

图中，当电流通过线圈时，铁芯吸动衔铁，带动中簧片（即中接点）断开后接点而与前接点闭合；在电源切断后，铁芯失磁，衔铁因此自行释放，使中簧片断开前接点而和后接点闭合。

继电器的前、后接点及中簧片都接有引线片。当引线片用导线连接到一个外部电路时，通过继电器衔铁的动作，就可以达到控制外部电路的目的。具体到上图中，当线圈内有电流时，绿灯会亮，而当线圈中无电流时，红灯会亮。

继电器的英文名称是 Relay，其本意是体育运动项目“接力赛”中的接力，即传递，因为最早的继电器是为了使有线电报能够发送到较远的地方而设计的。下面这个例子可以说明其接力/传递的工作原理。

我们知道在黑夜里，可以用手电筒通过有规律的亮和灭的组合向远处的朋友发信号，此处我们以图 3-3-63 所示的电路来示意。

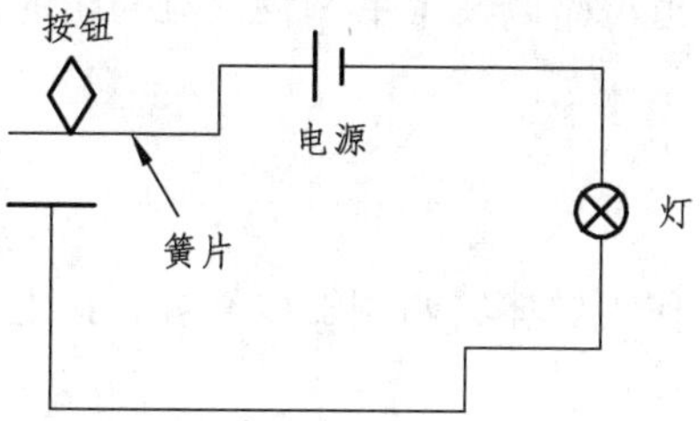

图 3-3-63 手电筒电路示意图

每次按下按钮，使电路闭合，就可以把灯点亮，而一旦松开按钮，电路断开，灯就会熄灭。

假如要把灯的位置移远以便更靠近在远方接收信号的朋友，除了要延长电线外，电源的电压等级也要升高，否则会由于电流在传输过程中的损耗而得不到预期的亮度。但升高电压等级也有个限度，因为电压越高，对操作人员越危险。另一种办法是通过继电器，在不改变电压等级的情况下能得到同样的效果，如图 3-3-64 所示。

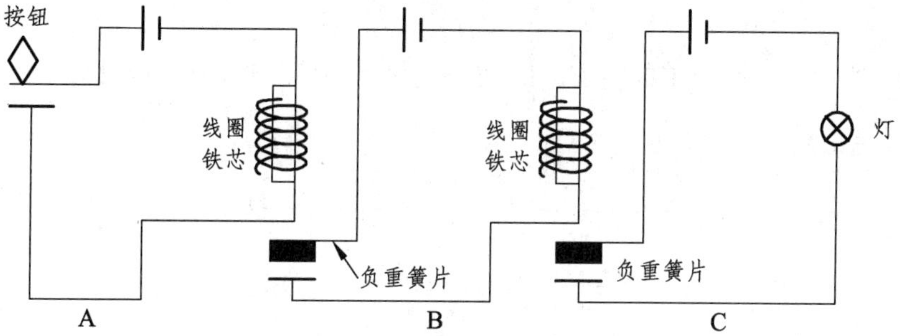

图 3-3-64 远端控制联锁控制图

当按下按钮时，A 电路闭合，B 电路断开，而 C 电路闭合。位于 C 电路中的灯就会点亮，这就形成了“接力”。当然，如果需要的话，这样的接力还可以继续延伸下去，到 D 电路……（为了确保 A、B、C 三个电路之间不会有电气的直接接触，可以在负重簧片上方设限位器，以阻止簧片在被吸起时过度上移。）

以上就是继电器最基本的控制功能，这一功能的优点包括以下三个方面：

（1）它帮助实现了间接控制。如前面例子中所表明的，通过按压 A 电路中的按钮，可以控制属于 C 电路的灯泡。这一功能将特别有意义，如果 C 回路的电流不适合直接控制——比如高电压时。

（2）它帮助实现了远程控制。操作人员和被控对象可以相距很远，比如控制中心的行调可以遥控位于隧道内的道岔转辙机。

（3）当一个继电器同时控制两个外部电路时（图 3-3-64 中所示的绿灯和红灯电路），就可以形成联锁关系：当绿灯亮时，红灯不亮；当红灯亮时，绿灯不亮。如果把多个继电器组合起来，就可以形成更为复杂的逻辑控制关系，这也就是继电联锁的基础。

继电器在铁路设备中有着广泛的应用。虽然微机联锁已经使继电器的使用数量大为减少，但上面（1）（2）中所提到的间接控制和远程控制仍然需要用到继电器。

除了上面提到的遥控道岔的例子外，还有许多继电器在城轨系统中应用的其他实例，其中包括本书接下来会介绍的轨道电路以及本书车辆部分介绍的动车组中多个牵引电机的同步控制。

二、轨道电路

轨道电路是利用两根钢轨作为导体，两端加以绝缘，接上送电和受电设备而构成的电气回路 。

在铁路的发展史上，轨道电路的发明和应用值得大书特书。虽然新技术特别是新的通信技术的出现，使轨道电路逐渐“退居二线”而作为后备系统，但是它们仍是现代列控系统的基础技术之一。

最基本的直流轨道电路是威廉·罗宾逊（William Robinson）发明的，并于 1872 年首次在铁路上使用。轨道电路的应用，使得铁路信号的自动控制成为可能，从而使列车运行控制所需的人员数量大为精简，使列车运行的安全性和效率也大为提高。虽然在过去的 100 多年里，轨道电路的技术发生了许多的变化，但其基本原理仍然是利用车本身（可以是车轮和车轴，也可以是额外在车上特别装设的设备）来改变轨道电路的状态，以检测某轨道区段是否有车占用。

图 3-3-65 所示是一个简单的轨道电路和一个简单的信号灯的点灯电路。

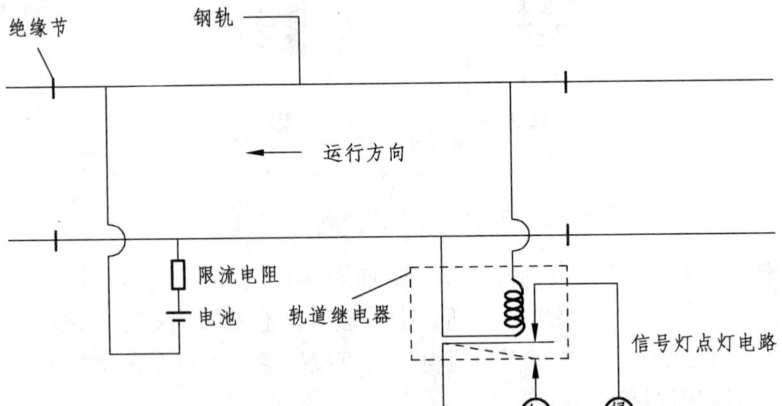

图 3-3-65　直流轨道电路

采用直流电源的轨道电路称为直流轨道电路，是最简单的一类轨道电路。它主要由绝缘节、轨道电源、限流电阻、轨道继电器等组成。其工作原理为：

（1）当轨道电路区段空闲时，电流从轨道电源正极经过钢轨进入轨道继电器，再经另一股钢轨回到电源负极。这时因轨道继电器衔铁吸起，接通绿灯回路，信号机显示绿灯。

（2）当轨道电路区段有车占用时，由于车辆轮对的电阻很低，轨道电路被短路，轨道继电器衔铁落下，接通红灯回路，信号机显示红灯。

轨道电路是把走行轨作为其电路的一部分，因此走行轨中有轨道电路电流的流动。

在绝大多数的城轨交通系统中，列车的运行是靠直流电牵引。直流电需要回流到变电站，回流有两种办法：

（1）通过专门的回流轨，如伦敦地铁就是在走行轨之外另设两条钢轨，一条是供电轨，另一条是回流轨。

（2）利用走行轨来实现回流，许多城轨系统是这样做的。

在利用走行轨作回流轨时，就出现牵引回流和轨道电路电流的干扰问题。为了解决这个问题，出现了交流轨道电路。根据交流电频率的高低，交流轨道电路可分成两大类：低频交流轨道电路和高频交流轨道电路。因为前者的频率接近工频，所以又称为工频交流轨道电路或简称工频轨道电路，后者的频率接近声音的频率，所以又称为音频轨道电路。

工频轨道电路的结构示意图如图 3-3-66 所示。

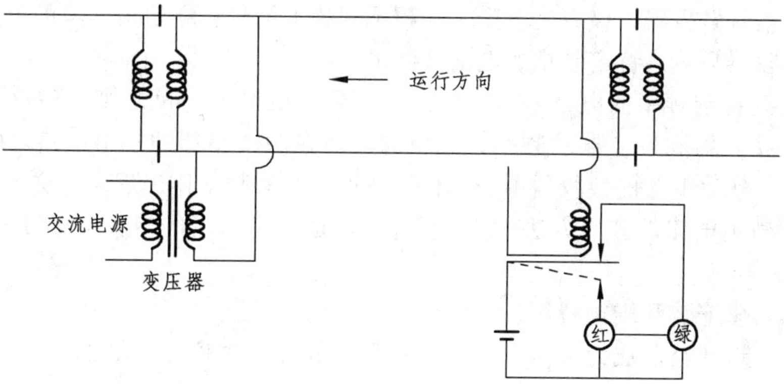

图 3-3-66　工频轨道电路

和前面所讲直流轨道电路的不同之处在于：轨道电路的电源现在是交流电；轨道电路的两端增加了回流连接器（impedence bond）。

图 3-3-67 所示的这个装置可以让牵引回流的直流电绕过轨道绝缘节而从一段轨道流到另一段轨道，同时又能阻止轨道电路中的交流电从一段轨道流到另一段轨道。概括起来，这个回流连接器的特点是“通直流而阻交流”。

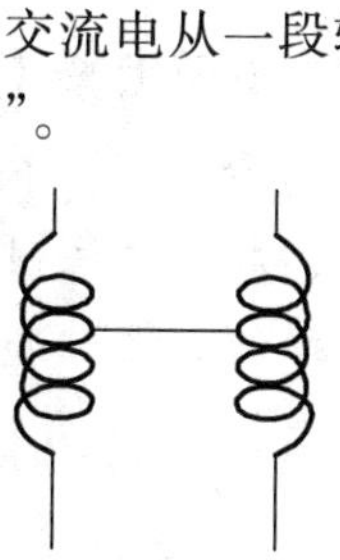

图 3-3-67　回流连接器

虽有上述不同，但轨道电路检测列车占用的工作原理不变，即列车轮对的短路会使轨道继电器失电，继而接通点灯电路中的红灯回路。

音频轨道电路的构成如图 3-3-68 所示。

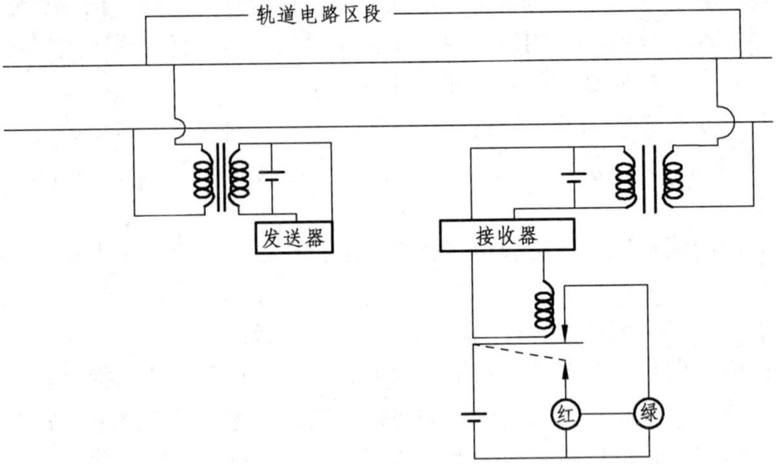

图 3-3-68 音频轨道

和前面所讲的工频轨道电路相比的不同之处包括:轨道电路区段的分界处不再有绝缘节；电源来自一个信号发生器，该发生器产生高频（音频）信号；在轨道区段的另一端加了一个接收器，该接收器只对某特定频率的电信号做出反应。

接收器收到特定频率的电信号后，轨道继电器励磁吸起，反之则失磁落下。在同一个轨道电路里，接收器和发生器的频率是对应的。而在两个相邻的轨道电路之间，频率是不同的。所以一个轨道电路的接收器不会对相邻轨道电路的频率作出反应。这也就是在没有绝缘节的情况下轨道电路的分界方法。取消因传统轨道电路而设的绝缘节会带来很大的好处，包括：

（1）省了很多安装和维护费用。

（2）使“无缝线路”成为可能。这样就消除了车轮通过钢轨接头时所产生的撞击。但由于供电分段以及钢轨热胀冷缩等的需要，在城轨线路中，还存在少量的绝缘节。

有些城轨交通系统使用的是橡胶车轮，这样一来前面所讲的利用走行钢轨形成轨道电路的做法就不适用了。为了解决列车的检测问题，需要采用其他解决办法，以下是一些例子。

例 1

跨座式系统轨道电路（接触式）

在“轨道”一侧专门设置两条平行的导体，一条在上，一条在下，来模拟传统轨道电路中的两条走行轨。另在车上设置短路器，起到传统列车轮对的短路作用。短路器和平行导体之间的接触可以是滑动的，也可以是滚动的。这种办法是接触式的。

例 2

非接触式

一方面，在“轨道”中间的地面上铺设环形线圈起到接收天线的作用，另一方面在车体下面安装信号发送设备。

当线圈接收到车上发来的信号时，列车就被检测到。这里有个问题：如果车载设备故障，没能发出信号，那么列车不能被检测到。为了解决这一不符合“故障-安全”原则的情况，在实际的系统中还设定有其他条件：

（1）在车上，除了在车头下方装“进入信号”发送器外，还在车尾下方装“出清信号”发送器。那么原本曾被占用的轨道区段在“出清信号”发送器故障时，因收不到“出清信号”不会变为空闲，所以后续列车不能跟进，也就避免了撞车。

（2）地面设备向车上发送速度指令（以反映前方线路条件）是以地面环线接收到车上发来的“进入信号”为前提的。如果地面环线因车载“进入信号”发送器故障而收不到“进入信号”，那么列车也就收不到前行速度指令。没有速度指令，列车就自动停车。

这样就满足了“故障-安全”的要求。

除轨道电路可以检测列车占用外，还有许多别的办法可以用来检测列车占用。如利用计轴器（本节稍后有讲）；通过无线传输，列车向轨旁设备报告自己的位置，也就是 CBTC 中的做法（本节后面有讲）。

小结：

轨道电路的基本作用是检测列车的占用，直流轨道电路在城轨交通中已经很少使用了，大多采用交流轨道电路。

轨道电路曾经是铁路信号的基础。随着无线通信技术的应用，列车可以直接向轨旁设备报告自己的位置（以及其他重要信息），因此轨道电路正逐步退居二线，作为备用手段（这有点像目前移动电话的普及，使得固定电话退居二线一样）。正因为如此，在使用 CBTC 的城轨交通系统中，轨道电路的工作原理也有所不同，具体表现在：在轨道电路被占用的情况下，其对应的信号灯不必显示红灯，仍然可以保证安全。因为在 CBTC 制式下，轨旁设备可以掌握列车的具体位置，并据此为列车设定防护范围（如图 3-3-69 中虚线所示），后续列车可以越过信号机 S_1，只要不越过禁行点 A 即可。

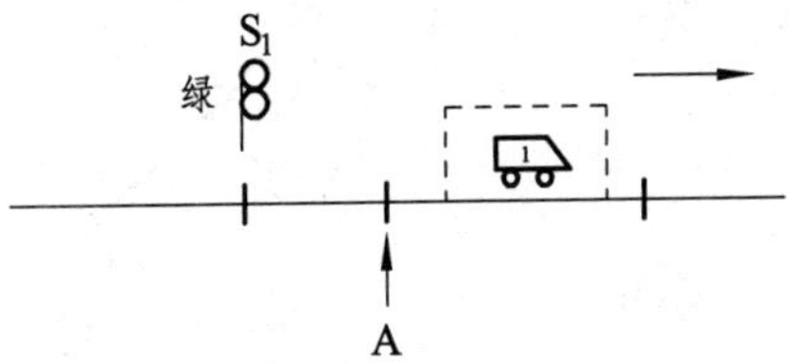

图 3-3-69 安全保护示意图

对列车位置的检测事关安全，所以轨道电路在设计上要符合“故障-安全”的原则。所谓“故障-安全”是指在发生故障时，正在进行的过程会做出反应，倒向安全一侧，以避免发生严重后果，虽然也还是会有一些后果，比如列车中途停顿会造成时间上的延误。

本节所讲的传统直流轨道电路是符合这一原则的，因为轨道电路的任何部分，包括轨道本身、轨道电路的电源、轨道继电器等，如果出现故障都将导致轨道继电器失电，而接通红灯回路，阻止列车继续行进。

其他类型的轨道电路在理论上也都具有这种特性。但在实施上也曾有出现问题的案例。

案例

2009 年 6 月 22 日 16:58，在美国首都华盛顿两列地铁列车发生追尾，导致包括追尾列车司机在内 9 人死亡，数十人受伤，如图 3-3-70 所示。事故直接原因是轨道电路没能检测到被撞列车，间接原因之一是事发地点位于曲线地段，不便于瞭望，追尾列车司机没有足够时间施加制动。

图 3-3-70　事故现场

事故调查报告指出，之所以轨道电路没能检测到列车占用，是因为该轨道电路的接收器模块和发送器模块安装在同一个机架上，共用同一电源，而且在设备安装调试过程中设定的发送信号频率刚好能通过机架、电源等直接在接收器模块内形成感应，使得即便在轨道电路短路的情况下，接收器模块内仍有符合频率及强度要求的电信号。这是设备设计及工程实施上的不严密导致的问题。

1. 事故简要经过

撞车事故发生在该市城轨交通网的红线上。红线呈U字形，底部穿过市中心，如图3-3-71所示。

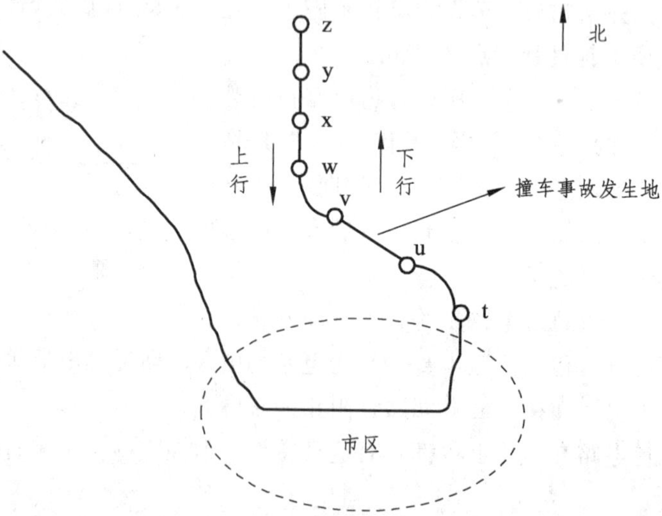

图 3-3-71　线路图

事故发生在16:58，此前由于红线上的一列车出现过设备故障，该线列车运行有些阻塞。上行列车T214以人工模式紧跟着前行车T110，而且曾多次不得不减速慢行。

现场轨道电路编号如图3-3-72所示，列车T214进入轨道电路GD312时，车速为49 mph。

快进入 GD304 时，ATP 速度码从 55 mph 降到 45 mph。这是因为前行车 T110 就在不远处。此时由于 T214 占用 GD312，所以紧随其后的 T112 收到的速度码从 55 mph 降到 0。这使得以 ATO 模式自动运行的 T112 减速并停车。之后 T214 进入 GD304，由于 GD304 没有检测到 T214 的存在，所以轨旁 ATP 没有向 T214 发速度码。根据系统的设计，列车在收不到 ATP 码时，会按收到 0 码来处理，所以 T214 的司机施加制动把车停了下来。T214 的停车位置在 GD304 的中部。由于 GD304 没有检测到 T214 的存在，所以轨旁 ATP 向处在 GD312 上的 T112 发正常速度码 55 mph。T112 进入 GD304 时，因没有被 GD304 检测到，而收不到 ATP 速度码。以 ATO 模式自动运行的 T112 施加制动，但不足以在与 T214 相撞之前停下。

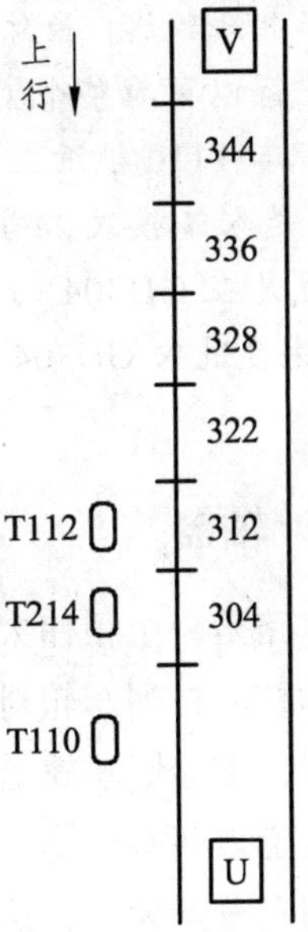

图 3-3-72　现场轨道电路编号

2. 事后调查分析

撞车事故发生后的当天，调查人员检查轨道电路 GD304 的状况，惊讶地发现，在两列事故列车仍然占用轨道电路 GD304 的情况下，GD304 的轨道电路继电器仍处于励磁吸起状态。对继电器的单独检验结果表明，其工作正常。所以调查人员确定，事故并非由继电器造成。撞车事故发生后的第二天，调查人员对 GD304 的 5 个上游轨道电路进行了短路试验：用电阻为 0.06 欧姆的短路器来模拟列车的轨对。对每个轨道电路，分别把短路器放在轨道电路发送器一端、轨道电路的中部和轨道电路的接收器一端。所有 5 个轨道电路（GD344，GD 336，GD328，GD322 和 GD312）都正常地失磁落下，不管短路器是放在端点处还是中部，而对 GD304 的检验结果见表 3-3-3。

表 3-3-3　轨道电路检测结果

放置位置	放置的短路器	结果
轨道电路的发送器一端	0.06 欧姆短路器	继电器失磁落下，显示“占用”
轨道电路的中部	0.06 欧姆短路器	继电器始终处于吸起状态，显示“无占用”
	≈0 欧姆导线	
轨道电路的接收器一端	0.06 欧姆短路器	继电器时而吸起，时而落下
	≈0 欧姆导线	

这表明 GD304 无法正常检测到列车的存在。为什么会如此呢？调查人员又审查了关于 GD304 的历史资料及系统记录数据。

作为设备更新计划的一部分，GD304 的接收器一端的回流连接器（impedance bond）于 2009 年 6 月 17 日被更换为由 US&S 公司生产的产品。之后，在设备调试过程中，工作人员对 GD304 的发送频率做了调整。系统记录表明：在 17 日至 22 日之间的 5 天内，几乎所有经过GD304的列车都没有被检测到。之所以它们都没有出事，是因为它们都以自动模式驾驶，而且前行车相距较远。虽然在进入GD304时由于列车未被检测到而被给以0速度码，但都在减速过程中得以穿越整个GD304而进入下一正常轨道电路。而22日事故那一天的T214一方面和前行车T110很近，在进入GD304之前的速度是较低的45 mph而不是55 mph，另一方面T214是人工模式，司机在收到和GD304对应的0速度码时采取制动把车停下了，而且停车位置是在GD304的中部，不足以使GD304的轨道电路继电器失磁落下。当T112以55 mph的速度进入GD304时，虽也被给以0速度码，但不够距离停下来，结果与T214追尾相撞。

三、计轴器

轨道电路是一个很伟大的发明，但在实际应用中，不是一点问题都没有。因为轨道电路工作原理的核心是列车轮对造成的两根钢轨之间的短路，所以凡是会影响到钢轨正常被轮对短路的因素，都会影响轨道电路的正常工作，比如：

（1）轨道表面有异物，如落叶、灰尘、铁锈、积雪、冰等。

（2）列车分量太轻，速度过快，致使车轮和轨面接触不好。

（3）在线路环境潮湿（如隧道内有地下水）的情况下，即使没有车，钢轨也可能自行短路。

（4）有些线路使用的是钢制轨枕，钢轨之间本身就已经是电气连接（即短路）的。

计轴器可以避免上述问题。计轴器最早出现在德国，就是因为德国有大量的钢制轨枕线路。

计轴系统包括现场（设在钢轨旁边）的车轮感应装置，设在设备房内的计算设备以及上述二者之间的通信连接，系统构成如图3-3-73所示。

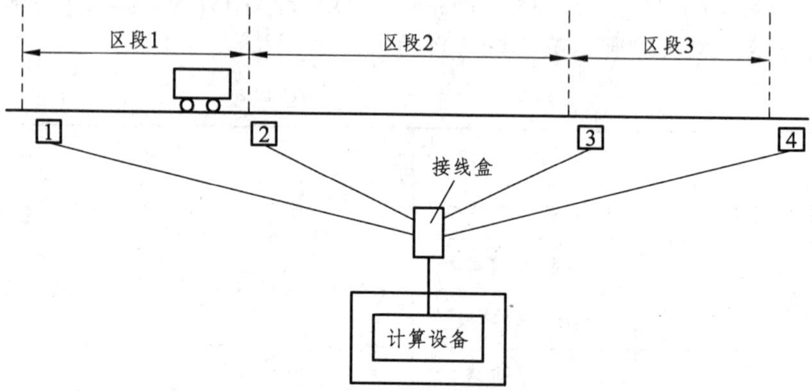

图3-3-73 计轴系统组成

1. 车轮感应装置

顾名思义，车轮感应装置的作用是当有车轮经过时，它能感受到（探测到）车轮的存在，具体的感应方式有两种：

（1）接触式，如图3-3-74所示。车轮通过压迫感应装置而被感受到。这是早期曾经使用的办法，因为有机械接触而存在磨损问题，会影响到使用寿命和可靠度。

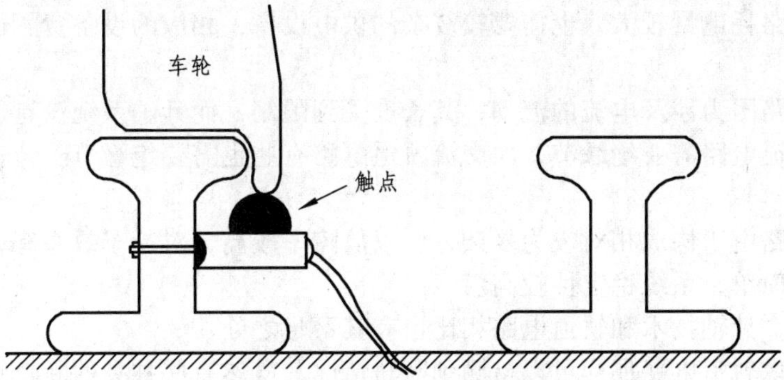

图 3-3-74 接触式车轮感应装置

（2）非接触式，如图 3-3-75 所示。现在比较常见的是利用电磁感应，在钢轨周围形成磁场，当有车轮经过时，车轮会改变磁场状态，从而被感应到。

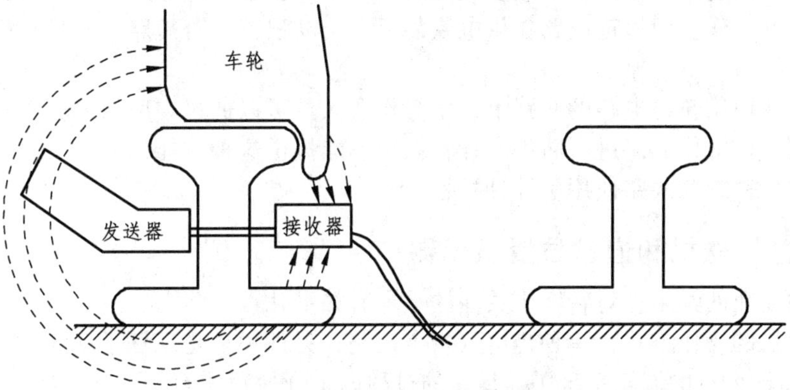

图 3-3-75 非接触式车轮感应装置

2. 通信连接

通信连接可以用铜导线，比较现代的系统则用光纤来传送现场的信号到设备房。

3. 计算设备

计算设备一方面根据现场来的信号算出各车轮感应装置探测到的车轴的数目，另一方面再对各感应装置之间的探测结果进行对比以便判断相应区段是否空闲。

下面简单描述一下计轴系统的工作原理：

假设列车为 6 节编组，共有 24 根车轴，在经过 1 号感应装置时，被检测到有 24 根车轴，那么计算设备就会把由 1 号及 2 号感应器界定的区段（区段 1）视为占用。随着列车的向前运行，当 2 号感应器也探测到 24 车轴时，就判定区段 2 为占用，同时可以把区段 1 判定为空闲（当然为了提高安全度，可以设计成只有等到 3 号感应器也探测到 24 根车轴时，才把区段 1 的状态判定为空闲）。上述工作方式是满足“故障-安全”原则的。比如，万一某个感应器发生故障，而没能探测到 24 根车轴，那么其所在位置的上游区段就不会被认为空闲，后续列车就不会被允许前进。

和轨道电路技术相比，计轴技术除了具有前文所讲到的 4 项优点外，还有如下一些长处：

（1）轨道电路耗电量较大，也需要较复杂的供电设备，相应的设备费、运营费及维修费也较高。

（2）轨道电路因为涉及电流的流动，其长度受到限制，而计轴系统没有这个问题。

（3）直流轨道电路需要绝缘节，而交流轨道电路有些也需要绝缘节。计轴系统不需要绝缘节。

（4）轨道电路由于构成相对较为复杂，所以故障率较高，对行车效率有一定的影响。而计轴系统结构较简单，系统稳定性较高。

但另一方面，计轴技术和轨道电路相比也有其不足之处：

（1）它不能像轨道电路那样可以检测到断轨情况，虽然有些种类的断轨轨道电路也无法检测到。

（2）对于很小半径的车轮，计轴系统的感应装置未必能很好地感应到。

（3）在故障（比如列车进行过程中，感应装置断电）情况下，虽然不至于造成追尾相撞事故，但在供电恢复后，需要人工把它设置成“占用”状态，并靠一列人工驾驶的列车的通过来恢复其正常工作。而轨道电路在供电恢复后会自动根据是否短路，而显示相应状态，不需要人工介入。

（4）通常在使用轨道电路的线路上，轨旁作业人员可以通过在两根钢轨之间放短路器来模拟列车占用，以对作业区进行防护。计轴系统不能提供这种功能。

目前国内地铁有些线路使用了计轴技术。

四、道岔转辙机和道岔位置表示器

作为运输专业的学生，对转辙机关注的重点有如下几点：

（1）转辙机的操作方式，一种是电气指令控制；另外一种是现场手动控制（手摇道岔或者手扳道岔）。国内有的城轨系统手摇道岔的过程因十分耗费体力，一个人无法完成任务，通常需要派两个工作人员下轨作业。

（2）转辙机和道岔的关系。首先道岔是轨道的分岔，是轨道的一个部分，而转辙机是一个机器，属于信号设备。其次，转辙机控制道岔尖轨的移动。轨道部分由工务部门负责，如果道岔出现损坏，工务人员负责修理；如果是转辙机故障，信号人员要到现场负责修理。通常所说的道岔故障是指转辙轨的故障，包括如下两种可能的情况：一种是转辙机故障不能正常动作，另一种是道岔失表，即道岔失去位置表示。道岔本身的故障有尖轨断裂、尖轨不能与基本轨密贴等。

（一）道岔转辙机

在海陆空各种交通方式中，铁路是唯一一个司机不掌握方向盘的，这并不是因为铁路车辆不需要转方向。铁路车辆转向是靠轨道引导的，在轨道中有一部分是可以移动的，这就是本书前面轨道部分所讲述的道岔，而带动道岔移动的是道岔转辙机。轨道（包括道岔）及道岔转辙机就构成了铁路的“方向盘”。道岔转辙机顾名思义是用来转换道岔开通方向的，其基本功能是带动道岔尖轨做左右水平移动（以线路方向为参照）。

早期的转辙机的动力来自人力，即完全靠人来扳动道岔，这个人就被称为“扳道员”。以图 3-3-76 为例，在扳道员的操作下，扳道手柄的旋转运动（逆时针或顺时针）通过齿轮结构带动道岔尖轨实现水平移动，同时位于齿轮机构上方的道岔位置表示器也会由齿轮带动随着改变显示方向。

图 3-3-76　道岔转辙机及道岔位置表示器

现代城轨系统的转辙机都以电力为动力来源。

如图 3-3-77 所示，在转辙机机箱内，除了齿轮机构外，还有电机及其控制设备。

图 3-3-77　电动转辙机内部

电力的应用是使自动化得以实现的又一重要因素。尽管如此，城轨系统的转辙机都无一例外地具有人工操作的功能，作为后备。图 3-3-78 所示是用来选择动力模式（人工或电机）的手柄。

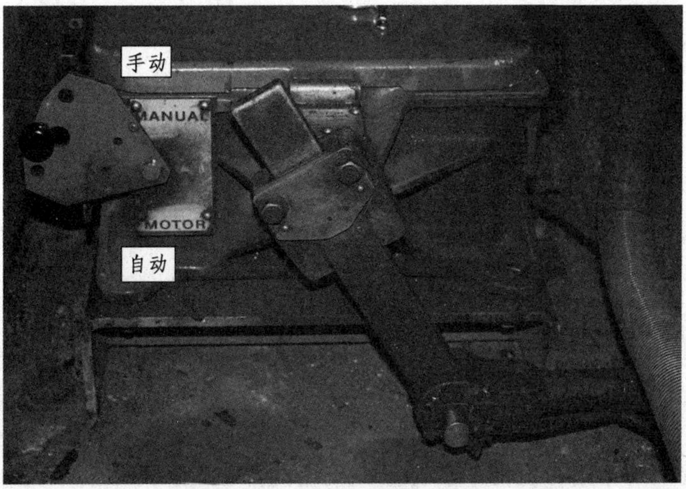

图 3-3-78　动力模式选择手柄

除了转换道岔位置这一基本功能外，铁路运作还对转辙机提出了如下的辅助功能要求：道岔锁闭和道岔位置表示。

在道岔转换到位后，必须对道岔进行锁闭，以阻止尖轨自行变换位置，因为尖轨本身具有弹性，有回到中间位置的趋势。特别是当有列车经过时，如果道岔尖轨由于列车运行带来的震动而自行改变位置，将可能造成列车脱轨和/或撞车事故。

锁闭的方式有内锁闭和外锁闭之分。

内锁闭是指起锁闭作用的机构设在转辙机机箱内部。图 3-3-79 所示是以弹簧、月牙形铁导轨等机构实现锁闭的例子。在转换道岔的时候，中轴顺时针转动压迫弹簧，弹簧另一端沿导轨逆时针移动到图（b）所示的位置，如图 3-3-80 所示。

图 3-3-79 内锁闭转辙机

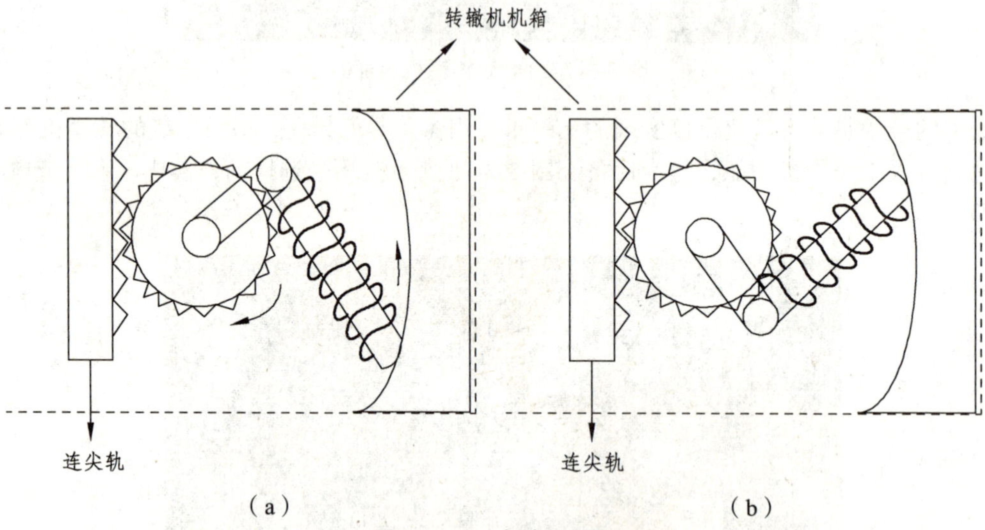

图 3-3-80 内锁闭原理

当然内锁闭可以有很多不同的做法，之所以举上面这个例子，是想一举两得。因为这种内锁闭是“可挤道岔”的一种内锁闭设计方案。关于可挤道岔的进一步讨论请参看下文的“小资料”部分。

外锁闭是指起锁闭作用的机构不在转辙机机箱内部。图 3-3-81 所示是利用特制夹锁把一侧的尖轨和基本轨夹在一起来实现锁闭的例子，图 3-3-82 是道岔转辙机及外锁闭装置示意图。

图 3-3-81　外锁闭装置（处于松开位）

图 3-3-82　道岔转辙机及外锁闭装置

（二）道岔位置表示器

向司机提供道岔位置信息是通过道岔位置表示器来实现的，如前面图 3-3-76 中所示的圆牌。值得注意的是，并非所有城轨系统的道岔转辙机都具有向司机显示道岔位置的功能。

除了这种机械式的道岔位置表示器，还有用 LED 灯光或其他灯光来表示道岔位置的。图 3-3-83 所示是某轻轨系统采用的 LED 灯光道岔位置表示器。在图 3-3-84 中，当道岔尖轨处于开通直股的位置时，显示向前的绿色箭头，如（a）所示；对于开通侧股（左向）的情况，会显示向左的绿色箭头，如（b）所示；在尖轨转换过程中，因为尖轨尚未转换到位，显示为红色的圆点，如（d）所示。

图 3-3-83　LED 灯光道岔位置表示器

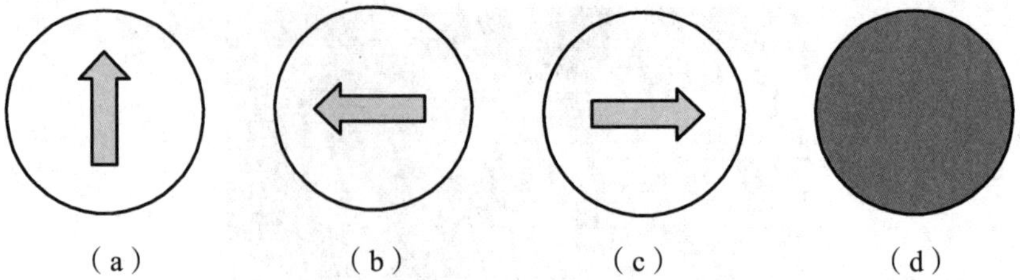

图 3-3-84　LED 方向指示

在用灯光来表示道岔位置时，一定要和信号灯加以区分。二者虽然在显示上很相像（即看起来差不多），但实际含意却大不一样。信号灯的显示是受到联锁系统控制的。在命令信号灯显示“绿色”前，联锁系统会检查多方面的安全条件，比如：

（1）相关道岔位置是否正确，这里的道岔数量可能不止一个。

（2）有无敌对进路。

而道岔位置表示器的显示只取决于与之相连的道岔尖轨的位置。只要与其相连的道岔尖轨转到位，就显示相应的“绿色”箭头，而不管是否有敌对进路，也不管其他道岔的位置如何。

在图 3-3-85 中，X_1、X_2、X_3 和 X_4 是信号机，D_1 和 D_2 是道岔。在进路 JL23 已经排列的情况下，进路 JL14 是无法排列的。信号 X_1 也不可以亮绿灯。即使 JL23 进路没有排列，只要道岔 D_2 的位置不明，或 D_2 坏在直向位置而不能转换，进路 JL14 也无法排列，信号 X_1 也不可以亮绿灯。

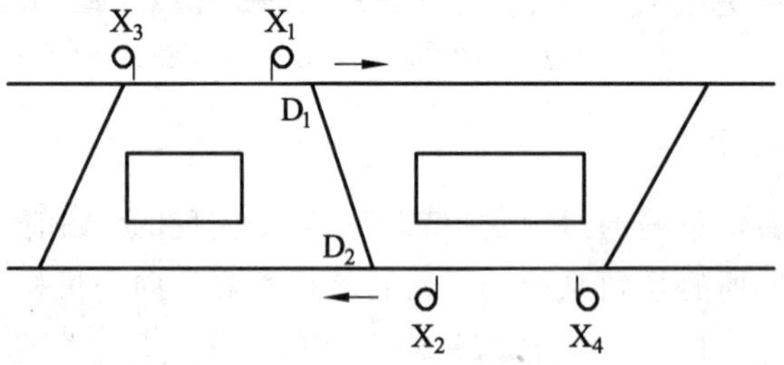

图 3-3-85　信号机布置（城轨系统 A）

在图 3-3-86 中，B_1、B_2、B_3 和 B_4 是道岔位置表示器。只要道岔 D_1 开向侧股，不管道岔 D_2 位置如何，也不管 B_2 是什么显示，B_1 都会显示向右的绿色箭头。所以道岔位置表示器的绿色显示不可以像绿色信号灯那样作为动车的依据（行车凭证）。

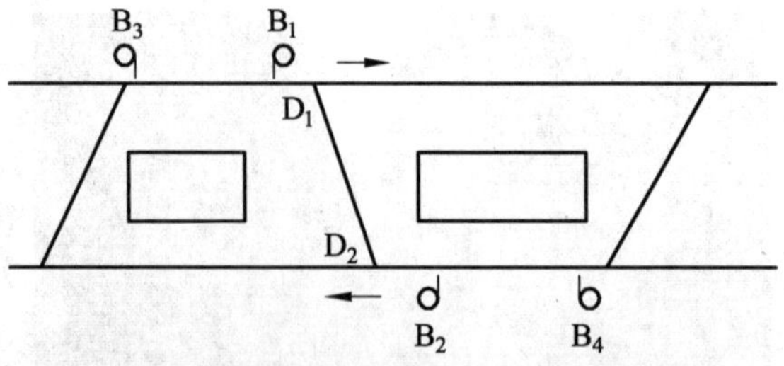

图 3-3-86　道岔位置表示器布置（城轨系统 B）

向联锁系统提供道岔位置信息也有多种方式，其中一种是通过尖轨和基本轨之间的接点及其电路来实现。此时，道岔尖轨类似于继电器中的簧片。联锁系统需要这一信息，是为了进行进路的管理。就像前面刚刚谈到的，为了排列进路，需要检查相关道岔的位置。

（三）道岔故障

前面讲到道岔转辙机的主要功能是牵动尖轨实现位置转换、对道岔进行锁闭以及向司机/联锁系统提供道岔位置信息。相应地，道岔故障也主要表现为无法转换、不能锁闭、不能提供道岔位置信息（即“道岔失表”）等三种情况。上述三类道岔故障对列车运作的影响是不尽相同的。

在图 3-3-87 中，如果道岔 D_1 目前处于开通侧向的位置，在故障为“无法转换”的情况下，虽然进路 JL15 不能排列，但进路 JL14 仍然可以排列。如果车站 B 是终点站，列车仍然可以利用 B 站上行站台进行折返。

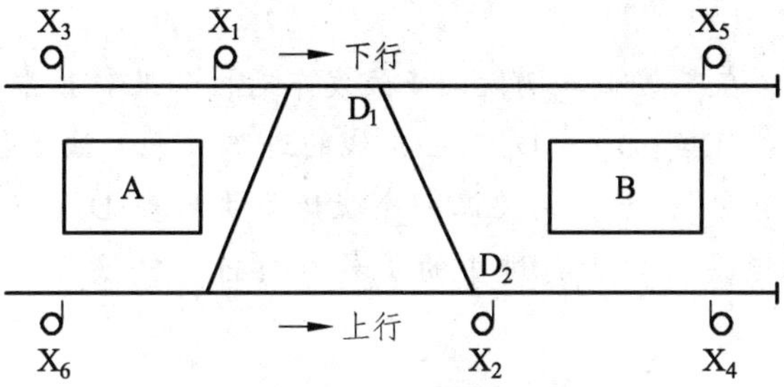

图 3-3-87　道岔故障示意图

如果道岔 D_1 的故障是“道岔失表”，那么不管道岔实际位置如何，通过 D_1 的进路（JL15 和 JL14）都不能排列。不仅如此，由于“侧面防护”的要求，连进路 JL26 也不能排列。这是为了确保在列车从 X_2 到 X_6 的过程中，不会有车从下行线通过 D_1 进入上行线而发生侧撞。

如果道岔 D_1 的故障是“不能锁闭”（但可以转换，而且有位置表示），那么经过 D_1 的进路都不能排列，而且 JL26 也不可以排列。

📖 小资料 1

可挤道岔

1. 挤岔

如图 3-3-88 所示，假设道岔 D1 处于侧向，如列车驶向道岔 D1，车辆就会发生和道岔尖轨的冲突，这一冲突就是挤岔。

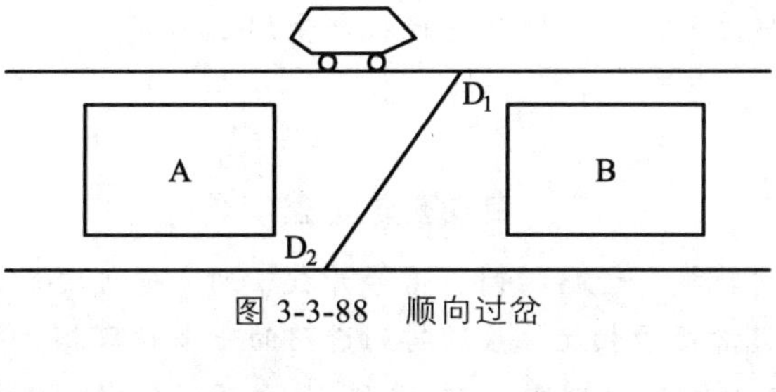

图 3-3-88　顺向过岔

挤岔的后果有两种：

（1）如果 D_1 是可挤道岔，那么列车可以通过。

（2）如果 D_1 是不可挤道岔，那么列车将不可以顺利通过。车轮和尖轨的冲突可能导致列车出轨及道岔/转辙机的损坏（两败俱伤）。

2. 可挤道岔

前面曾讲过道岔的锁闭。如果锁闭机构是像例子中所说的利用弹簧的那种，当列车挤岔时，列车车轮的推力会通过连杆、齿轮克服弹簧的弹力而迫使道岔尖轨离开现在的位置，并在位移一定程度后在弹簧的弹力作用下，继而完成道岔转换。可以说，车轮的冲击力引发了道岔的转换，而弹簧进一步完成了道岔的转换。

这种可挤道岔在被挤后允许列车通过，而且自身也不会遭受损坏。当然这种道岔转辙机只适合像车辆段内车速不高的线路。它的好处是，在联锁系统或其上游设备（即那些传输进路排列指令的设备）发生故障的情况下可以减少现场人工扳道的工作及时间，以减小故障所造成的影响。

比如在图 3-3-89 中，在早晨由车辆段向正线发车时，如果联锁系统故障，无法为 1 号车排经过道岔 D_1、D_2、D_3、D_4、D_5 和 D_6 而去正线的进路，也无法遥控单操上述道岔，那么如果上述道岔是“可挤道岔”，就只需要派一个扳道员去检查 D_4 的位置，必要时人工扳 D_4 到直股就可以了。其他道岔可以由行进中的 1 号车自行“转换”。从其他股道发车也基本如此。

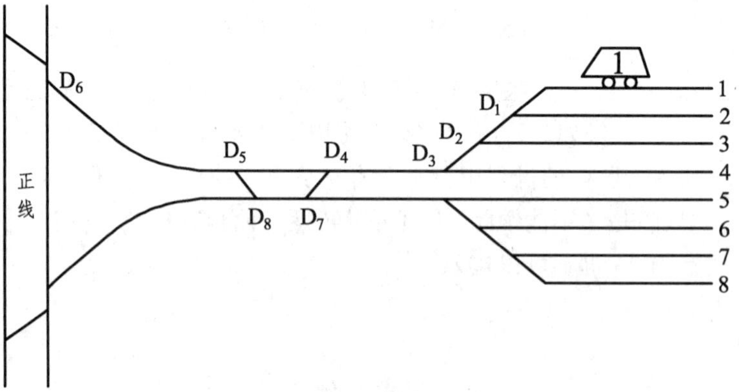

图 3-3-89　车辆段示意图

另一种可挤道岔有些不同，其锁闭装置不是像上面例子中那样利用弹簧来形成“软锁闭”，而是硬锁闭，并在锁闭机构中设“挤切销”。挤切销是锁闭机构中的“薄弱环节”，在道岔被挤时，挤切销会先断掉，从而使尖轨不再处于锁闭状态，以允许车轮通过。列车是通过了，道岔本身也可能安然无恙，但道岔转辙机却受到了损坏。

小资料 2

自动复位道岔

通常情况下，在道岔轨换、进路排列、信号开放、列车通过之后，道岔会保持在既有位置，直到下一个要求该道岔处于相反位置的排列进路的命令被联锁系统执行为止。

比如在图 3-3-90 中，在 1 号车从 X_3 行进到 X_6 之后，D_3 和 D_4 会停留在开通侧向的位置，直到需要排列进路 JL25 以便 1 号车可以从 B 站开往 A 站下行站台。

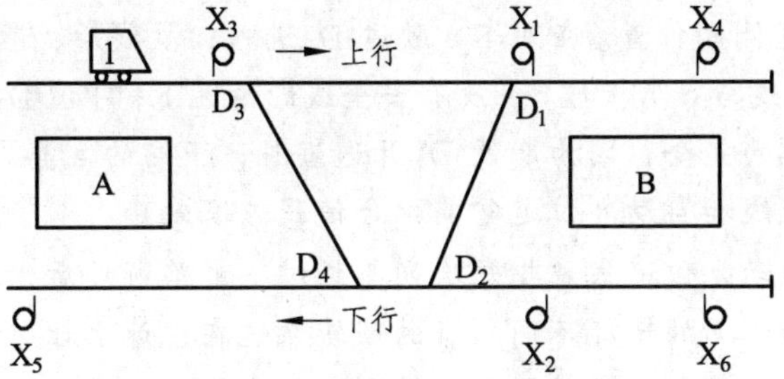

图 3-3-90　简化系统示意图

但是有些特别地方的道岔，被设计为“自复位道岔”，在放行一列车后，会立刻转换到定位。目的是防止下一列车在未得到“授权”的情况下通过。

比如在图 3-3-91 所示的线路布置情况下，可以把道岔 D_1、D_2 设计成“自复位道岔”，即在从车辆段发往正线的列车经过 D_1 和 D_2 后，联锁系统会自动发指令让 D_1 和 D_2 的转辙机马上把 D_1、D_2 转回到把正线和车辆段断开的位置。这样一来，即便由于某种原因，另一列车在未得到“授权”（即进路 JL12、JL15 都未排列）的情况下，试图越过 X_1，其结果是进入安全线，于是可以避免对正线载客列车造成威胁。在某种程度上，可以说 D_1D_2 这段轨道就像是古时候用来保护城堡的吊桥，一旦自己人进了城，吊桥就升起，以防止其他人入城。

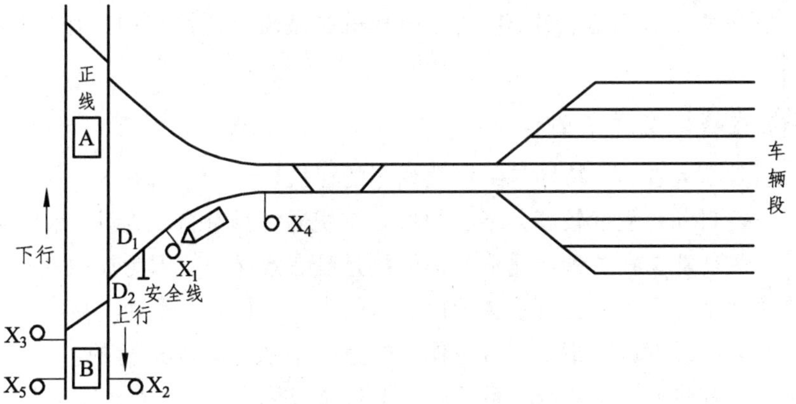

图 3-3-91　出入断线布置

案例

2005 年 1 月 17 日 09:15，泰国曼谷地铁发生一起列车相撞事故，造成 100 多人受伤。事故主要原因是人为失误：在列车连挂救援过程中，故障车的制动系统过早地被隔离，故障车从入段线溜回正线与停在车站的一载客列车相撞。事发地段的线路情况如图 3-3-92 所示。

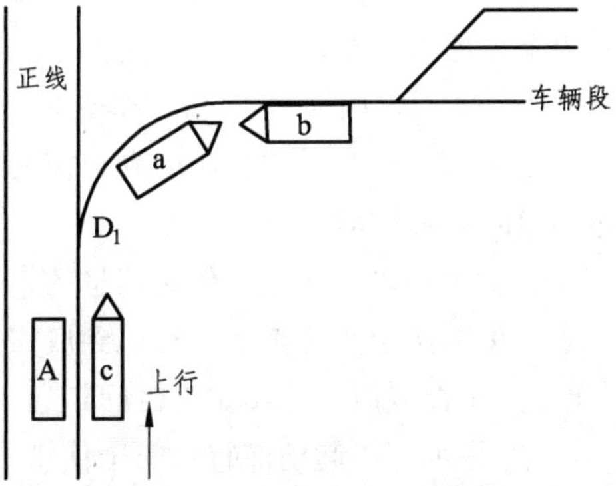

图 3-3-92　事发地段的线路示意图

故障车 a 在回段途中因新的故障而停车，等待救援。救援车 b 从段内前来连挂。在尚未确认连挂成功的情况下，故障车司机把制动系统隔离/切除，致使 a 车下溜，因为回段是上坡。先前为了 a 车回段，道岔 D_1 被设在开通侧向位置。在列车 a 驶过 D_1 进入回段线后，道岔 D_1 仍停在侧向位置，这样下溜的 a 车溜回正线与 c 车相撞。在没有安全线的情况下，即便 D_1 设计成“自复位道岔”，也未必能保证正线列车的安全，因为即便 D_1 开通直股，下溜的 a 车也可能在 D_1 处脱轨而妨碍正线列车通行。安全线和自动复位道岔要配合使用才有效。

值得注意的是，自动复位道岔是指每次列车经过、进路解锁后，道岔在联锁计算机的指示下恢复到定位，这和下面的情况不同。有的城轨系统在设计上让道岔在转动条件尚不满足而不能转动的情况下，暂时记住转动指令，等到条件成熟时，再予以执行（这个指令来自联锁系统，包括进路指令以及单动道岔指令）。这样的设计思想其实并不十分严密，因为等到条件成熟时，其他方面的情况可能也发生了变化，以至于转动道岔未必是最好的选择，虽然转动条件已经具备。所以，只有很少的城轨系统采用了这样的设计思想。

五、信号机

在名词术语方面，本节会用到信号机、信号灯、信号、信号显示等。“信号机”侧重于机械装置，指安装在轨旁的一台设备；“信号灯”侧重于发光装置；“信号显示”指希望在司机脑海里形成的印象；“信号”一词的含义较广泛，可以指信号机或信号灯，需要读者根据上下文判断。

本部分内容按两个方面进行组织：① 信号机在城轨交通系统中的作用；② 信号机的控制。

1. 信号机在城轨交通中的作用

（1）信号机是给人看的，特别是给城轨列车的司机。

城轨系统普遍自动化程度较高，新建的城轨系统通常具有自动驾驶（ATO）功能，甚至有无人的自动驾驶功能。在这种情况下，信号机是没有意义的，因为控制列车运行（驾驶列车）的是计算机而不是人，计算机不会看信号机的显示。计算机是通过接收轨旁计算机发来的、反映线路状态的速度相关指令（常称作 ATP 码）来控制列车运行的。

正因为如此，有些自动化的城轨系统虽然也有轨旁信号机，但在正常运作（受 ATP 保护的 ATO 模式）时，其轨旁信号机是灭灯的。当然也有些自动化的城轨系统，即便是以 ATO 模式在 ATP 保护下运作，也让轨旁信号机照常亮灯。

在 ATO 模式下是不需要轨旁信号的。那么在 CM 模式下是否需要轨旁信号呢？答案是也不需要，因为有车载信号。事实上车载信号和轨旁信号不是相互独立的，它们反映的都是线路的条件，而且因为受到 ATP 和 CBI（Computer Based Interlocking，微机联锁）的联合控制，它们之间不会相互矛盾。所以真正需要轨旁信号的时候是以无码（ATP 码）人工驾驶时，这包括 RM 和 URM。

（2）信号机是向司机传递信息的，到底有哪些信息呢？

这可以换个角度来问：司机到底需要哪些信息呢？

① 是否应该起动离站：时间信息。

② 是否可以起动前行：安全信息。

③ 应以怎样的速度控制列车运行：速度信息。

④ 在经过道岔时，是直股通过还是侧股通过：方向信息。因为司机对方向没有控制权，所以这方面的信息属于辅助信息。

以图 3-3-93 位于 A 站上行站台的 1 号车为例。

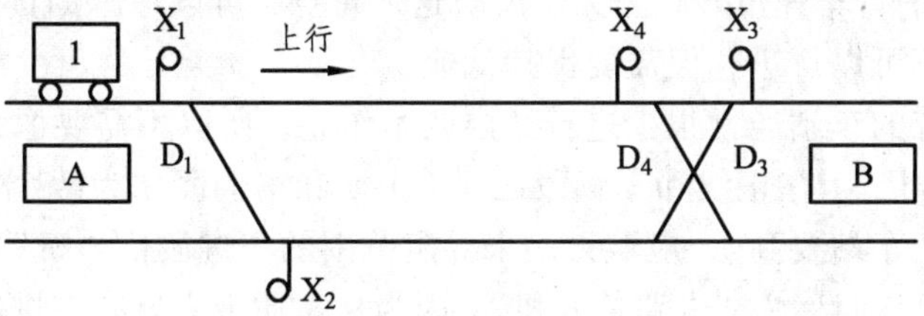

图 3-3-93　举例示意图

① 为了告诉司机是否到关门离站时间，可以在 A 站上行站台的头端墙处设出发时间表示器。当然这个表示器并不是“出站信号机”的概念（见下文）。

② 为了告诉司机出站前方线路是否安全（比如道岔位置是否正确、是否有从 B 站到 A 站上行站台的敌对进路等），在 A 站上行站台头端墙轨旁设信号机 X_1（可以视为“出站信号机”）。

③ 在 1 号车离站后前往 B 站的途中，司机应以怎样的速度控制列车运行呢？如果驾驶模式是 CM 或 RM，驾驶台上的速度表会向司机提供最高允许速度；如果驾驶模式是 URM，驾驶台上的速度表不会向司机提供最高允许速度，为了保证安全，司机应按行车规程所规定的最高允许速度控制列车。

列车在前往 B 站的途中有可能遇到轨旁信号机。轨旁信号机只是在 RM 或 URM（即无 ATP 码）时才有意义：用绿灯告诉司机前方进路已经排好；用红灯表示前方进路尚未排好，司机应先把车停下，再联系行调、获得特别授权后才可以行进。所以这些轨旁信号机可以称为“进路防护信号机”。

④ 1 号车在从 A 站上行站台到 B 站的上行站台的途中，会经过道岔 D_1、D_4、D_3。为了让司机更加“心中有数”，可以考虑在信号机 X_1 和 X_4 的机柱上加装“道岔位置表示器”，以表明行车方向：是直股通过还是侧股通过。具体表现形式可以是如图 3-3-94 所示的以 LED 显示的箭头（绿色）。

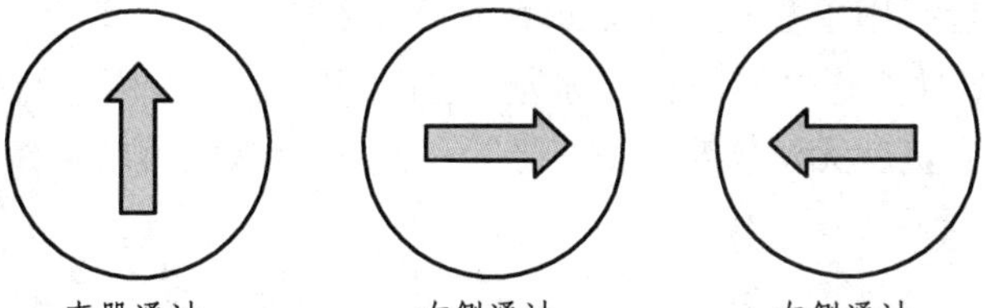

直股通过　　右侧通过　　左侧通过

图 3-3-94　道岔开通方向

在相应的进路尚未排列的情况下，信号机显示红色。道岔位置表示器可以照常显示绿色，如果道岔位置确定的话，也可以设计成显示红色，以免给司机“可以行车”的错误印象。如果道岔位置不确定，比如正在转换道岔的过程中，那么道岔的位置表示器应显示红色。

和信号显示相比，道岔位置表示器不那么重要，没有也行，参见本节转辙机和道岔位置表示器部分内容。

前面曾提到“出站信号机”“道岔防护信号机”。其实为了方便，避免麻烦，城轨交通系统的信号机可以统称为“进路信号机”，因为归根结底，这些信号机的作用是反映“前途”是否安全，即进路是否排好，这包括车辆段的信号机，虽然有些材料把它们称为“调车信号机”。当然车辆段内的行车速度较低。为了反映这一特点，可以考虑用黄色（警惕色）来表示进路已经排好，列车可以行进，但需要保持低速。

另外，城轨系统的车站通常很少进行站内调车作业，所以不需要像大铁路那样设用来防护车站的“进站信号机”。在正线和车辆段之间（正线和车辆段作为两个主体，各自内部的线路的复杂程度比单个车站要高），应该设用来界定范围的“进段信号机”和“出段信号机”。即便如此，仍可以把它们称为“进路信号机”。因为从本质上，只有在进段进路排好之后，进段信号机才可以开放，出段信号机也是如此，如图 3-3-95 所示。

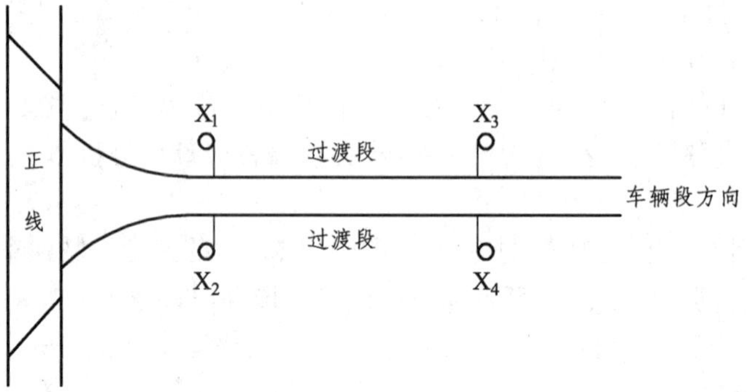

图 3-3-95　出入段线

信号机 X_1 和 X_2 是出段信号机，受正线行调的控制，而 X_3 和 X_4 是回段信号机，受车辆段行调控制。X_1 和 X_3 之间以及 X_2 和 X_4 之间的线路为过渡段。在过渡段空闲（无车占用）且进路尚未排列的情况下，任何一方（正线行调或车辆段行调）均可以向过渡段排进路，并把自己管内的列车送进过渡段。

在线路的尽头，通常设单显示（红色）信号机，告诉司机停车，有的材料称其为“阻挡信号机”，也有的称其为“车挡信号机”，因为该信号机所在位置是线路的尽头，而通常在线路的尽头会设车挡。这种信号机也可以归类为“进路信号机”，因为它实际上是进路的终点。正因为如此，该信号机采用单显示，即永远显示一个红色。

上面讲到可以把城轨交通中的信号统称为“进路信号”，可以用它们来定义进路的起讫点，但这并不是说没有信号机就无法实现进路的控制。事实上有些城轨系统用轨道区段进行进路的控制，如图 3-3-96 所示。

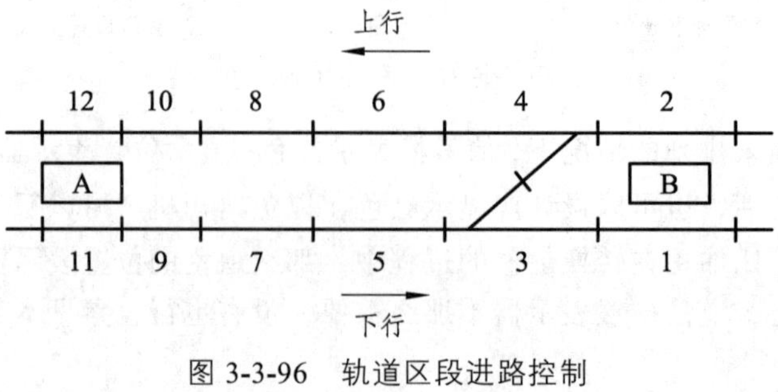

图 3-3-96　轨道区段进路控制

首先把线路划分成不同的区段，并分配相应的编号。然后以轨道区段的编号来定义进路的起讫点。比如进路 2—12 表示从 B 站上行站台到 A 站上行站台的进路。

值得注意的是，不同的城市，甚至同一城市不同城轨线路所使用的信号机在尺寸、安装位置、显示的方式、显示的意义等方面都可能存在差异。重要的是要从司机操作需求的角度出发了解各信号机的用途，而不要被众多的名称，如出站信号机、进站信号机、调车信号机、闭塞信号机、联锁信号机等所迷惑。

2. 信号灯控制

所谓控制是指让信号灯做出某种显示，以传达某种信息。可能的显示状态有：无显示；显示红色（禁行）；显示绿色（常速行进）；显示黄色（低速行进）。

部分城轨系统可能有更复杂的显示组合，如黄绿。有的具有 ATP 功能的城轨系统，在以 ATO 模式自动驾驶时，信号灯灭灯而不做任何显示。也有的城轨系统虽然以 ATP 保护 ATO 自动驾驶，信号灯仍照常（依据进路排列状况）亮灯。

本书前面讲“轨道电路”时曾提到信号机是亮红灯还是亮绿灯是由轨道电路中的继电器接点状况来决定的。但是在现代化的城轨系统中，情况要复杂得多，虽然轨道电路的状态是影响因素之一，但真正决定信号灯显示的是联锁计算机。联锁计算机在汇总多方信息后，决定是亮红灯还是亮绿灯。

在图 3-3-97 所示的 JL12 被设定为“多次进路”的情况下，即便 1 号车越过信号机 X_1 进入 2 号轨道电路，信号机 X_1 仍然会显示绿灯，而不会转成红灯。当后续车（2 号车）接近 X_1 时，仍然看到绿灯，表示 JL12 仍然有效。防止 2 号车追尾撞上 1 号车的是 ATP 速度码，所以安全仍然得到保证。也就是说，这时行车安全不再是靠信号灯来保证，而是靠 ATP 码来保证。

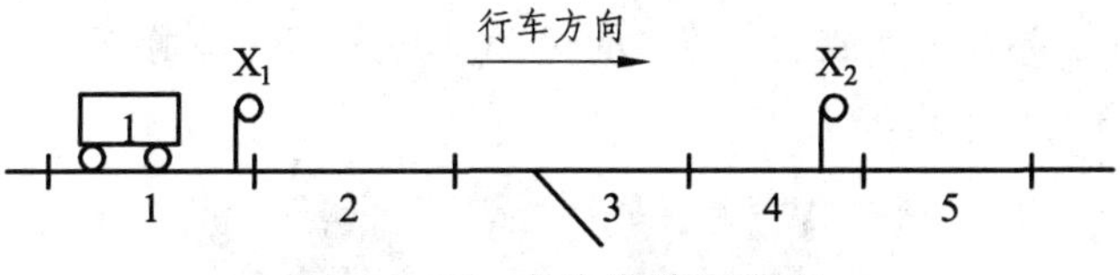

图 3-3-97　多次进路示意图

直接控制信号显示的是联锁计算机，但联锁计算机通常并不自主地去改变信号显示，而是在收到第三者指令，或检测到环境条件变化时，才改变信号机显示。具体情况有：

（1）在接到来自 ATS 排进路的指令，而且进路排列所需的条件都满足时，联锁计算机发出指令排列进路，并开放进路起始信号。

（2）和上面的类似，不过这次排列进路的指令来自行调。

（3）在进路排列为一次进路，进路起始信号灯亮绿灯的情况下，列车通过后，信号显示在联锁计算机的控制下由绿灯转变为红灯。

（4）在进路排列为一次进路，进路起始信号灯亮绿灯的情况下，如果行调发出进路解锁的人工命令，联锁计算机会无条件地将信号灯由绿灯变为红灯，虽然相应的进路不一定被解锁。比如在有车接近的情况下，联锁计算机会保持进路，直到接近的列车完全停下来。

（5）在进路已经排列（不论是一次进路还是多次进路），信号亮绿灯的情况下，行调可以通过控制中心的电脑终端发人工指令关闭信号，即将其显示由绿灯变为红灯。之后行调还可以将其由红灯变为绿灯。这样做就如同道路已经修好了，但设一个检查站，前来的行人必须停下来接受检查，合格后才放行。

注：如果进路尚未排列，行调可以通过上述指令使信号锁定在红色显示状态，即便此后进路被排列，也不会变绿。这一功能也可以被行调用来为轨区作业人员提供防护。由于这一防护是由控制中心提供的，所以属于“远程防护”。如果进路尚未排列，行调是不能直接把信号灯由红转为绿的。

（6）为了方便轨区作业人员对作业区进行防护，有的城轨系统在轨旁（通常是站台范围内）设防护钥匙。一旦该钥匙被从钥匙孔中取出，某个特定轨区内及轨区入口处的信号灯就会被锁定为红色，不管此前是何显示，也不管此后是否在该区内排了进路。这一防护是在现场附近实施的，属于“现场防护”。和前面提到的“远程防护”相比，这一防护更可靠，因为钥匙由现场防护人员操作、监管，其他人无法随意解除这一防护。

关于城轨交通的信号机还有很多其他方面的话题，比如：灯光颜色的选择；灯源的选择（白炽灯还是 LED）。关于这些话题，读者可参阅其他相关书籍。本书在此仅利用一个实际案例来说明信号机设置的重要性。

📖 案例

2009 年 1 月 7 日 16:43，在澳大利亚的 Homebush 站，一列 8 节编组的城轨列车发生脱轨事故，所幸没有造成人员伤亡。调查报告指出，事故主要原因是列车司机冒进信号（265），如图 3-3-98 所示。至于为什么会冒进信号，调查报告进一步说：

（1）司机对该段路不是很熟悉。

（2）当天司机受睡眠不足的影响而精力不济。

（3）本线信号 265 和邻线信号 261 分列在本线左右两侧差不多距离处，再加上本线左侧一条新线正在铺设中，导致司机误把信号 261 当成本线信号（当时 265 显示双红，指示停车，而信号 261 显示双绿，指示通过）。

图 3-3-98　信号 265（左）和 261（右）以及开启的安全防护道岔

列车冒进信号 265（见图 3-3-99），被位于轨旁的自动停车装置引发紧急制动，继而在安全防护道岔处脱轨。

图 3-3-99 脱轨列车在通过站台脱轨之后的位置

六、车地通信设备

早期的列车不说话，机车的任务是提供动力和制动力，而车辆的任务是提供载客/货的空间，在可能的情况下，也提供制动力。说话的责任由司机承担，司机说话的对象通常是信号员。

现代的城轨列车因为要在保证安全的前提下密集追踪运行，所以加装了计算机设备，以尽量减少人工参与的成分，以便提高安全水平和运作效率。单单在车上加装计算机显然是不够的，还要大量的轨旁计算机。为了共同完成安全运行的任务，车上和轨旁设备之间需要一定的沟通，这就是车地通信（Train-wayside Communication，TWC）。

车地通信的最理想情况是双向、大信息量、快速、连续、高可靠度。双向是指车地之间的信息交流是双向的。为了叙述的方便，下文把车对地的通信称为下行通信，而把地对车的通信称为上行通信。在实际发展过程中，由于技术、资金的限制以及实际的需要，车地通信的手段呈现出多样性，突出表现在：单向或双向通信；连续或间断通信；大信息量或单信息通信。

接下来所要介绍的不是所有车地通信形式，而只是部分有代表性的例子，重点在于让读者体会到车地通信在行车安全和效率方面的作用。另外，在讲述中侧重于轨旁设备，虽然没有车载设备是无法完成车地通信的。

1. 连续式

（1）利用走行轨传送 ATP 速度指令。

大家知道利用走行轨可以形成轨道电路以便检测列车的存在，这是通过列车轮对对轨道电路的短路作用来实现的。走行轨还可以用来向列车传送 ATP 速度指令。这样的例子很多，比如广州地铁一号线采用的 FTGS 型轨道电路，把对列车的检测和向列车传送 ATP 报文合二为一，形成报文式数字编码轨道电路。其工作原理为：由位于设备房内的轨道电路信号发送设备生成的移频键控电信号，通过轨旁单元在轨道电路的始端馈入钢轨。位于轨道电路终端的另一轨旁单元负责接收并传回到位于设备房的轨道电路信号接收器。在经过信号鉴别判断（包括幅值计算、调制检验、编码检验等）后，如果幅值足够高，编码调制正确，那么接收端的位模式校核器就产生一个“轨道空闲”的状态信息。在有列车占用的情况下，由于轮对的短路作用，接收端的信号强度（幅值）不够高，会导致轨道继电器落下而停发列车检测信号，并同时启动 ATP 报文的发送。ATP 报文含有大量的行车有关信息，其中最重要的有目标距离、目标速度等。

图 3-3-100 是 FTGS 轨道电路构成的示意图。值得注意的是：

① 转换开关的作用是选择什么信号交由发送器馈入钢轨：是用来检测列车的信号（来自位模式发生器），还是来自轨旁 ATP 的报文？这个开关受位模式校核器的控制。

② 接收器和发送器同处一个设备室，甚至同处一个设备机架。2009 年 6 月 22 日在美国华盛顿发生的列车相撞事件，正是由于在同一机架上的接收器和发送器之间发生了信号干扰，误使接收器收到的信号具有足够高的幅值和波形。换言之，在接收器和发送器之间形成了“短路”。

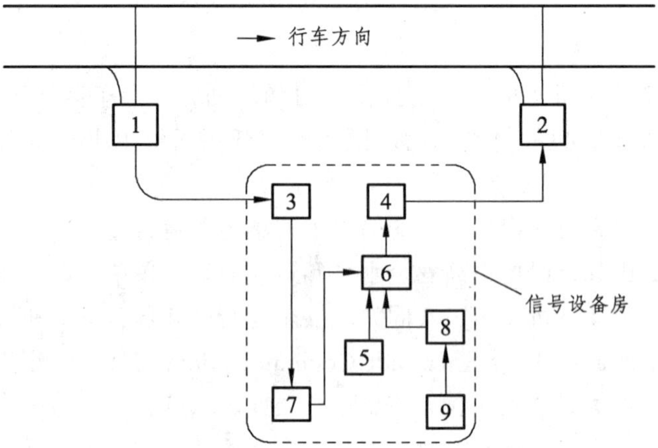

1—轨道电路终端单元；2—轨道电路始端单元；3—接收器；4—发送器；5—列车占用检测电信号发生器，又称位模式发生器；6—转换开关；7—位模式校核器；8—轨旁 ATP 单元；9—行车方向下游一系列轨道电路的位模式校核器。

图 3-3-100 FTGS 轨道电路构成

③ 轨旁 ATP 单元一方面储存有关线路参数的信息，如前方线路上的车站停车点、轨道电路的识别号/长度/坡度等，另一方面接收来自下游轨道电路位模式校核器关于相应轨道电路占用状态的动态报告。轨旁 ATP 之所以能起到列车保护作用，正是因为它拥有上述这些静态以及动态信息。

（2）利用沿轨道连续铺设的感应环线传送 ATP 速度指令。

在使用胶轮车辆的城轨系统中，由于没有钢轨，所以需要另想办法。沿轨道（用钢筋水泥筑成的走行轨）连续铺设感应环线就是其中一种。在新加坡盛港轻轨项目中，感应环线担负起和上述轨道电路相当的对列车进行检测和向列车发送 ATP 速度指令的双重任务。唯一不同的是，因为没有了钢制轮对那种对钢轨的短路作用，为了对列车进行检测，需要列车向感应环线发信号。一旦收到来自列车的信号，感应环线就从接收天线变成发送天线，向列车发送 ATP 速度指令。在这个项目中，ATP 速度指令内容较简单，只是列车要遵从的最大允许速度值，以及到车站后关于开哪一侧车门的指令。

图 3-3-101 是该项目轨道及轨旁设施的照片，从中可以看到感应环线的情况。多数时候环线由白色塑料盖板保护，在道岔区可以看到无盖板保护的环线本身。

图 3-3-101　现场实物图

感应环线通信是基于数据的电磁传输。环线电缆由扭绞铜制线芯、绝缘和防护外层组成。

一个环线区段的长度确定了“轨道电路”的长度，从几十米到几百米。通常每隔 25 m 或 50 m 交叉一次，如图 3-3-102 所示。车载设备在经过每个交叉时检测到信号相位的变化，以此进行列车的定位计算。

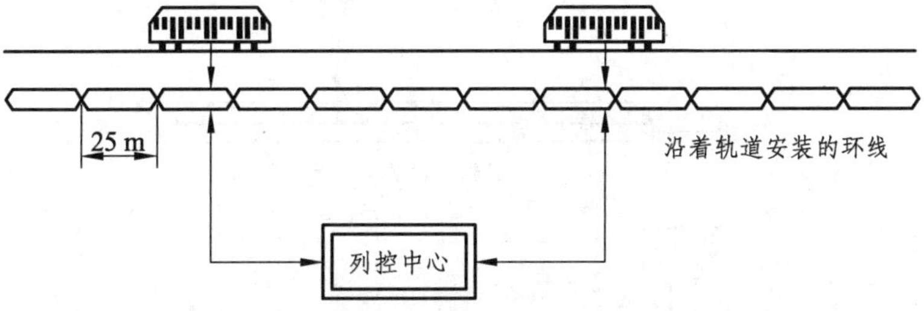

图 3-3-102　环线传输

除了胶轮城轨系统使用感应环线外，有的钢轮城轨也使用感应环线，因为与利用钢轨作为媒介来传输信息的模式相比，使用独立的感应环线具有以下优点：

① 数据传输可靠，避免与轨道电路相互干扰。

② 允许更高的载频，数据传输速度快。

③ 回路交叉点用于车载设备精确定位。

（3）利用沿轨道连续铺设的波导管实现车地双向大信息量通信。

前面所讲的利用现成的钢轨或专门铺设的感应环线进行的车地通信，其局限性很大。下面所要介绍的波导管将能够支持车地之间的双向、大信息量的快速通信。

波导管的全称是泄露波导管（leaky wave guide），为中空的铝质矩形管。顶部天线方向等间隔开有窄缝，使得无线载频信息沿波导管裂缝向外均匀辐射。车上的无线接收器可以接收波导管裂缝辐射的信号，并通过处理得到有用的数据，如图 3-3-103 所示。

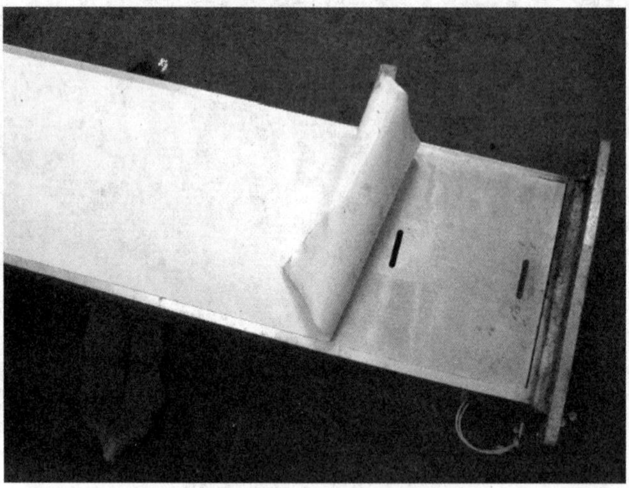

图 3-3-103　波导管实物图

同样，列车发出的电磁波在波导管外部产生漏泄电场，也会耦合到波导管中，由轨旁的基站接收，交由轨旁 ATP/ATO 计算机处理，如图 3-3-104 ~ 图 3-3-106 所示。

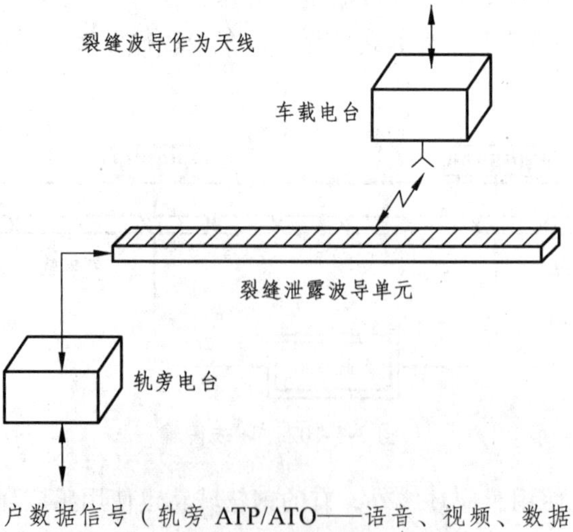

图 3-3-104　裂缝波导传输方式

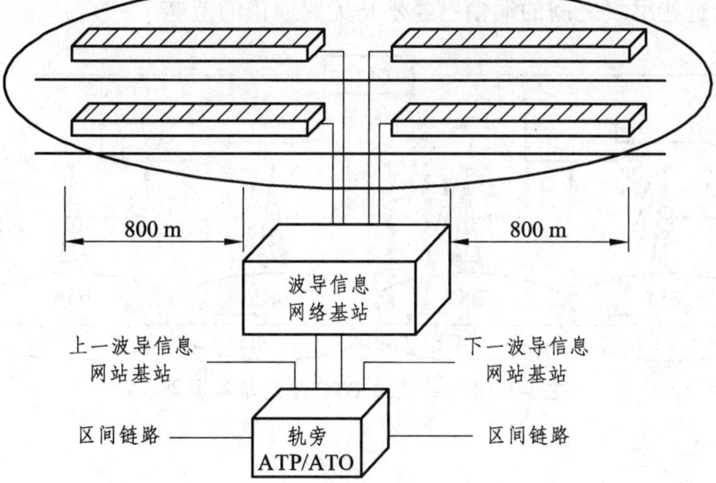

图 3-3-105　通信单元的基本组成

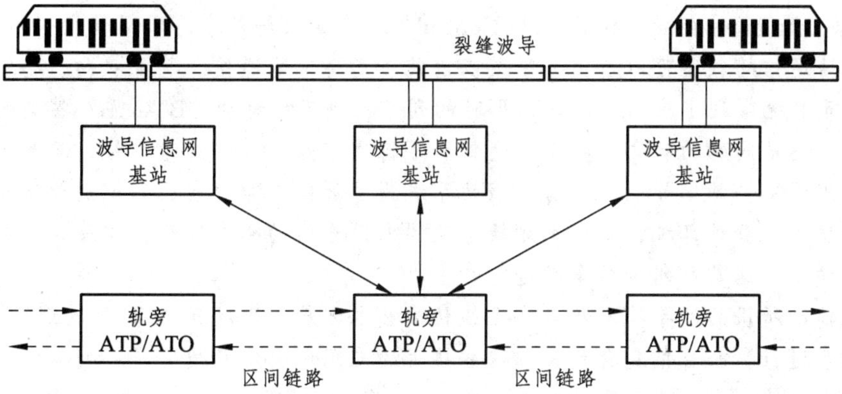

图 3-3-106　基于波导管传输的 CBTC 系统

波导管的作用就像一个信箱：轨旁计算机把发给列车的信息放进去，供列车来收取；车载计算机把发给轨旁计算机的信息也放进去，供轨旁计算机来收取。显然全线不间断的铺设（在波导单元分设在轨道两侧时，还要安排局部重叠，以保证通信的连续性）意味着工程投资较大，但由于其具有高可靠性以及大容量的特点，不少城轨系统采用了波导传输。

波导管对大容量的车地双向通信的支持，引发了从量变到质变的飞跃。前面所讲的感应环线也支持车地的双向通信，但其容量很小。波导技术以及下面要讲到的数字化无线电技术的成功应用，使列控系统进入了新纪元，促发了真正的移动闭塞。

（4）利用沿线间断设置的无线电基站实现车地双向大信息量通信。

无线电通信并不是新生事物，但其数字化技术在 20 世纪 90 年代的长足发展在列控领域也结出了硕果，即移动闭塞和 CBTC 新纪元的开始。

在图 3-3-107 中，OBE 是指车载电台设备（Onboard Equipment），而 BS 是沿线的基站（Base Station）。SCC 是车站控制中心（Station Control Center），这是针对通信控制而言的，并不包括其他车站设备如环控、照明、电梯/扶梯等的控制。DCC 是区域控制中心（District Control Center），通常负责管理几个车站。相邻 DCC 之间有相互沟通，以完成列车在不同

DCC 之间的交换。再往上，还有负责全线的 LCC（Line Control Center）。不过，从 SCC 到 DCC 再到 LCC，这些层级之间的通信已经不是无线通信的范畴。

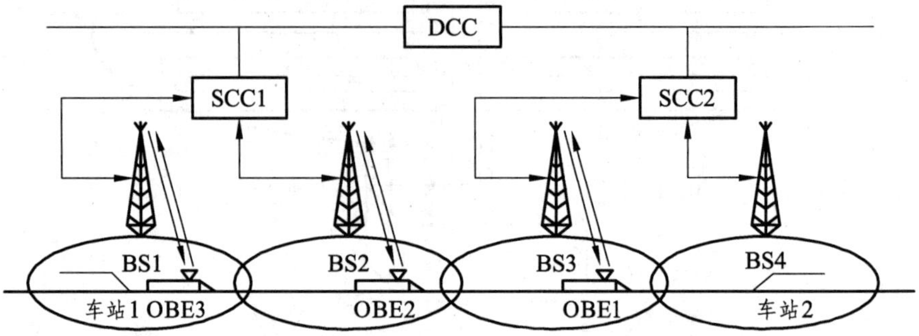

图 3-3-107　无线 CBTC 系统基本原理

小资料

列控技术的新纪元——CBTC

CBTC（Communication Based Train Control）从字面上讲是“基于通信的列车控制”。但从前面对车地通信的叙述可以看出，很久以前就有支持车地通信，甚至双向、连续通信的技术设备了，而且也得到了应用。为什么那时的列车控制不被称为 CBTC 呢？答案的核心在于那时的双向并不是同时的双向，即上行通信和下行通信并不可以同时进行，而且下行通信的信息含量局限于单一的信号。（注：有的城轨系统为了让列车能把自己的识别号及车载设备的故障信息等发给轨旁计算机，曾在车站轨道范围内设专门的感应环线，以便列车在停站时段内完成下行通信，这是在列车停车时进行的）。

在有了前面所讲的波导技术及数字无线传输技术之后，情况就不同了：上下行通信可以随时随地同步进行，而且信息含量大。这些技术的应用所引发的质变是：列车的位置检测不再经过像轨道电路、计轴器甚至感应环线那样的“第三者”，而是一步到位，直接由列车报告给负责管理列车运行的轨旁 ATP。这个中间环节的去除，一方面提高了安全性（像 2009 年 6 月 22 日华盛顿列车追尾相撞事故是由轨道电路的设备失误引起的）；另一方面提高了效率，因为信息的更新更及时了。

下面这个比喻可以帮助对上述质变的理解：

旧的列车检测方式就像是下图中 B 对 A 说“他（C）在那儿”；而新的列车检测方式是由 C 自己对 A 说“我在这儿”。这一质的变化，也可以说是从被动到主动的转变。

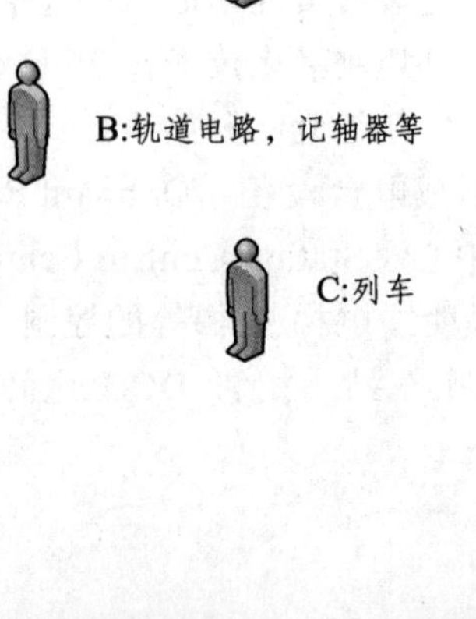

由于列车向轨旁 ATP 的报告可以设计得很严密，所以轨旁 ATP 对列车的确认可以更可靠，出错的机会更小。这也是可以提高安全性的一个原因。

为了使列车能准确地向轨旁报告自己的位置（甚至速度、运行方向），需要在沿线及车上配备一些设备。这些设备包括下文将要讲到的沿线分散布设的作为参照物的无源应答器（也被称作信标）。

IEEE 为 CBTC 所做的定义为："利用高精度的列车定位（不依赖于轨道电路），双向连续、大容量的车地数据通信，车载、地面的安全功能处理器实现的一种连续自动列车控制系统。"该系统具有自动列车防护 ATP 功能，并可以作为选项，实现自动列车驾驶（ATO）和自动列车调度监督（ATS）功能。虽然 CBTC 的出现代表了列控系统的新纪元，但传统列控系统所遵从的基本原则，如闭塞、联锁、超速防护等仍保持不变，这主要是因为 CBTC 所改变的只是车地通信的方式而已。

2. 间断式

在前面所说的连续式车地通信需要对交通线路进行全覆盖。下面所要讲的间断式通信是指在沿线某些地方设置的通信设备。值得注意的是，连续式和间断式二者之间的关系不一定是互斥关系。相反地，二者之间的关系在某种程度上可能是互补关系，因为它们所要完成的任务可能不一样。

（1）感应环线。

这里的感应环线（如图 3-3-108 所示的例子）是在特定地点设置以完成特定任务的。

图 3-3-108　感应环线

例 1

前文中曾提到过，有的城轨系统在站台轨区范围内设感应环线，以便处于停车状态的列车向轨旁计算机发送关于识别号及车载设备故障的信息，帮助行车人员判断是否需要及早让列车下线以防止对正线载客服务造成更大的影响，同时帮助维修人员尽快对故障设备进行修复或更换。

例2

华盛顿地铁用设在站台轨区范围内的感应环线向处于停车或运行状态的列车发送下一阶段运行等级的指令，作为行车调度的一部分。

例3

有的城轨系统（比较老式的轻轨系统）在道岔接近区段设地面感应环线，以便列车司机通过驾驶台上的操作来转换道岔，选择列车行进的方向。在某种意义上，设这样的感应环线就相当于在车上为司机安了“方向盘”。这一技术本身并不先进，但它体现出的一个概念很值得注意：通过给列车赋予“目的地码”来排进路。

例4

有的城轨系统在车站轨区内设感应环线，是为了在车地之间进行关于车门和隔离门同步开关的通信。

（2）应答器。

应答器（见图3-3-109）可以看成是微型化了的地面感应环线。其尺寸和形状因系统、功能要求不同而不同，可以分成两大类：无源应答器和有源应答器。

图3-3-109 应答器

① 无源应答器。

无源应答器之所以被称为无源，并不是指没有电源，虽然有些无源应答器因为所需能量小，来自车载设备的信号可以提供足够的能量供其工作，而不设专门的电源。这里的无源是指其内部储存的待发信息是固定的，不会随着周围环境或时间的变化而变化。正如上图所示的那样，无源应答器不和其他设备相连。

对大多数的城轨系统来说，这类应答器的作用只有一个：向列车提供一个参照点（坐标点），以帮助列车准确定位。有些应答器服务于运行中的列车，而另一些应答器服务于处于静止状态的列车。但不管是运行中的还是静止的列车，应答器的作用都像大海里的船只所渴望见到的灯塔一样，是定位的参照物。

虽然也有城轨系统把线路的固定参数也放进无源应答器中传给列车，但这种做法并不普遍，因为用连续ATP来传送这些信息是一个更好的选择，而把应答器做成一个简单的系统。

② 有源应答器。

有源应答器因为和其他设备（如轨旁信号机）有联系，所以其内部所存的待发信息可以改变。有源应答器可以被用来形成点式 ATP（见本章第二节相关内容），也可以用以完成其他功能（如本章第四节中的车站有源应答器 SB）。

思考题

1. 继电器的作用有哪些？
2. 什么形式的轨道电路需要绝缘节？
3. 计轴器和轨道电路相比有何优缺点？
4. 可挤道岔和自动复位道岔有什么区别？
5. 信号机的作用是什么？
6. 道岔位置表示器和信号机有何不同？
7. 举例说明点式和连续式地对车通信设备功能上的不同。
8. 无源应答器的作用是什么？
9. 简述有源应答器和无源应答器的根本区别。

第四节　非 CBTC 列控系统实例分析

图 3-3-107 所示是一个固定闭塞无人驾驶城轨系统，其主要特点有：

（1）用环形线圈构成轨道电路。这样做的原因是：该系统使用胶轮车辆，轨道上没有供列车走行的钢轨，支撑胶轮的是钢筋混凝土轨道。

（2）固定闭塞。每个闭塞分区内有预先设定的可供选择的速度码系列。

（3）无人驾驶。

（4）这个系统规模较小，列车较短，列车编组只有一节车，车长 15 m。

（5）正线呈环形。

（6）没有运行图，虽然有首末班车时间及高峰、非高峰时段的行车间隔计划。

（7）轨旁供电。

（8）车站无人值守。

列控系统有两个层次：中央、轨旁，其系统结构如图 3-3-110 所示。

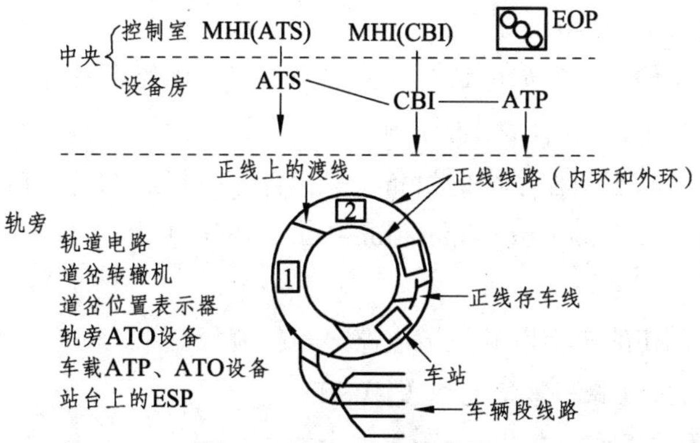

图 3-3-110　系统结构图

其中：

MHI：Machine Human Interface，人机接口，供调度进行监控操作；

ATS：Automatic Train Supervision，列车自动监控；

CBI：Computer Based Interlocking，微机联锁；

ATP：Automatic Train Protection，列车自动防护；

ATO：Automatic Train Operation，列车自动驾驶；

ESP：Emergency Stop Plunger，紧急停车按钮（站台）；

EOP：Emergency Operation Panel，紧急按钮盘（控制中心）。

一、实　物

1. 中央设备

中央设备分布在控制室和设备房，如图 3-3-111 所示。

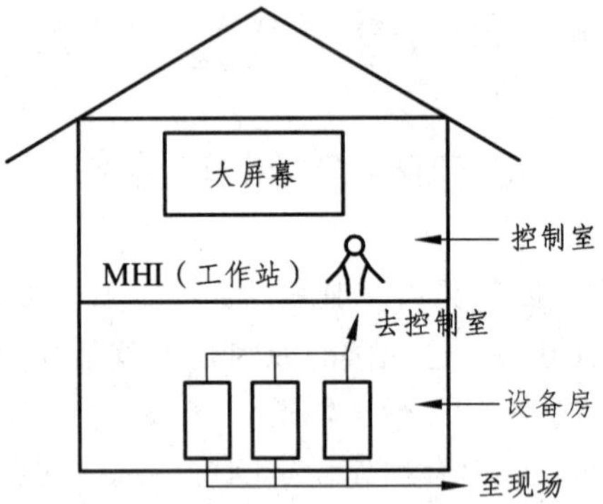

图 3-3-111　中央设备

（1）控制室设备。

① 大屏幕，用于显示现场设备状况，包括车的位置、车的号码、线路上的速度码、道岔位置等。

② MHI 工作站，调度员既可以通过 MHI 看现场设备状况，也可以发布命令给现场设备（包括列车）。

③ 其他辅助器材，如打印机等。

当然控制室还有通信手段，如电话、无线电对讲机、闭路电视等。不过这些都属于通信系统，而不是列控系统。

在控制室还有如下属于列控系统的设备：紧急停车按钮、扣车按钮和紧急断电按钮。这些按钮设在紧急按钮盘（Emergency Operation Panel，EOP）上。

（2）设备房设备。

① ATS、ATP、CBI 的机柜以及轨道电路显示控制板。

② 电源，包括正常电源和紧急电源（UPS）。

③ 供维修人员用的工作终端。

2. 轨旁设备

以一个站为例，如图 3-3-112 所示。

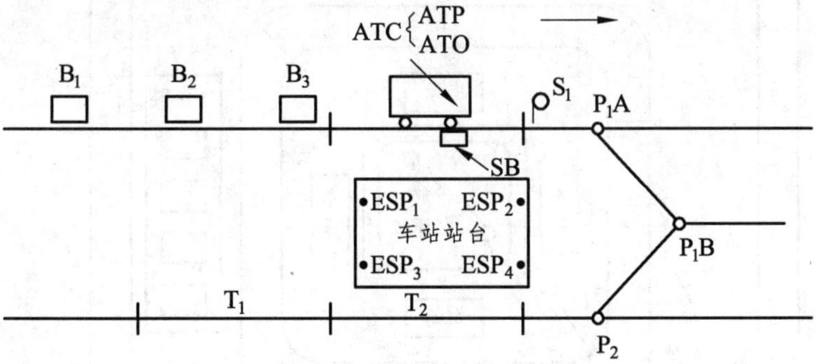

图 3-3-112　轨旁设备

其中：

P_1A：道岔转辙机 1A；

S_1：道岔位置表示器 1；

P_2：道岔转辙机 2；

ATC：车载 ATC，包含 ATP、ATO；

T_1：轨道电路 1（以环形线圈形式构成）；

ESP_1：紧急停车按钮 1；

B_1：无源应答器 1，是轨旁 ATO 的一部分；

SB：车站有源应答器。

二、功能-静态描述

1. 中央控制室内的设备

（1）MHI（ATS）。

行调可以通过 MHI（ATS）这个人机界面进行监视，如图 3-3-113 所示。

① 列车的位置、号码、线路图会显示在显示屏上。红色区段表示有车占用（区段旁边还显示车的号码）。轨道电路故障时，也会显示红色区段，但不会有车号显示（如果刚好没有车占用那段轨道电路）。

② 沿线最大允许速度。以数字形式显示在线路旁边。每段轨道电路有自己的数值。

③ 进路状态。用不同的颜色来表示不同的状态。如白色表示进路尚未排出，黄色表示进路已经排好。

④ 站台的列车停站时分。以数字形式显示在站台图标上。

⑤ 如果要求列车到站后不开门，这个命令也会显示在站台图标上。“要求在站列车不关门”的命令也会以相同的方式显示，只是符号刚好相反。

⑥ 列车上发生故障时，会显示相应的故障报警信息。

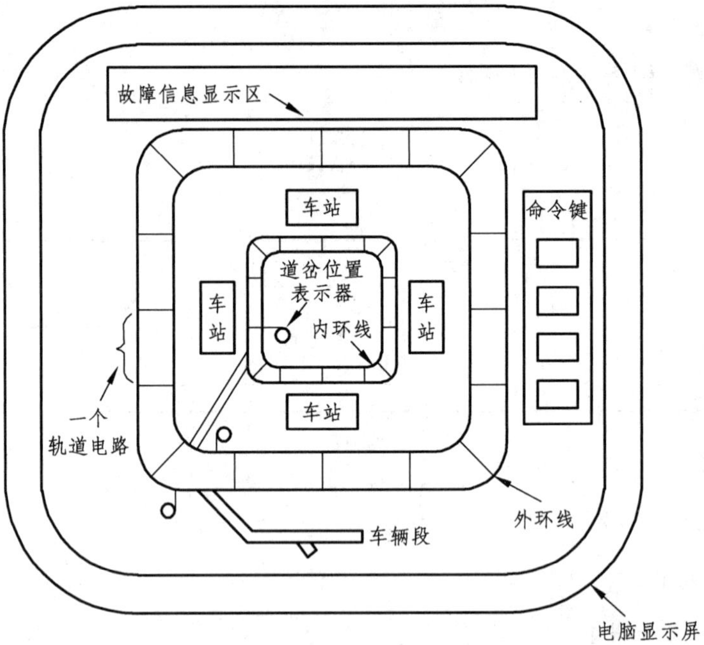

图 3-3-113　人机界面

通过这个人机界面（包括电脑显示器、键盘、鼠标等），行调还可以进行如下控制性操作。

① 给列车分配车号。这个车号并不保存在车上，只是由 ATS 软件来跟踪管理列车。

② 排列/取消进路。

③ 修改站台的列车停站时分。

④ 设定站台的开关门要求，包括让到站的列车不开门或在站的列车不关门。

• 到站的列车不开门：回车辆段的非运营列车，虽然到站停车，但不开门。这个系统的设计不允许以自动模式运行的列车到站不停车通过，这是该系统设计的一个不足。

• 在站列车不关门：比如有个乘客通过车上的对讲器告诉行调车上有人晕倒需要派人来帮助，行调就需要使用此项功能，让车到站，开门后保持车门处于开启状态，同时通过无线电对讲器调派人手前往帮助处理。

⑤ 发指令到车上。比如列车在夜间库停时，不需要车内空调，行调可以发指令把空调关掉，车内照明灯也可以遥控开关。

（2）MHI（CBI）。

行调可以监视：

① 列车的位置。这和 MHI（ATS）的功能有些相似，有车的轨道电路会显示红色，只是这次没有车号显示，只显示轨道电路的占用情况。

② 如果是轨道电路故障，也会显示红色（和轨道电路相对应的那段线路）。

③ 进路状态。

④ 道岔位置。

通过这个人机界面，行调可以做如下控制性操作：进路控制，包括排列进路和取消进路；单独操作道岔。

通过上面对 MHI（ATS）以及 MHI（CBI）的功能描述，可以看出两者之间存在某些相似之处，如列车位置的显示及进路的控制。在某种意义上，这种功能的重复有其积极的一面，即 MHI（CBI）可以作为 MHI（ATS）的后备。如果 MHI（ATS）故障，或 ATS 故障，行调仍然可以利用 MHI（CBI）来查看列车的位置（尽管信息不完全，因为没有车号的显示）以及控制进路。

（3）紧急按钮盘（EOP）。

紧急按钮盘上面有三个按钮：紧急停车、列车到站后扣车和切除牵引供电，其中前两个属于信号系统，第三个属于供电系统。

2. 中央设备房内的设备

运营人员通常是不进中央设备房的，不过和运营人员的工作关系比较密切的一项操作是控制轨道电路。

例如，当有轨区作业需要中央提供一些保护时，可以由行调通过填写书面命令单授权给信号专业人员，在设备房的轨道电路控制板上把相应的轨道电路的保险丝取出，使有关的轨道电路处于占用状态。

3. 轨旁设备（现场设备）

这里作为对设备功能的静态描述，只概括说一下各有关设备的作用。至于它们是如何发挥作用的，放在后面的动态描述部分讲。

（1）轨道电路，其作用是检测列车并向列车发送速度码。这个由环形导线形成的轨道电路所起的作用其实就是天线的作用。

（2）车载 ATC 的 ATP 部分负责和轨旁 ATP 联系以获取速度码，并把收到的速度码传给车载 ATO，由 ATO 遵照执行。

（3）紧急停车按钮。设在站台上的 4 个紧急停车按钮具有相同的作用，任何一个被触动，其结果都是上下行牵引供电切除。“上下行”以所在站为参考点的进站方向（车站尾端墙一侧）及站台范围内的速度码会下降。站台范围内的速度码会降为零。

（4）无源应答器 B_1、B_2、B_3 是用来帮助列车在自动模式下调整速度以使列车在车站定点停车的。

（5）车站有源应答器。

- 通过向列车发信息来告诉列车已经停准了。这是为了满足开门对停车位置的要求。
- 接受来自列车的信息，然后转给中央 ATP，由 ATP 发允许列车开门的命令。
- 向列车转发来自 OCC 的扣车指令、停站时分信息、开关门指令。

三、功能-动态描述

设备功能的动态描述分为两个层次：一是正常情况下各项设备是如何配合完成列车自动运行的；二是在个别设备发生故障的情况下如何维持列车的安全运行。

（一）正常情况

为了方便描述与便于读者阅读，对正常情况的描述是按正常工作日早上从车场出车，正线运行到晚上收车回车场这样一个先后顺序来展开的。

1. 早上从车场出车

夜间，列车停放在车场内。车场的信号设计和正线的信号设计存在一些不同，其不同之处包括：

（1）车场内的速度码最高是 15 km/h，而正线的速度码最高可以到 70 km/h。

（2）车场内允许列车在任何方向以 AM 模式运行。

（3）正线上有无源应答器，帮助 AM 模式运行的列车实现准确的车站定点停车，而车场内没有这样的无源应答器。在车场内 AM 模式的列车是靠接收到 0 速度码来停车的。

在停放期间，列车内部的照明和空调是关的（由 OCC 的行调控制），车上其他设备处于带电工作状态。车场内的牵引供电一直保持带电状态，即便是在夜间，除非因工作需要有人员要下轨道。

每天凌晨 3 点，列车维修部门把可以用于当天正线服务的好车列成清单（标明号码和所在位置），发给 OCC 行调。行调既管理车场内的列车运行，也管理正线上的列车运行。行调收到清单之后，通过 OCC 内的人机界面发出指令，逐一打开各车上的照明和空调。这一指令是通过通信系统的无线传输通道发往列车的，不是经由轨道电路。

接近凌晨 4 点，行调开始人工排进路，按一定的顺序把列车从存车线调往"出发检查线"。这个出发检查线位于车场和正线之间，配有小站台以便工作人员上下列车。还配有其他相关检测设备以便 OCC 行调对列车做出车前的技术检查，比如检查车门自动开关是否正常，检查列车是否能正确接收来自应答器和轨道电路的轨旁指令等。

从存车线（见图 3-3-114）到出发检测线的进路是由行调通过 ATS 终端人工排列的。进路一旦排好，ATS 电脑显示屏上线路图中对应的线路就会改变颜色以表示进路已经排好，并在该进路沿线所涉及的轨道电路旁边显示速度码，比如 15、10、5、0，意味着列车在一开始时可以以较高速度（15 km/h）行驶，在接下来的过程中逐渐降速，最后停下来。

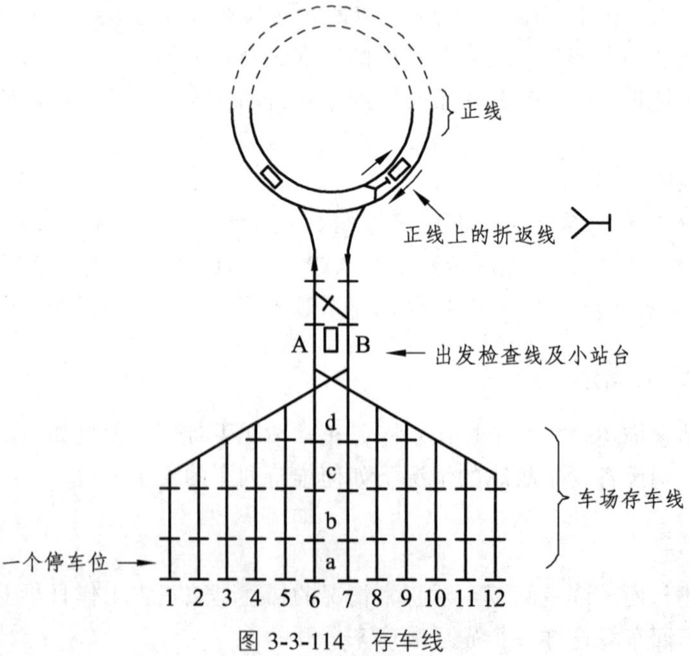

图 3-3-114　存车线

如图 3-3-115 所示，开始时，列车 1 处于轨道电路 7a 段，该轨道电路（7a）状态为占用，这个“占用状态”是怎么实现的呢？是由列车发出的一个“check-in”信号，即“进入信号”。

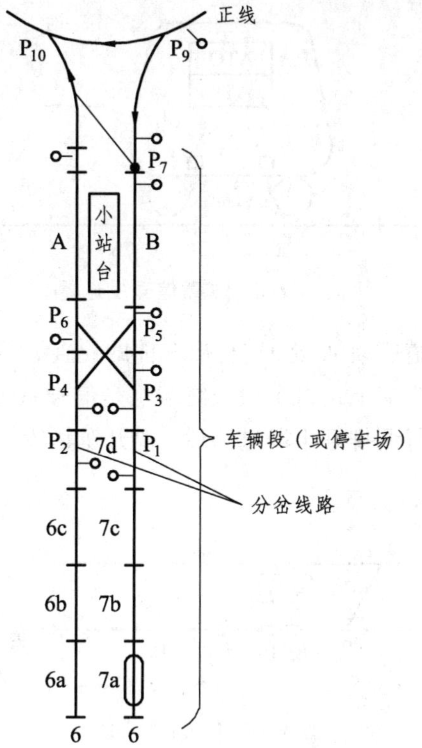

图 3-3-115　出发检查线示意图

当行调通过 ATS 终端发出从 7a 到 A 排进路指令时，这一指令会去到 CBI（位于中央设备房）。CBI 检查进路（7a→A）排列所需的条件，比如：

（1）从 7b 到 A，没有轨道电路的故障或处于被占用的状态。

（2）从 7b 到 A，沿途道岔转辙机 P_1、P_3、P_6 都正常，没有任何故障。

（3）没有敌对进路。

一旦上述条件都满足，CBI 将指令 P_1、P_3、P_6 把道岔转到进路要求的位置，并在道岔转到位后发一个信息给中央 ATP，告诉它：所需要的进路已经排好。中央 ATP 就为沿途各轨道电路区段准备速度码。在此例中 7a、7b、7c、7d、f 和 A 的速度码依次为：15、15、10、5、5、0（轨道电路 f 是从 P_3 到 P_6 的轨道电路）。这个时候除 7a 的速度码以外的速度码处于准备状态，还没有向列车发送。当列车进入轨道电路 7b 时，第 2 个 15 km/h 速度码会经由轨道电路（环线）发给列车。当列车继续前行进入 7c 时，对应 7c 的 10 km/h 速度码会发给列车。而这时，列车尾部的发送器已经发了“check-out”信号（即“出清信号”）给轨道电路 7b。中央 ATP 就把 7a 置于空闲或叫出清状态，速度码置为 0，以阻止后续列车跟进。这是固定闭塞的具体应用实例。

再看车上的情况。如图 3-3-116 所示，车头车尾各有一个信号发送器。车头的那个所发的是“check-in”，告诉轨旁“它来了”。车尾的那个发“check-out”，告诉轨旁“它走了”。当 7b 收到“check-in”时，7b 轨道电路转换角色，由接收天线变成发送天线，向列车发速度码。

这个速度码会被车上的接收器接收，并传给车载 ATP。ATP 对这个速度码进行检查、处理，指挥 ATO 通过对牵引/制动系统的控制来控制速度。

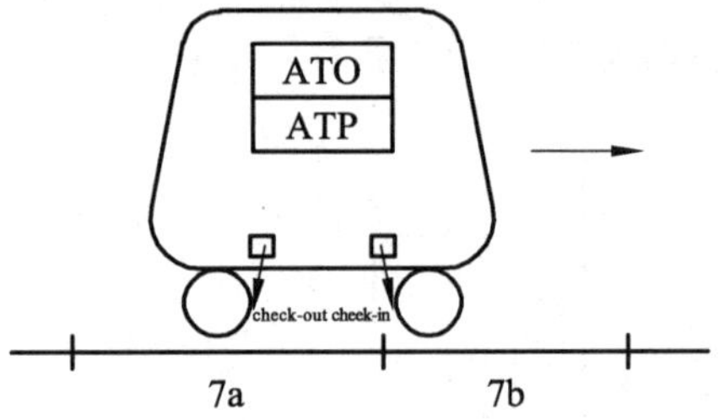

图 3-3-116 车载信号发送器

列车会按速度码停在轨道区段 A 处，进行出车前的检查。有些项目的检查是自动进行的，检查结果显示在行调前面的终端上，这个检查终端也是信号系统的一部分。

成功通过检查的列车在行调排好出段进路后，离开车辆段（车场），进入正线的外环，如图 3-3-117 所示。

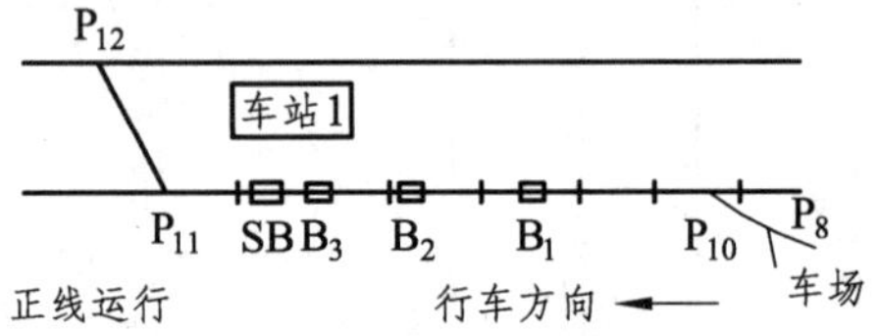

图 3-3-117 进入正线

2. 正线运行

列车在正线上运行时，也受到速度码的限制。

除此以外，为了在车站准确定点停车（停车精度要求为 ±30 cm），在进站方向上设置了三个无源应答器：B_1、B_2 和 B_3，三者之间的距离以及和 SB 的距离如图 3-3-118 所示。

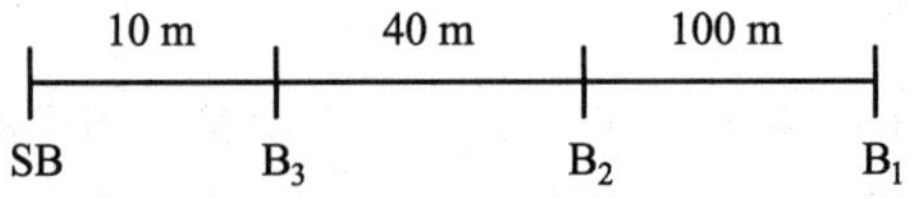

图 3-3-118 定点停车原理

这些应答器都属于轨旁 ATO 设备。

当车载 ATO 收到来自 B_1 的信号时，它知道还有 150 m 就是车站停车点，并据此调节列车的速度。B_2 和 B_3 会帮助车载 ATO 进一步调节速度，以达到准确停车的目的。

SB 的功能比 B_1、B_2、B_3 的要复杂一些。它的尺寸是 60 cm，比 B_1、B_2、B_3 大，是为了形成一个 30 cm + 30 cm 的区域。只有当车载天线处于这个区域内时，才能收到信息，也才能确定列车停站位置符合开门要求。其他与 B_1、B_2、B_3 不同的地方还有：

（1）因为它的能耗大，需有电源供电，而 B_1、B_2、B_3 的能耗小，靠接收车载天线所发信号的能量就可以工作。

（2）除了发信息给列车，以便列车能确认自己已经停准以外，它还根据从列车接收到的信息来断定列车已经停准，并转告中央 ATP。中央 ATP 在接到这个消息后，会把相应站台的速度码换成 0，以确保列车不再运行。这是为了下一步的开门做准备，因为开门时列车必须处于停止状态。

（3）扣车指令及站台停站时分信息也是通过 SB 告诉列车的。

（4）停站时间结束，列车会自动关门。车门的关闭状态经由 SB 传给中央 ATP，中央 ATP 再把速度码由 0 变成某个速度值（比如 60 km/h）以使列车出站。

列车离开车站 1 继续前行，是继续沿外环线运行还是过渡线去内环线，然后调头按逆时针运行，取决于列车在出发检测线上时行调给列车分派的号码：1 表示该车服务外环；2 表示该车服务内环。这个 1 或 2 叫作列车的线路号。行调通过人机界面把线路号输入到 ATS 内，由 ATS 用来确定正线进路的选择。比如，假设列车 1 是服务内环线的，当它离开车站 1 的外环站台时，前方进路会由 ATS 指令 CBI 设成过 $P_{11}P_{12}$ 渡线。这个号码并不存贮在列车上，列车也不向 ATS 报告自己的号码。

列车在正线上的运行是逆时针或顺时针循环往复，没有列车运行图，当需要调整停站时分时，行调通过 ATS 人机界面来针对单个站台逐一实现。

3. 列车回段

如图 3-3-119 所示的线路布置，在外环上运行的列车回段作业过程比较直接：列车在 10 号站的外环站台清客后，直接前行经 P_{13}、P_9 回车场。

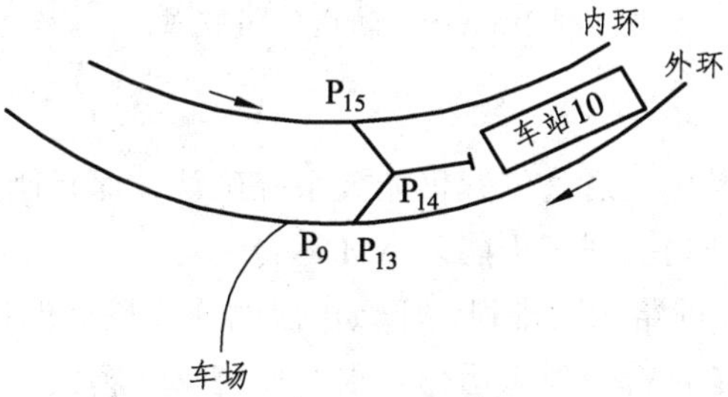

图 3-3-119 列车回段

内环上运行的列车需要利用 P_{15}、P_{14} 先折返，再经 P_{13}、P_9 回段。不论是内环还是外环线上的列车，其回场进路都是人工排列的：行调在 OCC 通过 ATS 或 CBI（在 ATS 发生故障时）排列。

（二）非正常运行

非正常情况下的运行通常是由于有设备故障。设备有多种，故障对行车的影响也各异，所以非正常情况下的运行也多种多样。以下对非正常运行的描述均假设只有单个设备故障。

1. ATS 故障

在这个系统中有两种进路：闭塞进路和联锁进路。不涉及道岔的进路称为闭塞进路（ATP 进路）；涉及道岔的进路，称为联锁进路（CBI 进路）。如果 ATS 发生故障，就不能自动排列联锁进路，必须由行调利用 CBI 的人机界面来排列。

虽然列车仍能以无人 AM 模式运行，但由于 ATS 故障，OCC 无法实时监视列车设备状态。在这种情况下有必要派后备司机上车值守。一旦发生什么事，他可以采取措施，至少可以通过无线电对讲机向 OCC 报告现场情况。另外，停站时分的调整也无法进行。

2. CBI 故障

这比 ATS 故障带来的后果更严重，因为 CBI 负责排列联锁进路，没了 CBI，涉及道岔的进路就无法排列（ATP 进路仍能继续）。相关区段的列车只能收到 0 速度码，为了使列车能继续行进，只能用 RM 模式。

3. 中央 ATP 故障

中央 ATP 是检查线路条件并把相应的速度码交由轨道电路发给列车以保证行车安全的。一旦 ATP 发生故障，它所管理的范围内就没有速度码。此时，只有 RM 能动车，因为在设计上，如果轨道上没有速度码，列车将视其为 0 速度码。

4. 轨道电路故障

轨道电路故障相当于有车占用该轨道电路，如图 3-3-120 所示，其对应的速度码为 0，而且其后方一个或者多个轨道电路也会有 0 码，如果要让车通过该区段，驾驶模式必须是 RM。

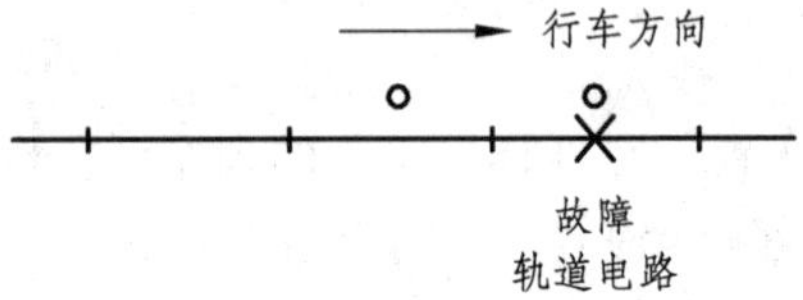

图 3-3-120 轨道电路故障

5. 道岔转辙机故障

如果只是转辙机无法操作，道岔位置仍能被系统确认，而且刚好被确认为进路排列所要求的位置，那么进路仍可排列，列车仍能以 AM 运行。

但是，如果道岔失表，进路无法排列，那么该段的速度码会保持在 0 。要想动车就必须：派人到现场确认道岔位置是否符合列车运行要求；使用 RM 模式。

6. 无源应答器故障

假设故障的无源应答器是 B1，因为还有 B2 和 B3，所以列车基本上还是可以停准；如果故障的是 B3，停不准的概率会大些。

停不准可能会有两种情况：一是停得过早，还没到停车点；另一个是停得太迟，如图 3-3-121 所示。对于过早停车的情况，设计中的安排是让列车自动重新起动，低速慢行“挪”到停车点；对于过迟停车的情况，列车将停在原地等待人工介入。介入的方式可能是：

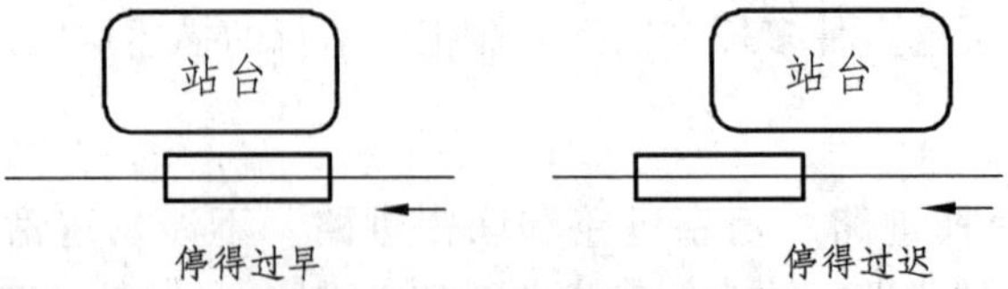

图 3-3-121 停车对位不准

（1）若列车还在车站站台范围内，后备司机可以从站台经侧门上车。此时，后备司机可以在 OCC 授权的情况下，用 RMR 退回车站。

（2）若列车已经冲出车站，后备司机必须下轨道，经列车端头紧急疏散门上车。这种情况下比较可取的办法是人工驾驶列车驶向下一站。

在做决定时（是前行到下一站还是退回本站）考虑的主要原则是：如果列车冲过停车点太多，可能已经进入下一轨道电路，那么如果 RMR 退行，“误入”的轨道电路过后不能正常出清，必须由信号人员在信号设备房内做“恢复”。这需要一段时间才能完成。另外，RMR 退行只适合于短距离，比如几米远。所以若列车冲过停车点太多，应驶往下一站，而不应选择退行。

7. 车载信号设备故障

（1）列车发送“check-in”信号的设备故障。

因为不能发送“check-in”，该列车不能被轨道电路检测到，轨道电路就不会发速度码给该车。而收不到速度码，车载 ATP 就会启动紧急制动以迫停列车。

（2）列车发送“check-out”信号的设备发生故障。

该列车可以继续前行，但后方轨道电路却不能恢复到空闲状态，使后续列车遇到 0 速度码而无法以 AM 或 CM 前行，只能用 RM。

（3）车载 ATP 故障。

一旦车载 ATP 故障，运行中的列车将发生紧急制动。为了将此故障车移出正线，不妨碍其他列车的运行，有两种办法，第一种是使用车上的“ATP-cut”旋钮，切除故障的 ATP；第二种是进行连挂救援。在切除车载 ATP 后，由于列车可以以全速（60 km/h）行驶，危险性极高。为了确保安全，一方面要提醒司机加倍小心，另一方面要确保前方至少一个站的距离没有其他车。

如果要用连挂救援的方法，那么要先连挂，再利用车上的旁路开关把紧急制动缓解掉。连挂和制动缓解的顺序不能倒反，否则故障车有溜车的危险。

（4）车载 ATO 故障。

在这种情况下，只要用 CM 模式就可以解决问题了。

思考题

以下思考题均以本节的列控系统实例为基础。

1. 该城轨系统属于无人驾驶系统，其列控系统是否采用了移动闭塞？
2. 该系统是如何实现列车定位的？
3. 该系统是如何体现“故障-安全”原则的？
4. 简述该系统中无源应答器的作用。
5. 简述该系统中有源应答器的作用。

第五节　CBTC 列控系统实例分析

这个实例是 CBTC 制式的全自动无人驾驶移动闭塞系统。该系统的构架中有三个层次：中央、车站、现场，如图 3-3-122 所示。

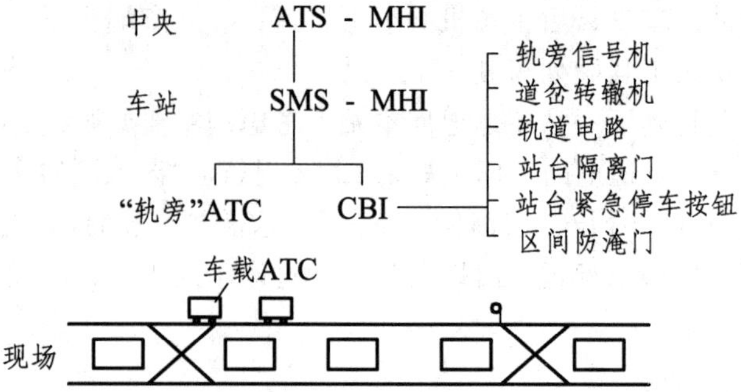

图 3-3-122　系统架构

ATS：Automatic Train Supervision

MHI：Machine Human Interface

SMS：Station Management System

CBI：Computer Based Interlocking

一、实　物

1. 中央设备

这里所谓的中央是指控制中心，如图 3-3-123 所示，实际上有两部分：一部分是控制中心设备房，另一部分是控制人员的工作房（即控制室，简称 OCC，全名 Operation Control Center）。

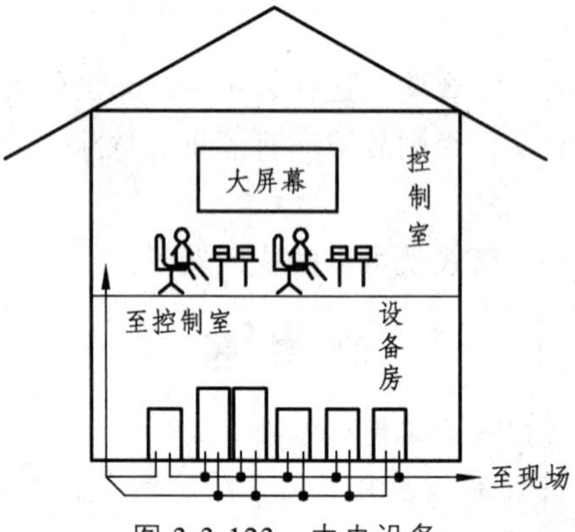

图 3-3-123　中央设备

这两部分在空间上可以在同一楼层，也可以设在上下两个楼层。在按上下楼层方式布置时，通常把设备房设在下层，主要是布线较方便：由设备去现场的线好安排，由设备去控制室的线也好安排。另一方面，通常设备比较重，放在地面层较适宜。

在中央这个层面，MHI 在控制室，主要有电脑屏幕、键盘、鼠标等供控制人员（有时称调度员）用来监视现场及车站设备状态及发控制操作命令，简称"监控"。控制室内通常还有其他设施/设备，如大屏幕，打印机等。

ATS 在设备房，属于幕后英雄。设备房内通常还有 UPS（不间断电源）及常规供电设备和供维修人员检修用的终端（MHI 人机接口）设备等。

2. 车站设备

在车站这个层面，也有控制室和设备房之分。控制室通常称为站控室（Station Control Room，SCR）。设备房是指信号设备房（Signaling Equipment Room，SER）。

在站控室里有车站的 MHI，主要是供车站工作人员实施监控的电脑屏幕、键盘、鼠标等，以及打印机等附属设备。而 SMS、轨旁 ATC、CBI 都在车站信号设备房内，和中央设备房类似。在车站信号设备房也有供电设备（包括 UPS）以及供维修人员使用的工作站（也叫终端）。

车站有高架、地面、地下等不同形式。以地下站为例，示意车站级设备的布局如图 3-3-124 所示。

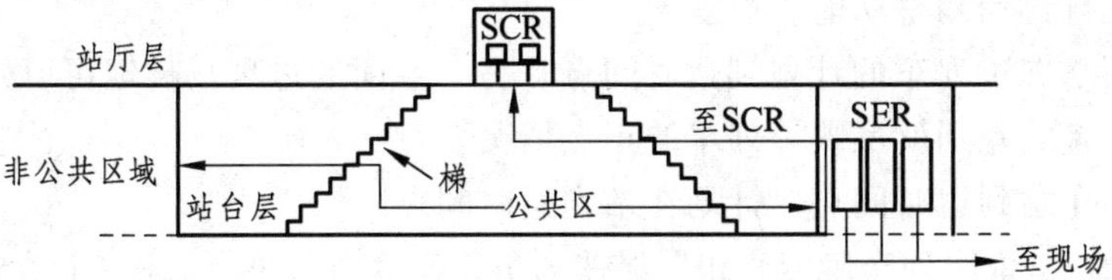

图 3-3-124　车站级设备

SCR 在站厅层，而 SER 在站台层的非公共区内，这个区又称作设备房区。

3. 现场设备

现场主要是指轨旁，既包括轨道上的移动信号设备（车载 ATC 等），又包括轨旁的固定信号设备，如信号机、道岔转辙机、轨道电路等，还包括位于站台甚至站厅层 SCR 内的固定信号设备。如：

（1）紧急停车按钮。有位于站台的（Emergency Stop Plunger，ESP），也有位于 SCR 内的（Emergency Stop Switch，ESS）。

（2）轨区作业安全防护钥匙。有位于站台的，也有位于 SCR 内的。

为了读者学习方便，把主要的轨旁设备列清单如下，并在功能部分逐一加以说明：

- 信号机
- 道岔转辙机
- 轨道电路
- 紧急停车按钮
- 轨区作业安全防护钥匙
- 车载 ATC（作为移动信号设备）

二、功能-静态描述

1. ATS

ATS 的核心功能有三个：列车时刻表，列车自动跟踪，列车运行自动调整。

（1）列车时刻表功能。

事先编排好的列车时刻表上载到 ATS 计算机后，该功能负责时刻表的执行。所发出的部分指令去到列车车载 ATC，由列车做出回应，具体指令的例子有：

① 列车在前方站（下一站）的停站时分。同一个站台，在一天内的不同时段，可能有不同的停站时分，因为不同时段的客流量不同。不同的停站时分预先在时刻表中定好，比如在

早高峰期内，上行站台列车停站时分为 40 s，而下行站台为 25 s，到了晚高峰时，上行站台为 30 s，而下行站台为 35 s。

② 列车在预定时间到来时的唤醒。这条地铁线的列车是按全自动无人驾驶设计的，列车在夜间库停时是处于睡眠状态的。列车时刻表功能会在指定的时间发出列车唤醒指令去相应的列车。车载设备中有一个设备，即便在列车睡眠时也保持带电工作状态，这个设备会接收唤醒信号。

③ 列车在区间运行的时间：时刻表通过定义在一个站的发车时间点和下一站的到达时间点来定义区间运行时分。

（2）列车运行自动调整功能。

ATS 一方面掌握了列车的计划到达时间点，另一方面通过现场反馈可以知道列车的实际到站时间，这二者的差别就反映了列车的正点情况。

误差 = 实际在站到达时间点 − 计划在站到达时间点。

如果误差为正，说明列车晚点；如果误差为负，表示列车早点。有了这个信息之后，ATS 中的 ATR（Automatic Train Regulation）功能就可以通过以下措施来对不正常的列车进行调整。

① 调整区间运行速度。具体做法其实很简单，就是把时刻表中计划的车站到达时间点发给列车，由列车决定速度快慢。当然在列车处于晚点状态而需要跑快些的情况下，列车能达到的速度受到区间最大允许速度的限制，这是安全上的限制。换句话说，为了赶点虽然需要加速，但不能无限制地加速。另一方面，在列车处于早点的情况下，列车在区间运行时，虽然可以降低车速，但也有下限。这个上限和下限如图 3-3-125 所示。

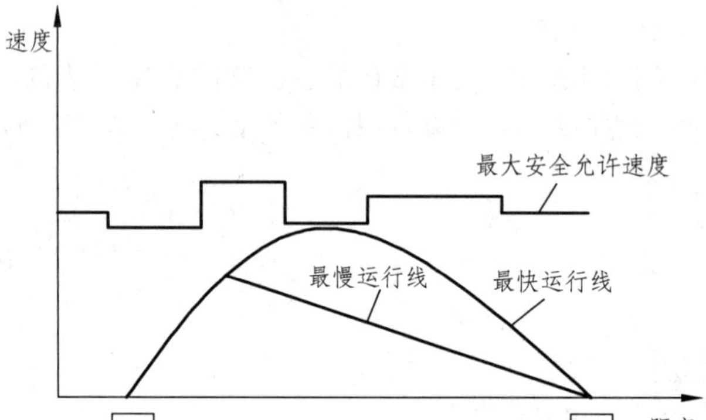

图 3-3-125 速度限制示意图

② 调整在站停车时分，特别是终点站的停站时间。具体做法也很简单：告诉列车计划发车点，由列车遵照执行。需要注意的是，对晚点列车而言停站时分虽可以减少，但不可以少于最小值。这个最小值是保证起码的乘客上下车时间，比如 20 s。

ATR 对列车运行进行自动调整的能力是有限的，对于晚点较多的列车还是需要行调进行人工调整。

（3）列车自动跟踪功能。

这个功能是说 ATS 能掌握列车的实际位置。这一功能的实际用途有两个：一是用来计算实际和计划的差别，以便 ATR 能做相应的运行调整；二是用于跟踪列车的车次号，有了这个车次号，就可以保证即便在由于列车故障而不能报告车次号的情况下，也能根据车次号系统内记录的车次号去排进路。

2. MHI（控制中心）

MHI（控制中心）是人机接口，供行调和 ATS 设备之间的互动。

3. SMS

SMS 处于车站级，每个站都有自己的 SMS。它的作用有以下三个方面：

（1）和 MHI 相联，以便车站工作人员可以和轨旁 ATC、CBI 互动。

（2）储存与本站相关的列车时刻表。在控制中心时刻表功能丧失的情况下，这个局部列车时刻表可以用来维持列车的运作。

4. MHI（车站）

MHI（车站）是供车站人员和设备之间进行互动的人机接口。在平时，车站人员通过它监视系统状态，如列车的位置、进路的状态等。在 OCC 把控制权下放给车站后，车站人员可以通过 MHI 进行控制操作，比如排进路。

5. 轨旁 ATC

虽然习惯上称轨旁 ATC，但其实它并不在隧道里，而是在车站的信号设备房里。这个 ATC 是计算机（工业计算机），需要空调环境。之所以把它叫作轨旁 ATC，是为了有别于车载 ATC。

正线上的列控系统按 ATC 控制区划分成 5 个区，每个区由一个轨旁 ATC 负责。相邻 ATC 之间有通信连接，如图 3-3-126 所示。

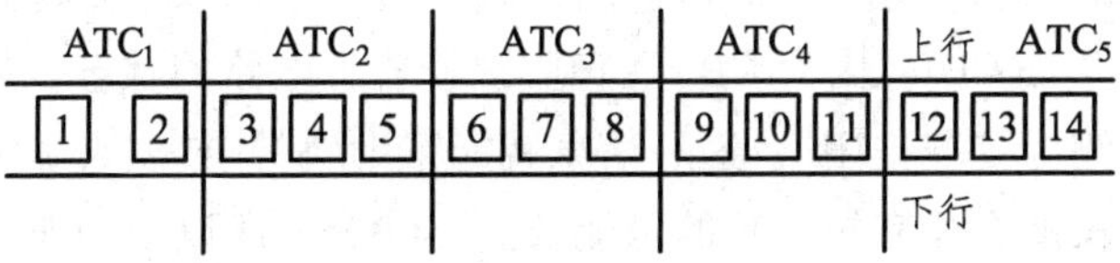

图 3-3-126　轨旁 ATC

每个控制区内可能有 2 ~ 3 个车站。

轨旁 ATC 的作用：

（1）把来自 ATS 或 SMS 的关于列车运行调度的指令传递给车载 ATC。

这样的指令包括列车唤醒、在车站到达时间点和发车时间点等。具体传递通道是位于轨旁的波导管。轨旁 ATC 在发挥这个作用时，就像是信使或中间人。当然信息传递方向也可能是由列车到控制中心。比如车上的设备的状态（车门故障、紧急制动系统状态、烟感报警等），甚至列车的实际速度等，都会反映到控制中心。

（2）提供对列车的防护或保护。

实质是闭塞的功能，也就是保证列车之间保持安全距离。在发挥这项作用时，轨旁 ATC 的角色就像《西游记》里的孙悟空，用金箍棒在师傅周围画个圈以保护师傅。轨旁 ATC 要保护所有列车，不论那个列车处于睡眠状态还是清醒状态；不论它是自动驾驶模式还是人工驾驶模式；不论是静止不动还是在运行中。

以图 3-3-127 为例子。

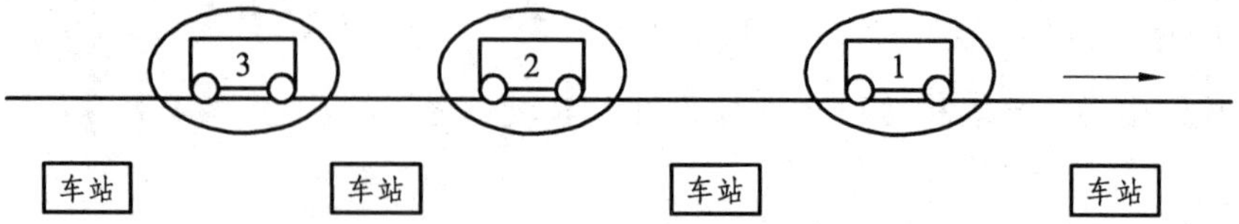

图 3-3-127 列车保护圈

假设在某个 ATC 控制区内的上行线路上有三列车运行。轨旁 ATC 会给每个列车生成一个保护圈。这个保护圈是人眼看不到的，是给附近其他列车“看”的。在这种情况下，如果用孙悟空保护师父来做比喻的话，被保护的列车（比如 1 号车）就是“师父”，而 2 号车就是“妖怪”。当然，在以 2 号车为被保护对象的假设条件下，2 号车就成了“师父”，而 1 号车和 3 号车就成了“妖怪”。

保护圈的尺寸：

① 正常的列车。

所谓正常是指它能正常地向轨旁 ATC 报告它的号码、位置、运行方向和速度。此时，保护圈的尺寸大约为 200 m。这 200 m 中的 140 m 是列车的实际长度，而剩下的 60 m 分布于车的前后。正常的列车可以是运行中的列车，也可以是停下来的列车，既可能是自动（ATO）模式的，也可能是人工驾驶模式（CM 或 RM）的。

② 非正常的列车。

这包括处于睡眠状态的列车以及虽处于清醒状态，但由于车上设备故障或其他原因而不能向轨旁 ATC 报告其号码、位置、运行方向或速度的列车。在这种情况下，由于轨旁 ATC 得不到直接来自列车的信息，为了生成保护圈，就得通过其他渠道获得关于该车的位置的信息。这个“其他渠道”是 CBI。因为 CBI 一直监视着轨道电路的状态，如果某个（或某些）轨道电路的状态被检测为“非空闲”，这一信息就能帮助轨旁 ATC 来确定保护圈的位置及大小。由于轨道电路的长度有长有短，长的可能长达 500 m，所以，为非正常列车而生成的保护圈可能长达几百米。

从这段讨论可以看出：列车发出的报告其实是首选的列车位置检测手段，而轨道电路则作为后备手段来协助检测列车位置。这二者的关系就好像移动电话和固定电话之间的关系。若干年前，没有移动电话时，依赖固定电话来和朋友通话。现在有了移动电话了，为了方便，我们通常是使用移动电话，而不会特意去固定地点使用固定电话。

6. CBI

CBI 的主要任务是管理进路，包括确保不出现冲突进路，以保证列车行驶的安全。在管理进路的时候，会涉及对道岔和进路信号的管理，即为了排列进路，可能需要转动道岔，并在进路排好后，开放信号。

除上述主要功能以外，CBI 还负责监管其他一些轨旁信号设备，如轨道电路、站台紧急停车按钮、站台隔离门等。下面重点阐述进路管理。

CBI 在进行进路管理时，其实有两方面的事要做：排进路并锁闭进路和解锁进路。

CBI 负责排进路，但它并不会自发地去排进路，而是要先接到来自 SMS 的相关进路排列的指令。这里说“来自 SMS”，并不意味着指令源自 SMS，而是相对于 CBI 而言，SMS 是其输入端，真正的进路排列指令可能源自：

① ATS 所掌握的时刻表；

② OCC 中行调的人工指令（通过工作站）；

③ SMS 所掌握的局部时刻表；

④ 降级情况下，得到授权的站长通过工作站发的人工指令。

CBI 在接到进路排列指令后，并不一定真的排相应的进路，它会先检查相关的安全条件是否全部满足，如图 3-3-128 所示。

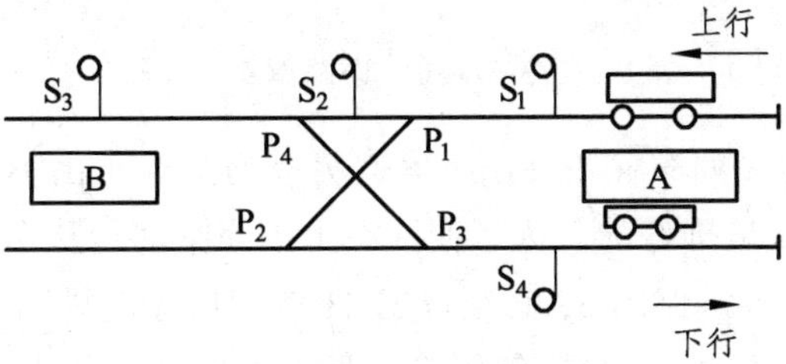

图 3-3-128　进路排列 I

CBI 在接到排 JL43 的指令后，如果发现道岔 P_1 失表（不能确定 P_1 是在定位还是在反位），那么它就不会排 JL43。虽然 P_1 并不在进路 JL43 范围内，但“侧向防护”要求 P_1 必须在定位。

CBI 可以对单个进路进行个别管理，也可以对一组进路进行“打包”管理。这是指发给 CBI 的进路排列指令可以是只排一个进路，也可以是要求按一定的顺序依次排若干个进路，如图 3-3-129 所示。

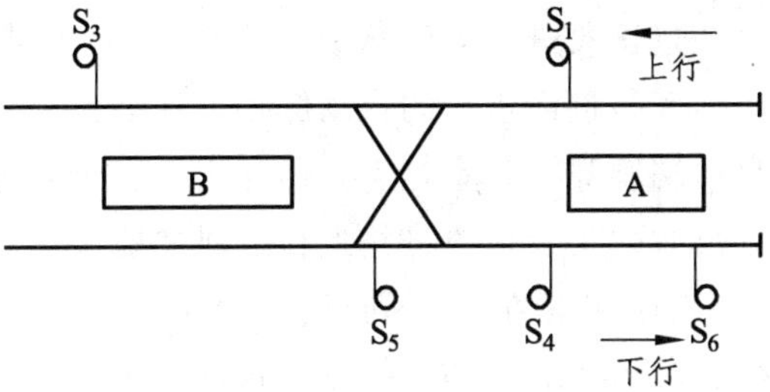

图 3-3-129　进路排列 Ⅱ

为了让下行列车到 A 站下行站台后折返去车站 B 的上行站台，可以定义一个进路组合：JL56 + JL43。CBI 在接到这样的指令后，会为每个接近 S_5 的列车先排 JL56，并在列车到 A 站下行站台停稳后，自动排 JL43。无须再向 CBI 另发一个排列 JL43 的指令。这个功能被称为“组合进路”功能。

在管理单个进路时，CBI 可以根据来自 SMS 的指令把相应的单个进路排列成一次进路或多次进路。一次进路只供一列车使用，一旦有列车通过该进路，CBI 就会自动解锁该进路。当下一趟列车来时，进路需重新排列。多次进路刚好相反，一旦排好，多个列车可以使用，直到新的指令发到 CBI 取消此多次进路。

进路的锁闭是指把排列好的进路锁定在既有状态，特别是进路沿线相关的道岔。

排好的进路需要解锁，为的是排另一条进路，而这条要排的进路和已经排好的进路之间相互冲突，如果不对已排好的进路进行解锁，那么新进路就无法排列，如图 3-3-130 所示。

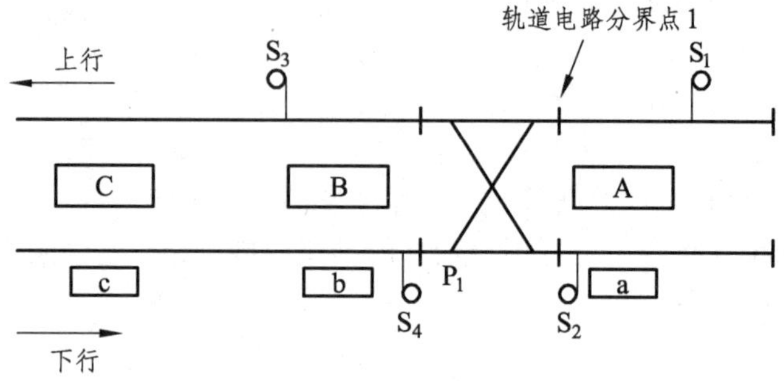

图 3-3-130　进路解锁

假设 A 的下行站台有一列车 a 正在上下客，另一列车 b 正由 B 的下行站台向 A 的上行站台行驶，此时进路 JL41 是排好的。为了使 a 在上下完乘客后从 A 的下行站台向 B 的上行站台发车，必须排列 JL23，进路 JL23 必须等 JL41 解锁后才能排列。

进路的解锁有两种方式：一是自动解锁，二是人工解锁。自动解锁通常是指列车驶过该进路，该进路随之而解锁。人工解锁是指调度员利用工作站的人机界面发出进路解锁指令，而将进路解锁。

自动解锁：图 3-3-130 中的列车 b 由 S_4 向 S_1 行驶。在列车 b 到达 S_1 后，进路 JL41 会全部解锁。其实为了提高运行效率，在设计上采用了“进路逐段解锁”的概念，即列车行驶的过程中，已经驶过的部分可以先行解锁，而不必等到列车到达进路的终点才一次全部解锁。在上图的例子中，列车 b 的尾端一旦越过轨道电路的分界点 1，那么从 S_4 到轨道电路的分界点 1 的这段进路就解锁。而一旦这段进路得到解锁，从 S_2 到 S_3 的进路就可以得以排列。

上面这段话讲的是基于列车行进而进行的自动解锁。那么是否存在其他的自动解锁，比如设备故障而引起的进路自动解锁呢？答案是有，但是出于安全来说，这种由故障引起的解锁必须是当没有列车接近或没有列车在该段进路上行进时才能实现。以图 3-3-130 中的 JL41 为例，假设列车 c 是将要回车辆段检修的故障列车。车辆段在 A 站的后方，列车 c 沿途经过 B 站不需要停车。还假设列车 b 已经在 A 站上行站台折返去了 C 站上行站台，列车 a 也已经离站到达 B 站上行站台，此时 JL41 排好供列车 c 使用。当列车 c 刚离开 C 站，道岔 P_1 突然故障，失去位置表示，那么 JL41 会自动解锁，而且信号机 S_4 变红。但如果 P_1 发生故障时，列车 c 已经进入 B 站下行站台，虽然信号机 S_4 仍然会转红，但 JL41 不会解锁，因为如果允许 JL41 解锁，那么道岔 P_1 就被允许转动（虽然失去表示，但转辙机还能工作）。这样有一定的危险性：列车 c 在行经 P_1 时，如果 P_1 转动可能导致列车 c 出轨。

人工解锁：已经排好的进路为什么要人为地去解锁呢？可能是因为先前排进路时排错了，也可能是因为现在的情况发生了变化。人工解锁进路要由调度员通过人机界面来发解锁指令。在 OCC 授权给车站的情况下，车站人员也可以发解锁指令。至于 CBI 是否执行进路解锁指令，要看条件是否满足。

7. 波导管

波导管是轨旁 ATC 和车载 ATC 之间的通信通道，它支持二者之间的双向通信。波导管铺设在轨道一侧，列车的两侧都有和波导管相对应的发送/接收天线。当现场条件要求一段波导管铺设在轨道左侧，而接下来的一段波导管需要铺设在轨道右侧时，在接续部分有一段是重复的，即轨道的左、右两侧都有波导管。这是为了保证车地通信不间断，如图 3-3-131 所示。

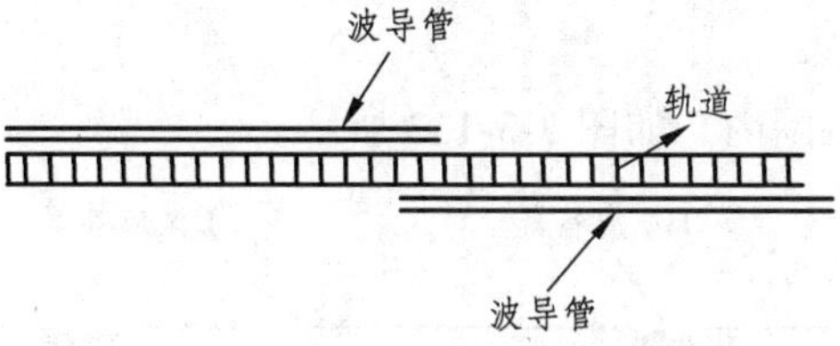

图 3-3-131　波导管

在结构上，波导管是一条中空的金属管，横截面为矩形，在朝上一面的管壁上有均匀间距的缝隙。这些缝隙有两个作用：一是实现车载 ATC 和轨旁 ATC 之间的信息交换，这是主要作用；二是让车载 ATC 通过对所经过的缝隙个数的计数来推断列车的运行距离。列车为什么要推断自己的运行距离，以及对推断运行距离过程中的差错如何处理等会在下面的内容中讲解。

虽然有上述的缝隙，但正常情况下人的肉眼是看不到的，因为波导管的表面有一层防护材料，防止水和灰尘进入。

8. 应答器

这个系统使用了 3 种应答器，均属于无源应答器，其尺寸分别为 0.5 m，1.2 m 和 4.2 m，如图 3-3-132 所示。

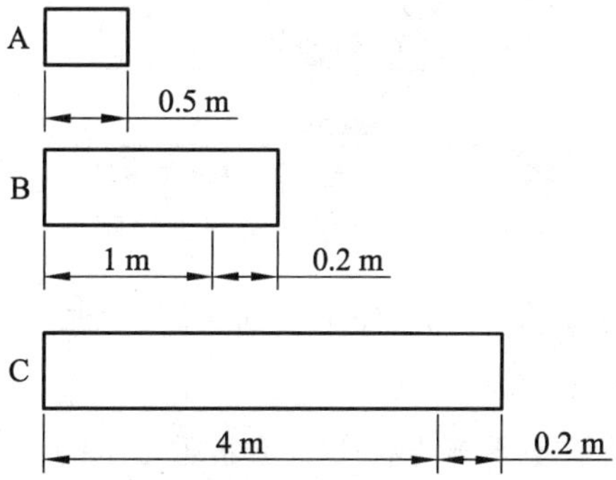

图 3-3-132　应答器

A 型应答器工作所需能量来自列车发送的信号，该信号通过电磁耦合在应答器内激发能量。所以该型应答器只是在有列车经过并发信号时才工作。这个工作过程和门禁系统中读卡器从卡中读取数据类似：车载设备相当于读卡器，而应答器相当于卡。

B 和 C 型应答器能耗较大，需要外接电源，0.2 m 部分就是为了容纳这些供电相关部件及其他辅助设备。1 m 或 4 m 部分容纳的是向列车发送信息所需的天线。

C 型应答器位于列车休眠的地方。其作用是让刚刚被唤醒的列车知道其当前位置。这个位置是列车的初始位置，所以这一过程又叫作“列车位置的初始化”。C 型应答器可被称作“静态初始化应答器”。C 型应答器的天线之所以特别长（4 m），是为了提高回库休眠列车位置初始化的成功率。列车回库休眠时的停车精度不是很高，如果 C 型应答器的天线很短，那么列车停车休眠后，其车载天线可能因不在应答器上方而收不到初始化信号。当然也可以增加轨旁设备以帮助列车提高回库停车的精度，就像列车在正线车站进行定点停车那样，但会增加设备投资及维护工作量。

B 型应答器位于车站范围内，如图 3-3-133 所示。

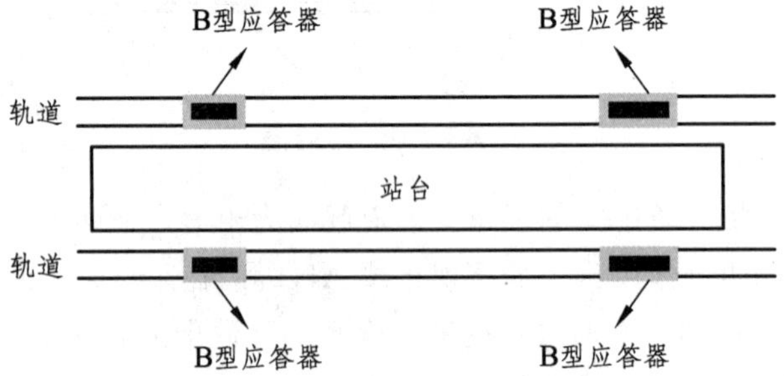

图 3-3-133　定点停车应答器

B 型应答器的作用是帮助停站列车判断自己所停位置是否正确，如果正确就可以开车门，否则不可以开车门。什么算是“正确”？列车门和隔离门应相对应，误差在 ± 0.5 m 以内。如果列车停稳后车载应答器天线（车载应答器设在车底、面向轨道）落在 B 型应答器的 1 m 天线范围内，那么就可以收到应答器的信号。反过来说，如果列车能收到 B 型应答器的信号，那么它就可以得到结论：它的停车位置正确，如图 3-3-134 所示。

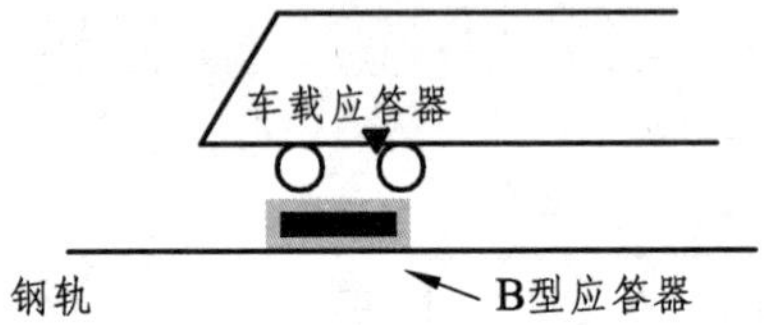

图 3-3-134　B 型应答器工作原理

站台每侧线路上有两个 B 型应答器。列车收到任何一个应答器的信号都表明列车所停位置正确。

上述 C 型和 B 型应答器服务于静止状态的（非运行中的）列车，而 A 型应答器服务行驶中的列车，这也是 A 型应答器的尺寸可以很小的原因之一。另一原因是我们希望通过这个 A 型应答器方便列车查询自己的具体位置，而不是一个范围，所以在这种意义上，A 型应答器的尺寸越小越好。

为了实现列车运行的移动闭塞，列车需要向轨旁 ATC 报告自己的当前位置、列车运行方向、速度等情况。有了这些信息，轨旁 ATC 就可以计算出一个恰当的保护圈，如图 3-3-135 所示。

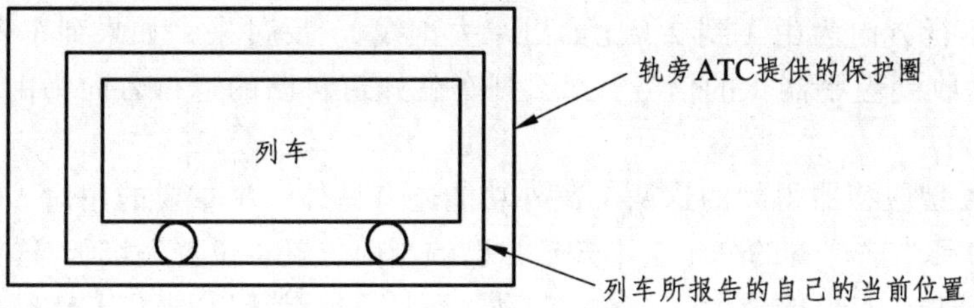

图 3-3-135　列车位置

列车怎么知道自己的当前位置呢？

方法一：列车在唤醒后，靠 C 型应答器来确定自己的起点位置，然后通过安装在轮对上的测速器（其实质是计算列车行驶过程中轮子所转圈数）来推断所行驶的距离，车轮的大小会在列车醒来后最初的一小段行驶距离内，靠一组 A 型应答器来确定。详细见下文关于 A 型应答器的其他作用的描述。

方法二：列车在唤醒后，靠 C 型应答器来确定自己的起点位置，然后通过数列车所经过的波导管上缝隙的个数来推断所行驶的距离。波导管上缝隙之间的距离是固定的。

上述两种方法的可靠性有一定的限度。对于第一种方法而言，如果列车在起动时或在制动时轮子发生打滑或抱死的情况，那么列车实际行驶的距离和通过测轮子所转圈数得到的值就会有差别。对于第二种方法来说，在数波导管上缝隙的过程中，也可能由于个别信号丢失而造成误差。

在较短的距离范围内，比如 200 m 内，上述误差是可以接受的。但时间长了，距离远了，这些误差渐渐累积起来，就可能形成大的误差。为了防止小误差累积成大误差，每隔一段距离，比如 200 m，就设一个 A 型应答器。列车在每次驶过 A 型应答器时就以应答器所在位置为新的测距起点重新开始测距。

A 型应答器的另外两个作用是通过把两个 A 型应答器按固定距离（比如 20 m）成对设置来实现的，如图 3-3-136 所示。

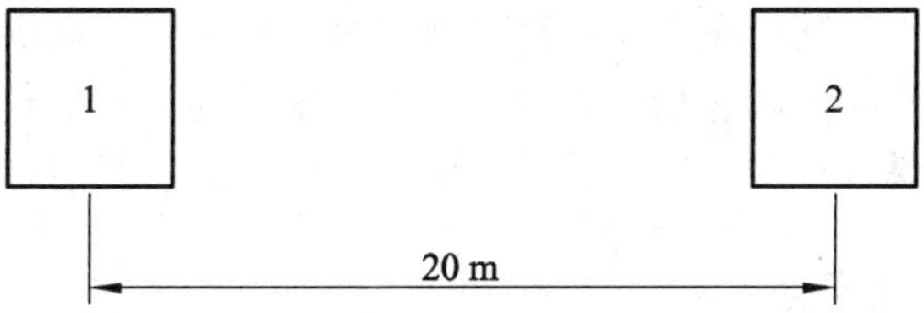

图 3-3-136　A 型应答器成对设置

第一个功能：测定车轮的大小。假设列车从应答器 1 行驶到应答器 2，轮子共转了 20 圈，那么轮子每转一圈是 1 m。这个信息会在之后推断列车所行驶的距离中使用。如前文所述，这里有两件事情交代：① 用于测轮子大小的两个应答器要设在列车车轮不大可能打滑或抱死的地方。也就是避开列车起动和制动的地方。② 所测轮径是车上安装测速器的那个轮子，以此作为参照轮。

第二个功能：帮助列车判断自己的运行方向。在正常情况下，列车在唤醒后，靠 C 型应答器知道自己的起点位置，之后靠离 C 型应答器不远的成对使用的 A 型应答器来确定自己的运行方向。如列车先收到来自应答器 1 的信号，后收到来自应答器 2 的信号，那么列车就知道自己的运行方向为由 1 到 2（比如出车去正线）。反过来，如果列车先收到来自应答器 2 的信号，后收到应答器 1 的信号，那么列车就知道自己的运行方向为由 2 到 1（对应收车回库）。

成对使用 A 型应答器得到的这两个额外功能还有另外一个重要的用途。有时由于设备故障，原本清楚自己当前位置的列车会不知道自己的当前位置（位置失忆）。这样的列车因不能向轨旁 ATC 准确报告自己的位置，会紧急制动，而且不能继续以 AM、CM 行驶。在这种情况下，该列车必须由司机以 RM 驾驶。经过成对设置的 A 型应答器之后，该列车可以重新进行位置初始化以便恢复 AM 运行的能力。这样成对使用的应答器被称作“动态初始化”应答器。

A 型应答器的最后一个作用是帮助列车在车站定点停车，如图 3-3-137 所示。

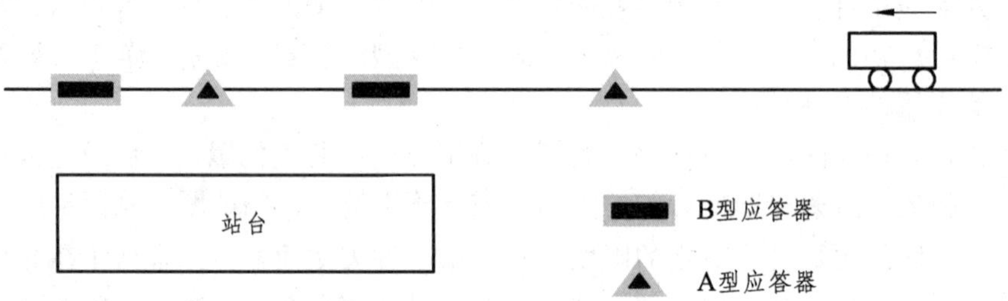

图 3-3-137　A 型应答器定点停车

列车在接近车站时，会经过一个 A 型应答器，根据这个应答器所传递的关于到目标停车点的距离信息，列车可以对速度进行调整。列车在进入站台之后，在抵达目标停车点之前会再次经过一个 A 型应答器，根据这个应答器所传递的关于到目标停车点的距离的信息，列车对速度进行进一步的微调，最终实现准确定点停车。

下面对应答器做一个小结：

（1）应答器的基本作用是帮助列车定位。应答器通过向列车传递信息以帮助列车判定自己在系统里的准确位置。

（2）每个应答器所能发送的信息是固定的，而且和其他应答器的信息不一样。

（3）应答器不需要来自其他设备的信息。换言之，它为列车提供信息服务而不需要列车向它提供信息服务。虽然对于 A 型应答器而言，需要来自列车的信号来激发工作所需要的能量，但从通信意义上来说，A 型应答器并不需要来自列车的任何信息。

三、功能——动态描述

1. 正常情况

以一列在正线上停放过夜的列车为例，如图 3-3-138 所示。

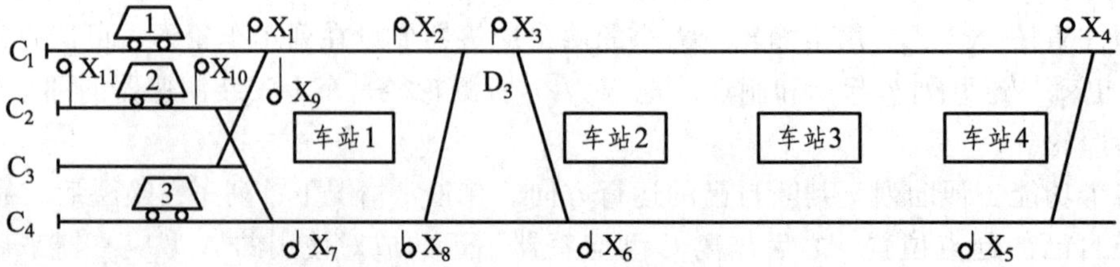

图 3-3-138　举例系统示意图

假设该线的主车辆段位于车站 20 附近（车站 20 是下行的终点站，车站 1 是上行的终点站），为早晨发车的均衡性，会把 3 列车分别停放在 C_1、C_2、C_4 过夜。虽然 C_3 也可以存车，但为了为夜间施工的工程车多保留一个折返的通路，通常让 C_3 保持在空闲状态。

（1）05:55，控制中心 ATS 内的时刻表功能自动向停在 C_1 上的 1 号车发出列车唤醒信号。该信号经由车站 SMS、轨旁 ATC、波导管和 1 号车的车载天线最后到达车载 ATC 的通信单元，把 1 号车唤醒。

（2）唤醒实际上就是通电，就像按压一下电脑的启动按钮一样。此后，车载 ATC 计算机作自检，进入工作状态，并依据从设于轨道中心的 C 型应答器传来的信号来对自己进行定位。因为每个应答器都有一个自己的编号，并对应一个特别的位置，所以 1 号列车可以确定自己是在正线存车线 C_1 上，而不是在 C_2 或 C_4 上，更不是在靠近车站 20 的车辆段内的存车线上。

（3）定位成功后，车载 ATC 向轨旁 ATC 报告自己的状态，包括列车的位置及车载设备的工作参数。假设定位不成功，比如 C_1 上的应答器故障，或列车头天晚上停车时不够准确，而使车载应答器天线收不到应答器的信号，那么车载 ATC 就会向轨旁 ATC 发故障警报。该警报信号会经过波导管、轨旁 ATC、车站 SMS 然后到中央的 MHI。行调收到该报警后，可以派 1 号车站的工作人员进 1 号车查看情况。如果可行，就在安排好进路后，让那个工作人员先用 RM 把车开往 1 号站。列车在前往 1 号站的途中，会经过“动态初始化应答器”。这样 1 号车到 1 号站下行站台时，就应该已经完成定位并具有自动模式了。

（4）从 C1 到 1 号站下行站台的进路 JL12 也可以是由 ATS 按时刻表来自动排列的。进路指令由 ATS、SMS 到达 CBI。CBI 经检查确认进路排列所需条件都满足后，会排列进路，并让信号 X_1 开放，同时把这一情况通知轨旁 ATC。

（5）在收到 CBI 关于 JL12 排列成功的通知前，轨旁 ATC 会在对应信号机 X_1 的地方定义一个“禁行点”。在获知 JL12 排列成功，特别是信号 X_1 开放后，轨旁 ATC 把这个禁行点前移到 X_2。

（6）在 1 号车真正能开始以自动模式运行前，还有一个步骤，即由控制中心行调人工向 1 号车发“自动运行授权”。这个信号也是从中心 MHI 经 ATS、SMS、轨旁 ATC 以及波导管传到列车上的。

（7）1 号车收到“自动运行授权”后，从 C_1 起动，驶往 1 号站的下行站台，并在地面应答器的协助下作“定点停车”，如图 3-3-139 所示。

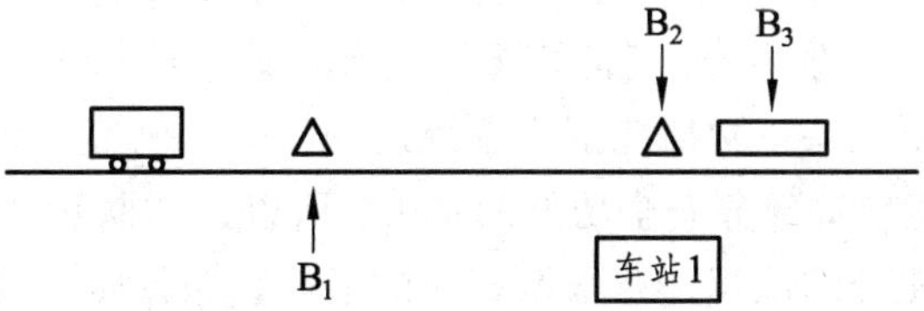

图 3-3-139　定点停车

B_3 是对应车站停车点的应答器，长度约 1 m（属于前面所说的 B 型应答器）。

B_1 和 B_2 属于前文所说的 A 型应答器。B_1 到 B_3 的中心为 250 m，而 B_2 到 B_3 的中心为 30 m。列车经过 B_1、B_2 时，会收到相应的信号，并据此调整车速，以求停得准，即停车后车载应答器天线位于 B_3 的上面。

（8）假设一切都正常，车载天线在停车后接收到来自 B_3 的信号，车载 ATC 据此确认自己已经停准。

（9）车载 ATC 在发指令打开车门前，还会确认如下条件：

① 收到轨旁 ATC 发来的关于应该打开哪一侧车门的指令；

② 列车速度为 0，并施加了制动；

③ 列车牵引电机处于断电状态。

（10）如果所有上述条件都满足，车载 ATC 就会发开车门指令，并通过轨旁 ATC 发指令给 CBI 开隔离门。

（11）在列车进入上下客作业阶段后，车载 ATC 对停站时分进行倒计时。停站时分是由控制中心 ATS 时刻表功能通过 SMS、轨旁 ATC、波导管传给车载 ATC 的。

（12）停站时分结束后，如果没有如下情况：

① 站台扣车；

② 站台紧急停车按钮被启动；

③ 轨区作业防护钥匙被启动（从钥匙孔取走）；

④ 前方进路没排列（即 JL23 没排列）；

⑤ X_2 显示红灯。

车载 ATC 就开始关门程序。像前面开门一样，该关门程序也是同时包括车门和隔离门。

（13）车门和隔离门关闭，列车离开 1 号站下行站台驶往 2 号站。

（14）这个时候位于 C_2、C_4 上的 2 号、3 号车也会经历唤醒、自检、定位等过程。

（15）虽然 ATS 以及 SMS 可以按照时刻表为列车自动安排进路，但为了在 ATS、SMS 都故障时不至于影响到进路的安排，系统的设计允许行调把大部分的直行进路设成多次进路，由 CBI 来保持。比如图中的下行进路 JL23、JL34 以及上行方向的 JL56、JL67。

（16）假设 JL34 已经排列，1 号车会像前面进入 1 号站那样定点停车，并执行车站停站作业程序。值得注意的是：图中的车站 3 是无岔站（也被称为非联锁站，虽然每个站都有自己的微机联锁 CBI 来管理如下设备：轨道电路、站台紧急停车按钮、隔离门、轨区作业防护钥匙等），其范围内没有轨旁信号机。

2. 非正常情况（由设备故障引起的）

非正常情况下，系统功能的发挥更值得运营人员了解和掌握，其原因有二：一是正常情况下，大多数的运作是自动的，而非正常情况下，则需要运营人员的人工介入，如果不了解、不掌握，那就无法介入；二是正常情况下，系统运作的安全已经在系统设计时考虑在设备功能里了，而设备故障可能导致部分安全功能的丧失，所以，在非正常情况下需要人工介入时，运营人员一定要对此有充分的认识，并采取相应的措施以策安全。设备故障造成运作效率的降低就更不用说了。

由于设备的故障情况多种多样，对运作的影响也会不尽相同。下面先讲一些影响较小的故障情况，之后才讲影响较大的非正常情况，每种情况只涉及单一故障。

（1）轨旁信号灯的故障。

因为该列控系统是按全自动无人驾驶设计的，所以在列车以无人驾驶模式运行时，轨旁信号灯的故障（如无任何显示）并不会对运作造成什么影响。即便是人工驾驶，如果所用的驾驶模式为 CM，即有码限速人工模式，因为有车载信号，所以轨旁信号的无显示也不造成什么影响。只有在以 RM 模式（无码限速人工模式）和 URM（无限速人工模式）驾驶时，才需要凭轨旁信号灯的显示来确认前方线路状态。

（2）轨道电路的故障。

在传统上，轨道电路的作用是检测列车的占用。如果轨道电路故障，应按有车占用来处理，即不允许列车通过故障区段。但该列控系统对列车占用的检测首先是靠列车所发送的关于列车位置、列车识别号、车速、行车方向等的信息来进行的，而轨道电路在该系统中只作为后备。所以轨道电路的故障在车地通信正常时并导致停车。但为安全起见（比如轨道电路的故障由钢轨断裂引起），列控系统自动对相应区段设限速。

在车地通信出现问题时，比如车载设备故障使列车变成了“哑巴”，就要借助轨道电路的状态来检测列车的位置。车地通信和轨道电路同时出问题的概率会很小。

（3）ATS 故障。

前文说过，SMS 也有运行图。虽然每个站的 SMS 只储存和本站相关的运行图，但全部 SMS 的运行图合在一起就是完整的全线运行图。所以在 ATS 发生故障时，SMS 可以凭借局部运行图，通过 SMS 之间的协作来维持列车的运作。但由于 SMS 不具有 ATR（列车自动调度）功能，所以系统不可以对早点或晚点的列车作运行调整。

（4）SMS 故障。

SMS 的故障会使 ATS 和轨旁 ATC 及 CBI 的联系中断，因为 SMS 处在 ATS 和轨旁 ATC 及 CBI 的联系通道上。这样一来，中央的全线运行图中与故障 SMS 所在车站相关的部分及故障 SMS 所储存的局部运行图都不能发挥作用了。假设只是车站 2 的 SMS 故障，还假设在故障发生之前，JL34 及 JL56、JL67 都已经被设成“多次进路”，那么 SMS2（指 2 号站的 SMS）的故障只影响列车在车站 2 的停站时分（上下行站台）及从车站 2 到车站 3 及车站 2 到车站 1 的运行时间。这些停站时分及运行时间原本是在运行图中规定好了的，但现在运行图丢失了，为了维持运作，在系统设计时，在轨旁 ATC 内设定了“缺省值”，即如果没有来自 ATS/SMS 的信息，轨旁 ATC 就把这些缺省值发给到站的列车。

如果 SMS 故障发生在车站 1，且在故障之前已经把站后折返所需的进路（包括 JL711 和 JL102）设成“组合进路”，那么 SMS1 的故障和 SMS2 的故障一样，只影响到停站时分/运行时分，而不影响进路，列车仍可以继续运作。

（5）道岔故障。

假设故障的道岔是 D_3，故障的性质是不能进行道岔转换，但道岔位置是“定位”而且系统能检测到此位置，那么故障不会对运作造成任何影响。但如果故障的性质是“道岔失表”，即系统无法确定道岔的位置是“定位”还是“反位”，即便实际上道岔是处于“定位”，进路 JL34 也还是不可以排出。在这样的情况下，为了维持运作，就要安排司机用 RM 模式驾驶每一个从信号 X_3 到 X_4 的列车。

（6）轨旁 ATC 故障。

在图 3-3-140 中，假设管理车站 1 和车站 2 的轨旁 ATC 是 1 号 ATC，管理车站 3、4、5 的是 2 号 ATC，之后的是 3 号 ATC，以此类推。

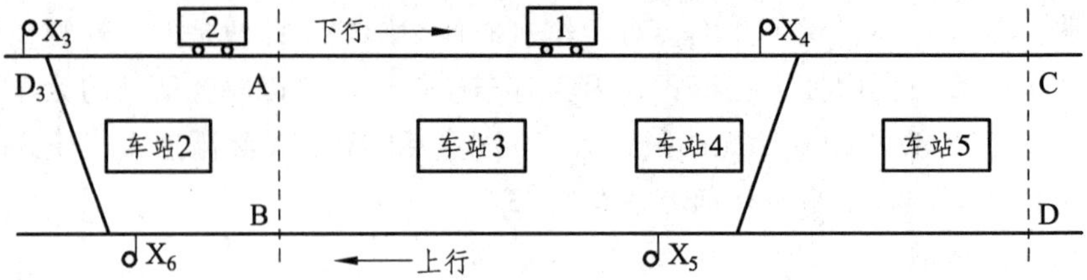

图 3-3-140 轨旁 ATC 故障示意

假设 2 号 ATC 发生故障，那么在 2 号 ATC 范围内运行的列车如图中的 1 号车会因为收不到非 0 速度指令而启动紧急制动。对于在故障区域外围的列车，如 2 号车：

- 如果它很靠近故障区，且正在高速运行，那么它也会被车载 ATC 紧急迫停，即施加紧急制动。这是因为“禁行点”突然出现在故障区的边界处（图中的 A、B、C、D）。
- 如果它不靠近故障区，或虽靠近，但速度较低，常用制动足以使其在 A 点之前停下来，那么就不会有紧急制动。

如果 CBI 正常的话，轨旁 ATC 的故障并不会影响进路。在进路排好的情况下，信号可以正常显示“行进信号”。但列车只能以 RM 通过故障区，出了故障区之后才可以恢复 AM 行车，因为故障区内的速度码都是 0。

轨旁 ATC 的故障还会使得 3、4、5 号站的所有隔离门无法自动随车门的开关而开关，这是因为轨旁 ATC 是车载 ATC 和 CBI 二者之间的“中间人”。在这种情况下，需在站台安排车站人员和到站列车的司机配合，手工操控隔离门。

（7）CBI 故障。

如果 CBI 故障发生在 3 号站（非联锁站），那么：

- 进路不受影响，比如 JL56 仍可排列，列车可以正常从车站 4 上行站台以 AM 出发。但由于隔离门是由 CBI 管理的，CBI 的故障会使得轨旁 ATC（2 号 ATC）无法确定车站 3 隔离门的情况，所以会在车站 3 的站台（包括上行和下行）的前后 100 m 范围内设定 0 速度区，以阻止列车进站。为了进站，列车只能以 RM 行驶。
- CBI 的故障使车站 3 的隔离门无法和车门自动同步，需在站台安排车站人员和到站列车的司机配合，手工操控隔离门。

如果 CBI 故障发生在 1 号站（联锁站），那么站前、站后的折返进路均无法排列。虽然可以派人到轨旁手扳道岔，但信号灯不会显示行进信号，而总是显示红灯。此时一方面需要有人在轨旁手扳道岔，另一方面要以 RM 驾驶所有需要进入 1 号车站并在 1 号车站折返的列车。隔离门也会受到和前文一样的影响。

小结：

前面讨论了几种典型的非正常情况，从中可以更好地理解系统的功能，还可以看出轨旁 ATC 或 CBI 故障的影响比其他设备故障的影响更大些。这主要是因为这二者的功能和列车运行的安全直接相关。在这二者之间，CBI 故障的影响更大。

在需要用 RM 驾驶列车时（如轨旁 ATC 故障、CBI 故障、道岔失表）要格外小心，因为 RM 模式有如下潜在的危险：

- 即便道岔位置不正确，列车仍能够行进；
- 即便隔离门没锁闭，列车仍能够进出站；

- 即便列车前方有另一列车，本列车仍然能够前行；
- 即便列车不在站台范围内，司机仍能够开车门（任一侧的车门）（当列车在站台范围内时，司机可能开错门）。

在需要车站人员在站台和到站列车司机配合开关门的情况下，也要格外小心，否则也可能发生事故。比如：站台工作人员看到列车进站停下来，马上手动开隔离门，但没料到列车司机不仅没有开车门，反而又起动列车，因为他觉得还没有停准，需要再次对位。

思考题

以下思考题均以本节的列控系统实例为基础。

1. 该城轨系统属于无人驾驶系统，其列控系统是否采用了移动闭塞？
2. 该系统是如何实现列车定位的？
3. 该系统是如何体现“故障-安全”原则的？
4. 简述该系统中无源应答器的作用。
5. 该系统为什么允许在进路占用的情况下排列进路并开放进路始端信号？

第四章　通信系统

通信涉及收、发两个主体：通信是信息从一个主体到另一个主体。通信可以是人与人之间的通信，也可以是设备之间的通信，甚至是人与设备之间的通信。本书是为运输专业编写的，所以本章所讲的通信主要是人与人之间的通信。

本章第一节对城轨交通系统内的通信主体及其在不同情况下的通信需求进行分析。第二节讲为了满足这些通信需求而配备的有关设备的情况。由于通信需求的多样性，通信设备也呈现出多样性的特点，包括声音和图像、有线和无线、单向和双向等。

通信是重要的，特别是城轨系统点多、线长，涉及大量乘客的流动。为了确保行车组织、客运组织工作的正常有序进行，以及非常情况下的应急管理，需要在城轨系统内设完善的通信设施。但本章第三节的案例分析指出：完善的通信系统固然重要，但更重要的是对通信系统的有效利用。

第一节　通信的主体及其通信需求

一、通信的主体

这一部分主要是清晰地列出到底有哪些人员会在城轨交通系统内进行通信，如图3-4-1所示。

- 工作人员
  - 内部
    - 一线员工
      - OCC
      - 站务人员
      - 乘务人员
    - 二线员工（维修人员）
    - 三线员工（办公室人员）
  - 外部
    - 公安
    - 消防
    - 医护急救
- 乘客
  - 站内
  - 车上
  - 区间内

图3-4-1　在城轨系统内需进行通信的各类人员

二、通信的形式

从总体上看，通信可按不同标准划分为各种类别，例如：

（1）单向通信，如闭路电视（CCTV）、广播（PA）；双向通信，如电话、对讲机。

（2）声音，如广播；图像，如 CCTV；文字，如乘客信息系统（PIS）上显示的“下班列车不载客，请不要上车”。

（3）固定的，如固定电话（有线）；移动的，如移动电话、移动对讲机（无线）。

（4）面对面；非面对面。

三、各通信主体的通信需求

1. 乘　客

先讲乘客，主要有如下两方面的原因：一方面乘客是城轨交通的核心；另一方面对读者来讲，这部分内容比较容易理解。因为读者或许还没有在城轨企业工作的经验，但是有可能是已经使用过城轨交通的乘客。

这部分内容包括了乘客作为通信的发起人或者信息发送方的情况。乘客作为信息接收方的情况在讲工作人员作为发送方时讲述。

乘客在不同的地方、不同的场合会有不同的通信要求。下面分别就乘客在站内、在车上、在区间内三种情况来讨论。

（1）乘客在站内。

一般情况下，乘客在进站、候车、上车的过程中没有什么通信需要。但是，在下述情况下，就可能有通信需要了。

① 在搭电梯时，电梯半途停顿，或电梯到站但电梯门没能正常开门，乘客被关在电梯内。现在的电梯通常都没有专职的操作员在现场，所以当乘客被关在电梯内时，应能向站务人员求助。通常的办法是在电梯内装设对讲器。乘客只需要按压一下按钮，站控室相应的电话就会响铃，站务人员就可以和电梯内的乘客通话。

② 站内有时会有个别自动售票机离站控室比较远，而且不易被站务人员观察到，特别是在比较复杂的车站。虽然可能会设有 CCTV 来监视这样的自动售票机，但站务人员并不能一直看着 CCTV，因而不一定知道有异常情况。如果有乘客在使用这些自动售票机的过程中碰到困难，就需要有类似上面①中所述的对讲器来联系站务人员。

③ 现在国外有的小运量城轨系统自动化程度高，为了减少工作人员数量，车站采取无人值守方式。这样也需要在车站内设置对讲器以便需要帮助的乘客在站内可以方便地联系到控制中心的值班人员。

④ 火警电话。在离站控室比较远的公共区设火警电话以便发现火警的乘客能迅速向站务室报告。

⑤ 付费公共电话。随着手提电话的普及，乘客对付费电话的依赖越来越少。

（2）乘客在车上。

车上乘客如果需要与城轨交通工作人员通话，可以使用车内的紧急通话装置。在过去的城轨车辆上，这种装置不多见。现在越来越多的城轨车辆装备有此种装置。乘客按压车内的按钮会在控制中心或所在车的司机控制台引起报警，由控制中心工作人员/司机回应来建立通话。那么这种对讲器的启动是否会使运行中的城轨列车施加紧急制动呢？

答案是不会。在设计上，一个重要原则是尽量避免城轨列车在区间（不论是隧道还是地面、高架线路）内停车。车站是对列车及车上乘客实施救助的最佳场所。这是因为一方面，在车站乘客能尽快利用侧门下车到站台；另一方面，车站的人力、物力资源多。所以在车上有乘客启动紧急对讲器后，运行中的列车会继续正常运行到前方站。列车到站后能否从车站出发取决于紧急对讲器是否复位。如果还没有复位，意味着事情尚未处理完毕，对讲器的自查电路处于断开状态，阻止列车重新起动。对讲器的复位是由控制中心或司机来完成的。

（3）乘客在区间内。

在正常情况下，乘客不应该在区间内的轨道上，只有当需要进行区间列车紧急疏散时才会出现乘客在区间轨道上的情况。

有的城轨交通系统在区间轨道的特别地方（如线路分岔处）设有紧急电话，供有需要的乘客与控制中心联系。这种电话不需要拨号，但话机机盒上有编号，以便控制中心通过向电话使用者询问编号来判断该通话者的位置。当然这种电话也可以供工作人员或救援人员使用。

2. 司　机

这里的司机包括无人驾驶城轨系统中的在车上执行巡视任务的后备司机。后备司机通常不驾驶列车，在车上值班时主要是帮助有需要的乘客，并查看列车运行是否正常，还有检查有无可疑物品、可疑人物的责任。在必要时，这些后备司机可以人工驾驶列车或进行列车故障排除操作。以下列举了司机在几种情景下的通信需求：

情景一：司机在人工驾驶时遇到红灯，停车后，通过对讲机和控制中心联系，一方面报告情况，同时请求指示。司机用的对讲机最常见的是固定在驾驶台上的。有些城轨系统的驾驶台对讲机需要司机拨号以选择通话对象。不少城轨交通系统除了固定在驾驶台上的对讲机以外，还给司机配备便携式对讲机。这样一来，即便司机不在驾驶台附近，也可以和控制中心通话。

情景二：司机在人工驾驶时，突然列车脱轨，司机下车查看情况，并向控制中心报告，这时便携式对讲机更方便。

情景三：由于列车运行前方线路故障，控制中心指示司机去列车尾部驾驶室朝相反方向行车。司机在穿行列车车厢的过程中使用便携式对讲机向控制中心报告车上乘客的情况，当然他也可以等到达尾部驾驶室后用固定对讲机汇报情况。

情景四：对车内乘客做实时临时广播，如“各位乘客请注意，现在是临时停车，请大家不要惊慌，谢谢！”

情景五：车上有乘客启动了紧急通话装置，司机可以和这位乘客个别对话。这和广播不一样，因为广播是同时对多个乘客传递信息，而且是单向的。

优先等级：当车上乘客启动紧急通话装置时，是由控制中心的工作人员来回应还是由司机来回应？

答案是应由控制中心来回应，理由如下：

① 司机在驾驶列车，应把注意力集中在驾驶方面。

② 控制中心在和乘客通话并了解车上乘客的需求之后，比司机更容易做相应安排，比如通知前方站的站务人员到站台准备好担架，或安排清洁工上车清理脏物。

3. 站务人员

（1）在站控室。

情景一：通过 CCTV（闭路电视）监视车站内及车站出入口的情况。

情景二：通过广播系统做广播，可以是预录的，也可以是实时的。如“本站开往××站方向的最后一班列车已经开出，请前往××站的乘客不要检票进站”。

还应具有反复播音、选择针对站内某个区/某些区域播音的功能。

情景三：通过 PIS（Passenger Information System）控制位于站内、车站出入口的乘客信息显示屏上的信息。

有些信息是预定的，只需要选用即可，也应能够重新编辑信息。

情景四：联系 OCC，如通过电话向 OCC 报告：有位乘客的小孩走失了，其年龄、性别、衣着特征等。

情景五：联系其他车站，如通过电话询问邻站有无多余的后备电筒可以借用，这是公务电话的功能。

情景六：站内有乘客受伤，站务人员打电话叫救护车。

（2）在站台。

站台更靠近列车，也就意味着可能更靠近事故现场。所以通常会在站台设公务电话及广播设备，最常见的是设在站台头端墙或尾端墙上。当然为防滥用，会装设在可以上锁的设备箱内。

情景一：在实施“站间行车法”（作为列控系统全面故障情况下的后备行车闭塞模式）时，相邻站的工作人员利用站台端墙上的电话保持联系，协调接发车作业。

情景二：乘客从停在区间的列车上疏散。在站台迎候乘客的站务人员可以使用设在站台的广播设备通过播音引导乘客。当然，便携式扩音器也是一种办法。

（3）在其他地方。

情景一：在站内非公共区的其他地方，有时也设有公务电话，以方便巡站的站务人员。

情景二：站务人员在巡站时，会持便携式对讲机，可以随时和 OCC、站控室的工作人员联系。

在有的城轨交通系统，便携式对讲机还可以做实时播音，即通过操作对讲机的键盘，切换工作模式后，可以接入到广播系统。

4. OCC

（1）OCC 对车站工作人员。

情景一：联络个别站，如通知××站：“请转告那位丢失小孩的乘客，小孩已经找到，正由工作人员陪同前往××站。”

情景二：通知所有车站，××列车在某地段出轨。

途径 1：语音，无线对讲机，群呼模式。

途径 2：文字，以短信形式发至各站的值班手机电话；或通过电邮，发至各站的办公用电脑。

（2）OCC 对司机。

情景一：联络个别司机，比如发行车调度命令给 A 司机：“允许你以 RM 模式从 B 站上行站台开行到 C 站上行站台。”

情景二：通知所有司机。这和前面利用无线对讲机的群呼模式通知所有车站的情况一样。

（3）OCC 对列车上的乘客。

情景一：OCC 选择对个别列车做广播。比如："各位乘客请注意，本次列车在 A 站提前终止服务，各位乘客请在 A 站下车。前往 B 方向的乘客，请等候下一趟列车，对由此造成的不便我们深表歉意，谢谢！"

情景二：OCC 选择对所有在线运行列车做广播。比如："各位乘客请注意，由于供电故障，列车服务将暂时中断，请所有乘客听从列车乘务员的安排下车。对由此造成的不便我们深表歉意，谢谢！"

情景三：比较新的城轨交通系统在车上设有 CCTV，所以 OCC 可以看到车内的情况。

（4）OCC 对车站的乘客。

情景一：站内设 CCTV 非常普遍，OCC 和车站人员可以同时选看位于车站的摄像头摄取的现场画面。

情景二：对车站内部乘客的广播通常是由各站自己负责。有些城轨交通系统在设备功能上允许由 OCC 帮车站做广播，比如当车站的广播操作终端故障时，或在车站有火警，车站工作人员已经撤离车站的情况下。

（5）OCC 对外（公安、消防等）。

热线电话。比如，OCC 在接到 FAS 的火灾报警信号后，可立即通过热线电话通知消防部门。

5. 维修人员

在维修车间内，维修人员可以使用公务电话。在现场时，多数是使用无线便携式对讲机。

对于信号、供电专业的维修人员，有的城轨交通系统提供专用通信设施，比如在信号设备房和现场轨道旁设小型电话网络，方便处于信号设备房和轨旁的信号维修人员之间进行联络，主要是用于调试过程中的协调。因为无线对讲机已经非常普遍，而且十分方便，所以在大多数情况下，专门的维修电话网络被闲置。尽管如此，本章的第二节仍会对这种网络做一个简单的介绍。

6. 外部人员

以消防为例。每个站可以有一个消防专用小型电话网，分布在站内及站外不同位置，用于消防人员之间的协调。

在区间，特别是隧道内，一些城轨交通系统会专门为消防人员设消防通信设备，有些是有线的，有些是无线的。在没有区间消防通信设备的情况下，通常都是由城轨运营单位向前来救援的消防人员提供一些城轨工作人员日常使用的无线对讲机。

消防人员自己的无线对讲机一般不能在隧道内使用，但可以在地面及高架线路使用。

7. 办公室人员

办公室人员一般使用公务电话。

思考题

1. 简述乘客在城轨系统内的通信需求。
2. 简述司机在城轨系统内的通信需求。

3. 简述站务人员在城轨系统内的通信需求。
4. 简述控制中心行调在城轨系统内的通信需求。
5. 简述维修人员在城轨系统内的通信需求。
6. 简述紧急情况下急救人员在城轨系统内的通信需求。

第二节　通信的软硬件设备

为了满足前面所讲的通信需要，应配置相应的通信设备，如有线通信设备、无线通信设备、闭路电视、广播、乘客信息系统、时钟系统、传输系统等。在介绍的过程中会联系到第一节的有关情景以便理解。在内容安排上，会从运营安全和效率的角度出发，重点讲与司机、行调、乘客、轨区作业人员直接相关的通信设备，特别是无线通信设备的情况。

一、有线电话

（一）系统组成和功能分类

对于有线电话系统而言，一般大家看到的只是电话机。其他部分如交换机及传输网等，因位于设备房或地下管道里，所以平常是看不到的。

交换机的功能是在一个用户拨号后，根据所拨号码，把这个主叫用户连到被叫用户的电话机上。而传输网的作用是传递信息，即通话的内容。

一般住家使用的电话属于市话网。每月各用户按一定的标准向电话公司缴话费。对于小型企事业单位，比如只有十几个员工的小公司，只有几部电话，一般选用市话即可。但对于上千人的大型企业，需要几百部电话，为了节省费用，企业通常会建立一个内部电话网。在这个网内，用户之间的通话和市话无关，不需要向电话公司缴费。当然，企业员工不只需要在企业内部通话，有时也需要和外界通话。通常有两种做法：一种是安装一定数量的市话，在需要和外界通话时，就利用这些市话来解决；另一种做法是不另外装市话，而是在公司的内部电话网总机和市话网之间建立若干通道，在需要和外界通话时加拨一个外线号码即可。一般大型酒店、宾馆房间的电话就是这样的。

在城轨交通系统内有大量的工作人员，比如控制中心的调度员、各车站的值班人员、相关总部的工作人员等。工作地点固定的人员之间使用内部电话网，利用该内部电话网所进行的通话不涉及市话，不发生市话费。这个内部电话网通常叫作 PABX（Private Automatic Branch Exchange）。有了这个网之后，大家就可以互相通话了。但是某些通话的等级很高，比如控制中心的行调可能要告诉某个车站的值班员，该站的站台隔离门故障，需要他马上去站台把故障的隔离门隔离掉，以便站内列车能按时发车。为了确保行调能把这一重要的指令发给值班员，可以有如下几种做法：

（1）依靠 PABX，在站控室设多几部电话，当然每部电话都有自己的号码。如果一部电话占线，那么行调就打另一部电话。

（2）依靠 PABX，不增加站控室电话机的数量，而是通过软件给行调打来的电话分配一个高的优先等级，即如果站控室的电话占线，行调打来的电话会切断正在进行的通话。

（3）在 PABX 内，通过软件把站控室内的某个电话定义为调度专用电话，行调的电话可以打进来，别人的电话打不进来。

（4）在 PABX 之外另建一套有线通话系统，只供行调和车站的值班员之间的通话，其他人不能打进来。

（5）行调利用无线对讲机来联系车站值班员。当然这个办法超出了有线电话的范围。

其实上面的讨论过程涉及了公务电话和专用电话的概念。显然专用电话通话的重要性高于公务电话。同时还可以看出，专用电话和公务电话可以共用 PABX，也可以是两个独立的电话系统。

1. 城轨公务电话

城轨公务电话是城轨内各部门间进行通信联络的平台，为城轨员工日常办公、生产维修提供通信保障。城轨公务电话能与市局公用电话网及无线集群系统连接，向城轨用户提供市话业务、国内、国际长途业务和传真、数据等多种电信业务。

2. 城轨专用电话

城轨专用电话是为列车运营、电力供应、环境监控、日常维护、防灾抢险及乘客事务处理提供通信手段的专用通信设备，它具有高度的安全可靠性并且操作方便简捷。专用电话可以分成调度电话、局部电话、区间电话、站间行车电话和乘客服务电话等。图 3-4-2 所示是在站控室安装有公务电话及专用电话的例子。

图 3-4-2　公务电话、专用电话示意图

此外，经常提到的热线电话是指不用拨号提起话筒就马上接通的电话。如果被叫用户的话机正在通话中，那么就无法接通，但可以在被叫用户的话机上给出音像显示以提醒被叫用户。比如车站 A 要呼叫控制中心的行调，可能在这个时候车站 B 正在和行调通话。

拨号有两个问题，一个是占用时间，二是可能出错。所以“缩位拨号”很受欢迎。所谓缩位拨号是指给一个多位的号码分配一个简单的号码，如一位数。例如行调想打电话去 5 号车站，虽然该车站的电话号码本来是 4 位的 6789，但行调只需要在他的电话机上按 5 就可以了。

现在通信技术发展很快，特别是计算机技术的应用，使许多新的功能得以实现，比如行调可以同时通过电话向多个车站的值班员发布消息，不再只限于 1 对 1 的通话。再比如可视电话，不仅听到声音，还可以看到通话人。

（二）专用电话实例

随着技术的不断进步，更多、更方便的通信手段将会出现并投入使用。为了对有线电话这部分进行深入讲解，下文以某城轨系统五号线设备为例进行阐述。

1. 站间行车电话

在五号线各站的站控室都安装了一台站间行车电话给车站值班员使用，该话机可以完成站间行车电话、公务电话及与隧道电话相互呼叫的功能，话机如图 3-4-3 所示。车站值班员通过站间行车电话可以有选择地与以下用户通话。

- 本站有关人员；
- 公司内部工作人员；
- 使用隧道电话联系的工作人员；
- 邻站值班员（即站间行车电话）。

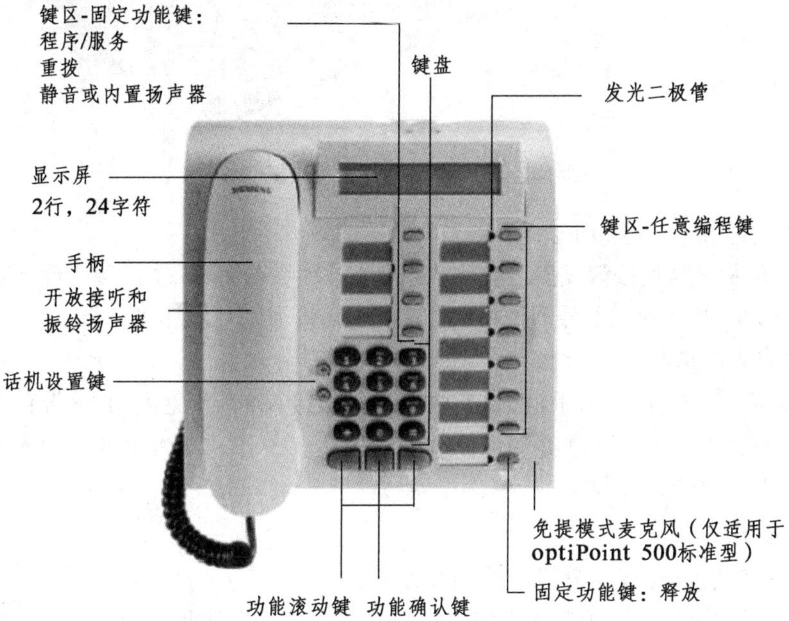

图 3-4-3　站间行车电话示意图

操作方法：

（1）与本站及公司内部通话。

值班员在数字话机的键盘上按下需联系的内部电话号码，对方接听即可通话，通话完毕后挂机。

（2）与使用隧道电话联系的工作人员通话。

值班员在数字话机的键盘上按下需联系的隧道电话号码，对方接听即可通话，通话完毕后挂机。

使用隧道电话的工作人员摘机后不进行拨号等待 10 s（延迟热线功能），即可向隧道话机所属的车站的站间行车电话振铃。车站值班员接听即可通话，通话完毕后挂机。

（3）与相邻站值班员（即站间行车电话）通话。

值班员按下指定的储存键（在键的旁边会标注相邻车站的名称）即可呼叫相应的站间行车电话，对方摘机即可通话，通话完毕后挂机。

2. 有线调度电话

有线调度系统为控制中心提供调度台，为各个车站及相关场所提供调度分机，这样便于调度员对相应的分机进行专用通信。调度台数字式话机如图 3-4-4 所示。

图 3-4-4 调度台数字式话机示意图

调度台数字式话机功能如下：

- 调度员值班台采用按键式多功能数字终端，按键数量为 35 个。调度数字终端具备 2*24 的 LCD 显示屏，可以显示来电号码、姓名，显示屏角度可调，对比度可调，并且有背景灯光，充分保证显示内容的清晰。
- 调度员值班台配置通话手柄，具备内置的耳机接口，支持免提操作（带背景回声抑制），可以解放出调度员的双手。调度终端可以“群听模式”工作，即将手柄中的通话通过内置喇叭播放出来，让周围的人都能听到。

调度台的操作方法：

（1）单呼：调度员与调度分机间的相互呼叫。

① 调度员呼叫分机：调度员按下指定的储存键（在键的旁边会标注各站或各分机的名称）即可呼叫相应的分机，对方摘机即可通话，通话完毕后挂机。

② 调度分机呼叫调度台：调度分机摘机，调度台上相应的储存键指示灯会闪烁并有响铃，调度员摘机并按下该指示灯闪烁的储存键即可通话，通话完毕后挂机。

③ 当调度台与一分机通话时，如果别的分机也呼叫调度台，调度台上相应的储存键指示灯会闪烁，排队分机在等待时会听到音乐。与分机通话完毕后，调度员可选择接听其他分机，按下相应的储存键即可通话，通话完毕后挂机。

④ 当调度台与一分机通话时，有别的分机（一方或多方）呼叫该调度台，该调度员可按预先已设置的功能键将呼叫该调度台的呼叫加入既有通话从而形成多方会议。

⑤ 当调度台与一分机通话时，若有其他分机使用紧急呼叫功能呼叫该调度台，调度台上的紧急呼叫键指示灯会闪烁以提示调度员有紧急呼叫。调度员根据具体情况选择是否接听，若接听该紧急呼叫，调度员按下紧急呼叫键即可接听紧急呼叫，此时调度先前的通话会被保留，被保留通话的调度分机会有音乐等待音。调度员与紧急呼叫通话完毕或者确认该呼叫不紧急时可按主号码键切换回先前的通话，通话完毕后挂机。

（2）组呼或全呼：调度员主动与多个调度分机同时通话。

① 在数字话机的储存键上可根据用户需求编排多个用户组，并把相应的组名标识在该键旁边，让调度员能根据需要选择呼叫。调度员只要按下相应的储存键，就能呼叫该组的所有成员，并可进行通话。

② 当调度台进行组呼时，有别的分机（一方或多方）呼叫该调度台，该调度员可按预先已设置的功能键将呼叫该调度的呼叫加入既有通话从而形成多方会议。

（3）八方会议：调度员主动与多个调度分机（最多可支持八方）同时通话。

会议功能是在主控系统或者会议服务器故障的情况下，有线调度交换机为调度台提供支持多方通话的后备功能。

在数字话机上按某个分机的储存键，接通后提示该值班员别挂机；再按另一个分机的储存键，接通后同样提示对方别挂机；这时按会议的功能键，就形成了三方会议。若需更多车站一起通话，可以再按第三个分机的储存键，接通后提示对方别挂机，按会议的功能键。重复如上操作，在需要参加会议通话的最后一个分机的电话接通后，调度员按会议功能键，这样多方会议通话就建立起来了。

（4）调度员也可用数字话机上键盘进行拨号呼叫调度分机，分机接听即可通话，通话完毕后挂机。

调度分机的功能：

① 调度分机为带免提功能的普通电话机。

② 调度分机呼叫调度台，按热线功能方式设置，无须拨号，摘机即通。

调度分机操作方法如下：

调度分机呼叫调度台分为普通呼叫和紧急呼叫。

① 普通呼叫。调度分机摘机，此时会有一段语音提示："紧急呼叫请按*号键"。如在 5 s 内不做任何操作，即自动呼叫调度员，通话完毕后挂机。

② 紧急呼叫。调度分机摘机，此时会有一段语音提示："紧急呼叫请按*号键"。如在 5 s 内按下*号键即可紧急呼叫调度员，通话完毕后挂机。

由于采用的数字录音设备采取直接获得数字话机线路信号的方式，调度员与调度分机的通话能以数字方式自动记录在多信道录音设备上，作为录音数据保存在录音终端设备。

3. 轨旁电话

轨旁电话提供给轨旁作业人员相互之间通话使用或在紧急情况下与站控室联系时使用。

轨旁电话的功能：

① 正线上的轨旁电话属于站内程控交换机设备。用户可选择直通电话或自动电话，用户可根据实际需要选择通话对象。话机旁边标牌上有该话机的电话号码及所属车站的名称。

② 当选择直通电话时，在摘机后 5 s 以后，自动接通所属车站车控室的车站值班台。

③ 当选择自动电话时，在摘机后 5 s 内必须拨号，号码包括公司内部公务电话和特种电话 119。若不拨号，则自动接通该轨旁话机所属车站车控室的车站值班台。

话机使用完毕后，要确保话机已挂好，话机盒盖盖好方可以离开。

二、无线通信

城轨交通线长、点多、面广、变化因素多，有线通信保证了在固定地点工作的人员互相之间的通信联络。为了给处于移动状态的相关工作人员（司机、车站内的流动工作人员、公安警务人员、抢险维修人员）提供便捷可靠的通信联络手段，必须设置无线通信系统。

（一）无线通信的工作方式

1. 同频单工

这种方式是指通信双方使用同一个工作频率，但双方收发设备不能同时收或同时发，如图 3-4-5 所示。

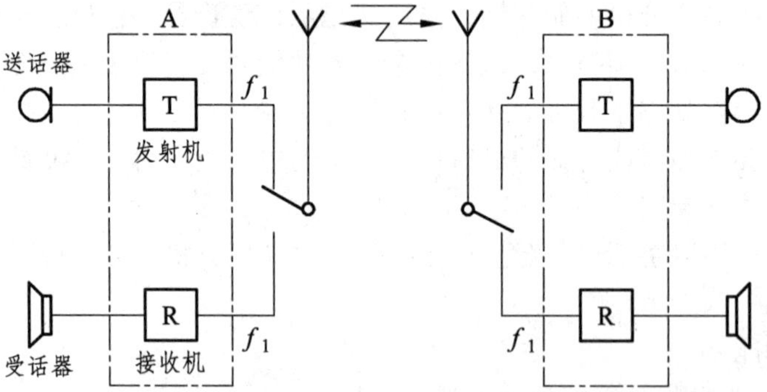

图 3-4-5　同频单工方式示意图

2. 异频单工

通信双方使用两个不同频率，两频率有一定的间隔，以防止发射机对接收机产生干扰。

3. 异频半双工

这种通信方式是通信双方收发信机分别使用两个频率，一方使用双工方式，另一方使用单工方式，如图 3-4-6 所示。

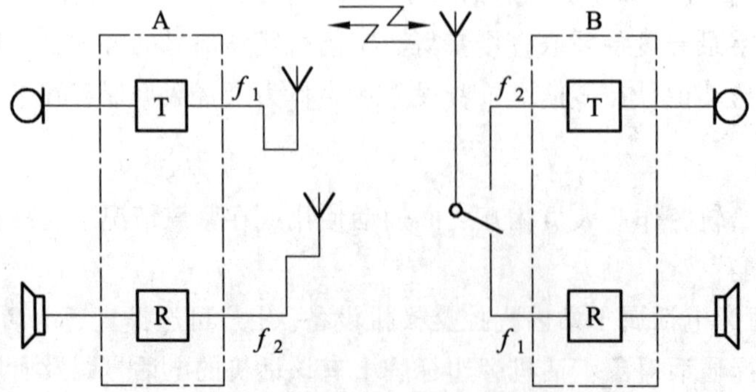

图 3-4-6　异频半双工方式示意图

4. 异频双工

异频双工方式是指每个方向使用一个频率，通话时无须按下发话键，与普通手机使用情况类似，通话双方可以同时发话，如图 3-4-7 所示。

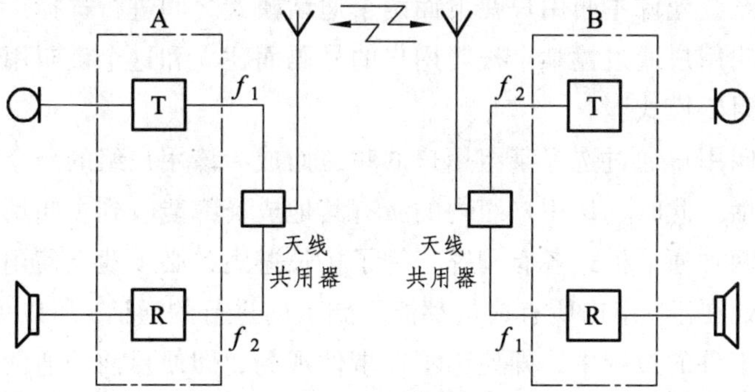

图 3-4-7　异频双工方式示意图

在城市轨道交通中，无线场强覆盖主要有三种方式：

（1）区间线路及沿线车站站台采用漏泄同轴电缆进行场强覆盖；

（2）沿线车站站厅层采用吸顶天线进行场强覆盖；

（3）车辆段地面、停车场地面采用在屋顶铝合金塔上架设全向天线进行场强覆盖。

（二）无线系统功能

现在功能较强的无线电话系统有许多很有用的功能，如：

（1）各分机之间可以互相通话，只需拨对方的号码即可，就像一般的手机那样。

（2）可以像一般的手机那样发送文字、短信息。

（3）可以在紧急时通过按压一个紧急键发送一个预先设定的紧急文字信息（即便当时语音通信通道被占用，即有人正在通话），该紧急文字信息会出现在同一用户组的所有无线手持台上。

（4）可以接入一般电话系统，即通过拨打一般电话的电话号码建立和一般电话（包括手机）用户的通话。

（5）可以接入广播系统，即可以通过无线电话对选定的区域进行播音。比如车站站长在站台可以用此种办法就地做播音而不必回到车控室或其他播音室。

（6）一般情况下，用户之间的通话需要借助设在轨道沿线的漏缆以及设在车站的基地台。在基地台故障的情况下，通过改变手持台的通信模式，可以实现两个用户之间近距离的直接通话。此时，两个手持台之间直接进行信息收发。

（7）来电显示，让被叫用户知道主叫用户的号码。

（8）电话簿，存储常用的用户号码。呼叫时不需要重新拨号，而直接从电话簿选择被叫用户。

（9）通话记录，记载拨出的呼叫号码、接听的呼叫号码，以及收到但未被接听的呼叫号码。

（10）强插功能，假设两个站务人员正在通话中，这个功能允许控制中心行调呼叫、接通其中一个，甚至全部。

（11）显示电池电量、通信信号的强弱。

随着技术的进步，无线电话的功能越来越强大，成本也逐步降低，使得城轨交通也能采用。

有的无线电话系统允许主叫用户在下面两个通话模式之间进行选择：一对一，一对多。

一对一是指主叫用户通过拨某个被叫用户的号码而建立和这个被叫用户之间的通话，这种模式可以称作“封闭模式”。

一对多是指主叫用户通过选择某组用户的频道而成为该用户组的一个成员，然后用所谓的“开放模式”通话。此时，该用户组内的所有其他成员都能收到主叫用户发送的信息。

在使用上，这两种通话模式各有利弊。为了扬长避短，必须建立使用规则并严格执行。

开放模式的好处在于，组内所有成员都能听到组内进行的通话，所以可以随时掌握动态。特别是在处理意外事件的过程中，即使你不在事件现场，即便目前的通话也不是针对你的，由于你能听到直接相关人员的通话，你就能了解到事件的动态，也就有机会提前做一些准备工作。

开放模式的不好之处其实也源于同样的原因。因为能听到组内进行的所有通话，包括完全不相关的内容，所以在某种程度上是一种干扰。

所以在制定使用规则时，要规定什么情况下使用开放模式，什么情况下使用封闭模式。在使用开放模式时要特别注意说话的精准和简洁，减少不必要的干扰。

（三）无线通信的盲点

无线电话的使用依赖于沿城轨线路铺设的作为天线的漏缆、沿线的基地台以及控制设备。需要特别指出的是无线电话并非真的完全没有通信线路，只是在移动台和漏缆之间没有线路而已，如图 3-4-8 所示。

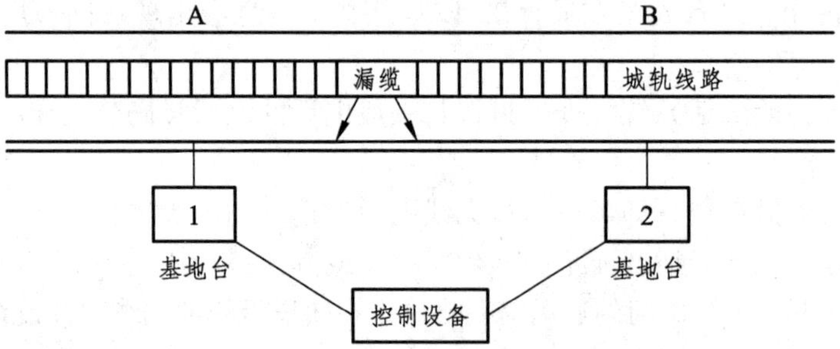

图 3-4-8 漏 缆

移动台包括车载台（固定在司机室内）和手持台。

假设有两个移动用户 A 和 B。A 在 1 号基地台服务范围内，而 B 在 2 号基地台的服务范围内。当 A 拨打 B 的号码时，A 发出的信号经由漏缆、1 号基地台到控制设备。控制设备识别并控制使得 B 收到来自 A 的呼叫。即使另一个用户 C 也处在 2 号基地台的服务范围内，C 也不会对来自 A 的这次拨号做出反应。

如果 A、B、C 同属一个用户组，而 A 在呼叫时使用的是“开放模式”，那么 B 和 C 会同时收到。

在没有铺设漏缆的区域，会形成无线电话的盲点（或者盲域）：即移动台收不到信号或信号太微弱而无法正常通话。

另外，在相邻基地台的临界处，如果两基地台的功率设置不恰当，也可能会造成通话的困难。这时不是没有信号，而是信号重叠，产生噪声，影响话音质量。

上述问题一旦察觉必须及时解决。

三、闭路电视

因为城轨交通既有车站，也有列车，所以闭路电视也像前面电话一样有有线和无线之分。有线是服务车站的，而无线是服务列车的。当然，并不是所有的城轨系统都在列车上设有闭路电视。

即使设了闭路电视，功能也可能不同。一种是播放一些节目给车上乘客看的，所以在车内只有电视屏幕而无摄像头；另一种是在车内设有摄像头，把车内的情况反映到控制中心供调度员掌握的。接下来针对第二种情况进行讨论。

1. 车站闭路电视系统

在站内不同位置及站外布设闭路电视设备（摄像头、电视屏幕）有着多种不同的目的：

（1）运营管理人员监视站内外的动静，客流量是否过大；是否有可疑分子，如偷盗、破坏行为；是否有不安全行为，如擅自进入轨行区等。闭路电视属于企业内部系统，就好像前面讲电话系统时提到的公司内部电话系统。有的城轨交通系统除了有这种内部电视系统外，还有可以接收电视台节目的设备，主要有两个目的：一是供员工休息时欣赏电视台播送的节目；二是战时在车站改作防空设施的情况下接收政府通过电视台播放的消息。

（2）对敏感工作进行监视及录像。为的是在发生乘客和站务人员之间关于钱、票的纠纷时有据可查。在售票窗口的上方设摄像头，把处理票、款的过程记录下来。

（3）在站厅层乘客入收费闸机处设摄像头及电视屏幕，让乘客能自己看到自己，给乘客造成一种印象：他们在站内的活动受到监视，这主要是警告有犯法、犯罪企图的人。

2. 车上闭路电视（见图 3-4-9）

图 3-4-9　车载摄像头

（1）乘客车厢内设电视屏幕播放广告或到站信息，供车内乘客观看。

（2）乘客车厢内设摄像头，供控制中心人员（或在控制中心授权给车站情况下供车站人员）监视车内情况。

（3）车头上方朝车外方向设摄像头。一是录下列车行驶过程中前进方向所遇到的情况，供事故调查分析之用，比如列车追尾或撞人等事故发生后，录像材料将有助于协助调查；二是如果紧急疏散门是设在车头，这个摄像头可以帮助控制中心的调度了解掌握疏散情况。

（4）在司机室内驾驶位上方设摄像头监视司机的操作情况，其录像也有助于事故调查。有时事故是司机操作不当造成的，当然，管理人员也可以通过录像对司机的工作表现进行考查。

需要传输到控制中心的图像信息经过车载设备的加工，由车载无线电台发送到沿线漏缆，再经基地台等环节去到控制中心。当然，控制中心除了显示屏还有控制台，以便选择所要观看摄像头捕捉的画面。

闭路电视系统中的摄像头多数是固定的，有些根据需要可以调角度、焦距。

四、广播系统

站内及车上，甚至隧道内均有广播设备。播音可以是播放预制的录音，也可以是实时广播；也可以是自动播放或人为启动。

从总体上看，广播系统所包含的设备有：实时播音用的麦克风、播放预制录音的放音机、供听众聆听的喇叭，以及通常不在人们视线以内的传输及其他支持设备。

在站内的播音除了可以在站控室以外，多数时候在站台也设有供临时播音用的设备，包括麦克风及选择播音区域用的控制盘。车站内是划分了多个播音区域的，比如公共区、非公共区。公共区又可细分成站台及站厅等。前面讲无线电话系统时曾提到有的无线电话手持台具有接入广播系统进行播音的功能。

在多数情况下，站内播音由车站值班员在站控室做，遇有意外情况时，特别是和线路有关的，如列车故障，乘客需从故障列车疏散到站台，站台需要车站人员进行乘客疏导时，最理想的播音处所是在站台。当然，如果所配备的无线电话手持台具有播音功能就更为方便了。

过去比较常见的一个问题是播音的效果不理想，听众无法清晰地辨别播音的内容。为了提高播音质量，工程技术人员想了多种办法，包括提高麦克风的质量、喇叭的数量、设置位置以及喇叭的质量等。最近又有一种新的办法来帮助提高播音质量，这种办法是在播音区设一些监测环境背景噪声的感应器，由这些感应器监测到的噪声水平反馈到播音系统，供播音系统自动调整输出功率以期达到最佳效果。

除了从工程技术方面采取措施以外，在播音的方式方法上也有文章可做，比如稍微放慢播音速度。另外考虑到听众的聆听习惯，在播音时播放内容应重复至少一次，因为研究表明，第一次播音的效果通常只是引起听众的注意力而已。

1. 列车广播

如果以信息源及信息触发方式为标准来划分，列车内的广播有如下几种情况：

（1）信息是预制好并存放在车上，由车载列控系统设备触发信息的播放。如到站信息，

“下一站是××站，需要换乘 2 号线去××方向的乘客，请从列车运行方向的左侧下车……”。又比如“下一站是本次列车的终点站，请乘客在到站后有序下车！”

（2）信息是预先录制好，并存放在车上，由司机根据当时的具体情况通过控制设备选播相关的内容。如“各位乘客请注意，现在是临时停车，列车不久将恢复运行，我们对由此带来的不便表示歉意。谢谢。”

（3）司机通过麦克风做实时播音。如“各位乘客请注意，救援列车即将同本列车进行连接，为了避免跌倒，请大家握好扶手，谢谢。”

（4）控制中心对列车进行预录信息的选播。

（5）控制中心对列车进行实时的人工播音。

2. 车站广播

广播子系统主要用于对车站内乘客及工作人员进行实时及预录广播，是车站值班员和 OCC 调度员对车站办公用房和站内乘客进行公共语音广播的主要设备，需要时可对车站乘客公共区播放背景音乐。

（1）车站广播系统功能。

车站广播系统由车站值班员操作，通过车站广播控制台对信源、广播区、控制模式进行选择，对车站各广播区定向广播。

① 选区广播功能：控制台可对车站内广播控制区的单一区域、多个区域或全部区域进行广播等。

② 播放声源选择功能：控制台可选取声源。声源的种类包括传声器、语音合成、CD 或 DVD 播放机。

③ 音量调整功能：播音人员可通过控制台来调节扬声器的音量，有些系统还具有自动调节音量的功能。

④ 优先级功能：站台广播控制台是为站台值班人员进行广播而设置的，当其正在广播时，车站控制室内控制台可直接强拆其广播进行播音。

⑤ 监听选择功能：控制中心调度员可选择监听各车站广播区工作状态与广播内容；车站值班员可监听本站广播区工作状态和广播内容。

⑥ 语音合成广播功能：车站的日常业务广播用语及专业用语可录制在语音合成储存器内，播音员通过键盘操作控制台播放已经存储的话音。

（2）自动广播设备。

随着城市轨道交通系统中通信与信号新技术的应用发展，有些信号系统可向广播系统提供列车进出站触发信号。广播系统设备将这些信号转化后，由广播控制台起动自动广播设备进行全自动广播，其内容包括：列车停靠、进出站信息、安全提示和向导。

五、乘客信息系统

乘客信息系统参见本书第一篇第一章第二节相关内容。

六、时钟系统

为什么将时钟系统纳入通信设备呢？因为为了获得统一的可靠的标准时间，利用 GPS 的授时功能，以从 GPS 得到的时间为母钟时间，再通过通信网络发布到各系统，从而实现统一时间标准的目的。GPS 属于通信范畴。

这里的时钟并不是指大家日常用的钟表。在车站及中央控制室等处看到的数字时钟通常是该时钟系统的一部分。

城轨本身有许多设备，特别是自动化的电子设备。而这些自动化的电子设备的运行都涉及时间因素，比如，自动收费系统中的闸机。因为对乘客在系统内的逗留时间有限制，如果逗留超时则会被处罚，那么，进站出站闸机的时间要正确。如果一个乘客进站时闸机所记录的时间为 10:00，而出站时闸机的时间是 13:00。而且假设运营管理规定乘客最多在城轨系统一次逗留时间为 2.5 h，那么这个乘客会因为超时逗留而不得不补票。但如果他实际上在系统内只逗留了 2 h，系统记录的逗留时间为 2.5 h 是因闸机的时间不准确，那么对这个乘客进行处罚就不公平了。

再比如末班车时间，如果城轨的时间不准，而导致末班车提前 5 min 发车了，那么赶末班车回家的乘客就无辜地误了车。

更重要的是在城轨不同系统之间的协调。如果系统之间没有统一的时间，就会造成混乱。

例 1

有些城轨系统车站的空调系统是定时启动和关闭的，车站入口卷帘门也是定时启动的。它们的启动时间是和首班车相匹配的，如果时间不统一就做不到匹配。

例 2

新的自动化程度高的城轨系统都具有对事件（故障）的自动检测和报警功能。比如，车站发生火警时，防灾报警系统会发出警告，并会对此做记录。另一方面，闭路电视会有现场的录像。如果防灾警报系统的时间和闭路电视系统的时间不一致，那么在事故调查时就会造成不便。

相类似地，假设发生了一起列车相撞事故，如果车载系统的时间和轨旁信号系统的时间不一致，那么车载系统对列车速度的记录和轨旁系统对列车位置的记录就会不匹配，对事故调查很不利。

思 考 题

1. 简述城轨公司设内部有线电话的必要性。
2. 简述公务电话和专用电话的区别。
3. 简述本节实例中站间行车电话的服务对象和适用情况。
4. 简述本节实例中站间有线调度电话的服务对象和适用情况。
5. 简述本节实例中站间轨旁电话的服务对象和适用情况。
6. 城轨系统为什么需要无线通信？
7. 简述城轨系统中闭路电视的监视范围。
8. 在什么地方可以对城轨车站站台进行人工广播？
9. 简述城轨时钟系统的重要性。

第三节　案例及分析

一、案例 A

1990 年 12 月 28 日上午，在美国纽约地铁 Clark Street 站以南大约 30 英尺的上行隧道里发生了一起火灾事故。当时一列载客列车正驶往 Clark Street 站，司机发现火情后停车，在紧急疏散过程中有两人因心脏病而死亡，另有 180 余人受伤。

（一）背景情况

纽约市城轨系统是美国最大的城轨交通网络，有上百年的历史。出事地点位于 IRT（Interborough Rapid Transit）线 Brough Hall 站到 Clark Street 站之间的上行线隧道内。事故位置如图 3-4-10 所示。

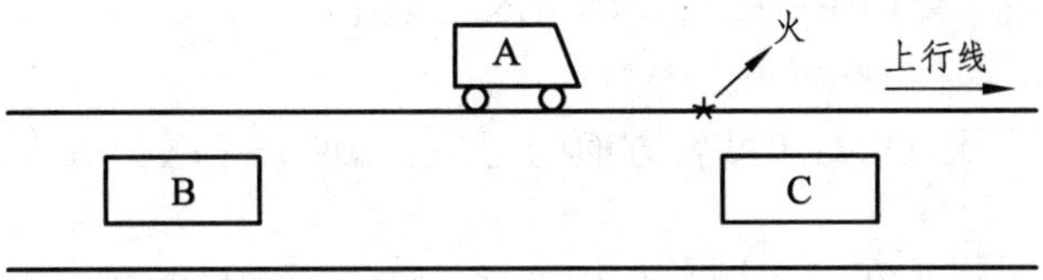

图 3-4-10　事故位置示意图

其中：B 代表 Brough Hall 站，C 代表 Clark Street 站，A 代表最靠近火灾现场的列车。

A 车为 9 节编组，由一名司机负责驾驶，另有一名车长负责车内乘客服务。车长配有手持移动台可以和控制中心联系，但司机没有，只能靠司机室内的通信设备和控制中心联系。车长不具备驾驶资质。列车两端各有一个司机室，车长在列车中部有个工作间，可以做广播。

牵引供电由第三轨提供。

控制中心没有显示列车位置的设备，要靠司机用无线电报告列车的位置。

（二）事故经过

1990 年 12 月 28 日 09:05，由 New Lots 站始发的地铁车在经过 Clark Street 站时发现火灾，司机曾用无线电联系控制中心。在控制中心三次无人接听的情况下，位于 Bowling Green 的电台控制塔接听了司机的呼叫。司机报告时描述说："车站南端有烟，好像是垃圾着了火。"

09:08，由 238 街站始发的另一地铁车在经过 Clark Street 站的下行站台时也发现火情，也曾尝试通过无线电联系控制中心。在三次未成功的情况下，位于 Nevins 街的电台控制塔接听了司机的呼叫。司机报告说发生了爆炸。09:10，电台控制塔值班员告诉司机，他已经通过电话联系上了控制中心，控制中心马上会和司机联系。

当控制中心于 09:10 和司机取得联系时，司机报告说："我得后退……我在这儿无法呼吸。"

09:11 及 09:13，A 车司机曾两次通过无线电向控制中心报告看到烟和火，并听到爆炸声，还告诉控制中心他的车停在离火灾现场大约三节车的位置，并请求允许反向行车回到 B 站。

09:15，控制中心批准A车司机的请求，并指示他调头后马上联系控制中心。

09:22，控制中心用无线联系A车车长询问车上情况。

09:37，A车司机到达尾部司机室并用无线电向控制中心报告说将开始反向开往B站。

09:39，A车抵达B站，乘客下车，但遗憾的是当时B站并没有医护人员，其原因是医护人员未能及时接到通知。详情见下面的“事故调查结论部分”。

（三）事故调查结论

（1）火灾是由电气线路短路引起的。大量的PVC材料的燃烧加剧了火势和烟的毒害性。虽然自1985年起，纽约地铁已经停止再引入PVC材料，但已经安装了的PVC材料并没有立即更换的计划。

（2）其他方面的结论略去，只讲一下和通信有关的。

① 应该给司机配备移动电台，以便随时随地和外界（特别是控制中心）联系。

② 应该把车上广播系统和车上风扇/空调系统分开。当时的系统设计使得每当车长做车上广播时，就会自动启动空调系统把更多的烟放进车内。

③ 医护机构未能及时获得通知。因为：

a. 城轨控制中心直到09:41（城轨方面的记录），09:46（医护机构方面的记录）才打电话给医护机构。

b. 城轨警务中心与医护机构之间的热线电话故障，而且故障的方式很特别：拿起电话后会听到电话接通的声音，虽然其实并没有接通。警务中心的值班员一直以为对方只是没有接听电话而已，所以警务中心的值班员反复尝试，结果耽误了时间。

c. 市警务中心在忙于向B、C两站调派警力的过程中把通知医护机构的事忘记了。

二、案例B

1987年11月18日约19:30，在英国伦敦地铁的王十字车站发生了一起重大的火灾事故，造成31人死亡（其中一人是前来灭火的消防员），多人受伤。

（一）背景情况

伦敦地铁是世界上最早的地铁，于1863年1月10日正式开通。王十字车站是一个五线交汇的换乘站。这五条线是：Metropolitan都市线，Circle环线，Piccadilly皮卡线，Northern北线，Victoria维多利亚线。

1987年王十字站是伦敦地铁系统中最繁忙的车站，工作日平均有25万乘客使用该站，其中约10万是在高峰时段（07:30到10:00，16:00到18:30）内。

王十字站这次出事的自动扶梯连接皮卡线站台和售票大厅，是OTIS的木制扶梯，于1939年安装。OTIS是老牌的扶梯制造商之一，曾于1900年第一次在法国博览会展示其扶梯样品。伦敦地铁第一次安装扶梯是1911年在Earl's Court站安装的OTIS扶梯。

由于这些扶梯是木制的，存在着火灾隐患，所以在一连串的扶梯火灾后，于1948年开始为木制扶梯安装“水雾设备”。“水雾设备”是和消防水管连接的一系列喷头，沿整个扶梯，每两米安一对。

这些喷头是人工手动操作的，操纵阀设在扶梯上端机房内。虽然有人曾在 1948 年提出加装烟感或温感设备以使喷头的动作自动化，但由于种种原因，直到王十字站火灾事故发生时，“水雾设备”仍只能人工操作。

1. 工作电话

由于地铁网络中车站、各线控制中心以及总部控制中心分散在不同的地理位置，所以很有必要设有效的通信系统以便各部分之间的联系。

在每个地铁站的站控室都有两个电话系统，一个是对外的，一个是对内的。对内的系统分为两类：3 位数拨号的针对各自线路的控制中心、故障报告中心以及和维修有关的值班室；5 位数拨号的针对其他车站、办公室以及车场。

在站台及站厅有专门用于联络相邻车站和线路控制中心的电话。

地铁总部控制中心有通往伦敦消防局、伦敦救护服务中心和英国交警 L 分局信息中心的直线电话。

2. 广播系统

王十字站的广播系统可以覆盖到每个站台、站厅、票务大厅，但并不能覆盖车站出入口、扶梯以及多数供员工使用的区域。

广播系统的操作可以在三个地方进行：

① 在每个站台现场；

② 在位于售票大厅的临时站控室（当时原站控室正在进行改造，于是在售票大厅设临时站控室）；

③ 线路控制中心。

操作优先级为③②①，即当有人在站台做广播时，在临时站控室做的广播将被优先播出。类似地线路控制中心的广播会被播出，即便有人在临时站控室或站台同时也在广播。

3. 供乘客使用的电话

在付费区内设有公用电话。在王十字站的维多利亚站台还装有供乘客联络站务员的电话，但在火灾事故发生前很久一段时间就停用了。虽然电话机仍在，但附近没有用以告诉乘客这些电话已停用的告示。

4. 闭路电视系统

在王十字站装有一些闭路电视摄像头，用于监视站台上客流情况及都市线售票厅某些部位的客流情况（注：王十字站有两个售票厅，出事的是服务其他线的售票厅）。

除了车站人员可以在临时站控室调看画面外，线路控制中心的调度可以看和他们有关的画面。另外英国交警 L 分局信息中心也可以看一些画面。

5. 无线电话系统

（1）站务人员没有配备移动无线台，因为车站内没有支持移动无线台的漏缆。

（2）交警和消防员虽有移动无线台，但地面上的移动无线台不能和地下的无线移动台通信。地下的移动台之间也只能在相互看得到的情况下进行通信。

6. 车上及轨旁通信

（1）在司机和各线调度之间有双向无线通信，不论列车是在地下、地面还是高架线路上。

（2）持移动无线台的人只要在地铁沿线，就可以和各线的控制中心调度联系，但他们不可以和司机联系。

（3）在地铁沿线设有通信，司机可以将移动电话机接到通信线上和控制中心联系。

（4）车上广播。除了 1959 年和 1962 年投运的车外，其他车上都安有广播系统，但只有乘务员可以做广播。个别线路的车允许控制中心直接做广播，但前提是乘务员失去知觉并在失去知觉前启动了警报。

（二）事故经过

19:29，乘客 Squire 发现 4 号扶梯靠近上端的台阶下有火，并报告给票务处的票务员 Newman。Newman 继而打电话给代班站长 Hayes。

19:30，另一位乘客 Karmoun 发现 4 号扶梯靠近上端 2/3 处台阶下有火后，按动位于扶梯上端的紧急按钮把扶梯停下，并向下面的乘客高喊，叫他们赶快离开扶梯。当时位于设在售票大厅的临时站控室内的站务员 Brickell，交通警察 Bebbington 和 Kerbey 注意到这一情况后马上下去查看。与此同时，Hayes 和站务员 Farrell 前去北线扶梯查看，因为稍前 Newman 在电话里说北线扶梯发现火情。

19:32，交警 Bebbington 到现场发现 4 号扶梯有烟和火，决定用无线电通知总部。但由于他的无线电在站内不受支持，必须到站外才能使用，所以他走到靠近 Euston 路的出口处通知了总部。在那里他碰到另一个交警 Dixon，并让他在出口处等候消防队的到来。之后他转身回了车站。

19:33/34，另一个乘客 Benstead 向票务员 Newman 报告火警。交警总部通过英国电讯紧急呼叫中心的 999 服务通知伦敦消防局。

19:36，伦敦消防局派出消防队，包括消防车及指挥车。

19:38，伦敦消防局值班员通知地铁总部总调度员 Tumbridge 王十字站发生火情。

19:38，代班站长 Hayes 和站务员 Farrell 经过一番查看终于在 4 号扶梯找到火情。代班站长回到设备房拿出手提灭火器，但够不到着火的位置，所以无法使用。他没尝试使用“水雾设备”，因为当时情况紧急，他忘了“水雾设备”的存在。

19:39，位于售票大厅的交警自行决定开始疏散乘客。皮卡线行调 Hanson 通过电话通知总部总调度员 Tumbridge 王十字站发生火情。

19:40，交警 Kukielka 从临时站控室通过 999 服务请求皮卡线及维多利亚线的列车不停车通过王十字站。

19:41，站务员 Farrell 冲到维多利亚线站台并打电话给该线行调，请他指令列车不停车通过王十字车站。

19:42，皮卡线行调通过电话通知在临时站长室值班的王十字站站长 Worrell：该站发生火情。（注：由于地铁收费闸机安装工程的需要，原来位于票务大厅的站长室被临时移到都市线和环线站台的西端）。一列皮卡线的东行列车在站台停靠，乘客下车。一列北线的北上列车在站台停靠，大约 50 名乘客下车。

19:43，大批消防人员及消防设备抵达。一列皮卡线的西行列车在站台停靠，乘客下车。

19:44，总部总调度员 Tumbridge 指令皮卡线和维多利亚线行调不要让列车在王十字站停车。北线列车照常停靠直到 19:48。

19:45，火势突然加剧，整个售票大厅瞬间变成火海，浓烟滚滚。

19:46，自动化设备维修工 Dyer 在维多利亚站台挥手示意北上的 227 次列车停下。驾驶该列车的司机 Barrett 已经接到通知“不停车通过”，所以他当时正以低速人工驾驶。当他看到有人招手示意时，把车停了下来。大约 150 ~ 200 人利用该车疏散。随后又用这种办法叫停了两列车用以疏散乘客，直到 19:55。

19:47，伦敦救护服务中心接到向王十字站派车的请求。

20:45，一列北线列车，其司机没有收到“不停车通过王十字站”的指示而停在站台，乘客下车后被站台上的警察命令重新上车。

21:05，伦敦地铁当值事故主任搭乘北线地铁车抵达王十字车站。

第二天 01:46，火势受到完全的控制，搜救工作继续进行。

（三）事故调查结论

（1）火灾是由乘客丢弃的点燃了的火柴杆引起的。火柴杆经扶梯缝隙掉到扶梯下，点燃了经年累积的纸屑等杂物和扶梯润滑油的混合物。

之所以火势于后来（19:45）突然加剧，是由于所谓的“沟渠效应”：由于扶梯两侧有挡板形成了沟渠，加之扶梯有一定的倾斜度，所以开始时出现的小火会沿着扶梯先预热木制台阶阶梯。而在预热到一定程度后，大批的经过预热的木阶梯同时起火，一发而不可收。

（2）其他方面的结论略去，只讲一些和通信有关的。

① 虽然有电话系统，但整个事故过程中，很多该用电话向外界（包括各线控制中心及伦敦消防局）报告情况的时候没有这样做。

② 虽然有广播系统，但站务人员没有利用它引导乘客。

③ 虽有闭路电视系统，但事发时负责北线站台的全部 5 架摄像头和负责皮卡线站台的部分摄像头由于车站翻新工程而被拆走。剩下的摄像头确实帮了忙：线路控制中心可以确认列车确实不停车通过，以及站台的乘客得到了疏散。

④ 位于维多利亚站台的供乘客联系站务员的电话虽已停用多时，但由于没有拆除，也没有张贴告诉乘客电话已停用的告示，致使乘客 Leech 和她的好友 Byers 花了约 1 min 尝试报警，耽误了逃生，双双丧命。

思考题

1. 以案例 A 为背景，如何确保热线电话处于正常状态？
2. 以案例 B 为背景，在车站火灾的情况下如何发挥闭路电视的作用？
3. 以案例 B 为背景，在车站火灾的情况下如何发挥广播的作用？
4. 案例 B 中无线电话的不足之处是什么？
5. 案例 B 中供乘客使用的站内电话的功能是什么？

第五章　其他二线设备

本章所要讲述的其他二线设备，包括隧道通风、隧道照明和隧道给排水，这些是针对地下城轨系统而言的。地面及高架线路会面对不同的问题，比如雷电。相应地会需要不同的其他二线设备，如防雷电系统。

地下环境相对于地面和高架环境的特点：

（1）通风不良；

（2）光照不足；

（3）由于地势较低，地下水甚至地面雨水会流进隧道。

因此对城轨系统隧道区段有必要加设相应的风水电设备。

第一节　隧道通风

由于车站、区间有风井与隧道连通，所以列车在隧道里面运行时会自然形成明显的活塞风。这些活塞风可以对隧道起到通风作用。但是如果列车停在隧道内，就需要机械通风来降低隧道温度，保证空气质量。

一、隧道机械通风

隧道机械通风系统包括如下设备：

（1）隧道风机（或称事故风机），如图 3-5-1 所示。

（2）射流风机，如图 3-5-2 所示。

（3）排热风机。

图 3-5-1　隧道风机

图 3-5-2　区间射流风机

1. 隧道风机的功能

（1）正常情况下或隧道内施工作业（如磨轨作业）产生烟尘情况下隧道的通风换气；

（2）列车因故阻塞在区间隧道时的通风；

（3）在区间隧道发生火灾时的通风排烟。

隧道风机体积很大，一般设在车站的风机专用设备房内。风机的风管延伸到位于车站四个角隧道顶部的风口。

2. 区间射流风机的功能

（1）列车因故阻塞在区间隧道时协助隧道风机通风；

（2）列车在区间隧道发生火灾时协助排烟。

射流风机是对隧道风机的辅助，多设在长隧道区间的中部。

3. 热排风机的功能

（1）抽排列车顶部空调器排放的热量；

（2）抽排列车底部刹车产生的热量和车体散发的热量。

排热风机位于车站风机房，其风管延伸到站台的上方和站台下面。

隧道风机和射流风机通常可以正向或反向运行。而排热风机通常只可以单向运行。如果需要改变隧道风机或射流风机的运行方向，一定要先把风机停下，并等一段时间（比如 1 ~ 2 min）之后，才能再次启动风机，以避免造成风机的损坏。这 1 ~ 2 min 的时间是让风扇完全停下来，然后再按反方向运转。

二、隧道通风系统运行模式

1. 正常运行

在正常情况下，所有的区间隧道排热风机均处于运行状态。隧道的换气主要靠活塞风进行。

排热风机按时间表自动启动和停机，功能未实现时由环调发布命令，也可以由车站值班员对设备进行启动和关闭。

隧道风机每天早上运营开始前执行半小时早通风模式，进行冷却通风。这样既可以利用早晨外界的冷空气对城市轨道交通进行换气和冷却，又能检查设备及时维修，确保事故发生时能及时投入使用。运营结束后执行半小时晚通风模式。

2. 阻塞及火灾事故运行

列车阻塞在区间隧道停车时间超过 3 min 时，隧道通风系统执行列车阻塞模式对隧道进行通风。

（1）阻塞事故运行。列车停在区间隧道内，乘客不下车，顺列车运行方向排送机械风，冷却列车空调冷凝器。

（2）火灾事故运行。列车在区间隧道内发生火灾时，首先应尽一切努力将列车驶入车站，以利于人员疏散和灭火排烟。如果列车停在区间，应根据列车着火的部位、列车停车的位置，按火灾运行模式，一端隧道风机向火灾地点输送新鲜空气，另一端隧道风机排烟。风向的选择由控制中心决定，一般而言是向乘客逃生方向的反方向吹。如果逃生方向是两个方向，就要依情况而定。乘客紧急疏散时应迎着新风方向，消防人员则顺着新风方向进入现场灭火抢救。隧道壁上设有紧急疏散方向指示灯，如图 3-5-3 所示。

图 3-5-3　紧急疏散标识

案例

隧道通风系统

2006年7月11日，美国芝加哥市城轨蓝线Clark站和Grand站之间上行线发生了一起列车脱轨事故。脱轨的列车和牵引供电系统的第三轨接触，发生强烈的放电，并产生了大量的烟雾。车上约1 000名乘客自发或在脱轨列车司机及救援人员的协助下由隧道的紧急出口疏散到地面，共有152人接受简单的治疗，没有重伤或人员伤亡。事故位置示意图如图3-5-4所示。其中C站是Clark站，B站是Grand站。

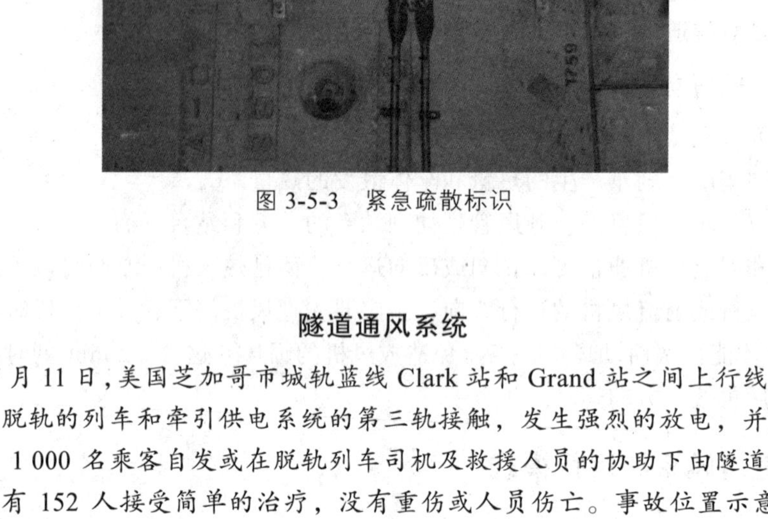

图 3-5-4　事故位置示意图

1. 背景情况

芝加哥城轨系统有超过一个世纪的历史，在美国是仅次于纽约的第二大城轨网络。2006年该系统共有224英里的线路和144座用于客运服务的车站。芝加哥城轨全天候运作：每周7天，每天24小时不间断。

早高峰为 06:00 到 09:00，晚高峰为 15:00 到 19:00。高峰期间行车间隔为 4 min。从 09:00 到 15:00，以及从 19:00 到午夜行车间隔为 7 min。午夜过后及早 6 点前的一小段时间内，行车间隔为 15 min。在大约 01:00 到 05:00 这段时间里，行车间隔为 30 min。

出事的蓝线共有 33 个站，使用第三轨供应 600 V 直流牵引用电。

脱轨的列车为 8 节编组。每两节车之间使用半永久车钩连接。每节车 48 英尺长，其两个双轴转向架均为动力转向架。每节车车底均配有备用电池，以在正常供电中断时继续维持重要设备的低压供电，如照明、通风、车门等。

每节车的外部按垂直方向排列四盏显示灯。最上边的一个显示红灯时表示车门打开；第二个显示黄灯时表示空气制动已经施加；第三个显示蓝灯时表示牵引或控制系统出了故障；第四个显示绿灯时表示车门关好。

每列车由一名司机负责。

图 3-5-4 显示列车脱轨的位置以及紧急出口和风扇（风机）的位置。图 3-5-5 显示出事地点轨道的情况。隧道内有 1 米高的人行道，可供检修人员使用或乘客疏散使用。

图 3-5-5　出事地点隧道内线路情况

在正常情况下，隧道通风主要是由列车运行产生的空气压力以及位于车站两端及隧道沿线的通风口来实现的。每个车站有四个通风口，分别位于车站的四个角。这些通风口不带风叶，即不可以关闭。位于隧道沿线的通风口有风叶，有些甚至还有风机。

在正常情况下另一个隧道通风效果来自隧道本身由于隧道高差及隧道内外温差而形成的“烟囱效应”。

紧急情况下的隧道通风靠的是隧道内的风机。这些风机包括位于车站站台下方的风机和位于区间隧道内的风机（在每两个车站之间的隧道里至少有一个风机）。这些风机有些可以双向运作，有些只能单向运作。这些风机可以由负责供电的电调来操作，也可以在现场操作。

2. 事故经过

2006年7月11日16:36,220次列车离开蓝线南端的终点站Forest Park开始上行的行程。17:04，220次列车到达Clark站。17:06，列车离开Clark不久司机操作台上收到报警，显示某节车出了问题。司机把车停下，把头探出窗外往回看，希望能根据位于每节车外部的显示灯来判断是哪节车出了问题。但由于当时列车位于曲线上，而且隧道内光线很暗，他无法看清，于是决定到下一站再说。可是当他重新起动列车时，紧急制动就把列车停了下来。17:07，司机用双向移动台向控制中心报告：列车施加了紧急制动。之后他收到车内乘客通过车上内部通信打来的询问电话。由于他自己也不知道到底出了什么事，所以他离开驾驶室，通过人行道往列车尾部走，前去调查。他看到有烟从车尾方向飘过来。越往前走，烟雾越多。他还注意到显示车门打开的灯亮起，并看到有人在人行道上行走，其中一个人告诉他最后一节车厢着火了。

大约17:09，电调注意到靠近Clark站的牵引供电出现异常，于是手动把供电切除。由于这个供电区段（编号为307）长度为11 000英尺，处在这个供电区段内的其他几个列车也失电停车。

220次列车的司机忙于引导乘客疏散，而忘了向控制中心报告位置及现场的情况，反而是乘客用手提电话拨打911向警察报告在Clark站和Grand站之间的隧道内发生了火警，人们正在从停顿的列车上疏散。

17:18，一位在上行线隧道内的员工通过移动台向控制中心报告说有烟正在向Clark站方向移动，电调启动133号风机。

17:20，位于Clark站北端上行隧道内的闭路电视显示烟正在向车站方向移动。17:24，烟开始进入Clark站的站台。

17:25，那位在上行线隧道内的员工请求电调启动Clark站台下的风机，并设置为排风模式。电调尝试启动157号风机，但是不成功。17:26，电调启动Clark站台下的风机并设为排风模式，之后还启动了D站（见图3-5-4，C站即是Clark站）站台下的风机，同样设置为排风模式。

17:28，Clark站的烟一度变得更为浓烈，但自17:35开始烟从Clark站台消失。

17:37，位于上行隧道内的另一个员工向控制中心报告说："上行隧道内133号风机附近烟雾浓烈，但下行隧道内无烟"。

17:47，Clark站台烟雾再次变多。

17:51，有员工（在上行隧道内）向控制中心报告说："108号风机附近烟雾浓烈"，并要求电调把C、D两站的站台下方风机改为送风模式。电调立即把Clark站台下的风机停下来，之后改为送风模式，并于17:52停止D站台下的风机，又于17:56重新启动D站台下的风机，设置为送风模式。

18:00，Clark站的烟全部清除。

3. 事故调查结果

（1）列车脱轨的原因是轨道维修不到位，线路轨距不符合要求。

（2）其他方面的结论略去，下面只讲一下和隧道通风有关的。

① 108号风机自2001年拆去维修迟迟未能装回。不然的话，将108号风机启动，加以C、D站台下的风机（排风模式）应可以很快地把烟排走。

② 最初阶段的排风安排："133 号风机排风，C、D 站台下风机排风"是错误的，因为它们对烟的作用刚好相反。

③ 最后阶段的排风安排："133 号风机排风，C、D 站台下风机送风"虽能有效排烟，但其排烟方向是错误的，因为乘客疏散方向也是从 C 站到 133 号风机方向。当然 133 号风机没有送风模式是一个限制。

思 考 题

1. 城轨地下段在什么情况下需要对隧道进行机械通风？
2. 隧道风机、射流风机和排热风机三者之间有什么区别？
3. 如果需要改变隧道风机的运行方向，为什么在停机后要等待一段时间才能再以反方向启动？
4. 如果在隧道区段迫停的列车中部着火，乘客向两个方向逃生，通风方向该如何选择？
5. 隧道风机每天早上运营开始前执行半小时早通风模式有什么好处？

第二节　隧道照明和给排水

一、隧道照明

地下区间隧道内光照不足，轨区维修作业、司机人工驾驶、紧急疏散等情况下均需要隧道照明，通常的做法是在隧道壁上安装照明灯具，并把它们分组形成不同的回路，由不同的开关来控制。

对于隧道的照明供电问题，早期是一般供电，后来加入后备电源，实质上是设于车站蓄电池房的蓄电池。现在进一步发展，为了应对恐怖袭击，除了一般供电和后备电源外，人们正在考虑为照明灯具配置内部独立电源。

隧道照明的控制有两种：自动控制和手动控制

（1）自动控制：一旦牵引供电中断（可以是由故障导致，也可以是人为中断供电以便进行轨区作业或紧急疏散），相关隧道照明设备自动点灯。

（2）手动控制：分为控制中心级和车站级。

二、隧道给排水

对于隧道而言，给水主要是消防用水，排水主要是排清洗隧道的污水以及地下水。线路需要定期用高压水进行冲洗，特别是隧道内的线路，因为隧道内由轮轨作用产生的金属粉尘会对电气设备造成影响（可能造成短路）。冲洗过后的污水需要及时从隧道内排出。

这里要特别提到一种设备，即防淹门。防淹门一般设置在隧道上有河水或者海水的区间两端。如果隧道渗水，两端防淹门可以关闭，以防止洪水危及整条线路。通常防淹门与列控系统及牵引供电接触网都有联锁关系。列控系统会检测防淹门是否锁定在全开状态，以确定是否向列车发 0 速度码，而牵引供电系统也会根据门的状态来决定是否需要断电。

案例 1

2011 年 6 月 23 日 16:33，因暴雨侵袭，北京地铁 1 号线古城车辆段与正线的联络线隧洞口积水猛涨，虽投入三台大功率水泵强力排水，但由于积水太深，漏斗效应明显，水面持续抬高并有少量雨水进入正线，如图 3-5-6 所示。为防范雨水淹没接触轨，地铁公司切断古城至苹果园上下行区间接触轨供电，1 号线列车在八角游乐园站折返，维持八角游乐园至四惠东之间的运营。

图 3-5-6 暴雨侵入地铁

案例 2

水灾对地铁运营的影响

城轨的排水系统和其他系统如轨道、供电、列控等相比，总体上而言对行车的影响较小，但在特定的情况下（如暴雨）时也有可能严重地影响到地铁的运作。而且随着全球气候的变化，越来越多的迹象表明，水淹问题值得引起城轨建设及运营管理机构的高度重视。

2007 年 8 月 8 日上午，一场突如其来的、百年不遇的大暴雨造成纽约市的公共交通（特别是地铁）大面积停运。这是纽约地铁有史以来受影响最为严重的一次，共有 19 个区段受影响，其中 4 个区段的运营服务中断 8 小时以上。

背景情况：

（1）美国纽约地铁是美国最大的城轨网络，有过百年的历史。在 2004 年 9 月 8 日、2007 年 4 月 15 日、2007 年 7 月 18 日曾经历过大暴雨的袭击，运作受到不同程度的影响，见表 3-5-1（其中也包括了 2007 年 8 月 8 日这次水灾的影响情况）。

表 3-5-1 纽约地铁近年受水灾情况表

	2004 年 9 月 8 日	2007 年 4 月 15 日	2007 年 7 月 18 日	2007 年 8 月 8 日
影响在 3 h 以内	2	4	7	9
影响在 3～8 h 之间	2	7	2	6
影响在 8 h 以上	3	1	0	4
合 计	7	12	9	19

（2）纽约地铁排水系统的情况如图 3-5-7 所示。

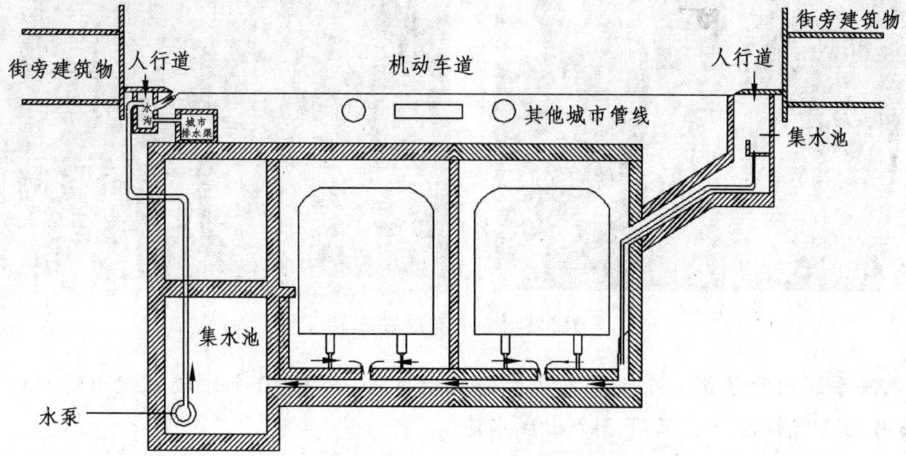

图 3-5-7　纽约地铁排水系统示意图

系统工作原理：地铁系统内部的水（如地下水）及来自外部的水（经位于人行道上的地铁通风口及车站站口进来的雨水）汇集到集水池，经水泵抽升到水沟再进入城市排水渠。

事情经过：

2007 年 8 月 8 日的那场暴雨来得突然，并不是因为它突然地冒出来，而是事前的天气预报以为这场风暴会移向其他地区，而不会正面影响到纽约。8 月 7 日（星期二）14:00，18:00，20:00 和 22:00 的天气预报一直持这种观点。直到午夜过后的凌晨时分，才有天气预测说：风向有所改变。星期三（8 月 8 日）凌晨 4:15，天气预报说纽约市会受到这场风暴的影响，局部地区会出现一些水淹情况。直到早上 6:00，才有天气预报说是大暴雨，并发出“洪灾”警报。事实证明，这场风暴（包括其中的龙卷风）的强度是纽约市过去的 100 年间所从未遇过的。地铁 OCC 在大约早上 6:00 开始陆续收到关于大暴雨、地铁进水的报告。

06:30，多个地铁区段的列车服务因淹水而受到影响。

06:46，在 Bayside 车站，轨道上的水位上涨到站台高度。

07:00 左右，暴雨降水量达到高峰。

07:30 左右，暴雨离开纽约部分地区。

08:30 左右，暴雨离开整个纽约。（07:33 和 07:40 个别地方开始报告说水势减退）

首当其冲受到影响的是如下 4 个最常发生水淹的地方：Parsons Boulevard，65th street，36th street 到 Steinway Street（在 Queens），79th street（在 Manhattan）。还有 15 处因水淹而停运或减少班次。

图 3-5-8 是地铁 F 线上 Hillside Ave 车站内、外被水淹的实景情况。

大部分线路于中午恢复正常运作，但有 4 个区段到下午才完全恢复。

经验教训：

（1）由于吸取了此前几次暴雨的经验教训，纽约地铁运营机构加强了对排水系统的维护保养（这包括水泵的维护、水池水管内杂物的清理），并取得了成效：

① 事发时，所有水泵都正常工作，只有一个例外：地铁 G 线上的 Meserole 泵房，其原因不是水泵故障，而是供电线路出了问题。

图 3-5-8 水淹地铁车站

② 地铁系统内除了那 4 个最常发生水淹的地方外，其他 10 个比较可能出现水淹的地段，在如此恶劣的天气情况下，只有 3 个出现水淹。

另一方面，准备了大量的机动式水泵随时调派支援有需要的地段，也发挥了作用。

（2）暴雨来袭时，本应前来换班（早班换下夜班）的地铁员工因受到影响而不能及时前往，使夜班人员不得不继续坚持工作。

（3）在导致地铁水淹的原因方面，在 26 个进水点中，大多数是大量雨水漫过人行道，通过通风口进入隧道，所以处理通风口是一个主要工作方向。有 3 处是由于城市排水渠的水倒灌进地铁的集水池。这是由于这些地方没有安装防止倒灌的截水阀（单向阀）。

（4）城市排水系统的设计排水能力的限制。设计能力为每小时 1.75 英寸的降水量，而当时 8 个气象站中有 7 个测到的高峰小时降水量在 1.0～2.2 英寸，而且这种强降水持续了近两个小时，使排水系统难以招架。

（5）另一个教训是，在运营混乱的情况下对公众的消息发布十分重要。

📖 案例 3

2017 年 10 月 7 日星期六下午， 一场暴雨导致某地铁隧道淹水，迫使相关区段的列车服务于 17:33 暂停。经过紧急排水、抢修，列车服务于第二天（10 月 8 日星期天）13:50 才完全恢复。

事故情况：

（1）雨水从隧道口（地面段与地下段衔接处，如图 3-5-9 所示）进入。

图 3-5-9 隧道口

（2）隧道内被积水迫停的列车如图 3-5-10 所示，水位最深处达到 30 cm（从整体道床的表面算起）。

图 3-5-10　隧道内被积水迫停的列车

事故调查结论：

（1）集水坑设计容量够大，但因为水泵设备疏于检修，没能起到相应的排水作用。

（2）集水坑在此次暴雨之前已经积存了很多水。

思考题

1. 在什么情况下需要隧道照明？
2. 可以在什么地方对隧道照明进行控制？
3. 隧道照明的自动控制是由什么触发的？
4. 隧道进水是如何影响行车的？
5. 为什么需要设隧道排水系统？
6. 为什么需在隧道内设给水系统？

第四篇

三线设备

为二线设备服务的检修设备种类很多，本篇只讲与车辆和线路有关的维修设备。这主要是因为车辆和线路是城轨系统中维修工作量最大、所配维修设备最多的子系统。由于这些三线设备是由维修部门使用和管理的，所以我们运输专业人员学习时的重点在于了解这些设备对运营的影响，第二章的大量案例就是按这一考虑而编排的。

第一章　车辆维修设备

车辆作为城轨运营的核心设备，其技术状态对城轨运营有直接影响，所以需要配备完善的车辆维修设备来加以保障。车辆维修设备通常设在车辆段，车辆段是车辆主要维修基地。对于比较长的的城轨线路，为了第二天发车的均衡性，通常在线路一端设车辆段，另一端设车场。车场的主要功能是列车停放，但同时也支持列车简单的检修，例如日检及维护保养。

车辆段除了设有停车库、车辆检修设施外，通常还设有其他城轨设备的维修车间和办公生活设施等，如图 4-1-1 和图 4-1-2 所示。

图 4-1-1　车辆段效果图

图 4-1-2 停车库

车辆段内用于车辆检修的主要大件设备包括：不落轮镟床、列车清洗机、架车机、行吊车、公铁两用车等。

一、不落轮镟床

列车的轮对在运行中会发生踏面的擦伤、剥离和轮缘磨耗，需要及时进行镟削，否则会影响列车运行的平稳性。利用不落轮镟床进行镟削，因不需要将轮对和列车分离，而具有较高的工作效率，如图 4-1-3 所示。数控不落轮镟床可以有如下工况：

图 4-1-3 不落轮镟床工作图

（1）在城轨列车不解编、轮对不脱离转向架的条件下，对单个轮对的车轮踏面和轮缘进行镟削加工。

（2）对已经落架（指脱离车体）的转向架上的单个轮对进行不落轮加工。

（3）对已落轮（指脱离转向架）、带轴箱的单个轮对进行加工。

（4）在不落轮的条件下对工程车（如内燃机车、接触网作业车等）单个轮对踏面和轮缘进行镟削加工。

与不落轮镟床配套使用的是牵引小车，如图 4-1-4 所示，它主要用于在镟轮线上牵引或推送城轨车辆到指定位置以便对指定轮对进行不落轮镟削。

图 4-1-4　牵引小车

之所以需要牵引小车，主要有以下两方面的原因：

（1）镟轮线不具有牵引供电，所以城轨列车无法靠自身动力移动。镟轮线之所以不具有牵引供电是因为牵引供电靠车轮完成回流。在镟轮时，这种回流会对镟床造成影响。

（2）在镟轮开始之前，列车轮对要精确对位。使用牵引小车更容易实现这一要求。

二、列车清洗机

列车清洗机（见图 4-1-5）是用于对城轨列车外表面实施自动洗车作业的专业设备。列车在隧道、地面和高架线路上运行时，其车体表面会吸附灰尘和其他脏物，长期累积会影响车辆外表面美观性，必须及时清洗。列车清洗机可以在列车低速行进过程中完成对车身两侧（包括车门、车窗玻璃、车顶圆弧面）及车头端面的洗刷工作。

图 4-1-5　列车清洗机

列车清洗机还可用来对新造车辆、架修或大修过的车辆进行雨淋试验，检测其密闭性。

列车清洗可以是纯清水的，也可以是先加入洗涤剂进行洗刷，再用清水冲洗。不过实践表明，即便是使用洗涤剂，列车清洗机的洗刷效果也不是十分理想，有时还是需要进行人工洗刷作为辅助。

三、架车机

架车机（见图 4-1-6）能同步提升多节不解钩的列车单元组，以便对列车车体下部的机械、电气部件进行维修、保养和更换等操作。

图 4-1-6　架车机

四、行吊车

行吊车（见图 4-1-7）能起吊、安装、拆卸、运输列车顶部空调设备和受电弓等部件，车门的拆装也需要行吊车的协助。

图 4-1-7　行吊车

五、公铁两用车

公铁两用车主要用于牵引城轨列车在镟轮线、架车线等线路上进行必要的移动，如图 4-1-8 所示。这种车因既能在轨道上运行，又能在道路路面上行驶，所以十分灵活。

图 4-1-8　公铁两用车

思 考 题

1. 使用不落轮镟床对车轮进行镟削有什么好处？
2. 列车清洗机只负责对车体外侧进行清洗，那么车体内部的清洁如何进行？
3. 列车清洗机除了对列车车体外侧进行清洗外，还有什么别的作用？
4. 在车辆段内为什么要配备牵引小车？
5. 在车辆段内为什么要配备公铁两用车？

第二章　轨道维修设备

作为城轨运营的基础设备，线路需要有良好的技术状态，为此需要配备相应的检修设备。通常线路维修设备包括轨道探伤设备、轨距检测设备、钢轨打磨设备以及钢轨更换所需的工装设备。

用于对线路进行维修作业的机车、车辆和用于载客的电客车存在很大区别，有必要充分认识这些机车、车辆的性能，以便制定有效的措施，保证它们的运行安全。本章安排的一系列案例材料有助于对这一问题的认识。

一、轨道维修设备

1. 磨轨车

磨轨车（见图 4-2-1）用于对钢轨表面进行磨削加工，以消除钢轨表面缺陷（锈蚀、不平顺、磨损、变形等）。目前对钢轨表面进行缺陷修复的切削加工方法主要有打磨法和铣磨法，铣磨车价格昂贵，国内都采用轨面打磨方法。

磨轨车通常可依靠自带动力低速运行，但从车库到作业现场是靠工程机车牵引的。

图 4-2-1　磨轨车

2. 工程机车

工程机车担负施工和抢险维修时设备的运输任务，如图 4-2-2 所示。工程机车按动力来源可以分为：纯内燃工程机车、内燃电力工程机车、纯电力（牵引供电＋蓄电池后备）工程机车等。考虑到城轨隧道内的环境，电力工程机车会优于内燃工程机车。

图 4-2-2　工程机车

3. 平板车

平板车（见图 4-2-3）是没有动力的，主要是加挂在工程机车后面，以运载物资、施工人员。

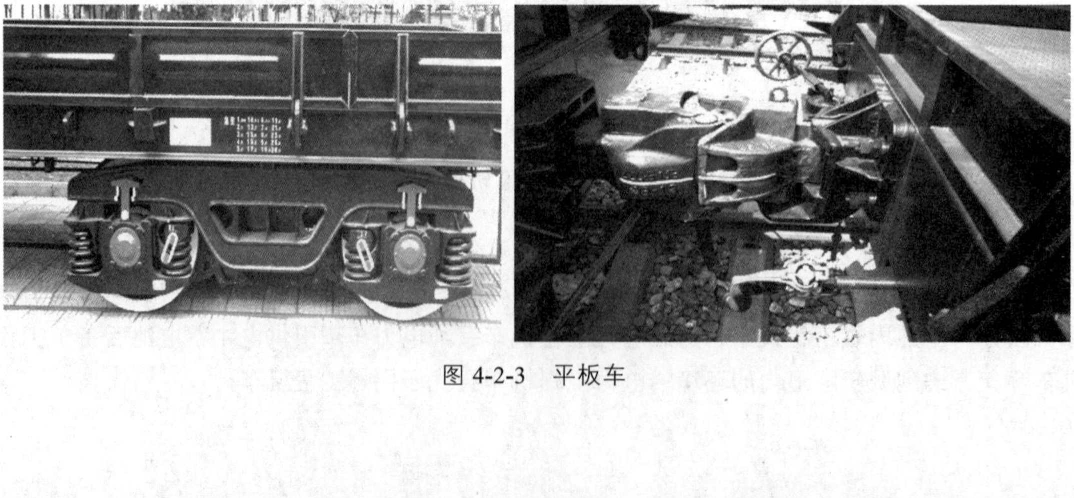

图 4-2-3　平板车

4. 轨道检测多功能车

轨道检测多功能车包括钢轨探伤、轨距测量、限界检测等多重功能，如图 4-2-4 所示。

图 4-2-4　探伤设备

二、案例 A——工程车相撞事故

2008 年 1 月 21 日凌晨，某地铁在正线上进行磨轨作业的工程车发生相撞，虽未造成人员伤亡，但却严重影响了正常客运服务的进行，本应在 06:00 开始服务的地铁车直到午后 12:45 才得以通过撞车事故发生的区段，服务中断时间长达近 7 h。

（一）背景情况

为了保持钢轨表面的平整，以保证乘客乘车的舒适度，需要对钢轨进行定期的打磨。磨轨车是常用的工具，但通常磨轨车仅带非常有限的动力。为了把磨轨车带到施工现场，需要工程机车的帮助，所以为打磨钢轨通常会进行如图 4-2-5 所示的编组，其中，1 和 3 是工程机车，2 是磨轨车。

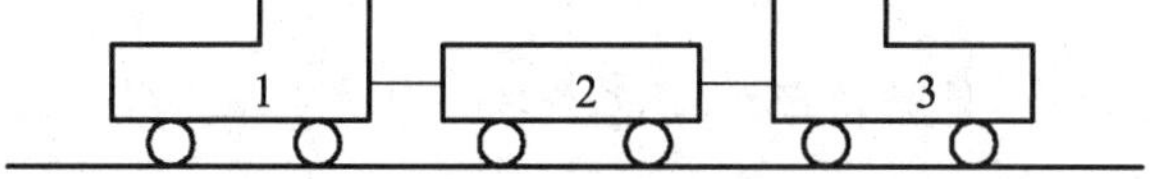

图 4-2-5　列车编组示意图

这样形成的工程车到达施工现场后，按该地铁公司的作业规定会进行解编，形成如图 4-2-6 所示的两个部分。

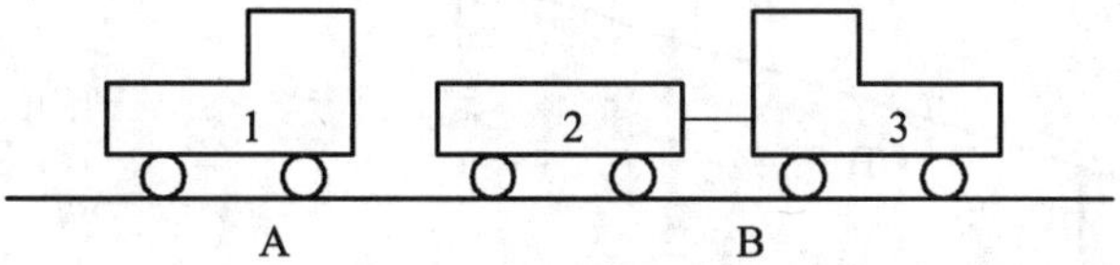

图 4-2-6　施工现场解编

A 部分（即单个工程机车）会被放在作业区的一端，作为对作业区进行防护的一部分。B 部分在工程机车 3 的带动下进行磨轨作业。

（二）事故过程

3 节编组的工程车从车辆段运行到现场后，解编成 A 和 B 两部分。B 部分把 A 部分留在原地而前往作业区进行打磨作业。凌晨 03:10，A 部分下溜（上图中从左到右是下坡），与 B 部分相撞。

（三）事故调查结论

事故直接原因是作业人员未按公司规定对 1 号机车施加停放制动，也未放止轮器，导致 1 号机车沿着下坡道溜向磨轨车。工程机车的制动和电客车不同，电客车的停放制动会自动施加，而工程机车的停放制动要人工施加。起初 1 号机车停留在原地时，由于其常用制动处于施加状态，所以没有发生下溜，但后来，由于其制动风缸中的压缩空气逐步泄漏，而空压机因机车熄火处于不工作状态，所以常用制动逐渐缓解。

三、案例 B——工程车冲红灯事故

2009 年 5 月 13 日 23:57，某地铁一列工程车冲过红色信号机约 70 m，事故并未造成任何人员伤亡或财产损失。

（一）背景情况

如前面案例 A 所讲的，需定期对钢轨进行打磨。为了把磨轨车送到现场，需要做如图 4-2-7 所示的列车编组。

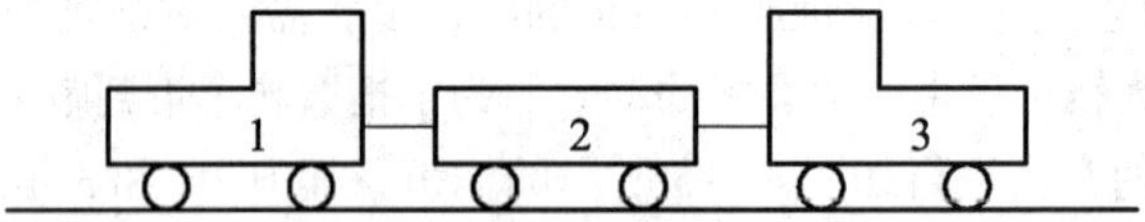

图 4-2-7 列车编组示意图

其中，1 和 3 是机车，2 是磨轨车。在这个案例中，机车是装备了车载 ATP 的，所以上述工程列车有 CM 驾驶模式。

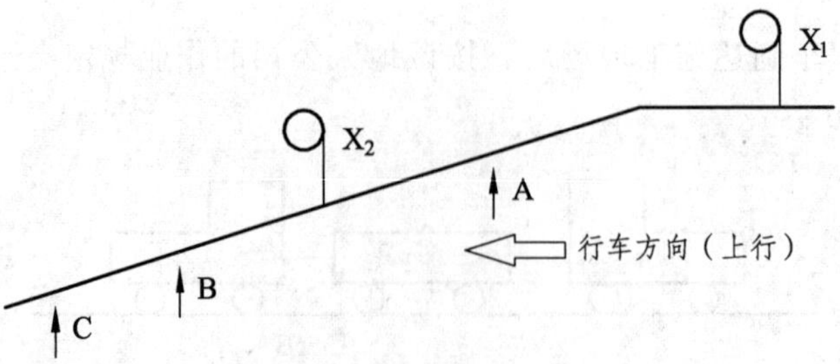

图 4-2-8 打磨线路示意图

需要进行钢轨打磨的是如图 4-2-8 所示的正线上位于 B 和 C 之间的这段轨道。轨道区段在 JL12（从 X_1 到 X_2 的进路）方向是下坡。

（二）事故过程

工程列车从车辆段进入正线后，一路跟随上行末班客车前往施工现场。沿途信号灯均处于开放状态直至 X_2。X_2 是进路 JL_{12} 的终端，显示红色。

当工程车到达上图中所示的 A 点时，司机注意到速度表显示的最高允许速度开始下降，这意味着应该开始减速了。司机施加常用制动，但车速并没下降。由于超速，车载 ATP 触发了紧急制动。工程车最终停在信号机 X_2 的下游方向约 70 m 处。

（三）事故调查结论

（1）事故的直接原因是工程列车中磨轨车的制动系统处于非工作状态，导致工程列车的制动力严重不足，达不到信号系统设计所要求的水平（1.2 m/s^2）。所以虽然车载 ATP 正常发挥作用，仍没能阻止工程车冲红灯。

值得庆幸的是：① 前行的末班客车相距甚远，否则有可能撞车；② JL12 沿途没有道岔，特别是没有顺向道岔。否则可能会导致工程列车脱轨和（或）道岔挤岔。

（2）磨轨车的制动系统是在编组过程中被人为设在非工作状态的。原因是：为了使该制动系统处于工作状态，需要利用磨轨车自身的空压机为风缸加压，而这个过程会需要 30 ~ 45 min。对相关作业人员来说，这个时间太长了，于是他们自行决定跳过这一步骤。这并不是他们第一次这么做，以前没出事是因为以往司机很注意瞭望。而这次司机误以为他的车是直接去位于 C 点附近的车站，所以在接近 X_2 时心理上没任何准备，仍以正常速度驾驶。

把磨轨车的制动系统设在非工作状态是违反公司规定的，所以此次事故的深层原因其实是相关人员的违规操作。

四、案例 C——轨道小车相撞事故

2006 年 5 月 24 日凌晨 01:40，某地铁环线上发生了一起用于轨道维修作业的轨道小车在长大下坡道上失控，与另一轨道小车冲撞的事故。由于作业人员在听到报警后及时躲避，所以事故并未造成人员伤亡，轨道小车本身也没有脱轨或受到损坏。

（一）背景情况

出事的轨道环线是早期修建的地下铁道，使用的是碎石道床。对碎石道床的维修工作之一是换道砟。在地下铁道环境下，更换道砟的工作是人工进行的，每次只更换相当于 8 m 左右线路的道砟。在把新道砟送到施工现场以及把旧道砟清离地铁隧道的过程中，需要使用轨道小车作为运输工具。当时所使用的轨道小车是可折叠的四轮小车，如图 4-2-9 和图 4-2-10 所示。小车标称载重为 2 000 kg。小车的四个轮子中有两个带有制动机构，该制动机构包括制动闸瓦和与其相连的弹簧，如图 4-2-11 所示。该制动机构又和设在小车一端的一个控制杆相连，当控制杆处于自由状态时（即小车没有被任何人操作的情况下），制动机构处于施加制动状态。换言之，该制动机构属于自动制动。

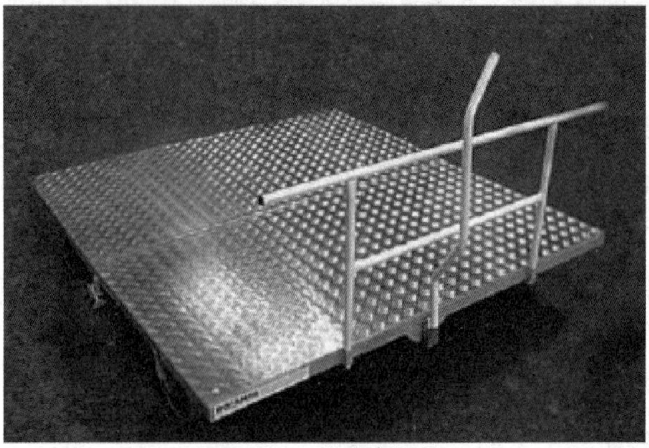

图 4-2-9 小车侧视图

图 4-2-10 小车底视图

图 4-2-11 小车制动弹簧闸瓦车轮

（二）事故过程

从 A 站到 B 站线路是下坡，坡度为 1/70。当天更换道砟作业的施工地点如图 4-2-12 中圆圈所示，离 A_1 站台约 450 m。轨区作业安全防护主任和其他一些作业人员跟随第一辆轨道小车先离开 A_1 站台前往施工地点，一方面运送施工工具，另一方面到现场放置轨区作业防护标识灯。

第一辆轨道小车离开 A_1 站台后不久，负责运送新道砟的人把第二辆轨道小车放到 A_1 站台对应的轨道上，并把 40 袋新道砟（每袋 25 kg）放到第二辆轨道小车上。之后，包括轨道小车操作员在内的三个人一起随第二辆小车前往作业施工地点。离开 A_1 站台后不久，他们就发现轨道小车越来越快，所以负责操纵小车的工作人员把操作制动控制杆的手松开以便施加制动，没想到小车并没有任何减速的迹象，而是继续越来越快，以至于三个人要小跑才能跟上小车。他们意识到小车已经失控，便一边跑一边大喊，以警告在前方施工地点等候的其他作业人员。此时轨区作业安全防护主任正在离施工作业地点约 30 m（朝 A 站方向）处放置作业防护标识灯。他听到喊声后，马上意识到有意外情况发生。他向下游其他人高喊，让他们撤离轨道。听到喊声后，下游人员赶在撞车之前撤离了轨道。第二辆小车撞上第一辆轨道小车后，在第一辆小车制动力的作用下，在离撞车地点大约 15 ~ 20 m 处停了下来。

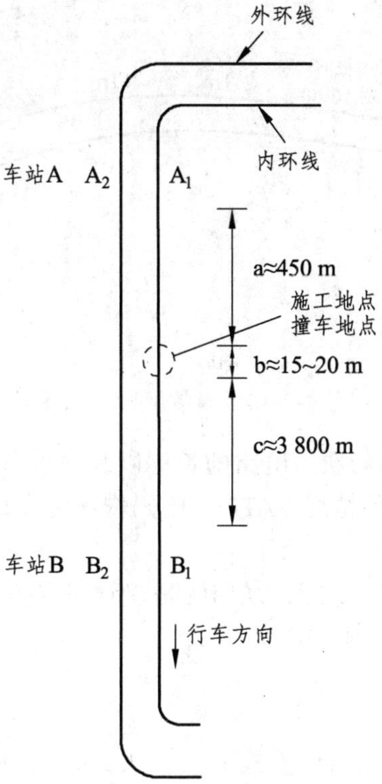

图 4-2-12　施工地点示意

（三）事故调查结论

（1）事故的直接原因是第二辆轨道小车的制动系统失灵。

（2）事故的深层次原因。

① 轨道小车制动系统的设计要求操作人员施加一定的力量才能缓解制动。为了使制动缓解变得容易，经常有人私自调整制动系统，使制动系统效率降低或完全丧失。另一方面，制动系统的设计考虑不是十分周全，使得对制动系统的调整非常容易。

② 施工负责人和轨道小车操作人员未按规定在使用轨道小车前对其制动系统进行检查。

③ 施工负责人和轨道小车操作人员没有清楚地认识到在长大下坡道上使用轨道小车的潜在风险，所以未予以应有的重视。

五、案例 D——内燃工程车漏油导致两列客车相撞事故

1993 年 8 月 5 日 07:46，某地铁两列载客列车发生相撞事故，造成多人受伤和列车损坏。

（一）背景情况

出事的地铁线是一条既有地下线又有高架线的线路。事故发生在高架段的 A 站上行进站端，如图 4-2-13 所示。

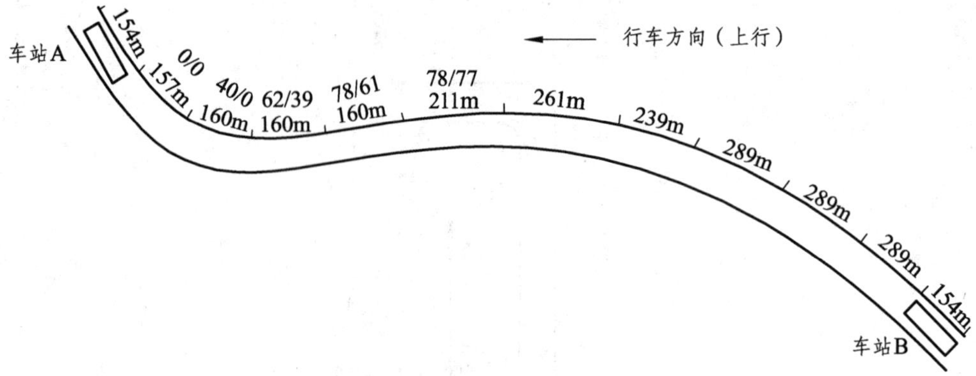

图 4-2-13 事故区段示意图

图中显示了从 B 站到 A 站的轨道电路的长度以及在车站 A 上行站台有车占用时，其后方轨道电路对应的 ATP 速度码的情况。ATP 速度码依次为：0/0，40/0，62/39，78/61，78/77，78/77，……

这条线的列控系统具有 ATP 功能，采用的是双码固定闭塞。正常情况下列车由 ATO 自动驾驶，必要时可以 CM 模式驾驶。

（二）事故过程

06:10，上行首班车（T1）在 AM 模式下以 60 km/h 的速度接近 A 站时触发了紧急制动，整个列车冲出站台。司机及 A 站站长向 OCC 报告。

06:19，上行第二趟车（T2）司机接到 OCC 的指令以 CM 模式离开 B 站，并小心驾驶。因为首班车在 A 站上行站台严重越位。列车 T2 虽发生车轮打滑，但最后还是勉强在 A 站上行站台停准，司机向 OCC 报告有打滑情况，制动困难。

06:27，第三趟车（T3）到达 B 站上行站台。OCC 行调告诉他前方线路有油，轨道打滑，并指示他要慢速小心驾驶。T3 的司机依指令驾驶得以在 A 站停准，虽然也存在车轮打滑现象。

06:28，OCC 推断列车严重越位是由于轨道打滑，于是按程序规定通知工务部门派人前去清理，并指示 B 站站长在上行站台竖告示牌提醒司机轨道打滑小心驾驶，并开启站台头端墙的黄闪灯以引起司机的注意。告示牌写的是：以 CM 模式前往 A 站；进 A 站时要慢行；沿途轨道打滑。但是告示牌上没有明确限速等级，也没有提到轨道上有油。

06:29，OCC 值班主任向车辆段主管询问是否有关于调车机车漏油的报告。

06:30，OCC 指示 A 站站长查看轨道上是否有油渍，A 站站长查看后报告发现油渍。

06:35，OCC 通知工务部门在轨道上发现有油。

06:39，第四趟车（T4）被扣在 B 站。OCC 告诉 T4 的司机前方线路有油，并指示他小心驾驶。司机在 A 站停准向 OCC 报告有打滑现象，制动困难。

06:40，工务部门派了十五个人前往 B 站。

06:51，T5 在 A 站停准，但仍存在打滑及制动困难现象。

06:59，T6 在 A 站停准，但仍存在打滑及制动困难现象。

07:00，OCC 值班主任换班，车站站长也换班。

07:05，工务部门派来清理油渍的人员在一名技师的带领下到达 B 站，但被告知：由于正在交接班，需要等一会儿才能办理下轨道的手续。

07:07，T7 在 A 站停准，但仍存在打滑及制动困难现象。

07:10，由工务部门派来的高级技师来到 B 站，他向 B 站站长借无线对讲机，但被告知 B 站没有后备对讲机可以外借，于是他前往 C 站希望能借到对讲机。

07:16，T8 在进入 A 站时越位约一节车的位置。在向 OCC 报告后，OCC 指示 T8 的司机不要开车门，直接去下一站，因为越位太多（注：OCC 事先没有提醒 T8 司机轨道打滑，T8 司机也未听到无线电对讲机中有关其他车在停站时发生越位的通话）。

07:23，T9 在 A 站停准，但仍存在打滑及制动困难现象（注：OCC 有提醒 T9 司机轨道打滑，并指示他小心驾驶）。

07:30，OCC 行调换班。

07:31，T10 在进 A 站时轻度越位约 4 m，车上有乘客启动紧急对讲器，在紧急对讲器复位前列车无法离站。此外 T10 的主风缸气压过低，也导致列车不能马上离站。

07:35，工务部门的高级技师从 C 站借到对讲机回到 B 站。

07:42，T11 从 B 站出发前往 A 站，由于对线路有油一事不知情（OCC 没有通知他），T11 进站时严重越位约一节车的位置，其到 A 站的时间为 07:45。另外，T11 也因为反复施加和缓解制动导致主风缸气压过低而一时无法离站。

07:44，T12 到达 B 车站。OCC 没有提醒 T12 司机轨道打滑。列车在进入速度码为 62/39 的轨道电路时，由于实际速度为 68 km/h（车载信号设备的记录）而引发紧急制动。T12 在 A 站上行站台的进站端以 25 ~ 30 km/h 的速度与 T11 相撞，事故发生的时间为 07:46。

（三）事故调查结论

（1）事故的直接原因是：当天（1993 年 8 月 5 日）凌晨用于线路维修作业的内燃机车在回段途中大量漏油（约 50 升），导致约 2.5 km 的正线轨道表面湿滑。

（2）机车漏油的原因是：液压传动系统中的一个橡胶垫圈破损。

（3）事故其他促成因素包括：

① 事故机车的状况存在问题：

a. 车上虽然装有漏油指示器，但在大修后，该指示器的报警触发条件改为只有在漏油量达到 50 升时才发出报警。

b. 用于发出声音报警的发声器在机车大修后并未安装。

c. 检测油量的信号线被误接到超速显示器上而没接到漏油指示器上。

② 在意识到钢轨条件不良后，相关方面（控制中心、车站、工务清理人员）对事态严重性认识不足，所以对油渍清理不及时且对列车运行限制不到位。

③ OCC 行调擅自把交接班时间由 07:00 改到 07:30，导致交接班时间更靠近早高峰。

④ OCC 行调在交接班时没有交代清楚，致使接班的行调对情况不了解，进而没能采取有效措施（比如提醒从 B 站出发的司机）防止事故发生。

⑤ 车站告示牌信息不全面不具体，比如，没明确是什么原因造成钢轨打滑，到底应以什么样的低速慢行等。

六、案例E——钢轨探伤车功能局限性

2006年6月20日10:15，某地铁的一列6节编组的不载客列车在进入站后折返线时最后一节车脱轨。事故未造成人员伤亡，但是出轨列车、供电轨及一些轨旁电线局部受损。

（一）背景情况

事故发生在一个地下站的站后折返线入口处。该站最初是该地铁线的一个终点站，其站场布置如图4-2-14所示。

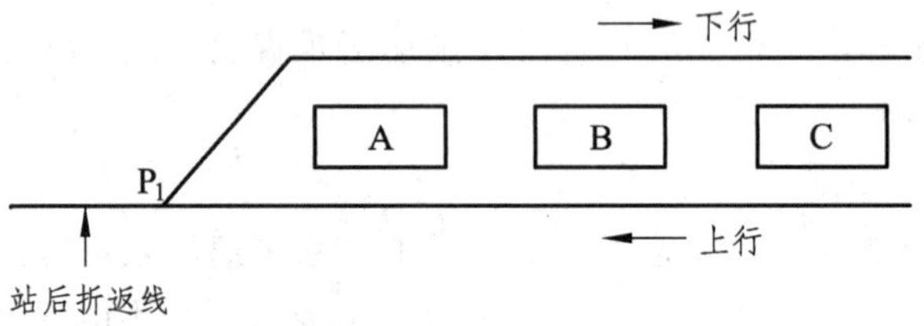

图4-2-14　事故站最初站场布置示意图

后来线路延伸形成了新的线路布置，如图4-2-15所示。

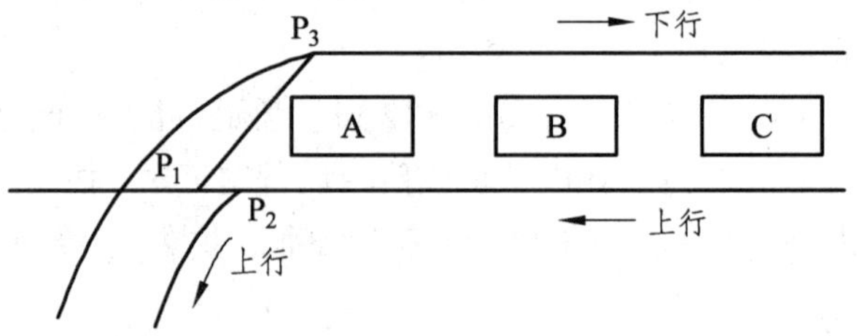

图4-2-15　延伸后事故站站场布置示意图

延伸之后共有P_1、P_2和P_3 3幅道岔。对于道岔P_2而言，开通上行方向是“定位”，开通折返线方向是“反位”。延伸的下行线和站后折返线立体交叉。该线采用两条独立供电轨向列车供电，其中正极供电轨位于线路外侧，而负极供电轨位于线路中间，即两条走行轨之间。供电电压为750 V。道床虽采用混凝土，但轨枕却是木制的。在行车组织方面，正常情况下图定列车不在A站折返，只在运行混乱需要进行运行调整时才用A站站后折返线把一些上行线上的列车调往下行线。当然这样做之前，上行线的列车需要先在A站清客。

（二）事故过程

6月2日的早高峰期间共有三列上行列车曾使用折返线转去下行线，另有64列上行车“定位”通过道岔P_2。

出事的是第68趟（T68）上行列车。

10:40，该列车离开C车站。此时已晚点大约15 min，所以OCC通知T68司机在到达A站时清客，进折返线。

10:46，T68进入A站，司机注意到站台头端墙附近的调车信号机显示进路已经开通折返线方向。

10:49，清客完毕后，T68离站并逐渐加速至10 km/h。司机按惯例习惯性地在接近道岔

P_2时确认左侧尖轨确实和基本轨密贴。大约两节车经过P_2之后，司机看到驾驶台上出现了四条报警信息，显示第1、3、4和6节车上的牵引供电及辅助供电（辅助供电用于空压机、充电器等车载设备的运作）丧失。这种报警信息是供电缺失情况下的常规信息，所以T68司机按常规通过无线电报告OCC。

OCC认为此次跳闸停电可能是常常碰到的接地故障引起的，于是指令A站站长在设备房恢复（复位）跳闸断路器。供电恢复后，OCC指示T68司机继续前行去折返线。T68刚前行2 m，同样的报警信息又再次出现，与此同时，A站站长在把断路器复位后来到站台头端墙，看到隧道内有烟尘并且注意到T68的尾车好像已经脱轨。于是他打电话报告OCC，OCC指示T68司机去尾车查看情况。司机到列车尾部，发现尾车已经脱轨，随即向OCC报告了情况。

（三）事故调查结论

（1）事故的直接原因是道岔尖轨断裂，如图4-2-16所示。

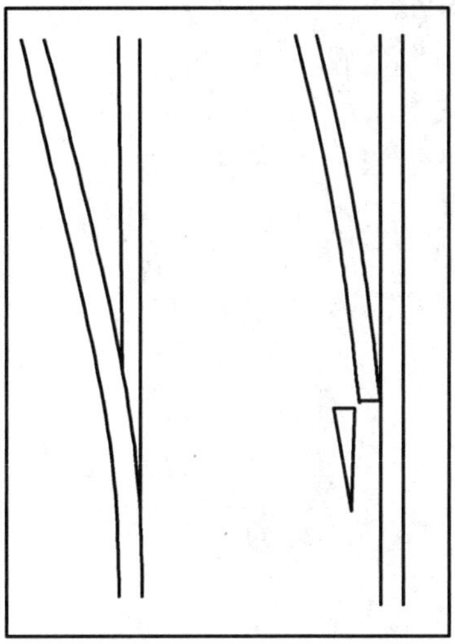

图4-2-16　尖轨断裂示意图

（2）尖轨断裂的原因有：

① 尖轨在制造过程中有瑕疵。

② 断裂点所在处的尖轨比基本轨低大约7 mm，所以车轮经过时，会因从基本轨道掉落到尖轨上而造成对尖轨的冲击。

③ 断裂点位于两根轨枕的中间，在车轮的冲击作用下，这部分钢轨会被压弯。

上述“先天不足”再加上车轮的反复冲击，使得该部分钢轨产生机械疲劳而断裂。

（3）事发前为什么没有发现任何问题？

① 虽然工务部门定期对钢轨进行超声波探伤，用于探伤的手推车在设计上也允许行驶在像尖轨这样轨头较窄的轨道上，但手推车的探头设计却不适合较窄的钢轨。

② 在轨道电路设计上，道岔尖轨部分不在轨道电路内，所以做不到断轨检查。

③ 道岔转辙机本身对道岔位置的检测是基于尖轨的位置的，而此例中尖轨的位置并无异常。

④ 司机的习惯是在接近道岔时，检查尖轨和基本轨密贴的一侧，所以即便尖轨在列车到达前已经断裂，司机未必会发现（调查报告显示：无法肯定尖轨的断裂时间）。

（4）尾车脱轨后，司机为什么没有立即察觉脱轨发生？

在断裂点处，尖轨比基本轨低大约 7 mm。另一方面轨枕与道床混凝土之间有约 5 mm 空隙（由于轨枕老化而形成）。当车轮轮缘压到断轨的头部时，虽会因轮缘的高度（27 mm，从车轮踏面计算）而使车体升高。但由于前面所说的 7 mm 和 5 mm，车体只升高大约 15 mm。而且司机并不经常经过这个道岔，所以对这样的异常情况并不敏感。

（5）为什么只是最后一节车的尾部的转向架脱轨？

① 其他转向架在经过断轨时，后面还有别的转向架处于正常位置，使列车运行方向得以保持。

② 列车过岔速度较低（约 10 km/h）。

思 考 题

1. 内燃工程车可能带来的问题有哪些？
2. 本章案例 A 的根本原因是什么？
3. 本章案例 B 的根本原因是什么？
4. 本章案例 C 的根本原因是什么？
5. 本章案例 D 的根本原因是什么？
6. 本章案例 E 的根本原因是什么？

参考文献

[1] 地铁设计规范. GB50157—2003.

[2] 郑瞳炽，张明锐. 城市轨道交通牵引供电系统[M]. 北京：中国铁道出版社，2004.

[3] 张振淼. 城市轨道交通车辆[M]. 北京：中国铁道出版社，1998.

[4] 周顺化. 城市轨道交通设备系统[M]. 北京：人民交通出版社，2009.

[5] 林瑜筠. 城市轨道交通运输设备[M]. 北京：中国铁道出版社，2008.

[6] 李建国. 城市轨道交通系统概论[M]. 北京：机械工业出版社，2009.